教育部人文社会科学重点研究基地重大项目

"内蒙古自治区牧区经济发展史研究"

（项目批准号：10JJD850006）结项成果

———————————————◇———————————————

该书出版受内蒙古自治区"草原英才"工程项目资助

内蒙古自治区
牧区经济发展史研究

NEIMENGGU ZIZHIQU
MUQU JINGJI FAZHANSHI YANJIU

乌日陶克套胡　等／著

人民出版社

责任编辑:杨文霞
封面设计:姚 菲
责任校对:陈艳华

图书在版编目(CIP)数据

内蒙古自治区牧区经济发展史研究/乌日陶克套胡 等 著. —北京:
 人民出版社,2018.3
ISBN 978－7－01－018841－6

Ⅰ.①内…　Ⅱ.①乌…　Ⅲ.①牧区-畜牧业经济-经济史-研究-内蒙古
 Ⅳ.①F326.372.6

中国版本图书馆 CIP 数据核字(2018)第 007105 号

内蒙古自治区牧区经济发展史研究
NEIMENGGU ZIZHIQU MUQU JINGJI FAZHANSHI YANJIU

乌日陶克套胡 等 著

人民出版社 出版发行
(100706　北京市东城区隆福寺街 99 号)

北京龙之冉印务有限公司印刷　新华书店经销

2018 年 3 月第 1 版　2018 年 3 月北京第 1 次印刷
开本:710 毫米×1000 毫米 1/16　印张:20
字数:297 千字

ISBN 978－7－01－018841－6　定价:59.00 元

邮购地址 100706　北京市东城区隆福寺街 99 号
人民东方图书销售中心　电话 (010)65250042　65289539

目　录

绪　　论

一

内蒙古自治区成立于 1947 年 5 月 1 日,是新中国第一个少数民族区域自治区,这标志着中国共产党民族区域自治政策的成熟和中国民族区域自治制度的诞生。从此,内蒙古自治区各族人民实现了民族解放、人民当家作主、社会安定、边疆安宁的愿望,进入了民族平等、团结互助、共同发展、共同繁荣的崭新历史时期。内蒙古自治区各族儿女衷心拥护并坚决支持民族区域自治制度。民族区域自治制度为内蒙古经济社会全面系统地发展创造了制度条件和制度保障。民族区域自治制度是中国的一项基本政治制度,对牧区发展意义深远。民族区域自治制度不仅为牧区经济和社会发展提供了制度保障,还为牧区的经济和社会组织提供了政权保障。民族区域自治制度是统一多民族国家实现国家统一与自治民族利益相统一的"中国方案",是中国的制度创新。民族区域自治制度在中国政治制度中具有重要地位,是以国家统一为前提、以各族人民利益为根本的制度设计,民族区域自治的基本制度铸就了新型、平等、和睦的民族关系。自治区成立以来,在中国共产党的领导下,在中央政府的指导下,内蒙古自治区牧区的经济、社会、文化、生产和生活都发生了天翻地覆的变化。

叙写经济发展史,要求作者有一定的历史观和历史学修养,落笔一部少数民族经济发展史,更需要在中国经济发展史的整体视角下,审视和阐述少数民族经济政策、经济发展、经济增长、经济关系甚至涉及少数民族风俗习惯、生活方式、生产方式的演变过程。"经济史又是研究人类社会各个历史时期、不同国家或地区的经济活动和经济关系发展演变的具体过程及其特殊规律的学科,它既为总结历史经验和预见未来社会经济发展趋势提供依据,也为研究各个历史时期形成的经济思想、学说、政策提供历史背景。"①

我国牧区大多处于边境地区、少数民族地区和贫困地区。内蒙古自治区牧区是全国面积最大的牧区,其面积占全国牧区的 27.34%;其草地植被类型、草原畜牧业经营方式及游牧文化传统在全国牧区中突出而典型;内蒙古自治区牧区处在内蒙古和全国向北开放的核心地带,14 个边境纯牧业旗以 3 370 公里的国境线同蒙、俄等邻国接壤,内蒙古自治区牧区发展、牧区建设、牧民素质的提高具有重要的国际影响力;牧区也是中国全面建成小康社会的难点区域,是对中国社会政治生活具有重要意义的区域。繁荣牧区、发展牧业、提高牧民生活质量首先要了解牧区、关心牧区和研究牧区,不仅研究牧区的现在,也要探寻牧区的过去和未来。目前,研究牧区经营、经济改革、畜牧业产业化、牧区现代化、民族地区新型城镇化等诸多方面的国家社会科学基金项目较少,而各省部级、厅局级科研项目较多,成果也最多;展望牧区未来的研究主要体现在各盟、市、旗的国民经济和社会发展总体规划、详细规划、行业规划、园区规划等涉及牧区发展的蓝图中。但是,对内蒙古自治区牧区畜牧业发展史进行分阶段研究的成果较少。经济发展史是一个国家或地区经济发展研究的重要内容之一,也是制定新的发展规划的前提。对此,著名经济史专家侯家驹认为:"关于经济史的功能,是双重的:一方面,是接受经济理论的指引,反映出以往经济发展过程实况,帮助读者明了当前经济环境;另一方面,则是归纳经济发展史实,以丰富甚至或批评经济理论的内容。"②对于内蒙古自治区而言,牧区经济发展是全区整体经济发展的主要组成部分,也是本区主体民族蒙古族经济发展的晴雨表,更是中华人民共和国经济史的重要组成部分。对于牧区经济发展进程分时间段进行研究,具有重要的经济史价值和现实指导意义。

就内蒙古牧区经济而言,当然包括诸多经济部门和行业,如交通、通信、

---

① [英]M.M.波斯坦主编:《剑桥欧洲经济史》第 1 卷,郎立华等译,经济科学出版社 2002 年版,"译序"第 1 页。

② 侯家驹:《中国经济史》(上册),新星出版社 2008 年版,第 3 页。

商业、矿产、金融、信贷、保险、生态、移民、农业和工业等领域,但牧区经济的核心是畜牧业经济,它是牧民赖以生存的基本生产方式和生活方式,也是他们思维方式和传统文化的物质基础,其他经济均是围绕牧区畜牧业经济或配合畜牧业而发展起来的,故有"畜牧业兴,百业兴"之说。毛泽东在《矛盾论》中指出:"任何过程如果有多数矛盾存在的话,其中必定有一种是主要的,起着领导的、决定的作用,其他则处于次要和服从的地位。因此,研究任何过程,如果是存在着两个以上矛盾的复杂过程的话,就要用全力找出它的主要矛盾。抓住了这个主要矛盾,一切问题就迎刃而解了……万千的学问家和实行家,不懂得这种方法,结果如堕烟海,找不到中心,也就找不到解决矛盾的方法。"①牧区所有经济矛盾中,畜牧业是主要矛盾,研究牧区经济就要抓住这主要矛盾。畜牧业由草原—牲畜—人(牧民)三个主要要素组成,草原是畜牧业生产的自然条件,马克思和恩格斯在《德意志意识形态》一书中,把人能够依靠自然界生活理解为"一切人类生存的第一个前提"和"一切历史的第一个前提"②,对于牧区而言,这个"第一个前提"就是草原,它是人和牲畜赖以生存和发展的物质基础,也是牧民基本的生产资料。马克思在《资本论》中明确指出:"外界自然条件在经济上可以分为两大类:生活资料的自然富源,例如土壤的肥力,鱼产丰富的水域等等;劳动资料的自然富源,如奔腾的瀑布、可以航行的河流、森林、金属、煤炭等等。在文化初期,第一类自然富源具有决定性的意义;在较高的发展阶段,第二类自然富源具有决定性的意义。"③牲畜是牧民主要的生产资料和生活资料,也是牧民的财富和生计方式的主要来源。人是畜牧业生产的主体,他合理配置牲畜和草原资源,以放牧方式进行生产和生活。牧区畜牧业经济主体即牧民的发展和进步是牧区经济发展的标志,对此,著名经济史专家侯家驹认为:"经济史的主体——人类,其求生存、求发展的冲动与动机,构成经济史的推动力量,无论是求生存还是求生活水平的提升,都有待劳动者生产力的

---

① 毛泽东:《矛盾论》,载《毛泽东选集》第一卷,人民出版社 1991 年版,第 322 页。
② 《马克思恩格斯选集》第 1 卷,人民出版社 2012 年版,第 158 页。
③ 《马克思恩格斯选集》第 2 卷,人民出版社 2012 年版,第 239 页。

提高。"①

牧区是一个极具特殊性的系统,它集牧民特有的生活方式、水草丰美的生态环境、以畜牧业经济为核心的经济形态以及与这些相适应的社会形态于一体,牧区发展应遵循自身的发展规律。草原即草场资源自身既是一种具有天然平衡发展的生态系统,更是经济和社会发展的必要的自然环境。在广阔的草原上,历代游牧人以游牧的方式经营畜牧业,创造了特有的游牧文明,为人类文明作出了自己的贡献。畜牧业经济是蒙古族的传统经济,蒙古人尊重自然、热爱自然、保护自然,为了更持久地利用哺育我们的大地母亲——草原,他们选择以游牧的方式,经营生产和生活。北方游牧民族有着厚重的文明,以坚毅的性格和坚实的脚步,逐步从远古走向现代,游牧文明的火种在这片神奇的土地上,以其顽强的生命力续写不朽的传奇,这是一片孕育着古老文化和现代文明的圣土。牧区的发展兼具经济效应、生态效应、社会效应及伦理文化效应。然而,草原生态系统的脆弱性和非平衡性,加上外部势力的破坏和干扰,使得牧区经济和社会发展基本处于简单再生产阶段。牧区生态系统相当脆弱,如果受到自然、制度、文化等方面的冲击,就会直接或间接造成草原生态退化,甚至走向荒漠化。

畜牧业是内蒙古自治区牧区的基础产业,也是传统优势产业,在国民经济中占有极其重要的地位。朱德副主席在牧区畜牧业生产座谈会上指出:"畜牧业是我国国民经济的重要组成部分。它在广义的农业部门中,除了粮食生产以外,占有最重要的地位。"②草原是畜牧业生产的基础,基于草原形成的牧草生产以及由此决定的牧业生产,共同构成了牧区经济的基本产业格局。畜牧业生产由草场使用制度、草场质量、畜群质量、畜群结构和数量及牧民放牧劳动等共同决定,由此分别形成了草产业和畜牧业两大基本产业,其他相关产业由这两类基本产业衍生而来。畜牧业的发展对于草原牧民具有生产发展、提高生活质量的现实意义。牧区畜牧业不仅连接着草

---

① 侯家驹:《中国经济史》(上册),新星出版社 2008 年版,第 17 页。
② 《朱德副主席在畜牧业生产座谈会上号召全党重视畜牧业的发展》,《人民日报》1957 年 12 月 20 日。

场、牲畜与牧民的生产生活，更是在合理利用自然、保护生态环境方面，发挥着祖国生态屏障的作用。努力实现畜牧业经济的健康发展，关系到牧区民生、民族关系和生态安全，关系到牧区经济和社会发展的稳定性与持久性。

畜牧业在内蒙古牧区经济中这种特殊的地位和作用，决定了本书以牧区畜牧业经济为主线、兼顾其他经济的基本思路。所以，本书把内蒙古自治区牧区经济发展分为自治区成立初期的牧区经济、社会主义改造时期的牧区经济、人民公社时期的牧区经济、改革开放初期的牧区经济和市场经济体制时期的牧区经济 5 个发展阶段，进行介绍和评价。在每一个时间段，首先介绍当时的中共中央和内蒙古自治区党委和政府关于牧区经济发展方面的路线、方针、政策的主要内容，并阐述实施这些政策、措施之后取得的成效，在此基础上对这些政策实施效果等进行评价和讨论。其目的就是提炼牧区经济发展历程中成功的政策和经验，总结牧区工作中失败的教训，使今后制定牧区经济发展规划和政策时"以史为鉴"，少走弯路，为实现牧区经济持续稳定发展提供参考。

熊彼特认为，要进行经济学研究，有三门专业知识必不可少，即经济史、经济理论与经济统计，其中经济史最为重要。"我愿立即指出，如果我重新研究经济学，而在这三门学科中只许任选一种，那么我就选择经济史"，这是因为，"经济学的内容，实际上是历史长河中的一个独特的过程。如果一个人不掌握历史事实，不具备适当的历史感或所谓历史经验，他就不可能指望理解任何时代（包括当前）的经济现象"，"历史的叙述不可能是纯经济的，它必须要反映那些不属于纯经济的'制度方面'事实，因此历史提供了最好的方法让我们了解经济与非经济的事实是怎样联系在一起的，以及各种社会科学应该怎样联系在一起"，"我相信目前经济分析中所犯的根本性错误，大部分是由于缺乏历史的经验"①。现在部分经济研究者缺少经济史知识和马克思主义历史观，往往存在以现实否定历史或以历史否定现实的倾向。其实历史发展具有它自身的必然性，是社会生产力与生产关系矛盾运动的必然结果。

---

① ［美］约瑟夫·熊彼特：《经济分析史》（第 1 卷），朱泱等译，商务印书馆 1991 年版，第 29 页。

我们应该尊重历史,遵循历史发展规律。纵览内蒙古自治区牧区经济尤其是畜牧业经济发展,确实取得斐然的成绩,也出现过令人痛心的工作失误和失败的教训。内蒙古牧区发展历程中每一个时期提出的发展牧区经济的方针、政策、原则和措施都具有当时的合理性、可行性与必然性,当然作为历史发展历程,又有其时代局限性。回顾内蒙古自治区成立初期以"三不两利"为核心的牧区"民主改革"、牧区合作社及整顿合作社的"稳宽长"原则,毫无疑问是创造性、开拓性地把马克思主义普遍真理和中央精神与内蒙古牧区相结合的典范。在牧区实施这些方针政策,废除了牧区封建剥削生产关系,逐步建立社会主义生产关系,增强了牧民对社会主义的信念,极大地调动了牧民生产劳动的积极性。新中国成立初期,生产力发展水平较低,财政收入微薄,但中央和自治区把有限的财力更多投向牧区,加大如修建公路、建立邮政、勘探水资源、打井和打草等牧区基础设施建设的投入,初建供销合作社、农村信用社、学校、医院、粮站、防疫站、兽医站和汽车站等公共服务点等,使牧区各项工作欣欣向荣,老百姓得到看得见、摸得着的实惠,广大牧民内心深处拥护和爱戴中国共产党,歌颂共产党,巩固了新成立的政权,保证了祖国北部边疆的安宁。回顾这段牧区经济发展史,当然也有时代局限性:与全国一样以计划体制管理牧区经济,以行政命令进行生产等,影响了牧民的劳动积极性;频繁又不间断地出台新的经济政策,牧民难以领会和消化,局部出现不支持新政策的情况;也出现了否定商品经济发展阶段、跨越商品经济阶段和市场经济阶段进入共产主义的幻想的现象;甚至局部也出现过把农区的政策和做法硬套在牧区,激化了矛盾,影响了牧业生产,破坏了草原生态等工作失误。

我们通过对内蒙古自治区近70年牧区经济发展和牧区经济政策的梳理,得出的基本判断是:内蒙古牧区经历了近70年的发展,其中,自治区成立至党的十一届三中全会召开,政府在牧区资源配置中起决定性作用;改革开放至市场经济体制建立初期,政府在牧区经济发展的资源配置中也起到关键性作用;自市场经济体制逐渐形成以来,政府在牧区资源配置中起主导性作用。政府的决定性作用和主导作用主要是通过牧区的方针、政策和措施与投资来实现的。内蒙古自治区牧区发展的每一个时间段出台的牧区经济发展政策,都有当时的合理性和可行性;创造性地提出最符合牧区特色与地区实际的政策是"三不两利"政策和"稳宽长"原则;社会主义改造时期和人民公社时期制定牧区政策时,在充分调研召开专题会议、听取各方意见的基础上制定牧区发展政策及采取的牧业管理制度方法等,除了当时政治上的极左路线以外,牧区经济政策比农区政策更具有合理性和特殊意义,对此,林蔚然、郑广智指出:"1947 年到 1966 年的 19 年内,除 1957 年因特大自然灾害比上年减产外,其余 18 年份都比上年有所增长。1965 年全区牲畜总头数达到 4 176 万头(只),年平均递增速度达到 9.4%。比全国的平均增长速度将近快一倍"[①];争论最多、分歧最多和聚焦最多的是"牲畜和草场双重承包制"政策及其效应;既是挑战又是机遇的是市场经济体制,其中焦点和争论较多的是"围封转移"政策。马克思主义普遍真理与中国实际有机相结合是以毛泽东为首的中国共产党的伟大创举之一。纵观内蒙古自治区牧区经济发展史,我们同样看到中共中央路线、方针政策和精神与内蒙古自治区牧区实际相结合,创造性地制定牧区经济发展方针、政策和措施的典范是乌兰夫同志,他在内蒙古牧区经济工作中充分调研,因地制宜和因业制宜地提出新思路、新政策与新措施是内蒙古牧区工作取得辉煌成就的法宝,也是现在和将来制定牧区发展规划、政策时必须坚持的工作作风。新中国成立初期,乌兰夫同志根据内蒙古自治区牧区具体情况,将马克思主义理论与内蒙古自治区牧区实际相结合,创造性地提出了"三不两利"与"稳宽长"的牧区经济发展政策,得到了广大牧民的热烈拥护,并带动了他们的劳动积极性和工作热情,促进了牧区经济的发展。该政策的实施使内蒙古牧区经济发展走在了全国前列,促进了民族团结,巩固了边疆稳定。

在研究方法上,本书以查找文献法为主,而且基本掌握了所需文献。例如党中央、国务院、国家有关部、委、办发布的涉及畜牧业和内蒙古经济尤其是畜牧业经济方面的文件;党和国家领导人、部门领导讲话、文稿;内蒙古自治区成立以来,自治区党委、政府及有关部、委、办、厅、局的关于畜牧业经济

---

① 林蔚然、郑广智主编:《内蒙古自治区经济发展史》,内蒙古人民出版社 1990 年版,第564 页。

方面的方针政策、法规、决定等文献资料;自治区党政主要领导及部、委、办、厅、局领导的全区性会议上的讲话、总结、报告;党刊、党报及专家、学者的相关论文;运用"内蒙古统计年鉴"等主要统计资料,佐证了当时畜牧业发展的实际。在此基础上,运用经济学理论,尽量客观地评析了不同发展时期采取不同政策的积极效应和不足之处。另外,理应有个案(一个苏木①或一个嘎查②)研究和民间资料的挖掘。个案研究是社会学和人类学研究方法之一,用于牧区经济史研究就是在较长时间里,对一个研究对象(一个苏木或一个嘎查甚至一个牧户)连续进行调查,广泛系统地收集牧区经济有关资料,从而进行系统的整理、分类、比较、分析并归纳,发现其普遍性意义和经济规律的方法。民间资料是广泛存在于人民群众当中的个人日记、家谱、族谱、书信、账本、契约、口述等文本和非文本资料。这些民间资料能够反映更真实、更丰富、更鲜活的经济生活。遗憾的是本书未能使用这两个方法,使成果缺少了丰富和鲜活的经济生活的细节。

二

为了高质量地达到预定研究目标,笔者基本搜集和掌握了自内蒙古自治区成立以来的党中央、国务院、国家各部委、内蒙古自治区党委、政府及各部、委、厅、局的有关内蒙古牧区的中央指示、政策、决定和意见等第一手资料,相关专家撰写的较权威性著作,学者的代表性论文,与内蒙古牧区畜牧业相关的统计资料。以下简要介绍主要利用的文献资料和研究成果。

1. 经中共中央批准,中央文献出版社 1999 年整理编辑出版了《乌兰夫文选》(上、下册),选入了 1945 年至 1988 年的文稿 106 篇,是研究内蒙古牧区经济的第一手资料。

2. 乌兰夫革命史料编研室编撰的《乌兰夫论牧区工作》(1990 年由内蒙古人民出版社出版)一书,选编了乌兰夫同志有关畜牧业的论文、讲话 27

---

① 苏木:来源于蒙古语,是一种高于村级的行政区划单位。

② 嘎查:蒙古语,意思为"村"。

篇,另外有 2 篇是在乌兰夫同志主持下,以中央民委(国家民委)的名义形成的文献和 1 篇记者采访内蒙古党委负责人的报道。

3. 内蒙古自治区政协文史资料委员会编辑了《"三不两利"与"稳宽长"·文献与史料》(《内蒙古文史资料》第 56 辑)(2005 年印刷)专辑,共筛选了 51 篇政策文献,将文献资料分为上篇和下篇,上篇为乌兰夫同志的讲话、文章,下篇为有关政策史料,是研究内蒙古自治区牧区民主改革和社会主义改造时期的重要文献。

4. 内蒙古党委政策研究室和内蒙古自治区农业委员会编印的《内蒙古畜牧业文献资料选编》(共 10 册),该选编所集纳的文献资料,包括新中国成立以来党中央、国务院、国家有关部、委、办指导合作经济和畜牧业的文件;党和国家领导人、部门领导人的讲话、文稿;内蒙古自治区成立以来,内蒙古自治区党委、政府及有关部、委、办、厅、局指导畜牧业的文件和资料;自治区党政领导及部、委、办、厅、局领导在全区性会议上的讲话、总结、报告;党刊、党报社论等和专家、学者重要学术论文,是难得的一手资料。

5. 内蒙古自治区政协文史资料委员会所编的《"三不两利"与"稳宽长"·回忆与思考》(《内蒙古文史资料》第 59 辑)(2006 年印刷)专辑,收集了老同志回忆文章 22 篇、学者调研报告 2 篇、基层单位调研报告 2 篇、领导和专家的论文 27 篇。这是一部以亲身参加和领导内蒙古牧区民主改革与畜牧业社会主义改造的老同志的回忆录为主、"他们在有生之年回顾这段难忘的历史,是一笔宝贵的精神财富,因而显得弥足珍贵"的重要文献①。

6. 2010 年中央文献出版社出版了由乌兰夫纪念文集编委会编撰的《乌兰夫纪念文集》(上、下册),收录了乌兰夫同志的老战友、老部下写的纪念文章和诗词等 150 篇,是"从不同角度和时段记述了乌兰夫光辉的革命历程,反映了中国共产党领导内蒙古革命和建设的主要脉络"②为主要特征的回忆录和纪念文章,丰富了内蒙古牧区经济发展的很多细节。

---

① 内蒙古自治区政协文史资料委员会编:《"三不两利"与"稳宽长"·回忆与思考》,载《内蒙古文史资料》第 59 辑,2006 年印刷,第 496 页。
② 储波:《乌兰夫纪念文集》序,载乌兰夫纪念文集编委会编:《乌兰夫纪念文集》(上),中央文献出版社 2010 年版,第 1 页。

7. 郝维民、齐木德道尔吉为总主编的《内蒙古通史》第七卷(共四册)、第八卷(2011 年由人民出版社出版)。该两卷中涉及内蒙古自治区成立以来牧区经济发展和牧区政策的内容最为丰富和全面,但毕竟是通史而不是经济史。

8. 内蒙古自治区畜牧厅修志编史委员会编撰的《内蒙古自治区志·畜牧志》(1999 年由内蒙古人民出版社出版)一书,以写志的方法,记录了自先秦到 20 世纪末,尤其是新中国成立以来,内蒙古畜牧业生产关系变革、生产管理、草原管理建设、饲草饲料加工、畜禽改良育种、畜禽病害防治、科技与教育、畜产品加工、投资与国际合作和机构设置等十一章内容,是一种较全面梳理内蒙古自治区畜牧业发展的综合性和百科性书籍。

9. 内蒙古自治区畜牧厅修志编史委员会编著的《内蒙古畜牧业发展史》一书 2000 年由内蒙古人民出版社出版。该书从远古时代的畜牧业起源写到社会主义发展新时期(到 1997 年为止)的畜牧业,是"沿着自治区成立以来特别是中华人民共和国成立以来的历史发展脉络对畜牧业史予以叙述,在此基础上加以必要的理论概括和分析"的"全方位、多侧面地写出了畜牧业的历史和现状,经验和教训,成果和挫折,是一部珍贵的区情、牧情载体"[①]的著作,该成果在时间划分上有独特的划分方法,体例也较为新颖。

10. 内蒙古自治区畜牧厅修志编史委员会编撰的《内蒙古畜牧业大事记》,1997 年由内蒙古人民出版社出版。该书采用顺时编年体为主、纪事本末体为辅的编撰方法,记述了有史以来,特别是内蒙古自治区成立以来,内蒙古地区畜牧业的重大事件、要事和新事。

11. 刘景平、郑广治主编的《内蒙古自治区经济发展概论》1979 年由内蒙古人民出版社出版。该书较全面地梳理了自内蒙古自治区成立到 1979 年间的内蒙古自治区经济发展,包括内蒙古自治区社会制度、社会主义改造到各个部门经济的发展状况,是第一部研究内蒙古自治区经济发展的著作。

12. 盖志毅先生的《新牧区建设与牧区政策调整——以内蒙古为例》

---

① 内蒙古自治区畜牧厅修志编史委员会编著:《内蒙古畜牧业发展史》,内蒙古人民出版社 2000 年版,第 357 页、"序"第 2 页。

2011 年由辽宁民族出版社出版,在牧区政策研究方面最具有代表性。该著作以实地调查与文献研究相结合,深入分析了内蒙古牧区的实际问题,提出了客观建议,是值得一阅的学术著作,但研究时间段主要集中在新世纪之后的牧区政策调整。

　　除上述主要文献资料以外,本书还利用了领导和学者撰写的有关内蒙古自治区经济社会发展方面的论著。林蔚然、郑广智主编的《内蒙古自治区经济发展史》1990 年由内蒙古人民出版社出版,该书较全面整理了 1947 年至 1988 年间,内蒙古自治区畜牧业、农业、基础建设、轻工业、重工业、交通运输业、邮电电信、商业物资、对外贸易、旅游业、财政、金融、保险、科技、文化、体育、人口与人民生活等发展状况。牛玉儒主编的《内蒙古经济社会发展概要》1995 年由远方出版社出版,主要由综合篇、部门篇和盟市篇组成,系统地对自然地理、资源、农牧业、工业、交通邮电、财政金融、国内贸易和国际贸易、社会各项事业进行了较全面介绍,是一部知识性、史料性俱佳的著作。但该著作毕竟涵盖面较广,涉及内容较多,因而以介绍为主,未能深入探讨。

　　其他绝大部分国内学者,主要分别研究目前内蒙古自治区畜牧业经济现状、制度、体制、运行机制,他们多关注内蒙古自治区牧区生态环境,关注内蒙古自治区牧区资源开发与环境保护、牧区制度与政策等领域。如达林太、郑易生著的《牧区与市场:牧民经济学》2010 年由社会科学文献出版社出版,书中部分内容涉及牧区经济发展史,但全书内容较多,故牧区经济发展史未能展开论述和分析;敖仁其的《牧区制度与政策研究》2009 年由内蒙古教育出版社出版,主要以草原畜牧业生产方式变迁为主线,牧区制度变迁为主要内容,涉及牧区政策的研究不多;许苛著的《农村牧区经济探讨》1998 年由内蒙古人民出版社出版,主要围绕改革开放初期的内蒙古牧区经济建设方面的政策、社会调查和理论进行了探讨;潘建伟主编的国家社会科学基金项目的结项之作《中国牧区资源开发与环境保护》1999 年由内蒙古大学出版社出版,重点研究了牧区资源开发与环境保护;王关区的《草原生态经济系统良性循环之研究》2009 年由内蒙古教育出版社出版,也涉及牧区经济发展问题,但对牧区经济发展政策未作梳理。

总之,到目前为止,以牧区经济发展,尤其是畜牧业政策为主线,并对政策实施过程与效果进行评述的专著和研究成果较少。从这角度看,本书具有一定的研究意义。

有些珍贵资料也许未能找到,有些档案资料挖掘得不够,而且本书由几位成员分工完成,难免有些内容重复或遗漏,还有些问题分析得不够深入,这些都将在今后的修改中予以改进,请专家提出宝贵的修改意见。

第一章　内蒙古自治区成立初期的牧区经济

　　在内蒙古自治政府成立前,帝国主义、满清政府、北洋军阀、国民党政府、民族内部的反动封建统治者、封建牧主、地主阶级、买办资本家及其他外国侵略者都曾对内蒙古各族人民进行过残酷压迫、剥削与掠夺,给内蒙古各族人民造成了严重的社会灾难,各族人民的生产、生活遭到严重破坏。内蒙古各族群众对旧剥削制度、剥削阶级和帝国主义痛恨已久,盼望解放,期待平等、自由、民主的新社会和新制度。

　　1947 年 5 月 1 日,内蒙古自治政府在王爷庙(今乌兰浩特市)成立。这标志着内蒙古自治区的诞生,是内蒙古历史上新的里程碑,当时的《西满日报》社论中写道:"内蒙古自治政府的成立和施政纲领的确定,是内蒙古人民政治生活的新阶段,是内蒙古人民为了走向彻底解放的辉煌成绩,是内蒙古人民的伟大胜利,也是中国人民解放斗争事业中的一件大事,是极富有历史意义的。"[1]内蒙古自治政府的成立也标志着中国共产党在民主革命的实践中,"创造性地提出了民族区域自治的基本政策,不仅引导蒙古民族解放运动走向了正确的发展道路,也为正确解决国内的民族问题提供了理论和实践依据。内蒙古自治政府作为中国少数民族第一个实行民族区域自治的民主政府,为国内其他少数民族的解放斗争树立了成功的典范"[2]。

---

[1]　内蒙古自治区档案馆编:《中国第一个民族自治区诞生档案史料选编》,远方出版社 1997 年版,第 290 页。

[2]　郝维民、齐木德道尔吉总主编:《内蒙古通史》第六卷(二),人民出版社 2011 年版,第 742 页。

第一节　内蒙古自治区土地改革

内蒙古自治政府成立之后,首先面临的问题就是铲除旧的封建等剥削制度,建立新的社会制度。所以,对原有的土地所有制进行改革,铲除"人剥削人"的旧社会制度,建立"耕者有其田"的新土地制度,对巩固胜利果实、带动广大农牧民的劳动积极性具有重要的现实意义。

内蒙古自治政府成立之初,占内蒙古农村人口 10% 左右的地主,占有着 70%—80% 的土地,而占内蒙古地区人口 90% 的蒙汉农牧民,只占有20%—30% 的土地①。当时,地主采用的剥削方式主要有:死租、活租、分收、伴种和高利贷等。农牧民一年辛苦下来收获的粮食大部分被地主剥削,自己所余部分往往不够一家人的生存所需。除了地主与农民之间的矛盾外,由于内蒙古地区的农业经历了特殊的历程,即满清政府和国民政府的"借地养民""移民实边"和"移民殖边"等政策,导致农业经济与牧业经济争夺土地的矛盾局部演变成了民族矛盾。这样,蒙汉民族杂居的地区,自然而然就形成了极为复杂的生产关系。例如,汉族的地主(也叫"二地主")从蒙古族王公贵族那里租过土地后,将其转租给汉族农民,把全部地租转嫁给后者。这样一来,一方面加重了汉族农民的负担,另一方面也加剧了蒙汉民族之间的矛盾。土地关系中的阶级矛盾和民族矛盾的错综复杂,便是内蒙古农村与其他地区农村所不同的特点②。

一、内蒙古解放区的土地改革

1947 年 10 月 10 日,中国共产党公布了《中国土地法大纲》,宣布"废除封建性及半封建性的土地制度,实行耕者有其田的土地制度"③。1947 年11 月,内蒙古共产党工作委员会召开了兴安盟群众工作会议,会议根据《中国土地法大纲》规定,决定立即在内蒙古解放区农村发动土地改革运动。

---

① 参见邓力群等主编:《当代内蒙古简史》,当代中国出版社 1998 年版,第 49 页。
② 参见邓力群等主编:《当代内蒙古简史》,当代中国出版社 1998 年版,第 50 页。
③ 中共中央党校党史教研室选编:《中共党史参考资料》(六),人民出版社 1979 年版,第328 页。

内蒙古的土地改革必须贯彻中共中央制定的"依靠贫农,团结中农,有步骤地、有分别地消灭封建剥削制度,发展农业生产"①的土地改革总路线,并根据内蒙古农村的土地关系和民族关系特点,制定具体的改革政策。1947 年11 月,内蒙古东部地区的兴安盟、纳文慕仁盟、呼伦贝尔盟②,时属辽吉省领导的哲里木盟③及属热河省领导的昭乌达盟、卓索图盟农村,全面开展了土地改革运动。在农村进行土地改革的同时,内蒙古自治政府管辖的锡林郭勒、察哈尔、呼伦贝尔和兴安、纳文慕仁、哲里木、昭乌达等盟或地区的全部或部分牧业区或牧业经济占优势的地区开展了土地改革运动,并于1948 年6 月基本结束,短期内完成了一系列重大的社会变革④。通过土地改革废除了封建土地制度,原来没有土地的蒙汉农民分到了土地及其他生产资料。根据不完全统计,农民群众在土地改革中分到的土地达 445 万亩,耕畜15.6 万头,房屋 6.5 万间,粮食 11.9 万余石⑤。

1948 年 7 月,内蒙古共产党工作委员会在哈尔滨召开了干部大会。会议总结了内蒙古自治政府成立以来的工作,也总结了内蒙古解放区农村土地改革的工作,检讨了工作中的"左"倾错误,补充制定了对农业区的土地改革政策。其基本内容为:1. 内蒙古境内的土地为蒙古民族所公有。2. 对汉族地主按照《中国土地法大纲》的规定没收其土地、耕畜和财产。3. 取消"二地主",取消蒙租。4. 将蒙古族大中地主的土地、耕畜及财产没收,平分给蒙汉农民,除蒙奸恶霸外,均留给其与农民相同的一份。5. 出租户口地的小地主的土地不动,其财产也不分。6. 蒙古族富农剥削量不超过其总收入50%的,耕畜和财产一般不动,土地只分其多余部分;中农的土地坚决不动,许进不许出。7. 在斗争果实的分配中适当照顾蒙古族农民的利益,以弥补取消蒙租带给蒙古族农民的部分损失⑥。这些规定考虑了内蒙古的地区特

---

① 《毛泽东选集》第四卷,人民出版社 1991 年版,第 1317 页。

② 呼伦贝尔盟:现在呼伦贝尔市的旧称。

③ 哲里木盟:现在通辽市的旧称。

④ 参见邓力群等主编:《当代内蒙古简史》,当代中国出版社 1998 年版,第 50—51 页。

⑤ 参见王铎主编:《团结中的内蒙古》,内蒙古人民出版社 1987 年版,第 37 页。

⑥ 参见内蒙古自治区档案馆编:《中国第一个民族自治区诞生档案史料选编》,远方出版社1997 年版,第 112—117 页。

点和民族特色,把中国共产党的土地改革政策与内蒙古地区实际情况创造性地结合起来,为解决内蒙古农村的地主与蒙古族及汉族劳动者之间的矛盾、蒙古农民与汉族农民的经济矛盾、蒙古族地主与蒙古族农民的矛盾,提供了政策依据,从而顺利完成了内蒙古解放区农区土地改革运动。内蒙古解放区农村经过土地改革运动,废除了封建土地制度,解放了农村生产力,以前没有生产资料的农民分到了土地、牲畜和农具,实现了建立"耕者有其田"的土地制度。这激发了农民群众忠党爱国的政治热心,各族农民群众全力支持全国解放战争,为全国解放事业作出了自己的贡献。

二、内蒙古西部地区的土地改革

内蒙古西部的土地改革地区主要指绥远省境内的蒙古族聚集的农业区。这些农业区的特点是蒙古族农民与汉族农民杂居,农业和牧业交错并存。

(一) 西部地区土地改革的历史背景

根据内蒙古西部地区特有的土地结构和人口结构等特点,土地改革必须采取与纯农业区土地改革相区别的政策措施。绥远蒙旗农耕化大致始于清代中叶,特别在清末年间"移民实边"政策实施,官垦牧场扩大,加速了牧区农耕化的进程。新中国成立初期的绥远省土地结构和人口结构特点显示,蒙古族人少地多,而汉族人多地少。据有关资料,新中国成立初期,绥远蒙旗所有土地占全省总面积的 2/3,而蒙旗耕地只占全省的 1/3,绥远人口300 余万,蒙古族人只有 15 万①。蒙旗或蒙古族的土地与汉族的县土地划界交错,经营方式不同,两地界限模糊,蒙汉农民间因界限问题时有纠纷。随着中央人民政府于 1950 年 6 月颁布的《中华人民共和国土地改革法》,中共绥远省委和省政府组织干部 1951 年夏季赴农村进行调研,开始了土地改革的试点工作;同年 9 月,成立了绥远省土地改革委员会;11 月,召开绥远省协商委员会第二次会议及首届农民代表大会,对绥远省土地改革运动进行了总动员,11 月 25 日,乌兰夫在大会上就民族问题、民族干部、执行民

---

① 参见奎壁:《蒙旗土地改革实施办法的报告》,《绥远行政周报》1951 年第 80 周。

族政策过程中注意民族问题等作了重要报告;12 月 4 日,绥远省人民政府颁布了《绥远省蒙旗土地改革实施办法》《绥远省关于蒙民划分阶级成分补充方法》和《土地改革干部八项纪律》,其中,《绥远省蒙旗土地改革实施办法》是遵照"依靠贫农、雇农,团结中农,中立富农,有步骤有分别地消灭封建剥削制度,发展农业生产"①的土地改革总路线及《中华人民共和国土地改革法》,根据绥远省土地关系、农村经济的实际情况和民族特点制定的,特别提到"土地改革必须照顾牧业的发展,坚决保护牧场、牧群,绝对禁止开垦牧场,并适当地满足蒙汉人民的牧场需求,划出一定数量的牧场""在蒙汉杂居区实行土地改革时,必须适当的配备蒙古干部认真地宣传与贯彻民族政策,合理地处理尚存在的民族纠纷问题,充分发动蒙汉群众,联合进行土地改革斗争,统一分配胜利果实"②。从 1951 年开始的内蒙古西部地区土地改革运动到 1952 年 5 月基本结束,1952 年秋季开展了土地改革复查工作,该工作结束时,西部地区土地改革全部结束。

中共中央内蒙古分局对绥远省土地问题作了清晰的分析,指出绥远省土地改革问题不仅是土地关系问题,更重要的是涉及民族关系问题,一定要谨慎进行,不能操之过急。

(二)　土地改革采取的政策措施

1951—1952 年,在内蒙古西部地区进行了土地改革运动。在内蒙古西部地区进行的土地改革主要根据东部地区的经验来进行,具体实施政策措施如下:

第一,依据《中国土地法大纲》的规定,对汉族地主没收其土地,并平分其土地、耕畜、财产外,还取消"二地主"的剥削,取消蒙租。

第二,对蒙古族地主的土地、耕畜和财产,实行区别对待:对待蒙古族大地主跟对待汉族大地主一样,没收并平分其土地、耕畜和财产;对待中等地主,只没收其土地,不没收其财产;对待小地主一般不没收其土地和财产;一

---

① 《邓小平文集》中卷,人民出版社 2014 年版,第 220 页。

② 《绥远省蒙旗土地改革实施办法》(草案),载内蒙古党委政策研究室、内蒙古自治区农业委员会编:《内蒙古畜牧业文献资料选编》(内部资料)第二卷(上册),1987 年印刷,第 55—58 页。

般富农的土地和财产一概不动。

第三,对蒙古族农牧民采取的土地改革办法是:中农的数量少,对其采取特别保护的办法;对无地或少地农民分给一份至两份土地和生产资料;牧民愿意种地的也分给和农民相等的土地与生产资料,坚决保护和禁止开垦牧场,保护畜牧业,照顾畜牧业的发展。

第四,在改善民族关系方面:在正确解决内蒙古农区蒙汉地主阶级和蒙汉农民之间阶级矛盾的同时,也正确处理围绕土地问题发生的民族矛盾。

(三) 内蒙古西部地区土地改革的顺利完成

内蒙古西部地区土地改革于1952年2月顺利完成。从实施土地改革、划分阶级成分到分配土地、分配生产资料,从民族关系调整到农牧矛盾的处理,各项事宜均从实际出发,灵活把握,最终取得了土地改革的全面成功。据有关资料显示,截至1952年年底,西部12个蒙旗县共有蒙古族4 461户18 383人,其中,划分为地主成分的有72户498人,占总户数的1.61%,总人口的2.7%;中地主61户261人,占总户数的1.37%,总人口的1.42%;小地主65户321人,占总户数的1.46%,总人口的1.75%;半地主式富农7户44人,占总户数的0.16%,总人口的0.23%;富农35户220人,占总户数的0.78%,总人口的1.19%。地主富农共计220户1 344人,占总户数的5.4%,总人口的7.3%;贫农、中农、小土地出租等劳动农民4 221户17 039人,占总户数的94.6%,总人口的92.7%①。

土地改革和民主改革是一场深刻的社会变革。中国的土地改革消除了几千年以来延续的土地所有制,消除了人剥削人的制度,实现了劳动人民"耕者有其田"的梦想。而内蒙古的土地改革,更是采取了中国农区的土地改革与内蒙古民族地区实际相结合,既依据中共中央精神,又符合内蒙古地区实际情况,因地制宜地制定了方针政策,顺利完成了土地改革任务。土地改革的顺利完成使内蒙古农村牧区发生了根本性的变化,废除了封建特权、经济剥削,实现了贫苦农牧民与王公贵族政治上的平等。经过牧区民主改革,广大牧民群众摆脱了封建制度和剥削,政治上得到了自由和解放,经济

---

① 参见《关于绥远省一年来土地改革工作的总结报告》,《绥远行政周报》1952年第117周。

上获得了牲畜和财产,农区牧区打开了社会稳定经济发展的新局面。

第二节　"三不两利"为核心的牧区民主改革

中华人民共和国成立时,内蒙古地区分别隶属于内蒙古自治政府、热河省、察哈尔省、绥远省及宁夏省。而内蒙古自治政府的辖区,则由呼伦贝尔纳文慕仁盟(简称呼纳盟)、兴安盟、哲里木盟、昭乌达盟、锡林郭勒盟、察哈尔盟,共33个旗、4个县、3个市构成①,其中不包括目前的阿拉善盟、巴彦淖尔市和包头市的大部分旗县。显然,内蒙古自治区成立时的牧区民主改革应该包括内蒙古地区的牧区、半农半牧区民主改革和绥远地区的牧区、半农半牧区的民主改革两部分。

内蒙古各地相继解放后,各族人民在政治上获得了人身自由,有了能够当家作主的地位和权利,但在经济上仍摆脱不了被剥削的命运,严重影响着革命胜利果实的保护与分享。为了巩固既得的革命成果、加强人民政权,内蒙古地区在农区进行土地改革的同时,在牧区和半农半牧区也进行了以废除封建特权为主要内容的民主改革。牧区民主改革首先建立民主政权,废除封建统治阶级政治上的一切特权,然后进行经济上的改革。在政治改造中,一方面通过人民群众的民主选举将蒙古王公贵族世袭制封建政权改为旗长制的人民政府,另一方面坚决镇压企图抵抗民主改造的叛乱封建阶级。

一、牧区民主改革的历史背景和基本政策

(一) 牧区民主改革的历史背景

1. 内蒙古自治政府的首要任务

1945 年 8 月 15 日,日本宣布无条件投降,抗日战争获得全线胜利。曾被日本帝国主义殖民的内蒙古中东部地区成为解放区。中共中央高度重视该地区的各项工作,发出重要的指导意见,指出内蒙古地区是中共党组织开

---

① 参见郝为民、齐木德道尔吉总主编:《内蒙古通史》第七卷(一),人民出版社 2011 年版,第 114 页。

展革命工作的重要战略区,并派出大批干部深入内蒙古解放区,领导各族人民开展了保卫革命胜利果实的活动。因此内蒙古地区便成为全国解放战争重要的后方根据地之一。这一历史转折,为内蒙古民主改革的顺利进行提供了重要条件。

内蒙古自治区的成立为民主改革的实施提供了政治保障。1947 年 5 月 1 日,内蒙古自治区人民政府的成立,意味着内蒙古民主革命进入崭新的历史阶段。在内蒙古自治区成立的前后一年时间内,在中共中央的领导下,内蒙古共产党工作委员会开展了民主建设、反奸反特和剿匪反霸等政治运动,政治上更加成熟;采取了恢复生产的各项措施,经济管理能力更加得心应手,各项方针政策受到各族广大人民群众的欢迎,群众基础更加牢固。

但是,在内蒙古自治区政府成立之初,内蒙古牧业区仍然存在着阶级压迫和阶级剥削。一些封建王公贵族、牧主及宗教上层喇嘛占有相当数量的草场和牲畜,而广大牧民却没有支配草场的权利,拥有很少的牲畜或根本没有牲畜,并且深受封建统治阶级、宗教上层人士的压迫和剥削。据当时统计,占人口 2%左右的牧主,占有牲畜总数的 20%以上;而占人口 40%—50%的贫苦牧民,却只占有牲畜总数的 15%[①]。呼伦贝尔盟新巴尔虎东旗[②] 1946 年时只占总数 1%的封建上层人士和牧主,平均每户占有几千头牲畜,而占总户数约 1/4 的贫苦牧民每户牲畜不足 5 头,有的甚至连一头牲畜也没有,中等牧户每户也只有几百头牲畜。据昭乌达盟巴林左旗 1948 年的调查,该旗一个村 49 户牧民中的 7 户牧主占有全村牲畜总数的 1/2,而最贫困的 4 户牧民总共只有 4 头牲畜。另据锡林郭勒盟阿巴哈纳尔旗 1948 年 6 月的调查显示,全旗 538 户牧民中,牧主只有 32 户,占总户数的 5.9%,所占有的牲畜总头数却为全旗总牲畜的 47.9%,中等以下牧民 464 户,占总户数的 86%,而拥有的牲畜总数只占全旗牲畜总数的 36.7%[③]。

牧区的王公贵族和牧主等剥削阶级对牧场拥有控制权并占有大量牲

---

① 参见内蒙古自治区畜牧厅修志编史委员会编著:《内蒙古畜牧业发展史》,内蒙古人民出版社 2000 年版,第 76 页。

② 东旗:又称左旗。

③ 参见郝维民主编:《内蒙古自治区史》,内蒙古大学出版社 1991 年版,第 38 页。

畜,他们主要通过放"苏鲁克"和雇工,来对贫苦牧民进行剥削和压迫。"苏鲁克"是旧社会内蒙古牧区实行的牲畜承放制度,是一种超经济剥削方式。所谓放"苏鲁克"就是畜主将其大量牲畜分群给牧民放养,年产仔畜和皮毛全归畜主;牧民接放一头乳牛,一年还要向畜主交3斤黄油、3块奶豆腐,牧民只得少量剩余奶食;接放羊群,每年所产仔畜和皮毛全归畜主,有的地方牧民与畜主对羊皮三七分成;牛羊若年产双胎或一胎双仔,牧民可得其一;牲畜如因灾害损失,牧民需向畜主如数交回皮张;牲畜如被狼吃或丢失,牧民要全部赔偿。雇工是牧主剥削牧民的主要形式之一,分为长工和短工,工资以实物为主、货币为辅。牧工放牧100头左右的牛或300只左右的羊,年工资只折付6只羊;若吃穿由畜主负担,一年只能得到一头4岁牛;牧工除放牧外,还要从事搭棚修圈、加工畜品、打井等劳动。另外,王公贵族以及有权势的牧主还倚仗传统的封建特权对牧民进行超经济剥削,令牧工及其家属无偿从事剪羊毛、打马鬃、挤奶、打井、拾柴捡粪、烧茶做饭、做衣擀毡等劳动。有的地方还保留着奴隶制残余,牧民对王公贵族仍存在人身依附关系①。因此,内蒙古自治政府成立后,便开始进行农村土地改革和牧区民主改革,废除封建制度和封建特权,让贫苦牧民翻身做主成为新政权的首要任务。

2.《中国土地法大纲》颁布和全国土地改革

1947年下半年,全国解放战争出现更好的发展趋势,鼓舞了全国各族人民的信心,同时也为各地区的民主改革运动提供了人力和物力支持。1947年下半年解放战争由战略防御转向战略反攻,9月13日中国共产党全国土地工作会议通过了《中国土地法大纲》,并于同年10月10日公布施行。《中国土地法大纲》宣告中国彻底废除封建性及半封建性剥削的土地制度,实行"耕者有其田"的土地制度。没收地主的土地财产,征收富农多余的土地财产;废除一切祠堂、庙宇、寺院、学校、机关团体的土地所有权和乡村在土地改革以前的一切债务;以乡或村为单位统一分配土地,数量上抽多补少,质量上抽肥补瘦,所有权归农户所有。土改前的土地契约、债约一

---

① 参见郝维民主编:《内蒙古自治区史》,内蒙古大学出版社1991年版,第38—39页。

律缴销;工商业者的财产及其他营业受法律保护,不受侵犯。本法公布前已平均分配的地区,农民不要求重分,可不重分。由此,《中国土地法大纲》不但肯定和发展了1946年"五四指示"中提出的将地主土地分配给农民的原则,而且还改正了其中对地主照顾过多的不彻底性,成为在全国彻底消灭封建剥削制度的纲领性文件。该纲领性文件的颁布,大大调动了农牧民的积极性,加速了解放战争的胜利进程。在此良好的形势下,迎来了内蒙古农村牧区的土地改革,即民主改革。

根据全国土地工作会议和《中国土地法大纲》的精神,从1947年10月开始内蒙古共产党工作委员会和自治政府依据内蒙古的实际,在牧业区开展了因地制宜的社会民主改革,以促进畜牧业生产和牧区社会的发展。1947年11月5日,内蒙古共产党工作委员会在王爷庙召开兴安盟群众工作会议,对牧区民主改革作出全面部署。此后,各盟牧区相继展开了民主改革运动。

(二)民主改革的基本政策

内蒙古牧区民主改革的基本政策主要包含如下六方面:1.承认内蒙古的牧场为内蒙古民族所有,废除封建牧场所有制;2.废除封建阶级的一切特权包括政治特权和经济特权;3.废除奴隶制度,宣告一切奴隶完全解放,享有完全平等的公民权利;4.废除牧区的封建剥削,实行"不斗不分,不划阶级"与"牧工牧主两利政策";5.废除牧区政教合一制度,蒙古族人民信教自由,喇嘛不许有公民以外的特权;6.牧区实行保护牧民群众,保护牧场,自由放牧,在牧工与牧主两利的前提下,有步骤地改善牧民的经济生活,发展畜牧业。这样,"三不两利"政策已初步形成。其牧区民主改革的步骤一般是:首先通过民主选举建立人民当家作主的民主政权,废除封建统治阶级政治上的一切特权,然后再进行经济改革。

二、"三不两利"政策的提出

民主改革的核心任务是消除阶级压迫,废除封建剥削制度,使广大牧民翻身做主,从而解放牧业区的社会生产力,促进畜牧业生产和牧业区的社会进步。然而由于缺乏民主改革经验,牧区在民主改革之初也走过弯路、犯过错误。一些牧区忽视牧区阶级关系特点和畜牧业经济特点,盲目照搬农村土地改革的做法,提出"耕者有其田,牧者有其畜"的口号,发动牧民群众划分阶级、斗争牧主、平分牲畜,导致了社会动荡,谣言四起,土匪趁机骚扰破坏,上层喇嘛、王公牧主及部分富裕牧户纷纷逃避。恐慌的牧主甚至大量屠宰牲畜,分到贫户的牲畜也被大量宰杀和流失,牧业生产受到严重破坏。例如,察哈尔盟提出"牧主的牲畜一律没收""清算与没收庙产"的错误口号,把是否当过官和占有牲畜的数量也作为划分阶级的依据;又如哲里木盟提出"彻底消灭封建,打垮地主与牧主,平分土地与牲畜","农业区必须实行土地法大纲以消灭地主阶级平分土地;在半牧半农区,以牧为主区及纯游牧区,亦应消灭牧主与地主,平分牲畜并调整耕地与牧场,充分满足贫雇农牧民"的要求;而昭乌达盟翁牛特旗将人均 10 头牛以上的牧户定为牧主,5—10 头牛的定为富牧,4—5 头牛的定为中牧,不足 4 头牛的定为贫牧,无牛户定为赤贫户,并把牲畜平均分配。结果大量牲畜被宰杀或售卖,部分畜群无人放养,致使牲畜丢失和死亡现象严重;锡林郭勒盟苏尼特左旗等 6 个旗,在民主改革过程中公开划阶级、斗牧主,没收牧主畜财,提出"有冤报冤,有仇报仇"和"牧者有其畜"等口号。盲目套取农业区的等级划分并运用到情况根本不同的牧区,结果扩大了打击面,造成了牧主的恐慌。

表 1-1　民主改革时期察哈尔盟划分牧主、富牧情况

百分比＼旗别	正白旗	镶白旗	明安旗	正蓝旗
牧主、富牧占户口的百分比	21.2%	14.8%	15.8%	19.5%
牧主、富牧占人口的百分比	25.2%	15.5%	20.6%	21.7%

数据来源:浩帆:《内蒙古蒙古民族的社会主义过渡》,内蒙古人民出版社 1987 年版,第 122 页。

民主改革中"左"的错误,带来了政治和经济上的严重后果。在政治方面,由于把一部分基本群众划分到封建营垒,不仅造成了贫苦牧民思想上的混乱,而且增强了敌对力量,群众对党和政府产生了怀疑,不敢接近革命干部,给革命工作的开展带来了困难;封建势力乘虚而入造谣惑众,给民主改革带来了较大阻力。在经济方面,牲畜的大量损失、畜牧业经济

的受挫;牧区各阶层恐惧经济发展后生产资料再被均分引起纷乱,致使许多牧民不致力于生产经营,不精心饲养牲畜,结果造成大量牲畜死亡或宰杀。

表1-2　1947年7月—1948年11月察哈尔盟牲畜下降情况

牲畜 旗别	牛	马	白羊	山羊	骆驼	说明
正蓝旗	36.2%	44.4%	42.4%	—	15.3%	—
正白旗	43.2%	16.9%	36.2%	—	11.5%	—
明安旗	23.6%	23.5%	25.6%	—	16%	对冻死病死无统计,损失数很大。
镶白旗	34%	19.9%	35.5%	10%	12%	1947年7月—1948年7月数字。
镶黄旗	52.1%	—	63.1%	—	—	新收复区不确定,土匪抢劫厉害。

数据来源:浩帆:《内蒙古蒙古民族的社会主义过渡》,内蒙古人民出版社1987年版,第124页。

当时内蒙古自治政府主要领导人乌兰夫,对民主改革的认识同样经历了实践中不断深化的过程。他在1948年1月曾指出:"实现平分土地,彻底消灭封建制度。在农业区,建立贫雇农领导,确立贫雇农的优势,团结中农,镇压恶霸地主的反攻倒算,防止奸细破坏;在游牧区,也要消灭封建压迫与剥削,改善牧民生活,实行放牧自由,组织翻身后的农牧民发展农牧业生产,劳动致富。"[①]显然,乌兰夫当时也没有充分考虑到牧区与农区间的区别、游牧经济与传统农业经济的不同,从而未能合理制定牧区民主改革的政策。牧业区与农区的实际情况有较大区别,牧业经济与农业经济更是不同:牲畜既是生产资料,人们用牲畜繁殖发展生产;又是生活资料,畜产品是牧民生活资料的主要来源。如果采取与农区相同的政策进行民主改革,必将会破坏牧区生产力的发展,影响牧区人民的正常生活。因此,必须采取符合牧区经济特点和民族特点的政策措施,才能顺利完成民主改革任务、保证牧区经

---

① 乌兰夫:《一九四八年我们的任务》,载《乌兰夫文选》(上册),中央文献出版社1999年版,第77页。

济社会的稳定发展。

1948 年 7 月 2 日,在哈尔滨召开的内蒙古共产党工作委员会旗县以上干部会议上,乌兰夫及时纠正了上述错误,部署了下一步的工作。他在大会的报告中指出,我们的错误主要在于"没有清楚地认识到游牧经济的特殊性与游牧区群众的觉悟程度,提出了一九四八年在游牧区消灭封建的方针,这是错误的,助长了下面工作中'左'的倾向。至于有些游牧区平分牲畜,破坏了牧区经济基础,则更是错误的"①。乌兰夫告诫与会干部:"上述偏向与错误是很严重的,如不纠正,危害极大。东北局提出纠偏后,我们认识到了自己的错误,并坚决进行了纠偏,改正了错误。但应该提出,我们的纠偏工作还是有缺点的,干部的思想认识还不够,必须认真贯彻纠偏精神,彻底改正错误,并防止发生右的偏向。"②在纠正错误的基础上,乌兰夫还指出,今后游牧区的政策是:第一,废除封建特权,适当提高牧工工资,改善放牧制度,在牧民与牧主两利的前提下,有步骤地发展畜牧业,改善牧民生活。第二,罪大恶极的蒙奸恶霸,经盟以上政府批准,可以没收其牲畜,财产由政府处理,一般大牧主一律不斗不分。第三,实行民主改革,有步骤地建立民主政权,发展游牧区经济。乌兰夫的报告得到了中共中央东北局的充分肯定,公开发表后在内蒙古地区得以广泛宣传。在 1949 年 3 月召开的中共七届二中全会的发言中,乌兰夫再次明确指出:"牧场要保护,畜群决不能分散。'牧者有其畜'的口号是错误的。"③在这一过程中,内蒙古牧区民主改革的基本政策逐渐成型,即"牧场公有,放牧自由""不斗不分,不划阶级"和"牧工牧主两利"(简称为"三不两利"政策)。在此基础上,内蒙古自治政府向牧业区发出了"增畜保畜""人畜两旺"的号召,得到了广大劳动牧民的热烈拥护。

"三不两利"政策,是乌兰夫在认真调研、进行试点工作的基础上提出

①　乌兰夫:《蒙古民族的发展特点与解放道路》,载《乌兰夫文选》(上册),中央文献出版社 1999 年版,第 91—92 页。

②　乌兰夫:《蒙古民族的发展特点与解放道路》,载《乌兰夫文选》(上册),中央文献出版社 1999 年版,第 94 页。

③　乌兰夫:《在中共七届二中全会上的发言》,载《乌兰夫文选》(上册),中央文献出版社 1999 年版,第 112 页。

的。据王树盛回忆①,1947年11月,乌兰夫让科右前旗旗长杰尔格勒去该旗唯一的纯牧业努图克②乌兰毛都搞民主改革的试点。当时,因农村土改而逃亡到此地区的一些地主、日伪统治时期的社会渣滓与当地牧主结合起来,造谣惑众,破坏民主改革,并在1948年煽动引发了200多人的逃亡事件。这一事件引起了乌兰夫的重视,乌兰夫要求杰尔格勒等人分析事件发生的原因,认真总结经验教训。这些同志进行分析总结后认为,最大的教训是在牧区搞民主改革不能照搬农村土地改革的做法,而应该根据牧区和牧业经济的特点,制定符合牧区和牧业经济实际情况的政策。牧主在经营方式、剥削形式和发展水平上都不同于地主。在少数民族的牧业区应该削弱封建,而不应该消灭封建。不要像农民斗地主那样斗牧主,也不能像农村平分土地那样把畜群分给牧民。应废除大牧主的一切封建特权,实施提高牧工工资的办法,减轻牧主对牧工的剥削,增加牧工收入,发展包括牧主经济在内的畜牧业经济,让牧工和牧主都能得到好处。乌兰夫听阅这些总结后,认为其对牧区与畜牧业特点所作的分析和对牧区民主改革的意见是正确可取的。为了制止牧区民主改革中"左"的做法,稳定蒙古族各阶层的情绪,在乌兰夫的主持下,自治区以内蒙古共产党工委的名义召开了工作团长会议,会中杰尔格勒介绍了科右前旗乌兰毛都努图克民主改革试点的做法,并得到会议肯定。这就是"三不两利"政策最初提出的来龙去脉。之后,1948年7月在哈尔滨召开的内蒙古干部会议上,乌兰夫又进一步明确了牧区民主改革中要实行"三不两利"政策,从而统一了干部的思想,明确了牧改工作的方向。

三、"三不两利"政策的内涵

"三不两利"政策中,"三不"是手段,"两利"是目的。通过"三不两利",达到"人畜两旺"。"三不",即"不斗、不分、不划阶级",即不分牧主的

---

① 参见内蒙古自治区政协文史资料委员会编:《"三不两利"与"稳宽长"·回忆与思考》,载《内蒙古文史资料》第59辑,2006年印刷,第167—175页。
② 努图克:在蒙古语里是区的意思。

牲畜,对牧主不进行斗争,不公开划分阶级成分。牧区和农区的特点是不一样的,牧主与地主也不相同,因此在进行民主改革时,应该依据牧区和牧业经济的特殊性,采取不同的政策。牧业区经济较农业区经济更具有落后性、散漫性与无组织性,其基础不巩固,易遭受破坏。加之牧业区人民数百年来深受种种压迫和奴役,他们迫切要求取消封建特权,迅速恢复和发展即将破产的畜牧业经济,从而提高、改善自身的生活水平。牧区实行"自由放牧"政策后,虽然封建残余在个别地方仍然存在,但已基本取消了牧主阶级的封建特权。牧主经济是牧业区畜牧业经济的一个组成部分,其经营方式是雇佣劳动,带有资本主义性质。但牧主经济的发展,就整个新民主主义的国民经济来说,不是有害而是有利的,它可以成为新民主主义经济的一个组成部分。因此,如果对牧主进行斗争,分其牲畜、划其阶级,必将打击牧主的积极性,影响牧主经营的牧业经济,不利于恢复发展畜牧业的目标。正如乌兰夫指出的:"我们所以执行这样的政策,是为了发挥牧区各种经济成分的积极性,稳定地发展畜牧业生产,使之更加有利于国家和人民。牧主经济是有不同于城市资产阶级经济以及农村富农经济特点。因此我们目前对待牧主的政策应该是也不同于对待资产阶级和富农的政策。"[1]牧业区经济文化落后,其阶级分化不如农业区明显,群众觉悟低。在此情况下,扩大牧区统一战线范围,团结、改造具有一定社会基础和影响力且有一定文化的封建上层人士,是有利于经济社会发展的。因此,"在牧业区开始工作时,必须经过'团结上层',才能'深入下层',所以说,这并不影响我们反帝反封建的斗争,而是因地制宜地执行了党的政策"[2]。

"三不"政策的实行,必将使牧主经济有所发展,从而也会推动牧区经济的发展,这对当时内蒙古牧区的经济发展和繁荣是有利的,并且无需担心牧区经济的性质仍未发生改变,因为牧区还存在国营经济、个体牧民经济和由个体牧民组织起来的互助合作经济,这些经济形式在国家的大力扶植下

---

[1]　乌兰夫革命史料编研室编:《乌兰夫论牧区工作》,内蒙古人民出版社1990年版,第122—123页。

[2]　乌兰夫:《关于生产、统战和民族问题》,载《乌兰夫文选》(上册),中央文献出版社1999年版,第172页。

发展速度将大大超过牧主经济。只要政策正确,牧主经济虽然会有所增加,但它在整个牧区经济中的比重则呈下降趋势。

在贯彻"三不"政策的过程中,为解决贫困牧民的困难,内蒙古自治区党委和政府也采取了其他政策。这些政策包括:适当调整牧工工资;组织牧民互助;发放畜牧业贷款和救济款,组织牧区信贷合作;鼓励社会互济;等等。

"两利",即"牧工牧主两利",是指在废除牧主对广大贫苦牧民封建特权和封建剥削的基础上,实行合理的牧工牧主两利的工资制度。这一政策包含两个方面的内容:一方面是允许牧主雇工放"苏鲁克",保护牧主对牲畜和其他财产的所有权,鼓励其发展生产的积极性。由于牧主经济带有雇佣劳动的性质,在废除封建特权和封建剥削后,牧主的雇佣基本是资本主义性质的。因此,只要合理解决工资问题,就可以使牧主经济为国民经济发展服务。另一方面是适当地限制牧主的剥削。新"苏鲁克"制度是执行"两利"政策时提倡的一种新的合同制,牧主和牧工双方签订合同,合理规定租牧年限和分配仔畜、畜产品的比例等。这一制度是"两利"政策的一种形式,可使贫穷牧户的放牧积极性大为提高,从而提高牲畜繁殖率与成活率,牧主所得利益并不比从前减少,而牧户却比从前增加了收入,双方都很满意。

实施"牧工牧主两利"政策的关键是工资问题。在实行牧工牧主间"两利"政策时,首先应该规定合理的工资制度,要根据当地牧业的发展及人民生活的提高情况来规定牧工工资,既反对不顾实际情况规定过高的工资,又反对不注意根据生产的发展而适当提高牧工的工资。在贯彻工资制度和"苏鲁克"制度实践中,主要采取了 5 种办法:第一种是由牧工牧主自行议定。第二种是由牧工牧主双方协商,政府参与,加以领导或仲裁。第三种是由牧工牧主集会协商,规定出小范围的统一标准。第四种是由人民政府发布命令,规定统一标准。如 1948 年,呼伦贝尔盟政府发布了《牧工工资条例》和《苏鲁克条例》,前者规定牧工放养 1 000 只羊,每月可得 3 只羊的报酬,比标准高出两倍,并具有具体折算和累进办法,伙食由牧主供给。后者规定接放"苏鲁克"户每年分得羊羔 40%—50%。第五种是由人民代表会议通过决议后普遍执行。1949 年 8 月,锡林郭勒盟实行新"苏鲁克"制度时,系由人民代表会议通过决议,规定接放 100 只母羊,每年给牧主 50 只羊羔,其余归接放户①。

与此同时,为了解决牧区贫困牧民生产和生活困难,自治政府还采取了其他相应的社会政策,如组织牧民互助;发放畜牧业贷款和救济款,组织牧区信贷合作;鼓励社会互济;等等。通过这些政策,使贫苦牧民从发展生产中逐步由贫困走向富裕。

在"三不两利"政策的基础上,内蒙古自治区党委和政府依据牧区的阶级结构与畜牧业经济特点,进一步确定了牧区民主改革的总方针,即"依靠劳动牧民,团结一切可以团结的力量,从上而下地进行和平改造和从下而上地放手发动群众,废除封建特权,发展包括牧主经济在内的畜牧业生产"。这一总方针的确定,为内蒙古地区顺利完成民主改革任务提供了政策保障。

四、"三不两利"政策的具体实施

自 1947 年被提出并于 1948 年 7—8 月间在哈尔滨召开的内蒙古干部会议上得到进一步确定后,"三不两利"这一重要政策在内蒙古民主改革的过程中得到了有效的贯彻落实,并接受了内蒙古民主改革实践的检验,为内蒙古地区顺利完成民主改革任务发挥了重要作用。

(一)"三不两利"政策在呼伦贝尔盟的实践

牧区民主改革首先在当时的呼伦贝尔盟进行了试点。呼伦贝尔盟牧区的民主改革是 1948 年 9 月 3 日在时任中共呼伦贝尔盟工委书记吉雅泰的带领下正式开始的。由他在新巴尔虎左旗阿木古郎附近的甘珠尔庙举办的呼伦贝尔盟游牧区那达慕大会上发表动员讲话开始,至 1955 年基本结束。当时,呼伦贝尔盟虽然没有像昭乌达盟那样采取仿照农村土地改革中"耕者有其田"的做法,提出"牧者有其畜"、斗牧主、分牲畜的错误口号,但在1948 年 5—6 月也曾想效仿他们斗牧主、分牲畜,幸运的是该倾向产生时,

---

① 参见内蒙古自治区畜牧厅修志编史委员会编著:《内蒙古畜牧业发展史》,内蒙古人民出版社 2000 年版,第 78 页。

被内蒙古共产党工委及时予以制止而未进行下去。随后的 1948 年 9—10
月,内蒙古共产党工委派政策研究室主任孙大光带领 40 多名干部到呼伦贝
尔盟,在新巴尔虎左旗新宝力格苏木进行了牧区社会政治经济结构的调查。
调查的结果是,在牧区贫苦牧民不占优势,不能组织贫雇牧协会;不适合斗
牧主、分畜群、划阶级,农村的斗地主、分田地办法在这里行不通。此次调查
表明"三不两利"政策是符合内蒙古牧区实际的,同时也证明了该政策的正
确性①。

　　在民主改革前,呼伦贝尔盟牧区存在着封建官吏、牧主和上层喇嘛组成
的统治阶级,存在着以广大贫苦牧民为主的被统治阶级,因而也存在着阶级
矛盾和剥削。但是,呼伦贝尔盟并未采取像农区那样"分、斗、划阶级"的做
法。原因包括以下三个方面:第一,恢复和发展畜牧业经济,是当时牧区的
首要任务。由于战争的破坏以及长期的粗放经营,呼伦贝尔盟的畜牧业经
济日趋衰落,不仅广大牧民生产生活非常困难,就连一些牧主也没有多少牲
畜。据统计,呼伦贝尔盟在 1919 年时约有 120 万只羊、40 万头牛,到 1949
年,羊只有 40 万只,减少了 2/3,牛只有 10 万头,减少了 3/4。其中,新巴尔
虎左旗在遭受日本帝国主义 14 年的掠夺之后,牲畜锐减 73%。陈巴尔虎旗
1945 年年末,仅有牲畜 8 000 多头(只)。因此,恢复和发展畜牧业生产是
当时最紧迫的中心任务,而"分、斗、划阶级"显然不利于恢复和发展畜牧业
生产。因为,牧主也是劳动者,并掌握一定的放牧经验,如果对他们进行
"分、斗、划阶级",必然会影响他们的生产经营积极性。第二,牧主剥削牧
民有两重性,需区别对待。一是过量剥削,这必须在改革中予以消除;二是
雇佣劳动力,牧主与牧工的关系具有雇佣劳动的性质,政策得当可以推动畜
牧业经济的发展,因而应采取给予一定的保护和提高牧工工资的政策来解
决。第三,畜牧业生产的主题是牧民放养牲畜,牲畜不同于土地,它既是生
产资料,又是牧民赖以生存的生活资料。而从畜牧生产的特点来看,由于
牲畜不宜单独放养,是"靠天养畜"的群养,本身具有很大的脆弱性,一旦遭

---

① 　参见内蒙古自治区政协文史资料委员会编:《"三不两利"与"稳宽长"·回忆与思考》,载
《内蒙古文史资料》第 59 辑,2006 年印刷,第 16 页。

到自然灾害的袭击,不易恢复。因此,不能像农村那样实行"耕者有其田"分牧主的牲畜,不能提"牧者有其畜"的口号。尽管牧区也曾有过一些波动,但从全局来看,由于呼伦贝尔盟坚持"三不"政策,坚持做好宣传工作,从而稳住了牧主这一头,使改革没有出现大的失误①。

由于认真贯彻落实"三不两利"政策,呼伦贝尔盟的畜牧业经济得到了迅速恢复和发展,牧民生活也得到显著改善。到1952年,全盟4个牧业旗的牲畜由1947年的60多万头(只)增加到了151万头(只),牧民人均64头(只)。以新巴尔虎左旗阿木古郎宝力格苏木大牧主毕力格为例,改革时有牲畜(折合羊)3 500只,到1955年发展到8 407只,翻了一倍还多②。"牧工牧主两利"政策就是在保障牧工政治权利的前提下,使牧工得到合理的报酬,其中工资问题是关键。1948年8月下旬,呼伦贝尔盟政府制定并颁布了《牧工工资条例》(以下简称《条例》),按照牲畜的种类、畜群数量、工作性质及季节不同,规定了不同的报酬标准:以羊为计算单位,一个牧工放1 500只羊,每月可得报酬为4只中等母羊,比过去提高了几倍。由此,牧工非常拥护该《条例》,生产积极性大为提高。而牧主的剥削率虽有下降,但因增强了牧工的畜牧业生产积极性并加强了饲养管理,其牲畜也有所增加,因此牧主也表示拥护。之后,该《条例》又经过两次修订,更加完善。据不完全统计,当时给牧主当雇工的牧民有900多人,占牧区劳动力的15%左右。工资条例还使不少穷苦牧民在几年的劳动中摆脱了贫困,上升到中牧、富牧水平。

(二)"三不两利"政策在锡林郭勒盟的实践

内蒙古自治区成立前的锡林郭勒盟牧区,受到封建王公贵族、日伪、国民党政府的统治,旅蒙商的盘剥,土匪的袭扰,以及宗教的思想束缚,使一个蒙古族人口不足5万的纯牧区极端贫穷落后,畜牧业经济遭到严重破坏,农业不发达,工业极其薄弱,广大牧民处在水深火热之中。政治上,占牧区人

---

① 参见内蒙古自治区政协文史资料委员会编:《"三不两利"与"稳宽长"·回忆与思考》,载《内蒙古文史资料》第59辑,2006年印刷,第18页。

② 参见内蒙古自治区政协文史资料委员会编:《"三不两利"与"稳宽长"·回忆与思考》,载《内蒙古文史资料》第59辑,2006年印刷,第19页。

口少数的王公贵族和上层喇嘛(全盟有10个王爷、8个总管、300多牧主、1.2万多喇嘛)等封建特权阶层组成的统治阶级,凭着蒙旗制度赋予的大量优良牧场,占有大量牲畜。广大牧民没有人身自由,经常为统治阶级、衙门、寺院无偿劳役、纳贡。对大多数无政治权利的只有少量牲畜或没有牲畜的牧民,用放"苏鲁克"的方式,进行超经济剥削。据1948年调查,锡林郭勒盟阿巴哈纳尔旗538户牧民中,牧主只有32户,占牧户总数的5.9%,却有全旗牲畜总数的47.9%[①]。

　　1945年锡林郭勒盟获得解放后,开展了废除封建特权、组建各级新政权的活动。但在1946年冬,被国民党发动的内战所中断。1947年5月,内蒙古自治政府成立后,在牧区进行了民主改革。民主改革之初,锡林郭勒盟也像昭乌达盟一样,套搬农区土改工作的做法,在牧区全面开展清算斗争运动,对一些王公、大喇嘛进行了"分、斗",没收了他们的财产,实行"牧者有其畜"。这在牧民中引起了很大的恐慌,他们大量宰杀牲畜,造成全盟牲畜数量大幅度下降。这情况很快得到内蒙古共产党工委和自治政府的关注,并立即下达指示,要求昭乌达盟和锡察地区牧区停止在清算中进行分、斗,对牧主、富裕户采取"不斗、不分、不划阶级"的政策;为削弱封建剥削,改善牧民生活,对放"苏鲁克"进行了改革,采取牧民和牧主双方签订合同,保证双方利益,即新"苏鲁克"制。"三不两利"政策明确下达后,锡林郭勒盟工委和盟政府首先组织干部向牧民进行广泛宣传,并着手纠偏,稳定人心。锡林郭勒盟组建的牧区工作团采取牧区座谈会或走进蒙古包的形式,向群众宣传"三不两利"政策,讲明牧区民主改革主要是废除封建特权,发展畜牧业生产,改善人民生活。为落实好"两利"政策,要求牧工与牧主签订合理的"苏鲁克"合同。锡林郭勒盟盟委和政府有关领导深入牧区开展试点工作,组织牧工、牧主按照"两利"的原则,双方提出协议,牧工要把牧主的畜群放好,牧主要保证付给牧工合理的工资,彻底改变过去的无偿放牧。这样既保证了牧工的基本收入,又照顾到了双方的利益。对喇嘛庙的牲畜,则在

---

① 参见内蒙古自治区政协文史资料委员会编:《"三不两利"与"稳宽长"·回忆与思考》,载《内蒙古文史资料》第59辑,2006年印刷,第76页。

保护宗教信仰自由、废除上层喇嘛封建特权的前提下,要求寺庙与牧工签订合理的放牧合同,由牧工无偿劳动改革为工资制,牧工可以获得合理的劳动报酬。

此外,锡林郭勒盟政府对畜牧业采取了轻税政策。为使广大牧民休养生息,牧业征税采取"十级累进税制",规定牧户人均 15 只羊以下为免征点,使贫困牧民不缴税;人均 15 只羊以上的牧户分为十个等级,超过十级的牧户不再增缴税金。这一税制明确了贫苦牧民的最低生活保障线,非常符合当时牧区的情况,促进了贫苦牧民生产的发展和生活水平的提高。据统计,全盟 1951 年免税户为 3 612 户,占总户数的 28.6%;1955 年免税户减少到 1 728 户,是总户数的 13.4%①,这表明多数贫苦牧民摆脱了贫困。

总之,在民主改革过程中,锡林郭勒盟牧区贯彻"三不两利"政策,改变了内蒙古自治区成立前长期的贫穷状态,畜牧业经济得到了恢复和发展。而落实"两利"政策后,牧主的利益又得到了保证,贫苦牧民(雇工和牧工)的生活问题得到解决,生产积极性大为提高。1947 年前后,一般贫苦牧民只有几只山羊,生产无力发展,生活十分困难。1949—1950 年,牧区人均有羊 18 只(包括大牲畜折羊数),牧民的生活在逐年改善。"三不两利"政策很大程度上调动了牧工和牧主双方的生产积极性,牲畜头数逐年增加。1953 年全盟牲畜达到 320 万头(只),比改革前的 1947 年的 90 万头(只)增长 2.56 倍。人民政府为帮助贫苦牧民发展生产,向他们发放滚动贷款,每户放贷母羊 30 只,3 年后还本,还有防灾保畜和生活贷款,使贫苦牧民的生产生活水平得到提高②。

(三)"三不两利"政策在伊克昭盟的实践

内蒙古自治区成立前,伊克昭盟③有乌审旗、鄂托克旗、杭锦旗、郡王旗、扎萨克旗、准格尔旗和达拉特旗 7 个旗,并有东胜县、达拉特旗组训处、

① 参见内蒙古自治区政协文史资料委员会编:《"三不两利"与"稳宽长"·回忆与思考》,载《内蒙古文史资料》第 59 辑,2006 年印刷,第 79 页。

② 参见内蒙古自治区政协文史资料委员会编:《"三不两利"与"稳宽长"·回忆与思考》,载《内蒙古文史资料》第 59 辑,2006 年印刷,第 47—78 页。

③ 伊克昭盟:现在鄂尔多斯市的旧称。

桃力民办事处3个国民党县级政权。全盟面积8.64万平方公里,总人口35.19万,其中蒙古族5万多人。政治上是盟旗封建王公和国民党政权并存;经济上以畜牧业经济为主,并有个体的、分散的、落后的私有小农、牧经济,工业、商业、交通、文化、卫生都非常落后,有残存的奴隶制。内蒙古自治区成立后,伊克昭盟实行了民族区域自治,成立了盟自治政府,并在盟委和政府的领导下,开展了牧区民主改革运动。

历史上,伊克昭盟是纯牧区,但由于清政府和国民政府的强迫开垦,至内蒙古自治区成立前,伊克昭盟已经形成了3种地区:占全盟土地总面积60%多的鄂托克旗、乌审旗、杭锦旗为牧业区;郡王旗、扎萨克旗为半农半牧区;准格尔旗、达拉特旗、东胜县基本上已成为农业区。基于伊克昭盟这种地区和民族特点,民主改革中,伊克昭盟盟委和政府充分吸取了内蒙古东部地区土地改革的经验和教训,按照中共中央蒙绥分局、中共绥远省委的有关政策和乌兰夫的有关指示,考虑到不同地区人民群众的不同要求,对3种地区实行了3种不同的政策。即在牧业区,根据牧区社会经济和畜牧业生产的特点,不进行土改,而是依靠劳动牧民,团结一切可以团结的力量,从上而下地进行和平改造,从下而上地放手发动群众,废除封建特权,发展包括牧主生产在内的畜牧业生产,实行了"牧场公有,放牧自由""不斗、不分、不划阶级"和"扶助贫苦牧民,牧工牧主两利"等政策;在半农半牧区,从地区的实际情况出发,也不进行土改,而是发动群众开展减租反霸、调地和调整农牧区划,解决农牧矛盾;在农业区,实行土改,废除封建土地制度和剥削制度,并适当进行农牧调整。农业区的一些牧业乡和牧业村也没有实行土改,而是实行了牧区改革的一系列方针政策。

由于依据伊克昭盟的地区特点、民族特点和经济特点采取了不同的民主改革政策,伊克昭盟民主改革很快取得了显著成效,残存的奴隶制被废除,牧奴得到彻底解放;不公平、不合理的压迫和剥削广大人民的制度如差征、摊派等被取消,旧社会的各种苛捐杂税也逐步被废除,解除了人民的沉重负担。在伊克昭盟牧区,民主改革过程中由于很好地贯彻执行了"三不两利"政策,畜牧业经济得到稳步发展,人民生活水平逐步提高,"人畜两旺"的局面初现端倪。1953年,全盟蒙古族总人口为6.09万人,比1949年增加了 4 736 人,牲畜总数达 355.1 万头(只),比 1949 年增长了 1 倍多①。

(四) 内蒙古半农半牧区的民主改革

内蒙古解放区除了牧区还包括广大半农半牧区。半农半牧区是连接农业区和牧业区的农牧交错地区,其阶级关系和生产方式既有农区的特点,也有牧区的特点;既有与农区和牧区相同之处,也有与农区和牧区相异之处。内蒙古的民主改革除了牧区民主改革,自然也包括半农半牧区的民主改革。

1947 年 11 月,内蒙古共产党工作委员会和自治区人民政府,在认真分析半农半牧区实际情况和特点的基础上,进行了民主改革。而这些地区又根据农业和牧业比重的不同,采取了不同的改革措施:对于牧业比重偏大的半农半牧地区,采取了中共中央政策与内蒙古牧区实际相结合、创造性地实施民主改革的政策和措施。具体改革步骤是:在民主建政的基础上,废除封建特权以及奴隶制度,废除地主、王公、高利贷者对贫困农牧民的一切债务,废除剥削制度,承认土地、牧场为蒙古民族所公有,实行"不斗、不分、不划阶级"与"牧工牧主两利"政策。在农业比重偏大的半农半牧区,则从实际出发,解决阶级矛盾,调整农牧业生产关系以及农牧民关系,坚持在半农半牧区,发展农业,适当提高贫苦农民与牧民的生活水平,取消蒙租,蒙汉人民对自治政府应有平等的公民权利与公民义务。

但在具体落实过程中,因干部、管理人员、农民、牧民等对政策认识和理解上的偏差,一些半农半牧区采取了与农区完全相同的改革措施,发生了"左"倾错误,扩大了对地主的打击面和力度。例如,在哲里木盟的半农半牧区民主改革中,提出了"彻底消灭封建主义,打倒地主和牧主"的口号,并实施了平分土地和牲畜、偏离了中共中央总政策。再如,昭乌达盟克什克腾旗民主改革,硬套农业区的做法,产生了划阶级、斗牧主、平分牲畜的偏离行为。对此,乌兰夫在哈尔滨召开的内蒙古干部会议上提出了严厉的批评,并针对半农半牧区再次强调了民主改革的要求,具体如下:第一,农业占优势的地方,大中地主的固定大垄断土地(漫撒籽地除外),耕畜实行分给贫苦

---

① 参见内蒙古自治区政协文史资料委员会编:《"三不两利"与"稳宽长"·回忆与思考》,载《内蒙古文史资料》第 59 辑,2006 年印刷,第 65 页。

农民,小地主与富农不动;第二,牧业占优势的地方,大地主的役畜可分给贫苦农牧民,但牧群不分;第三,个别恶霸蒙奸的土地、牲畜、财产,经政府批准可分给农牧民;第四,半农半牧区的经济发展方向,采取群众自愿和依据自然条件复杂等因素因地制宜,选择经济类型,但必须保护牧场。由此,在一定程度上纠正了错误的认识和观点。

(五) 绥远省民主改革

绥远省、阿拉善及额济纳两旗就是当今内蒙古的西部地区。较之于当今内蒙古东部地区,其解放时间较晚,这些地区的民主改革也比内蒙古东部地区的民主改革稍晚些。绥远省的民主改革也包括牧区和半农半牧区的民主改革。

内蒙古地区的民主改革实现后,对绥远省的牧区和半农半牧区实施了民主改革。在中共中央民主改革基本政策的指引下,借鉴了内蒙古中东部牧区的经验教训,本着"依靠劳动牧民,团结一切可以团结的力量,自上而下地进行和平改造和自下而上地放手发动群众,废除封建特权,发展包括牧主经济在内的畜牧生产"①原则,取得了民主改革的预期效果,既消灭了封建剥削制度的基础——蒙旗王公札萨克制度下的封建特权,又解放了劳动牧民的社会生产力,保证了牧区畜牧业生产的持续稳定发展。改革前,不及牧区人口10%的封建王公贵族、封建牧主几乎占有牧区全部牧场,到1953年牧区民主改革完成时,出现了"人畜两旺"的繁荣景象,牧区人口由1947年的22.8万人增加到32.4万人,牲畜由1949年的476万头(只)增加到893万头(只)②。

五、对封建阶层采取的民主改革措施

1947年6月,内蒙古共产党工作委员会在《内蒙古解放之路》中曾记述:"畜牧经济的主要生产资料与生产品——牲畜及一切畜产品,却是封建

---

① 内蒙古自治区畜牧业厅修志编史委员会编著:《内蒙古畜牧业发展史》,内蒙古人民出版社2000年版,第66页。
② 参见胡敬萍:《在希望的草原上——内蒙古自治区牧区的变迁与发展》,《中国民族》2007年第8期。

牧主占有制,牧民受牧主的压迫与剥削,并且残存着王公、贵族、喇嘛、平民与家奴的隶属关系。"内蒙古共产党工作委员会根据牧区和半农半牧区这一阶级构成特点,采取了不同的改革措施。

(一) 和平改造牧主

长期以来,牧主是草原牧区重要的社会阶层。据自治区成立时的有关统计,占牧区总人口2%左右的牧主,竟然拥有牧区20%以上的牲畜和畜产品;而占牧区总人口40%—50%的贫苦牧民,仅有15%的牲畜和畜产品。牧主靠其所占大量牧场和牲畜的经济实力,剥削和压迫牧民,甚至实施超经济强制。因此,广大贫苦牧民强烈渴望摆脱牧主的剥削、压迫和超经济强制。

内蒙古共产党工作委员会根据牧主的阶层性质,遵循既保护牧主的私有权,又保护牧工的利益,以达到使各种社会经济成分在国营经济的领导下,分工合作,各得其所,以促进整个社会经济发展的原则,实施"三不两利"政策,不仅解决了牧区阶级矛盾,也实现了对牧主和牧主经济的和平改造。这种改革方式是中国经济史上的创新,也是中共党史上民族理论和干部群众工作的一种典范。

(二) 废除封建王公贵族特权

废除封建王公贵族的封建特权是民主改革的核心问题。自治区成立之初,王公贵族的封建特权是具有漫长而复杂的历史渊源的。清政府为了巩固政权,将其统治辖区的蒙古族传统贵族赐予君王、贝勒、贝子、镇国公、辅国公等爵位,并赋予各种特权,免除各种负担。这些王公贵族占有大量牧场、牲畜,靠其手中特权欺压百姓,横行霸道,过着寄生虫般的生活。

虽然内蒙古自治区成立之后,实行了民主建政,取消了封建特权,但因其形成历史较长,特权观念根深蒂固,短时间内很难彻底消除。新中国成立后,特别是民主改革实施中,内蒙古共产党工作委员会将废除蒙古族王公贵族的封建特权作为民主改革的核心问题对待。具体措施包括以下几点:

1.废除王公贵族的一切政治特权。其政治特权主要包括王公贵族的世袭制度、强迫他人实施劳役、不负担社会义务以及对牧民的超经济强制等。除了废除以上特权,还严惩了扰乱社会稳定、破坏人民利益的少数反动势力,对那些守法者则给予了公民权。

2. 废除王公贵族的奴隶占有制。还奴隶以人身自由,并向获得解放的奴隶赋予自由择业、择偶等民事和经济权利,免除沉重的封建义务,让他们享有完全平等的公民权。

3. 废除王公贵族和大牧主的草牧场占有权与收益权。在历史上,草牧场是蒙古民族公有的生产资料,但实际上,封建领主(牧主)一直占据着大量优良草牧场,拥有草牧场的占有权和收益权。有了这样的特权,王公贵族长期以来以剥削广大牧民百姓为习惯,不作任何劳动和付出也能获得很多的生产资料与生活资料。而这一特权也是广大贫苦牧民之所以长期无法摆脱封建主的人身依附关系的主要原因。在民主改革中,没收了王公贵族的草场占有权,制定了牧场的公有(或共有)制度,实施了草原上的所有牧民在公有草牧场上自由放牧的政策。

4. 废除封建阶级强加于牧民的人身依附关系。在草原上长期流传下来的无偿性劳役即"苏鲁克"制度便是当时蒙古族封建人身依附的一种形式。在牧区、半农半牧区民主改革中,将无偿性"苏鲁克"制度改为合同式"苏鲁克"制度。也废除了牧民向王公扎萨克缴纳各种苛捐杂税的制度,取消了王公扎萨克要求牧民为其劳役的权力。

5. 废除喇嘛召庙的封建特权。民主改革时期,蒙绥地区的喇嘛寺庙大部分都集中在牧区和半农半牧区。当时有 1 300 多座寺庙,5 万多名喇嘛,喇嘛的数量占当时男性人口的 30%—40%,有的盟旗甚至高达 50%。这些喇嘛散居在各个寺庙,宣扬宗教信仰,不从事生产劳动,也是蒙古族人民中的寄生阶层。当时,各地喇嘛庙都很富有,不仅有大量的牧场和牲畜,还有很大的庙仓。他们还靠布施、放"苏鲁克"和放高利贷等方式获得财富,因而当时的喇嘛们过的是衣食无忧的上等生活。这些喇嘛和寺庙对内蒙古牧区和半农半牧区社会政治、经济文化与思想有着很大的影响力。因此,对这部分势力必须谨慎对待、合理解决。

在当时的特定历史条件下,将民主改革与宗教改革结合起来,进行了喇嘛召庙改革。对喇嘛采取团结改造的方针,即团结为数众多的中下层喇嘛和进步的上层喇嘛,特别是对那些懂医行医的喇嘛进行了保护,采取团结改造的方法。坚决镇压与彻底肃清隐藏在喇嘛教内部的反革命分子。① 鼓励喇嘛参加劳动生产,经营农牧业,废除寺庙和上层喇嘛的封建特权,使下层喇嘛从封建压迫下解放出来。

第三节　自治区成立初期的牧区经济方针、政策和措施

一、恢复和发展牧区经济的方针

（一）稳步前进的工作方针

内蒙古自治区成立初期的实际情况比较复杂。从区域或生产特点上来看,既有牧业区也有半农半牧区,既有国民党统治严重区,也有日本帝国主义侵占的沦陷区,可以说整个牧区经济发展滞后,社会阶级关系复杂。牧区、半农半牧区其农区及其牧民与农民的社会经济性质和特点有很大区别。当时,牧区经济较之农区经济更具有落后性、散漫性和无组织性,其基础又极不稳固,很容易遭受破坏,加之牧区人民数百年来受外部统治者与内部封建王公的压迫奴役异常悲惨。针对这样的情况,中国共产党内蒙古工作委员会要求牧区的一切工作必须从牧区经济和社会实际出发,一切以牧民利益为中心,循序渐进,有条不紊地开展。

内蒙古牧区经济的恢复和发展,采取了稳步前进的基调。稳步前进是由两方面决定的:一方面,为纠正牧区党员干部的主观主义工作作风。自治区成立之初,牧区工作量大,党员干部少,缺乏经验,导致工作的自发性和盲目性,甚至急于求成,乱套乱搬,产生主观主义工作作风。比如,自由放牧政策的本意是为解除封建剥削制度束缚,实行自由劳动,发展生产力,然后在群众觉悟的基础上逐步改进饲养管理与放牧方法,达到增畜保畜的目的。因此,不论合群放牧还是分群寄养、轮流放牧、专人放牧,都需要认真选择。然而,有些干部往往从主观愿望出发,强迫牧民合群放牧或游动放牧。这样

---

① 参见内蒙古自治区畜牧厅修志编史委员会编著:《内蒙古畜牧业发展史》,内蒙古人民出版社 2000 年版,第 75 页。

反倒使牧民群众感到放牧不自由,而产生与政策抵触的情绪。另一方面,是由牧区和牧业生产的脆弱性决定的。自治政府成立之初,牧区经济是以个体为生产单位的小生产经济,畜牧业生产受制于自然环境与气候变化的特点,对其组织和管理远比农区经济与农业生产要困难。因此,实施具体政策措施时,要格外注重牧业生产或牧区生产的特点,谨慎稳步地进行。

(二) 以发展畜牧业为中心的总方针

牧区工作的最终目的就是发展牧区的生产力,提高牧区人民群众的生活水平。内蒙古自治区成立不久便实施了民主改革。民主改革过程中,针对牧区的实际,自治区人民政府提出了"千条万条,发展牲畜是第一条"的号召,纠正了民主改革中出现的"左"的错误,调动了牧主和牧民双方的积极性,促进了畜牧业的健康发展,顺利完成了牧区民主改革的任务。1949年8月,乌兰夫在地委书记联席会议上强调了"在一切牧区发展畜牧业,在半农半牧区也应该发展畜牧业"的方针政策。1950年1月24日,锡林郭勒盟察哈尔盟两盟工作会议上,乌兰夫再次强调:"锡察两盟的基本的中心任务是发展畜牧业,改善人民生活,任何一项工作如果离开这个中心就是错误的。经济繁荣了,才能改善人民生活。"[1]

当时,在自治区干部中存在着两种错误认识,即"草地工作落后论"和"草地工作吃亏论"。前者认为,因为内蒙古自治区交通不方便,吸收新事物慢,从历史经验来看,游牧经济只有转变为农业经济才是进步的经济。而后者认为,牧业经济用不着领导,牧区交通闭塞,生产力水平低下,工作在这里会很艰苦,所以是吃亏的。乌兰夫针对这两种认识均提出严厉的批评。基层领导干部自己不会经营畜牧业,肯定难于领导落后的畜牧业。"我们没有经验"等说法都是不愿意在草原工作的借口,应该予以纠正。

(三) 半农半牧区以牧业为主的方针

1950年,自治区人民政府根据半农半牧区的实际,提出了保护牧场、禁止开荒、有计划有步骤地发展畜牧业的方针。内蒙古半农半牧区的形成大多是清政府、北洋军阀、日本帝国主义及国民政府时期的"开拓"与"垦殖"政策所

---

① 乌兰夫革命史料编研室编:《乌兰夫论牧区工作》,内蒙古人民出版社1990年版,第18页。

致。当时的半农半牧区大都是蒙汉杂居、农牧交错,长期存在畜牧业生产与农业生产的矛盾,由此引起的民族纠纷频繁发生,又是交通不便、气候和土壤条件不宜开垦的地区。因此,内蒙古自治政府在半农半牧区采取了禁止无限制开荒和划定牧场的方针。事实证明,这一方针的实施确实为半农半牧区人民带来了实际利益,不仅保护了草原生态环境,遏制了农牧业生产矛盾的激化,避免了经济矛盾演变成民族矛盾,也纠正了个别干部的错误思想。

(四)"人畜两旺"的牧区发展方针

基于当时内蒙古自治区牧区各族人民普遍贫穷而且因没有医疗条件而导致牧民流行多种疾病和牲畜传染病频繁发生的实际,1947 年 4 月,在内蒙古人民代表会议通过的《内蒙古自治政府施政纲领》中,提出了"增进医疗卫生防疫和兽医设备,减少疾病与死亡"的任务目标,并实施"人畜两旺"的方针。之后的 1948 年 1 月 1 日,乌兰夫在《内蒙古日报》上又发表了题为《一九四八年我们的任务》一文,文中提出要把"防疫工作、打仗和生产"并列为三大中心任务,并且采取多种措施,贯彻落实"人畜两旺"的方针政策。

二、恢复和发展牧区经济采取的配套政策

中国共产党内蒙古工作委员会和自治政府根据中央的指示,在内蒙古自治区实行民主改革时,创造性地提出了内蒙古境内的牧场为蒙古民族所公有,废除牧区封建牧场所有制,除在牧区实行"三不两利"政策之外,也采取了以下几个政策。

(一)实施扶助生产的政策

自治政府成立之初,因牧区一部分牧民生产资料匮乏和生活困难,影响了畜牧业的生产和发展。为了解决这一难题,内蒙古自治区人民政府采取了发放牧业生产贷款,提供种畜、母畜、打草机、豆饼等生产资料以及蒙古包、水车、井用木材等生活用品,同时还实行免费防疫灭病等办法支持牧业生产。例如,1950 年,政府将公家的绵羊 7 000 只,贷给了呼纳盟①陈巴尔

① 呼纳盟是呼伦贝尔纳文慕仁盟的简称。1949 年由原内蒙古自治区呼伦贝尔盟和纳文慕仁盟合并而成,盟公署设在海拉尔市。1954 年与原兴安盟合并,改称为呼伦贝尔盟。

虎旗无羊或缺羊的牧民,使畜牧业平均值提高了44.9%,贷畜户的生活得到了普遍的改善;截至1951年年底,全区贷出种马27匹,种牛87头,种羊43只,母马24匹,母牛1 537头,母羊8 580只,解决了部分牧民生产资料不足的困难①。与此同时,通过采取生产自救、生产互助等形式,加大了牧民间的互助经济比重。1949—1952年,内蒙古自治区用于牧业的贷款为274万元,绥远省为144万元。从各类贷款的比重来看,母畜贷款占50%,种畜贷款占5%,防灾保畜贷款占35%,生活贷款占10%,因此,政府牧业贷款为牧区畜牧业的发展和牧民生活的改善提供了有力保障。例如,1950年,陈巴尔虎旗牧民胡和勒泰组织成立互助组时,互助组只有4户牧民,41头牲畜。当年,政府贷给他们401只羊、2匹马作为互助组的公有财产,而到1952年时,牲畜从444头发展成为1 164头②,两年内增长了1.62倍,显然,牧业贷款在当时牧区畜牧业的发展中发挥了很大的推动作用。

(二) 推行牧业互助组和供销合作社的政策

在牧区发展历史上,因地域广阔且人烟稀少,与自然灾害进行抗争的牧区人民必须联合起来才能降低自然灾害的破坏性,减少自然灾害带来的损失,保证畜牧业得以发展。内蒙古自治区人民政府成立之后,组织实施了工农牧业相互支援的政策,尤其要加强农牧相助,这也是自治区成立以来发展畜牧业的重要经验之一。乌兰夫鼓励牧区牧民互助合作社的发展,他指出:"在历史上内蒙古地区的劳动牧民之间,由于地广人稀、劳力工具缺乏以及灾害频繁等,在牧业生产中曾形成了原始形式的互助。而近几年来,由于牧业经济的迅速发展,在中国共产党和人民政府一再提倡下,劳动牧民间已在自愿基础上,发展了互助合作运动。根据目前的材料,呼纳盟的防灾互助已具普遍性。仅新巴尔虎右旗就有防灾互助组414个。昭乌达盟组织起来的合群放牧互助组1 400个,其他各盟也都大量存在着这种牧民之间的互助

---

① 参见乌兰夫:《内蒙古自治区恢复、发展畜牧业的成就及经验》,《内蒙古日报》1953年1月1日。

② 参见内蒙古自治区畜牧厅修志编史委员会编著:《内蒙古畜牧业发展史》,内蒙古人民出版社2000年版,第110页。

组织。"①

从类型来看,当时存在着 3 种互助组织:一是防灾互助与接羔互助小组,这是牧业区大量存在的组织,带有一定的季节性;二是合群放牧互助组,是由牲畜较少的牧民间为节省人力而组织起来的,这在牧业区和半农半牧区都相当普遍;三是常年有一定分工和生产计划的较高级形式的互助组,这种互助组虽然在目前还不是大量的,但却是较先进的形式②。在牧区发展牧业互助社的工作取得了极大成效。"几年来,进行互助合作使牧民得到了实际利益,陈巴尔虎右旗由于推行防灾互助,去年牲畜过冬时仅死亡 700 头,而在 1949 年过冬时却死亡 12 000 头;过去因无工具不能游牧的,现在也能游牧了;过去没有力量搞副业生产,现在也能增加副业收入了。"③1952 年之后,内蒙古牧区牧民自发组织的各种形式的互助合作组织不断产生和发展,对牧区自然灾害抵抗能力和畜牧业生产能力的提高以及牧民生活条件的改善起到了积极的作用。除此之外,在牧区还形成了少量长期而稳定的常年互助组。这类组织的主要特点是合作时间较长、较稳定,并且组织内部有一定的分工,可以以劳动力为合作对象,也可以生产资料为合作对象。且因长期的稳定合作,也会形成一定的公共积累,为后来的牧业生产合作化发展奠定基础。据历史资料统计,到 1952 年,"内蒙古牧区牧业生产互助组发展到 689 个,其中常年互助组 10 个,季节性的临时互助组发展到679 个;参加互助组的牧民户数达到 4 625 户,其中常年互助组发展到 78 个,季节性的临时互助组发展到 4 547 户,参加互助组牧户数占总牧户数的 6.61%。"④

中华人民共和国成立之后,全国各地区均成立供销商业网点,内蒙古自治区也不例外,成立了内蒙古自治区总供销社。从内蒙古自治区供销社发

---

① 乌兰夫革命史料编研室编:《乌兰夫论牧区工作》,内蒙古人民出版社 1990 年版,第 54 页。

② 参见乌兰夫:《内蒙古自治区恢复、发展畜牧业的成就及经验》,《内蒙古日报》1953 年 1 月 1 日。

③ 乌兰夫革命史料编研室编:《乌兰夫论牧区工作》,内蒙古人民出版社 1990 年版,第 54—55 页。

④ 内蒙古自治区畜牧厅修志编史委员会编著:《内蒙古畜牧业发展史》,内蒙古人民出版社 2000 年版,第 110 页。

展历程看,"最初的牧区供销合作社向牧民征集了股金,以民办合作办商品供销为宗旨,最初几年还给社员分配过红利,几年后牧区供销社逐步向国营商业机构演变。"①

当时,内蒙古自治区人民政府计划用半年时间建立 22 个初级市场。由供销总社提供牧区生产生活的物资,并帮助牧民推销牲畜、皮毛和黄油等畜牧业产品。而农牧民均可以参与供销合作社,缴纳一定的社股,成为社员。社员有入股的自由,也有退股的自由。当时,通过供销合作社,将农民、牧民和工人等社会成员紧密联系起来,稳定了商品价格,降低了农牧业生产成本,减少了农牧业生产的风险,促进了牧区商品流通,为群众提供了方便,保护了牧区人民的利益。1950 年 10 月 21 日,时任内蒙古自治区财委主任的乌兰夫、副主任王逸伦对游牧区组建供销合作社提出了建议:"对于游牧区,我们的方针是除被剥夺公民权者外,不分性别、年龄、职业、宗教信仰都可以加入合作社。"②这样,到 1950 年年底,社员已占游牧区人口的 45%,合作社的零售额和推销额,已占社会商品流通的 40%,有力地协助政府实现了"人畜两旺"的方针③。

(三) 畜牧业生产减税政策

新中国成立之初,中国农业税制度的主要任务是,根据中央政府规定的原则和各地具体情况,逐步建立健全农业税的各项制度,适当减轻农民负担,促进农业生产的发展。而牧业税方面,中央政府没有作出统一规定,而是授权各有关省和自治区人民政府自行拟定征收办法,并向中央政府报批备案即可。

内蒙古自治区人民政府成立之后,为了促进牧区生产能力的提高和牧民生活质量的改善以及牧区经济的恢复与发展,国家对牧区实施了比农业区和城市区优惠的各项惠牧政策。1951 年 6 月 21 日,政务院发布了《关于

---

① 达林太、郑易生:《牧区与市场:牧民经济学》,社会科学文献出版社 2010 年版,第 44 页。
② 内蒙古供销合作社联合社编:《内蒙古自治区供销合作社史料》第二辑(上册),1988 年印刷,第 44 页。
③ 参见达林太、郑易生:《牧区与市场:牧民经济学》,社会科学文献出版社 2010 年版,第 45 页。

1951 年农业税收工作的指示》,其中将新解放区已经完成土地改革地区的
农业税的最低税率和最高税率分别调整为 5% 与 30%,将农业税附加的最
高附加率提高到 20%①。而内蒙古自治区成立至 1949 年中华人民共和国
成立的时间内都免征牧业税。此外,从 1950 年开始,在牧区实行轻税政策。
"确定有免征点与累进最高额统一累进税的税率为 0.5%—5%,而从 1953
年开始,才改为 1%—10%。这样政府用在发展畜牧业生产上的费用,就大
大超过了牧业税的收入。"②也就是说,征税办法实行的是单一的按人口由
免征点与累进最高额的超额累进税制度,将其按人口计算,每人扣除 15
只绵羊的免征额(其他牲畜按规定比例折成绵羊),以 300 只羊为一个税
级,共分 10 个税级。这显然比全国农区的税率低得多,这样自然会减轻
牧民的生产和生活负担,促进牧区的经济发展。"1952 年,内蒙古自治区
全区畜牧业生产值达到 1.87 亿元,比 1949 年增加了 91.7%。仅蒙绥地
区的大牲畜和羊就达到了 1 593.8 万头(只),比 1947 年增加了 93.6%,
牲畜死亡率降低了 4.2%,牧民的生活有了明显的改善。1952 年东部牧
业区牧民人均购买力比 1950 年提高了 16.8%,恢复时期的牧区工作取得
了巨大成就。"③在短短几年内,牧区经济有了突飞猛进的发展,牧民生活
也有了明显的改善。由此,牧区人民发自内心地赞扬和热烈拥护中国共
产党的领导。

(四) 有利于牧区经济发展的贸易政策

内蒙古自治政府成立之后,制定了适合于牧区经济和牧区畜牧业发展
的贸易政策。政府为了缩小工农牧业产品的"剪刀差",取缔了不法"旅蒙
商"的超经济剥削,强调实行了农畜产品和工业产品的等价交换规则。自
治区政府决定建立社会主义性质的国营商业,通过商业来恢复生产和供应
广大农牧民日用品的需要。"解放前,汉族商人来内蒙古经商的多……但
是,他们却利用农村牧区缺乏经济中心,农牧民居住分散和交通困难的情

---

① 参见刘佐:《新中国农业税制度的发展》,《中国税务》2003 年第 6 期。
② 乌兰夫:《内蒙古自治区恢复、发展畜牧业的成就及经验》,《内蒙古日报》1953 年 1 月 1 日。
③ 王铎主编:《团结建设中的内蒙古(1947—1987)》,内蒙古人民出版社 1987 年版,第
120 页。

况,进行不等价交换,取得骇人听闻的超额利润。例如三尺土布换十斤羊毛,一块砖茶换一匹马或一头牛。"①所以,当初自治区成立及时收购农牧民手中积压的农牧业产品,提供给他们急需的白面、布、米、砖茶、盐和油等日常用品不仅是经济问题,更是巩固政权、维护民族团结、增强少数民族群众对中国共产党和中央政府信任感的政治问题。为此,内蒙古自治政府,狠抓了建立国营商业系统这个重要环节,把有限的资金大部分投入在发展商业方面。如"一九四七年自治区对商业的投资占到财政总预算的百分之六十五点七,在一九五二年以前的整个恢复时期以内,除了在财政上继续大量投资以充实商业资金外,还采取了尽量减少商业部分的财政任务的方法,使其有可能迅速增加内部积累,扩大经营,承担起领导自治区的市场和物资的购销任务"②。在此基础上,国家银行在发展商业方面给予了较多的贷款。党和政府的这些措施,很快得到了显著成效。国营商业的大发展,疏通了商业通道,遏制了"旅蒙商"在牧区的不等价交换,收购了农牧民手里积压的农畜产品,供给了他们所需的日用品,带动了农牧民生产积极性,恢复了经济。"到一九五一年已基本上消灭了历史上旅蒙商在牧区对蒙古族人民的高利盘剥,缩小了农牧业产品与工业品的剪刀差。一九五二年国营商业和合作社的零售额达到一亿六千七百万元,比一九四七年增长了八十二点五倍,已占全区社会商品零售额的百分之七十点二"③。

这对改善牧民生活、提高牧民生产积极性起到了很大作用。自治区成立后几年畜牧业产品价格的上升情况很明显地说明了这一问题。例如,"一九五二年与一九四六年对比,由原来一只绵羊只能换一块砖茶增加到四块;一头牛由只能换五福布七十四尺增加到三百四十二尺;一吨高粱由只能换五福布三十五尺增加到二百七十尺。一九五一年羊毛的价格比一九五〇

① 刘景平、郑广智主编:《内蒙古自治区经济发展概论》,内蒙古人民出版社 1979 年版,第146 页。

② 刘景平、郑广智主编:《内蒙古自治区经济发展概论》,内蒙古人民出版社 1979 年版,第147 页。

③ 刘景平、郑广智主编:《内蒙古自治区经济发展概论》,内蒙古人民出版社 1979 年版,第149 页。

年提高百分之六十六点六,一九五二年比一九五一年又提高百分之四十八。"①其他如牛羊皮、奶制品等价格也都提高了数倍。取缔了在经济领域的不等价交换,使牧民在商品交换中体会到实惠,也享受到了平等、公平和公正的新社会制度的优越性,激发了从事畜牧业的劳动积极性。从此,他们对中国共产党和中央政府更加信任、拥护和爱戴。

(五) 定居游牧政策

蒙古民族畜牧管理方式是从传统的游牧方式转向定牧方式,即定居定牧。清朝中期开始,内地农民到蒙古地区开垦务农,部分蒙古人随之学会种地、经营种植业,并开始走向定居生活。期间经历了游牧生活、定居游牧兼顾、以定居点为中心进行游牧生产等生产、生活方式。

内蒙古自治区成立时,蒙绥地区的伊克昭盟、察哈尔盟、昭乌达盟大体上处于定居状态,呼伦贝尔盟、锡林郭勒盟、乌兰察布盟大体上处于游牧状态。呼伦贝尔盟索伦旗和兴安盟乌兰毛都牧区则是定居游牧状态。昭乌达盟、察哈尔盟牧区亦开始提倡定居游牧。因此,在这个基础上推广定居游牧,各地的速度有所不同。靠近农区、半农的牧区,定居游牧已经存在,这些地区的对策是"建立轮牧制度,完善定居游牧;在纯游牧区,则集中划定冬春营地,冬、春季节实行定居"②。1951 年,中共内蒙古分局提出要在有条件的地区逐步推广定居游牧。1952 年,呼伦贝尔纳文慕仁盟、锡林郭勒盟游牧区,实行春季接羔固定放牧;昭乌达盟牧区实行夏季游牧;察哈尔盟实行定点游牧,定居区冬天"走敖特尔"③。

1953 年,乌兰夫、高增培同志在第一次牧区工作会议上,对定居游牧作了以下指示:实行定居游牧政策当前应注意要解决三个问题。即已实行定居游牧区如何充实内容,纯牧区如何实行定居游牧,什么时候在什么条件下

---

① 刘景平、郑广智主编:《内蒙古自治区经济发展概论》,内蒙古人民出版社 1979 年版,第152 页。

② 内蒙古自治区畜牧厅修志编史委员会编著:《内蒙古畜牧业发展史》,内蒙古人民出版社2000 年版,第 85—86 页。

③ 参见内蒙古自治区畜牧厅修志编史委员会编著:《内蒙古畜牧业发展史》,内蒙古人民出版社 2000 年版,第 85—86 页。

实行定居游牧。定居游牧如何与发展互助组相结合。对于定居游牧,根据目前的形势,在定居区或已开始实行定居的游牧区提倡推行。纯牧区目前还不宜过急地提倡定居,可以先做好划分四季牧场建设冬春营地的工作,还可以采取苏联草原工作站的做法,选择几个条件较好的中心作为试点,领导上应有意识地把纯牧区的定居游牧工作有计划地稳步进行,步子可以放慢一点,但应该提倡。发展定居游牧,势必要遇到改进饲养管理及劳力不足、工具不够的困难,因此必须与发展互助组相结合才能办好,一般应在较好的互助组中实行定居游牧,已实行者则加强互助组的领导①。同时要求,供销合作社、畜牧行政部门和财经贸易部门,在商品流通、畜牧技术、贷款、生产工具供应等方面给予扶持。

定居大体有三种形式:一是半农半牧区和靠近农区的牧区,历史上已经形成定居的,逐步实行以定居点为中心,移场放牧和建立轮牧制度;二是原来的纯游牧区,初步划定了冬春牧场和营地,在冬春季节实行定居,夏秋季节进行游牧;三是划分了四季牧场及打草场,建立了固定的冬春营地,并在冬春营地上进行基本建设,进而实现定居游牧。

从牧区畜牧业发展历史和时间来看,定牧与游牧各有长处,也各有缺点。对此,乌兰夫分析指出:"定牧对于人的健康和发展这一点来说是有好处的,因为定居会使家庭的保暖设备等生活条件优于游牧,而对牧区的老弱病残人员以及幼小的孩子来说非常必要,她们再也不必跟着牲畜在暴风雪中游牧和游荡。但是反过来,定牧对于牲畜的繁殖和发展来说是不利的。如果长时间在有限的天然牧场里放牧,会导致草场的产草量下降,而且牲畜常年在牧民定居点周边徘徊流动,也会致使定居点周边牧草产量逐渐下降,甚至草原植物结构和种类也会逐年退化,使家畜更容易传染病菌。这样由于牲畜吃不到好草,瘦弱不堪,繁殖率就会随之降低,再加上各种病灾,牲畜就无法发展。察哈尔盟的牧业区及锡林郭勒盟的西苏尼特旗,过去多是定牧,牲畜繁殖极慢,病灾也最多。以西苏尼特旗为例,自 1948 年以来,锡林

---

① 参见内蒙古党委政策研究室、内蒙古自治区农业委员会编:《内蒙古畜牧业文献资料选编》(内部资料)第二卷(上册),1987 年印刷,第 95 页。

郭勒盟其他各旗牲畜数量都在逐年迅速上升,只有西苏尼特旗牲畜数量直到 1951 年都还很少上升。1951 年锡林郭勒盟全盟牲畜平均纯增率为 17.3%,而西苏尼特旗牲畜的纯增率仅为 0.3%。但自 1951 年秋季起,号召牧民进行游牧后,牲畜的繁殖率就很快提高了。到 1952 年该旗牲畜的纯增率已达到 23%。"[1]

正因为定牧与游牧在当时的生产生活条件下各有所长和不足。为了使两者达到取长补短的效果,必须提倡定居游牧。事实上,让牧民进行定居游牧有很多好处:定居游牧后可以在定居处提倡打井种菜,建设较讲究的住宅,进行文化教育;定居游牧后可以组织青壮年劳动力出去游牧,老幼妇孺留在定居点看管瘦弱牲畜。同时,还可以将组织牧民游牧与进行互助合作的工作统一起来。只要政府及干部的宣传教育工作做到位,牧民是可以逐渐接受的。乌兰夫指出:"就目前情况说,对已经定居者提倡游牧还比较容易,对游牧者提倡定居则很困难。这要经过一个相当长时间的宣传教育与实际示范过程才能达到,不能过急。"[2]但关键环节是必须使干部了解,如果不使牧民走向定居游牧,就无法从根本上改变牧业区的生产生活面貌,也达不到"人畜两旺"的目的。

（六）发展手工业政策

在新中国成立前,内蒙古地区工业企业为数不多,主要集中在铁路沿线。长期以来,牧区民众对于工业品的需求,主要是通过当地小型的手工工业得以满足。因牧区人口数量少,工业发展始终很缓慢。自治区人民政府成立之后,对生产工具的加工、乳品加工和皮毛加工等为畜牧业发展服务的小型加工工业予以高度的重视。国家通过对贫苦牧民发放牧贷来帮助其获得生产资料和进行互助合作,进行工业加工。这些措施为牧区的畜牧业生产和手工业发展提供了推动力量。这样的鼓励和支持政策,无疑会使广大牧民增强对我们伟大祖国的热爱,并巩固工农联盟,加强民族团结。

随着内蒙古自治区牧区畜牧业的发展,皮毛加工、乳酪加工和生产工具

---

[1]　乌兰夫:《内蒙古自治区恢复、发展畜牧业的成就及经验》,载乌兰夫革命史料编研室编:《乌兰夫论牧区工作》,内蒙古人民出版社 1990 年版,第 57 页。

[2]　乌兰夫:《内蒙古自治区恢复、发展畜牧业的成就及经验》,《内蒙古日报》1953 年 1 月 1 日。

的加工空前迅速发展起来。1949 年中华人民共和国成立时,蒙绥地区除了一些零星手工业作坊外,只有海拉尔、包头两家皮革厂和呼和浩特毛织厂,当年产值仅为 37 万元。到 1952 年,全区仅毛纺、皮革两项畜产品加工就达到 990 余万元,并且产品结构也有了很大的改善。当时,能生产出重革、轻革、地毯、毛织品和乳制品等 10 多种产品。畜牧业加工工业的发展也促进了畜牧业产品的流通。据有关统计,1948 年农牧民年销售羊毛 50 万公斤,皮张 15 万张,而到 1952 年,销售羊毛达到 640 万公斤,皮张 79 万张,分别比 1948 年增长了 11.8% 和 4.2%[1]。

（七）奖励劳动模范的政策

在内蒙古自治区牧区经济恢复与发展的过程中,为牧区经济发展作出突出贡献的干部和基层牧民大量涌现。自治区人民政府为了给予肯定和鼓励,进一步挖掘和发挥先进单位与模范人物的带头作用,专门出台实施了各项奖励畜牧业生产的政策。于 1948 年召开了全区第一届劳动模范代表会议,1950 年 9 月,又在全区范围内选出了哈音金、散都布、林桑玛等劳动模范,参加全国工农兵劳动模范代表大会,并受到毛泽东的接见。劳动模范奖励制度与政策大大带动了人们的劳动热情,也传播了牧区先进的生产经验,推动了牧区畜牧业生产的发展,树立了劳动光荣的风气[2]。特别是 1953 年 12 月,为了促进畜牧业技术的进步,对那些为畜牧业生产技术的发明和推广作出贡献的干部与技术人员给予奖励,其中对技术服务年限较长者、发明改进方面成绩突出者和前往外地支边的技术人员予以特别嘉奖。

（八）在半农半牧区实施的政策

自治区人民政府成立之后,在半农半牧区实行的"保护牧场,禁止开荒"政策,直到新中国成立前都发挥重要的作用。这些规定之所以适用于半农半牧区,是因为这些地区交通不便,生产出的粮食及其他农产品向外运出较为困难,因此发展牧业对当地人民更加有益。同时,由于过去的盲目开

---

① 参见内蒙古自治区畜牧厅修志编史委员会编著:《内蒙古畜牧业发展史》,内蒙古人民出版社 2000 年版,第 88 页。
② 参见内蒙古自治区畜牧厅修志编史委员会编著:《内蒙古畜牧业发展史》,内蒙古人民出版社 2000 年版,第 88 页。

荒,破坏草原,随种随丢,加之土质不好、难成良田等原因,发展农业对于半农半牧区的生产和人民生活都没有好处。除此之外,半农半牧区的开垦种地和保护草场、经营畜牧业的经济矛盾很容易引起民族纠纷。因此,在半农半牧区实行"保护牧场,禁止开荒"政策,奖励和支持畜牧业的发展,不仅能够增强民族团结,而且符合半农半牧区人民的当前利益与长远利益。

当时半农半牧区经济发展中存在的问题可概括为3点:第一,半农半牧区工作上存在重农轻牧的偏向。第二,部分地区农牧矛盾尖锐。主要表现在开垦牧场和扩大牧场的问题上。第三,半农半牧区的畜牧业发展缺乏组织领导。

而在半农半牧区实施"保护牧场,禁止开荒"政策中,又特别强调了必须根据各地区不同的特点,作出因地制宜的规定,其具体内容如下:

1. 在农田牧场交错地区,对农牧交界线划定依据不同的情况作出了不同的规定:对原来就有清晰的农牧场界线的地区,作些简单的调整即可;而对那些农牧交错线不清晰、界线较复杂的地区则要慎重对待,否则就会激化农牧矛盾,影响农牧业生产的发展,甚至影响民族团结。在半农半牧区则分为两种类型:一种是划定为农业区,主要经营农业,但可以经营小部分畜牧业;一种是划定为牧业区,主要经营畜牧业,但可以将小部分荒废地经过批准开垦耕种。两种类型区均可在农牧业生产互助的基础上,组织农户和牧户实施生产互助,即以互助组为单位进行农牧兼营。半农半牧区农民牧民之间也可互助互利,互补有无。如牧民给农民提供役畜,农民给予一定的报酬或提供饲料等牧业生产资料;而农民在农闲时期也可给牧民提供劳动力,牧民给予适当的报酬等。

2. 在农区包围少数牧户或牧区包围少数农户地区,应采取如下办法:首先,在自愿原则下,帮助其发展农业使之成为农民,或帮助发展牧业使之成为牧民。昭乌达盟部分农民因为经营牧业有利,已改营牧业成为牧民,就是一个明显的例子。其次,自愿迁移,政府可以予以帮助。最后,划定范围保护起来,不应因人少地少或牲畜少而对其忽视。也即对少数民族必须采取照顾政策,绝不能采取排挤、强迫和强制迁移的办法。

3. 在农牧交错比较复杂的半农半牧区,应采取的措施是:首先,如果土地条件发展农业无前途,就采取措施缓慢发展牧业,不再扩大农田,随着群众农业收入的减少,自然就会减少农田面积,不可采取强迫命令的办法。其次,在农业无大前途、牲畜又少的地区,要做好长期发展规划,但同时准确划定农场、牧场面积,并应注意研究在此种地区农田牧草的轮种问题,尽量使轮种地不要成为沙荒地。最后,在农牧两种生产都占重要地位、农牧两种经济又都可发展的地区,可以把农田牧场固定起来,并提倡试种苜蓿,实行农田牧草轮种制度。这样就会使农牧经济都得到适当的发展。

三、恢复和发展牧区经济采取的措施

为了促进牧区畜牧业稳定而迅速的发展,党和自治区政府带领广大牧区民众,积极采取和实施了各种有力的措施。

（一）加强牲畜疫病防治

自治区成立初期,因动物防疫能力低,牧区牲畜被病菌感染疾病蔓延的情况较普遍,每年有大量牲畜死亡,严重影响畜牧业的发展。从事畜牧业的蒙古族主要分布在呼伦贝尔盟、哲里木盟北部、昭乌达盟北部、伊克昭盟中西部。当时,牲畜的疾病有牛瘟、炭疽、CI蹄疫和疥癣等。牛瘟曾经是危害最大、流行速度最快的一种动物传染病。1947年在哲里木盟和呼伦贝尔地区发生,1948年又在锡林郭勒盟的许多地区先后发生。据统计,1949年自治区发生的牛瘟达到1.3万多头。面对猖狂的传染病疫情,自治区政府采取封锁疫区,血清防治,在非疫区普遍进行预防注射。1949—1951年间,全区通过注射预防的牲畜数量为58万头。由于积极防治,到1952年,牧区历史上流行最广、死亡威胁最大的牛瘟基本得到了控制。为加强牲畜疫病的防治工作,1950年,各盟还建立了防疫所。第二年自治区建立了机动防疫队,全区建立防疫站40个,积极培养兽医技术人员275人次,形成了健全的防疫机构和较强的防疫队伍。1951年4月公布了《内蒙古自治区家畜防疫暂行条例》,1952年制定并公布了《内蒙古自治区旗（县）兽疫防治站组织规程》。从此内蒙古自治区的牧区牲畜防疫防治工作进入更规范、更快速的发展轨道上。

（二）注重草原建设和水资源保护

牧区经济发展的基础是水草资源。内蒙古自治区地域辽阔，水草丰美，但由于历史上的滥垦滥牧，致使许多牧场退化严重，影响了畜牧业的发展。自治区成立后，实行"牧场公有，自由放牧"的同时，也采取了一系列的有效措施建设草原，保护水资源。

1. 保护草牧场。1947 年 5 月颁布的《内蒙古自治政府施政纲领》中，就有保护牧场的规定。1948 年 4 月 13 日，自治区政府发布命令，禁止居民放火烧荒。1949 年，又颁布防火具体办法，责成各地政府深入进行防火检查①。1952 年 11 月，乌兰夫在政务院第 159 次政务会议上作《关于内蒙古自治区人民政府三年来的工作报告》，提出了内蒙古草原实施"保护牧场，禁止开荒"的政策。

2. 合理利用牧场。蒙古族等游牧民族合理利用大自然、保护自然环境的传统历史久远。自治政府成立后，更加注重牧场的保护和利用。如 1949 年，呼伦贝尔盟纳文慕仁盟和锡林郭勒盟等地，将牧场划分为冬春和夏秋两季，从而达到了合理利用牧场的效果。

3. 打井修井，提高草场产草率和利用率。随着人员和牲畜头数的增加，再好的牧场也会被破坏。为了保护草场，解决牲畜饮水问题，1947 年 5 月，自治区政府提出了"改善饲养法，提倡打井、建立储草草场与解决牲畜饮水问题"的牧区保护草场、发展水利资源的措施。仅 1951 年，内蒙古牧区就打井 2 250 眼，修复旧井 2 270 眼，1952 年打井 5 500 眼。绥远省牧区 1950—1952 年，打新井和修复旧井 3 000 多眼②。

4. 调剂牧场。所谓调剂牧场，是指入冬之前勘察冬春草场的情况，对草场不足地方的牲畜，由政府统一进行调剂，以此来保证各地区畜牧业的稳定发展。1951 年，通过调剂牧场的办法，解决了 114 万头牲畜的过冬问题。1952 年，在锡林郭勒盟进行牧场调剂，组织了 139 万头牲畜的移动放牧。

---

① 参见内蒙古自治区畜牧厅修志编史委员会编著：《内蒙古畜牧业发展史》，内蒙古人民出版社 2000 年版，第 92 页。

② 参见内蒙古自治区畜牧厅修志编史委员会编著：《内蒙古畜牧业发展史》，内蒙古人民出版社 2000 年版，第 93 页。

通过实施上述措施,内蒙古牧区草原和水资源状况得到了明显改善。

（三）改进饲养管理,提高畜牧业经济效益

与传统的游牧经济方式相比,定居游牧和定居放牧在饲养管理技术水平上有所提高。而改进饲养管理技术,是提高畜牧业生产水平、战胜各种自然灾害的有效措施和办法。"在这方面,我们过去已经积累了许多经验,从群众中总结出来的办法在许多地方已经推广,如搭棚盖圈,储草储备饲料"①等,群众还因地制宜地创造了许多牲畜饲养和管理方法。例如,锡林郭勒盟的牧民采用破雪工具解决部分地区冬季放牧难的问题。总之,不断推广这些先进的饲养管理办法,能够不断提高畜牧业经济效益。

（四）扑灭狼害,降低畜牧业经济损失

狼群的数量是调整草原生态系统的重要因素。适当数量狼的存在可以调整食草动物数量,保护草原,促进畜牧业的发展。但如果狼的数量过多,又会损害畜群,影响畜牧业的发展。比如新中国成立之初,狼害泛滥,从而成为仅次于牲畜传染病的危害。据不完全统计,全区每年被狼害消耗的牲畜(不包括猪)平均在 5 万头以上。以每人每天 1.5 斤肉食估算,被狼所掠食的畜肉则相当于 2 000 人生活一个月所需的食物②。

为消除狼害,1951 年,自治区人民政府颁布了鼓励牧民群众打狼的《打狼奖励暂行办法》。规定每打一只大狼奖励人民币 4 万元(旧币,每万元相当于现行人民币的 1 元)、每打一只小狼奖励人民币 2 万元(旧币),狼皮归个人。各地政府还组织有经验的猎人,培训打狼的办法,提供打狼的工具。在这样的情况下,牧民群众的打狼情绪高涨,打狼数量可观,保护了牲畜。据不完全统计,1948—1952 年,全区共打掉 5.2 万多只狼③,大大降低了牧民的经济损失,促进了牧区经济的恢复和发展。

---

① 内蒙古党委政策研究室、内蒙古自治区农业委员会编:《内蒙古畜牧业文献资料选编》(内部资料)第二卷(上册),1987 年印刷,第 103 页。

② 参见耿宝云:《人畜两旺是怎样实现的——新中国前期内蒙古牧区和谐发展的启示》,《内蒙古师范大学学报》(哲学社会科学版)2007 年第 2 期。

③ 参见内蒙古自治区畜牧厅修志编史委员会编著:《内蒙古畜牧业发展史》,内蒙古人民出版社 2000 年版,第 94 页。

第四节　牧区经济的恢复和发展

土地改革和民主改革的全面胜利大大调动了农牧民的生产积极性,稳定了其他阶层的情绪,从而解放了农村、牧区的社会生产力,为农牧业的恢复和发展创造了有利条件。同时,在自治区人民政府采取有效经济政策的推动下,内蒙古牧区经济得到了恢复和发展。

一、畜牧业的恢复和发展

因牧区、半农半牧区自然条件差,人口较少,且为蒙古族人口较集中的地区。因此,蒙绥地区的畜牧业主要集中在牧区和半农半牧区。畜牧业的恢复除依靠保护畜群、牧场、打狼、搭圈、储草、防疫、改良畜种、禁杀母畜、奖励繁殖等措施外,更是因积极提倡定居游牧,提倡和推行民间放牧经营的互助组织、"走敖特尔"、实行合同制的"苏鲁克"、勘察与调剂牧场、改善饲养管理等方式来实现的。而畜牧业生产恢复和发展最为突出的标志就是畜牧业牲畜头数的增加。

（一）牲畜数量大幅度增长

1947—1952 年,国民经济恢复时期结束,内蒙古中、东部地区的大牲畜和羊从 360.5 万头发展到 791.32 万头,6 年增长了 1.19 倍,年均增长16.5%。阿拉善和额济纳旗 1949 年大牲畜和羊 35.67 万头,1952 年发展到56.75 万头,4 年增长了 59.09%,年均增长 16.7%。到 1952 年,从整个蒙绥地区的牲畜头数增长情况来看,共有大牲畜和羊 1 601.9 万头,生猪 174.2万头,分别比 1949 年增长 62.9%和 28.8%①。

土地改革和民主改革的胜利完成,为内蒙古牧区和半农半牧区的畜牧业发展提供了良好的制度保障与和平环境。1950 年,内蒙古自治政府在施政方针中提出了"保护现有牲畜,农业区努力增殖,牧业区保证不再下降,

——————————

① 参见内蒙古自治区畜牧厅修志编史委员会编著:《内蒙古畜牧业发展史》,内蒙古人民出版社 2000 年版,第 95 页。

个别地区在现有基础上争取增殖"的畜牧业目标。在土地改革和民主改革之前,内蒙古地区畜牧业长期处于衰退之中。1936 年有大小牲畜 937.6 万头(只),而 1947 年则下降到 828.2 万头(只),减少了 11.8%[1]。据有关统计,1947—1952 年,大牲畜和羊的年中数从 841.8 万头(只)增加到 1 593.8 万头(只),增长幅度为 89.3%,年均增长 17.9%。大牲畜和羊的年末数从 773.7 万头(只)增长到 1 332.3 万头(只),增长幅度为 72.2%,年均增长 14.4%,扭转了内蒙古畜牧业长期下降的趋势(见表 1-3)。

表 1-3　1947—1952 年内蒙古牧区、半农半牧区畜牧业生产状况

单位:万头(只)

年份	年中数			年末数		
	合计	大牲畜	羊	合计	大牲畜	羊
1947	841.8	271.0	570.8	773.7	262.9	510.8
1948	858.1	286.5	571.6	789.5	277.9	511.6
1949	956.3	313.7	642.6	879.9	304.3	575.6
1950	1 074.9	343.1	731.8	967.4	331.1	636.3
1951	1 290.1	388.0	902.0	1 167.5	372.5	795.0
1952	1 593.8	450.6	1143.2	1 332.3	430.3	902.0

数据来源:《内蒙古统计年鉴 2013》,中国统计出版社 2014 年版。

从内蒙古自治政府成立到中华人民共和国成立,内蒙古地区作为解放区唯一的畜牧业生产基地,向解放战争前线输送了大量牲畜和畜牧产品,为全国的解放事业作出了巨大贡献。据不完全统计,1948—1949 年,自治区向东北解放区提供 18.2 万多头肉畜、180 万斤鲜蛋、39 万张皮张,仅哲里木盟就捐献 1.6 万斤牛羊肉,4.2 万斤草料。1950—1952 年,蒙绥地区向国家提供 69 万头各类牲畜、1 000 多万公斤鲜蛋、1 970 万多斤毛绒、109 万张皮张,大力支持国家经济建设和社会生活的改善[2]。

---

[1]　参见邓力群等主编:《当代内蒙古简史》,当代中国出版社 1998 年版,第 55 页。

[2]　参见内蒙古自治区畜牧厅修志编史委员会编著:《内蒙古畜牧业发展史》,内蒙古人民出版社 2000 年版,第 96 页。

（二）畜牧业产量和产值有了大幅度增长

1947—1952年，畜牧业产值从9 754亿元增长到18 698亿元，增长了8 946亿元，增长幅度为91.7%，年均增长18.34%[①]。1952年，蒙绥地区的肉类总产量为5.5万吨，其中，牛肉产量为1.05万吨、羊肉产量为1.15万吨、猪肉产量为3.35万吨，乳产量为30.75万吨，鲜蛋产量为1.93万吨，绒毛产量为0.66万吨，各类皮张产量为170.36万张[②]。

二、工商业的恢复和发展

内蒙古自治政府提出："逐步恢复工矿业""调整公营企业和私营企业，及公私各个部门的相互关系""有计划地发放贷款，扶持生产事业，保护一切有益国计民生的私人企业，鼓励私人资本投资于各种生产事业"。在这些有力政策的推动下，牧区工商业也得到了恢复和发展。例如绥远电厂产量增长19%，电费较1948年相比降低3—4倍。面粉厂产量增长98%，酱油厂产量增长，仅绥远省的私营工业户增长将近30%，从业人员增长60.25%，资金增长16.98%[③]。

在国营公司和合作社主导的改革下，商业发展较为迅速。短短一年的时间里，建立了粮食、土产、百货、酒业、皮毛、蛋品、花纱布、盐业等公司和小组30余处[④]。

三、牧民生活质量的改善

内蒙古牧区和半农半牧区农牧业生产的发展，提高了农牧民的收入水平，也改善了农牧民的生活质量。据有关资料显示，1951年牧业区每个牧

---

① 参见达林太、郑易生：《牧区与市场：牧民经济学》，社会科学文献出版社2010年版，第48页。

② 参见内蒙古自治区畜牧厅修志编史委员会编著：《内蒙古畜牧业发展史》，内蒙古人民出版社2000年版，第96页。

③ 参见《杨副主席关于一九九五年绥远省人民政府的工作报告》，《绥远日报》1951年3月16日。

④ 参见《杨副主席关于一九九五年绥远省人民政府的工作报告》，《绥远日报》1951年3月16日。

民的平均购买力是人民币 43.3 万元(旧币),到 1952 年每年每个牧民的平均购买力是 50.6 万元(旧币),每个牧民平均购买的宽面布都在 50 尺以上。例如,从内蒙古呼纳盟的情况来看,1950 年的呼纳盟那达慕大会上,牧民多数买的是粗布、小米和稷子米,白面仅卖出 2 400 袋,而到 1951 年则迅速增加,他们大多数是买绸缎和白面。据统计,在 6 天的那达慕上,贸易公司和合作社共卖出了 6 000 多匹绸缎和 6 600 多袋白面,还是供不应求①。以呼纳盟牧业劳动模范忠岱家的情况为例,1946—1947 年,全家每年只能吃 3 袋面,7—8 块砖茶,而自 1950 年以来,每年能吃 10 袋白面和 13 块砖茶,每人每年都能做一件新衣服。牲畜头数从 1947 年的 14 匹马、18 头牛、24 只羊变成现在(1952 年)的 38 匹马、44 头牛和 366 只羊了②。

农牧业生产的发展,也体现了牧区社会各阶层人民生活的巨大变化。根据呼纳盟新巴尔虎右旗的调查,1948—1952 年,赤贫户(一头牲畜都没有的牧户)比重从 0.22% 下降到 0.07%;贫困户(占有 210 头以下牲畜的牧户)从 42.91% 下降到 23.88%;中等牧户(占有 2 100 头以下牲畜的牧户)从原来的 54% 上升到 67.08%;富裕牧户和牧主(占有 2 100 头以上牲畜的牧户)从原来的 2.87% 上升到 8.97%。从这些数据变化可以看出,在土地改革和民主改革之后,牧区、半农半牧区的社会经济发展趋势发生了变化,即贫苦牧民的生活水平普遍上升,中等牧民和牧户比重迅速增加,富裕牧户和牧主经济也得到了一定发展。同时,牧区平均每人占有的牲畜头数也从 1946 年的 27.4 头增加到 1952 年的 52 头。牧户的购买力指数也从 1948 年的 100 上升到 460,增加了 3.6 倍③。

可见,在中国共产党的正确领导和党的民族政策照耀下,内蒙古草原牧区人民过上了日益幸福安康的生活。

---

① 参见内蒙古自治区政协文史资料委员会编:《"三不两利"与"稳宽长"·文献与史料》,载《内蒙古文史资料》第 56 辑,2005 年印刷,第 77 页。
② 参见乌兰夫:《内蒙古自治区恢复、发展畜牧业的成就及经验》,《内蒙古日报》1953 年 1 月 1 日。
③ 参见内蒙古自治区畜牧厅修志编史委员会编著:《内蒙古畜牧业发展史》,内蒙古人民出版社 2000 年版,第 96 页。

第五节　对自治区成立初期牧区经济政策的简评

内蒙古自治区成立至中华人民共和国成立的这段历史过程中,内蒙古自治区牧区经济经历了重大的变化和发展。党和政府确定了发展牧区经济的大政方针,制定并实施了许多行之有效的具体政策和举措,一方面在内蒙古农区进行土地改革,在牧区进行民主改革,废除封建剥削制度,创建新的社会经济制度;另一方面采取多项措施,恢复农区和牧区的生产,建立新的经济体制和运行机制。总结这一历史阶段的政策和措施,对于当今牧区和半农半牧区经济建设与发展,提供值得借鉴的成功经验,我们分两个部分,分别对土地改革、民主改革的意义和"三不两利"政策的意义进行评述。

一、土地改革和民主改革的意义

第一,废除了封建土地制度,建立了新的土地所有制关系,从社会制度上顺利完成了消灭封建剥削制度,建立了人民当家作主的新社会制度。这样,广大农民、牧民和其他社会成员实现了政治上的平等、法律上的人身自由与经济上的公平,保障了广大农民、牧民当家作主,发挥了他们投入全国解放事业的热心,调动了建设新社会的积极性。尤其是土地改革运动和牧区民主改革运动在内蒙古的成功开展,巩固了中国共产党在内蒙古的核心领导地位,为中共中央在少数民族地区实行民族区域自治制度树立了典范,更是为中央政府解决其他民族地区的民族问题提供了成功经验。

第二,实施符合民族地区阶级结构特点的民主改革政策,不仅促进了畜牧业生产的发展,更是为社会主义改造提供了坚实的政治保障和社会基础,也是为其他少数民族地区进行土地改革和民主改革提供了成功的典范。内蒙古牧区民主改革的成功经验在全国少数民族牧区广泛推行,对其他民族地区民主改革和社会主义改造产生了深远的影响。

第三,这一时期提出和实施的牧区经济政策与措施,对当今牧区经济发展也具有重要的借鉴意义。如 1948 年 6 月,乌兰夫在地委书记联席会议上的讲话中,强调"为了要发展农、牧、林业,我们必须把合作社办好,这是和发展农、牧、林业同等重要的,农村和城市结合的方法,草地和农村、城市结合的方法就是供销合作社……发展合作社,不等于我们就可以废除私人商业,或者可以禁止商人到草地和农村去做生意……我们不同意那种把畜牧区或半农半牧区强制农业化的主张,而应在一切畜牧区发展牧业,半农半牧区牧业也发展,如果因牧业发展半农没有了也是允许的……并不是畜牧区只有农业化才算进步……应该看到内蒙古畜牧区在全国的地位,中国的畜牧区是不多的,而农业区则是极广大的"①。又如,1948 年 11 月 5 日,乌兰夫在"内蒙古党委向东北局的工作报告"中,对某些干部的错误思想进行批评时指出:"今后我们对哪些地区应该发展农业,哪些地区发展畜牧业,必须按照自然地理条件、人口状况以及经济可能和必要来有计划有目的地发展,要纠正某些地方不按地理条件、自然条件、人口条件、牧民生活习惯与生产发展的要求,强制或不恰当地提出发展农业、破坏牧场的做法。"②同时,因为内蒙古自治区刚刚成立,采取了较多、较频繁、一整套的发展牧区经济的方针政策,并强制性推行,导致部分群众对一系列政策的领会和理解的难度加大,个别人产生了不满情绪。另外,过分强调政治作用,忽视了经济规律。

第四,促进了畜牧业生产的发展。社会生产力得到很大程度的解放,牧业生产有了大幅度增长,牧民的生活得到进一步改善。1952 年,内蒙古牲畜总头数达到 1 332 万头(只),比 1949 年增长了 51.4%,比 1947 年增长了 72.2%。

第五,提高了领导干部的素质。在民主改革实践中,内蒙古共产党工作委员会在中共中央正确领导下,遵循从实际出发、实事求是的原则,根据内蒙古地区特色和民族特点,原则性与灵活性相结合,认真分析复杂的社会阶级关系、民族关系,制定了符合中共中央精神、符合内蒙古各地区实际、符合内蒙古各民族实际、符合内蒙古各阶层实际的民主改革政策和

---

① 参见内蒙古党委政策研究室、内蒙古自治区农业委员会编:《内蒙古畜牧业文献资料选编》(内部资料)第二卷(上册),1987 年印刷,第 20—21 页。
② 参见内蒙古党委政策研究室、内蒙古自治区农业委员会编:《内蒙古畜牧业文献资料选编》(内部资料)第二卷(上册),1987 年印刷,第 33 页。

措施。在这些消灭旧制度、建立新社会的实践中,培养了一批领导能力强、政治素质高的各族各级干部,巩固和丰富了中国共产党在民族地区党的建设。

二、"三不两利"政策的意义

内蒙古自治政府成立后,关于如何发展畜牧业、如何建设牧区等一系列问题,当时党和政府还没有任何现成的经验,也没有可资借鉴的现成模式,只能在实践中慢慢探索。这就决定了牧区建设的艰巨性和长期性。正如乌兰夫所指出的:"今天在'人畜两旺'的口号下保护发展畜牧业,把这样一个落后的地区变成人口增加、经济繁荣的地区,是一个很长期的艰巨任务。怎样增加人口? 怎样发展畜牧业? 这是我们必须解决的问题,也是为人民服务的具体内容。"①当时的牧区是一个经济、文化非常落后的地区,畜牧业经济又有着与农业经济不同的诸多特点,从事畜牧业经济经营的又以蒙古族为主体。要推动畜牧业经济的繁荣发展,建设好牧区,就必须充分考虑到牧区的这些地区特点、经济特点和民族特点。在牧区建设实践中,内蒙古自治区党委和政府依据牧区的客观实际,提出了"三不两利"政策,成功推进了民主改革,为在牧区开展各项工作提供了光辉典范。"三不两利"政策的实施,不仅在内蒙古地区产生了良好的效果,在全国各民族地区的影响也甚大。1953 年,《人民日报》对"三不两利"政策进行了宣传,全国各地参观团云集内蒙古,学习牧区民主改革的经验。

(一)"三不两利"政策为牧区成功实现民主改革发挥了重要的历史作用

内蒙古自治政府成立后,首要政治任务就是进行民主改革,以废除封建压迫和封建特权,使广大牧民翻身做主,从而解放和发展牧区生产力。然而,在内蒙古牧区进行民主改革是一个全新的尝试,没有任何先例和经验。在这种情况下,牧区的民主改革走了一些弯路,犯了一些错误,尤其

---

① 乌兰夫:《锡察地区的中心任务与贸易合作问题》,载《乌兰夫文选》(上册),中央文献出版社 1999 年版,第 160 页。

是不顾牧区的特殊性而照搬照套农区做法,造成了严重的后果。在总结经验教训的基础上,内蒙古党委和政府提出了"依靠劳动牧民,团结一切可以团结的力量,从上而下进行和平改造和从下而上地放手发动群众,废除封建特权,发展包括牧主经济在内的畜牧业生产"总方针,以及"牧场公有、放牧自由""不斗、不分、不划阶级""牧工牧主两利"等一系列具体政策。

实行"不斗、不分、不划阶级"的政策,"并不是说牧区没有阶级和阶级斗争,也不是民主改革中不进行阶级区分和阶级教育。而是指不实行农村土改中划阶级、斗地主、分浮财等做法。"①原因是虽然民主改革的性质在农区和牧区都是一样的,但是牧区与农区有很大区别,牧业经济与农业经济又是完全不同的经济形式,在牧区采取与农区完全一致的做法进行民主改革,显然是不可行的。由于曾遭受残酷的民族压迫与经济文化落后等原因,牧区阶级划分不明显,牧主对牧民的剥削也与农区不同(多采用向贫苦牧民派放"苏鲁克"的方式),草原畜牧业经济中,牲畜既是生产资料又是生活资料,畜牧业经济较之农业经济更具分散性、脆弱性和不稳定性,容易遭受自然灾害、牲畜传染病的侵袭和人为的破坏。这些特点决定了牧区绝不可采取与农区相同的办法进行民主改革,如果照搬农区的做法,必然会打乱畜群结构,造成牲畜的散失和死亡,造成严重的经济损失和生产衰落。内蒙古党委依据以往的经验教训和牧区的实际,果断实行了"不斗、不分、不划阶级"的政策,要求对牧主由盟旗机关依据牧区阶级关系加以区分掌握,不在群众中公开划分,除叛变投敌或罪大恶极的少数牧主外,一般都不列为专政对象,即使分配那些恶霸牧主的牲畜,也不打乱原来的结构。实践证明,"不斗、不分、不划阶级"的政策对团结各阶层人民、加强各民族间的互助、稳定社会秩序,进而顺利完成牧区民主改革发挥了重要的历史作用。

"牧工牧主两利"政策,是在牧主与牧民之间关系的客观认识的基础上

---

① 内蒙古自治区政协文史资料委员会编:《"三不两利"与"稳宽长"·回忆与思考》,载《内蒙古文史资料》第59辑,2006年印刷,第7页。

形成的政策。实施这一政策,一方面,就是承认和保护牧区的牲畜与其他财产的私有权,鼓励和发展包括牧主经济在内的畜牧业;另一方面,保护牧工的利益,并在发展生产过程中逐渐、适当地提高牧工的待遇,改善牧工生活。"两利"政策的实施,改变了原来牧区实行的旧"苏鲁克"制度中存在的严重经济剥削,大大提高了牧工的收入,同时也保护了牧主的一定利益,受到了牧区各阶层的欢迎。由于牧工和牧主的利益都得到了保障,因而激发了他们生产劳动的积极性,这在当时的条件下成为促进畜牧业生产稳步发展的重要动力,也成为中国少数民族社会经济发展史上最成功的典型案例、新中国经济史上光辉的创举。"三不两利"政策是新中国成立之后在经济领域改革的第一个举措,比十一届三中全会改革开放政策提前了30年。"三不"就是不搞阶级斗争,"两利"就是发展生产力,一部分人先富起来,带领全体牧民共同富裕。

　　由于"三不两利"政策的制定和实施,保证了民主改革在稳定的社会环境中顺利完成,巩固了民族内部及民族间的团结互助,特别是改变了内蒙古自治区成立前畜牧业凋敝、生产连年下降的局面,出现了持续、稳定、大幅度上升的趋势。在内蒙古自治政府成立时的1947年,全区的大牲畜和羊的总头数为841.8万头(只),到1952年增加到1 593.8万头(只),增长89.3%,1947年畜牧业总产值为9 770万元,到1952年增至22 914万元,增长134.5%①。实行"三不两利"政策最早的东部区四盟(呼纳盟、兴安盟、哲理木盟和昭乌达盟),从1948年到1952年牲畜增加110%②。发展较快的呼纳盟,从1947年至1952年,大牲畜和羊从69.90万头发展到167.99万头,增加了1.40倍。绥远省1949年有大牲畜和羊476.17万头,到1952年发展到753.83万头。阿拉善额济纳旗1949年有大牲畜和羊35.67万头,1952年发展到56.75万头③。

————————

① 根据《内蒙古统计年鉴2010》相关数据计算得出,中国统计出版社2010年版,第300、278页。绝对数据按当年价格计算。

② 参见内蒙古自治区政协文史资料委员会编:《"三不两利"与"稳宽长"·回忆与思考》,载《内蒙古文史资料》第59辑,2006年印刷,第8—9页。

③ 参见内蒙古自治区畜牧厅修志编史委员会编著:《内蒙古畜牧业发展史》,内蒙古人民出版社2000年版,第95页。

牧区民主改革以后,牧区各阶层人民的生产和生活情况发生了显著变化。封建特权废除之后,畜牧业生产得到了很大发展,占牧区人口80%—90%的劳动牧民,牲畜迅速增加,生活大有改善,富裕牧民的生产和雇佣劳动经营的牧主经济也有了发展①。以呼纳盟为例,由于日伪的掠夺,牲畜头数曾急剧下降。1947年游牧四旗(新巴尔虎左旗、右旗,索伦旗,陈巴尔虎旗)仅有59.5万头牲畜(比1938年减少2/3以上)。经过民主改革,彻底扭转了牲畜数量下降的局面,呈现出牲畜数量不断增加的趋势。据1952年6月统计,已有牲畜1 517 686头。牧民平均每人有64头牲畜。其中新巴尔虎右旗平均每人93.9头,牧民每人平均108头。陈巴尔虎旗全旗人口平均19头,牧民平均22.5头。东新巴旗全旗人口平均73头,牧民平均88头。索伦全旗人口平均16头,牧民平均20头②。又据新巴尔虎右旗的调查,1948年至1952年,无畜的赤贫户比重从0.22%下降为0.07%;占有210头牲畜以下的贫苦牧户比重,从42.91%下降为23.88%;占有牲畜2 100头以下的中等牧户和牧主比重从54%上升到67.08%;占有2 100头以上的富裕牧户和牧主的比重从2.87%上升为8.97%。牧区社会经济的发展趋势是贫苦牧户的比重大大减少,中等牧户的比重迅速增加,富裕牧户和牧主经济也有一定的发展。据统计,牧区平均每个牧民占有的牲畜数,已从1946年的27.4头,上升为1952年的52头③。

随着牲畜的增加,牧民的生活亦有显著提高与改善。1951年牧业区每个牧民的平均购买力是人民币43.3万元(旧币),1952年每个牧民的平均购买力达到50.6万元,每个牧民平均所购买的宽面布均在50尺以上④。

---

① 参见内蒙古自治区概况编写组:《内蒙古自治区概况》,内蒙古人民出版社1959年版,第40页。
② 参见浩帆:《内蒙古蒙古民族的社会主义过渡》,内蒙古人民出版社1987年版,第139页。
③ 参见内蒙古自治区畜牧厅修志编史委员会编著:《内蒙古畜牧业发展史》,内蒙古人民出版社2000年版,第96页。
④ 参见乌兰夫:《内蒙古自治区畜牧业的恢复发展及经验》,载《乌兰夫文选》(上册),中央文献出版社1999年版,第245页。

表 1-4　新巴尔虎左旗牧民购买力统计表

	全旗人民由合作社购买的粮食类（斤）	全旗购买布类（尺）
1950 年	440 090	109 685
每人平均	47	11.9
1951 年	604 399	157 197
每人平均	65	17
1951 年比 1950 年增加	37%	33%

数据来源：浩帆：《内蒙古蒙古民族的社会主义过渡》，内蒙古人民出版社 1987 年版，第 139 页。

实践证明，"三不两利"政策是符合内蒙古实际的，以此为核心的内蒙古民主改革运动取得了巨大成绩。通过民主改革，内蒙古地区不仅在政治上彻底废除了牧区残存的奴隶制度和封建特权，普遍建立了人民民主政权，使广大牧民群众在政治上彻底翻了身，而且通过民主改革促进了内蒙古畜牧业经济的恢复和发展，扭转了内蒙古牧业区牲畜头数逐年下降的局面，并且改善了牧民群众尤其是贫苦牧民的生活。

（二）"三不两利"政策是一切从实际出发思想路线的光辉典范

内蒙古自治区是我国最早成立的少数民族自治地区，内蒙古的牧区又是以畜牧业为主要经济形式的独特区域。内蒙古的牧区与农业区相比，具有显著的特点，经济文化十分落后，而作为牧区主体经济形式的畜牧业又与农业有所不同，牲畜既是生产资料又是生活资料。同时，牧业区从事畜牧业生产的劳动人民主要以蒙古族为主。如果不了解牧业区的这种客观实际，采取与农业区或其他地区相同的办法和思路来领导牧区工作，则必将走入困境。所以，只有深入开展调查研究，充分认识和掌握牧区的地区特点，才能制定出符合牧区客观实际的各种方针政策，进而才能领导好牧区的各项工作。乌兰夫及内蒙古自治区党委和政府自内蒙古自治政府成立伊始，就坚持这种工作方法，深入牧区开展调查研究，充分掌握牧区的经济特点和民族特点，并依据牧区的实际制定出台了一系列符合牧区实际的方针政策，推进了牧区各项事业的稳步发展。其中，"三不两利"政策和"稳、宽、长"原则是乌兰夫及内蒙古党委和政府坚持实事求是、一切从实际出发思想路线的一个光辉典范。

综上所述,内蒙古自治政府成立后,民主改革是一项首要的政治任务。民主改革的核心任务,概括起来主要包含两个方面:一是消除阶级压迫,废除封建剥削制度,使广大牧民翻身做主。这是具有历史意义的任务,只有完成这项任务,牧区的面貌才能彻底改变,广大牧民才能真正翻身当家作主。二是在此基础上解放牧业区的社会生产力,促进畜牧业生产和牧业区社会的发展。通过民主改革,封建制度被废除,阶级压迫也消除了,但如果人民群众的生活状况没有发生根本的改变或提高,那么民主改革就失去了意义。"三不两利"政策的提出和实施,正是顺应了广大牧民群众的要求和希望,旨在通过民主改革,推动牧区经济社会的发展。"三不两利"政策充分考虑到了牧区的民族特点、社会经济特点和阶级关系特点,通过和平的方式进行改革,这显然有利于消除农区急风暴雨式的土改对牧区的负面影响,减少改革带来的阵痛,保证了牧区改革在比较安定的社会环境中顺利进行。其结果就是废除了封建牧主对牧民的政治压迫制度,限制和削弱了他们经济上的严重剥削,牧区生产力在很大程度上获得了解放,牧民的生产积极性得到了充分的发挥。

当然,在民主改革过程中,出现了不研究牧区、不深入牧区、不与牧民交流,把农区的政策和措施照搬照套于牧区做法等工作失误,也有强调政治、忽视经济的倾向。

第二章　社会主义改造时期的牧区经济

内蒙古牧区社会主义改造是随着全国农村社会主义改造即农村经济生产关系变革而掀起的一次改革,也是党和国家在过渡时期总路线与总任务的一个重要举措。1952 年,在党中央制定"一化三改"的过渡时期总路线之后,中共中央蒙绥分局于 1953 年 12 月召开了内蒙古全区第一次牧区工作会议,乌兰夫同志作了以《在过渡时期党的总路线总任务的照耀下,为进一步发展牧区经济改善人民生活而努力》为题的报告,并提出了牧区社会主义改造的方法和步骤,制定了"五项方针""十一项政策"和"六项措施",稳步推进了牧区社会主义改造事业。牧区社会主义改造事业从 1953 年开始至 1958 年人民公社化为止,持续了五六年左右,顺利地完成了改造任务,积累了具有时代意义和开创性的工作经验。在此期间实施和推行的方针、政策与措施,时至今日,对于牧区经济社会发展都有借鉴意义。

第一节　牧区社会主义改造的背景及
方针、政策和措施

土地改革实现了劳动人民的梦想,即平均地权,使耕者有其田。内蒙古牧区的民主改革则采取了与全国土地改革有所不同的政策。1947 年 11月,内蒙古以东部牧区为中心开展了废除封建特权为主要内容的民主改革运动,即废除封建牧场所有制,实行"牧场公有""放牧自由""不斗、不分、不划阶级""牧工牧主两利"等基本政策,这些政策对畜牧业经济的复苏和畜产品的流通发展起到了积极作用。但是,随着畜牧业的发展,在个体经营情况下,贫困牧民的生产工具和设施严重不足,而牲畜相对较多的牧户劳动力严重不足的矛盾也日渐凸显。

一、牧区社会主义改造的背景

(一)贯彻和执行中共中央决议

新中国成立不久,毛泽东为首的中国共产党总结了中国土地改革的成功经验和农村出现的新情况,决定通过农业生产的互助合作,把分散的个体农民向社会主义过渡或集体经济过渡的建议。完成过渡时期的总路线和总任务,即"基本上完成国家工业化和对农业、手工业、资本主义工商业的社会主义改造"①。1951年12月,毛泽东主持制定了《中共中央关于农业生产互助合作的决议(草案)》,首次提出农业生产互助合作运动的设想。1953年2月,中共中央正式通过了《中共中央关于农业生产互助合作的决议(草案)》,从此全国的社会主义改造运动正式启动。基本路径为:临时互助组和常年互助组→初级农业生产合作社→高级农业生产合作社。社会主义改造的实质是改变生产关系、解决生产资料的所有制问题,为进一步解放和发展生产力创造条件。根据党的过渡时期总路线和总任务,在过渡时期民族工作方面的总任务是:"巩固祖国的统一和各民族的团结,共同建设伟大祖国的大家庭;在统一的祖国大家庭内,保障各民族在一切权利方面的平等,实行民族区域自治,在祖国的共同事业发展中,与祖国建设密切配合,逐渐发展各民族的政治、经济和文化,消灭历史上遗留下来的各民族间事实上的不平等,帮助落后的民族提高到先进民族的行列,共同过渡到社会主义。"②民族工作方面的总任务是中国共产党的过渡时期总路线、总任务的一个组成部分。完成党在民族工作方面的任务,也是蒙绥地区党组织和各

---

① 毛泽东:《在中共中央政治局会议上的讲话》,载中共中央文献研究室编:《毛泽东著作专题摘编》(上),中央文献出版社2003年版,第820页。
② 乌兰夫:《为进一步发展牧区经济改善人民生活而努力》,载《乌兰夫文选》(上册),中央文献出版社1999年版,第283页。

族人民一项伟大光荣的壮举。

党在过渡时期的总路线和民族工作方面的总任务,为内蒙古自治区的社会主义改造、社会主义建设,也为贯彻党的民族区域自治政策、实现内蒙古统一的民族区域自治,提出了明确的指导方针,受到了内蒙古各族人民的热烈拥护。当时的中共中央蒙绥分局和内蒙古自治区人民政府,根据党在过渡时期的总路线和过渡时期民族工作方面的总任务,并从内蒙古自治区的实际出发,制定了自治区过渡时期的具体任务①。畜牧业作为国民经济的一个重要组成部分,也需要进行社会主义改造。

在牧区进行社会主义改造,就是要发展牧业区生产力,提高牧业区人民群众的生活水平。正如乌兰夫所指出的:"在少数民族地区,无论改革或改造,都应该在稳定发展生产的基础上进行。一切改革和改造的目的,都是为了发展生产力,而改革和改造的结果,也必然促进生产力的发展,这是肯定的。"因此,"我们在各项工作中必须使畜牧业不遭受损失,并且得到发展,而后再在发展中进行改造。"②为了完成社会主义改造的任务,按照党和国家过渡时期总路线的总体要求,根据马克思指出的社会主义改造思路:"我们对待小农的任务,首先是把他们的私人生产和私人占有变为合作社的生产和占有"③,内蒙古自治区党委提出了在过渡时期的具体任务,即"遵循国家在过渡时期的总任务,紧密配合祖国建设,积极、有步骤地发展自治区各项建设事业,特别是地方工业,以便支援国家在自治区的重工业建设与促进农牧业生产的发展;逐步、稳妥地进行对农业、牧业、手工业以及资本主义工商业的社会主义改造,不断增长社会主义因素;并在发展生产的基础上逐步提高自治区人民物质和文化生活水平,改变我们自治区的历史面貌,消除历史上遗留的政治、经济、文化落后的事实或不平等状态;同时围绕这些建设和改造,还必须进行使我们各级政权进一步民主化的工作,以巩固并加强人民民主专政,推进各项建设和改造的工作顺利进行,团结各族人民,逐步过

---

① 参见郝维民主编:《内蒙古自治区史》,内蒙古大学出版社1991年版,第111—112页。

② 乌兰夫:《关于牧区工作的几个政策问题》,载《乌兰夫文选》(上册),中央文献出版社1999年版,第350、312页。

③ 《马克思恩格斯选集》第4卷,人民出版社2012年版,第370页。

渡到社会主义"①。

(二) 顺利完成民主改革

1947 年 11 月,内蒙古自治区根据《中国土地法大纲》的精神,结合内蒙古民族与地区特点、社会经济和阶级特点,制定了农区土地改革、牧区民主改革的基本政策。废除了内蒙古境内的封建土地所有制、牧场所有制、封建阶级的一切特权和剥削制度;农业区实行"耕者有其田"的土地改革;牧区实行了保护牧民群众,保护牧场,自由放牧,在"不斗、不分、不划阶级"与"牧工牧主两利"为主要内容的民主改革,到 1953 年,全区牧业区的民主改革基本结束。由此,中国共产党在内蒙古牧区巩固了领导地位,建立了民主政权,稳定了社会秩序,巩固了人民民主专政。截至 1952 年年末,全区 90%以上的嘎查、村实行了民族选举,根据民族区域自治原则,在自治区内的少数民族聚居区推行了区域自治;在汉族聚居区的政权机关则采用了全国统一的现行制度,各族人民充分享受了当家作主的权利,少数民族群众享受了民族平等权利,加强了各民族的团结。内蒙古自治区成立以来的 7 年间,牧区的牲畜增加了一倍多,牧区采取了牧民互助和贸易合作等诸多办法,大大提高了生产效率并改善了人民生活。在半农半牧区,继续贯彻了"保护牧场,禁止开荒"的政策,批判了"重农轻牧""牧业落后论"等错误思想,明确了半农半牧区的改革方向,划分了农田牧场,使各族人民更加团结,生产得以顺利发展。这些成就为内蒙古社会主义改造的顺利开展奠定了政治基础。

二、确定了牧区社会主义改造的方针、政策和措施

1952 年,随着国民经济的恢复,党中央制定了"一化三改"的过渡时期总路线,即逐步实现国家的社会主义工业化,完成对农业、手工业和资本主义工商业的社会主义改造任务。在此政策背景下,1953 年 1 月,乌兰夫同

---

① 乌兰夫:《加强工业领导,发展内蒙古自治区建设——在蒙绥分局第三次工业汇报会议上的讲话》(1954 年 1 月 10 日),转引自郝维民主编:《内蒙古自治区史》,内蒙古大学出版社 1991 年版,第 112 页。

志发表了《内蒙古自治区畜牧业的恢复发展及经验》一文,文章内容成为当年 6 月国家民委召开的《关于内蒙古自治区及绥远、青海、新疆等地若干牧业区畜牧业生产的基本总结》会议的依据。在此扩大会议上概括出牧区社会主义改造事业的指导思想,即五项方针、十一项政策和六项措施①。具体如下。

（一）五项方针

1.慎重稳进的工作方针。根据牧业区社会经济的特点,强调从当地牧业区的实际情况出发,与牧民的切身经验相结合,采取慎重稳进的工作方针。工作方法上,有步骤地进行工作,防止急躁冒进,必要时采取强制命令。由于畜牧业经济一般是个体的私有小生产经济,畜牧业生产主要依靠牲畜的自然繁殖,受自然条件(如风、雪、水、旱等灾害)的影响较大,其具体组织和管理比农业生产复杂许多,措施不当,很容易遭受损失。畜牧业生产是一种技术性生产活动,不是任何人都能进行生产和管理的,不懂或不完全懂得畜牧业生产规律和管理技术,容易造成无谓的牲畜死亡或降低牧业经济效益。因此,在发展畜牧业生产工作中,与牧民的劳动经验相结合,采取慎重稳进的工作方针。

2.将发展畜牧业确定为牧业区中心工作任务的方针。一切工作都要围绕生产这个中心,并为发展生产而服务。有了畜牧业生产的发展才会有畜牧业经济的发展,才能改善牧区人民的生活水平。从而解决各种妨碍畜牧业生产发展的问题,改变长期存在的牲畜饲养方法、生产技术落后与生产组织的不完备状态以及由此引起的对各种自然灾害抵抗力薄弱的状态。

3.加强和巩固民族团结的方针。新中国成立初期,一些地区还存在大民族主义思想和狭隘民族主义思想,有些少数民族内部还有历史仇隙、利益矛盾等,所以各牧业区必须要加强民族团结,克服大民族主义和狭隘民族主义思想倾向,巩固民族团结,加强民族间的互助。

4.采取了大力培养牧区民族干部的方针。牧区人民从事畜牧业生产,

① 参见内蒙古党委政策研究室、内蒙古自治区农业委员会编:《内蒙古畜牧业文献资料选编》(内部资料)第一卷,1987 年印刷,第 10—25 页。

有悠久的历史和丰富的经验,他们不但熟悉畜牧业生产规律,而且对之怀有深厚的感情。因此,培养一批既懂政策又熟悉畜牧业生产知识和技术的本民族干部,对牧区社会经济发展和贯彻党的路线政策都大有助益。

5. 贯彻"人畜两旺"的方针。历史上牧区的人口自然增长较慢,要发展畜牧业生产,就必须使牧区有适度人口。牧区主要是畜牧业生产,当时畜牧业的发展主要以牲畜数量的增加为标志。因此,内蒙古自治区政府在牧区采取了"人畜两旺"的方针。

(二) 十一项政策

1. 在牧区继续实行"不斗、不分、不划阶级"与"牧工牧主两利"的政策。"三不两利"政策是根据牧业区的实际情况与畜牧业经济特点制定的。事实证明,正确执行这一政策的地区,畜牧业生产都得到了发展,人民生活也得以改善。

2. 合理解决草场、牧场问题。内蒙古自治区草场、牧场是蒙古民族公有的,由此,实行了自由放牧、调剂牧场的政策。

3. 实行扶助畜牧业生产特别是扶助贫苦牧民生产的政策。由于以往畜牧业生产长期处于衰落下降趋势,因此人民政府从各方面予以扶助,如组织物资交流,发放贷款,贷放生产工具和饲料,实行免费的防疫注射等,使畜牧业生产得以迅速恢复和发展。

4. 组织工、农、牧业相互支持,发展牧区贸易合作事业。畜牧业生产必须在工业和农业的帮助下,三者相配合才能发展。内蒙古自治区每年为牧区供应大量粮食,大大减少了牲畜消耗;提供豆饼等饲料,克服了牲畜过冬缺乏饲料的困难;并且为牧区供应生产工具和生活必需品,解决了紧缺物资供应不足的问题。同时,牧区也将大量的牲畜输送到农区,作为农业所需要的耕畜,帮助了农业发展,还以大量的皮毛等工业原料辅助了工业生产。

5. 在半农半牧区发展牧业生产为主,也采取"保护牧场,禁止开荒"的政策。内蒙古半农半牧区的许多土质和气候是不适宜农业的,往往在开荒之后变为轮种地,随开随弃,沙荒增多,既破坏牧场,又易酿成风、沙、水、旱灾害,对畜牧业与农业生产都很不利,以致造成农牧民连年亏损。因此,在该地区发展畜牧业,禁止开荒,保护草场,比发展农业生产更有利。

6.采取轻于农业区与城市的税收政策,使牧民得以休养生息。内蒙古地区解放初期,为照顾牧区人民的困难,一定时期内减免了牧民缴纳的赋税,而在畜牧业生产发展之后,也实行了税率较轻的合理税收政策。

7.稳步发展牧民间的互助合作政策。由于生产发展的需要且历史上牧民之间已有经营畜牧业的协作和互助的习惯,再加上党和政府的领导,牧区的互助合作运动发展较快。这样就解决了牧民劳动力和生产工具不足等困难,牧民也得到了实际利益。推行互助合作运动,必须从牧民的生产需要出发,遵守自愿互利的原则,采用牧民最易接受的形式,典型试办,逐步推广。以上互助合作措施,对之后的牧区社会主义改造起到了重要作用。

8.在条件具备的地方提倡定居游牧。各地牧区绝大部分是游牧区,部分地区为定居区或定居游牧区。定居和游牧各有优劣。定居利于"人旺",但因天然牧场、草场产草量有限,对畜牧发展与牲畜繁殖不利。而游牧益于"畜旺",游牧能使牲畜经常吃到优质牧草,对于牲畜繁殖有利,但全家老小一年四季随着牲畜流动迁移,对"人旺"并无益处。因而定居游牧,在当时的生产条件下,则可以兼有两者的优点和缺点。在条件具备的地方提倡定居游牧,为社会主义改造事业提供了生活保障。

9.加强爱国主义教育,开展增畜保畜竞赛运动,培养牧区劳动模范,奖励工作干部和技术人员。实践证明,对牧民进行爱国主义教育,能够提高牧民的爱国主义情怀,鼓舞劳动热情,推动生产发展动力。而推进爱国主义教育必须结合在牧民或牧区工作人员中培养劳动模范和鼓励生产能手,因为牧区工作比较艰苦,对于牧区技术人员与干部适当表扬和奖励,这样不仅可以提高工作效率和生产发展,还为社会主义改造培养了集体主义精神。

10.发展手工业生产和副业生产,适当开办与畜牧业生产有密切关系的小型工业。牧区已有一些小型工业和手工业,如畜产品加工包括制乳、擀毡、熟皮、做车等,还有运输、拉盐、挖碱、打猎、捕鱼等副业。发展工业和手工业,对牧区生产力发展具有辅助作用,也为手工业的社会主义改造创造了条件。

11.建立国营牧场和种畜场。自1949年起,内蒙古先后建立了国营牧场5处,为了改良马种,建立了5所配种站。国营牧场是社会主义经济性质,对畜牧业发展发挥着极大的重要作用,也成为牧区社会主义改造的先锋队伍。

（三）六项措施

1.保护、培育草原,划分与合理使用牧场、草场。牧区拥有面积广大、水草丰美的草场,但由于过去乱牧、抢牧、滥垦等原因,使许多草场、牧场遭受破坏,对畜牧业生产极为不利。因此,各地对草场、牧场的管理和使用必须采取保护培育草原,划分与合理使用牧场、草场的措施。

2.搭棚、盖圈、储草、防止风雪灾害。内蒙古自治区成立以来,牧区各地发动牧民搭盖棚圈,改善环境卫生,准备饲料。搭盖棚圈和储草的结果,克服了牧区因冬春两季气候严寒缺乏饲料及保温设备的困难,取得了可喜的成绩。

3.扑灭狼害及其他兽害。当时牧区的狼害仅次于牲畜传染病,严重威胁着畜牧业生产的发展。新中国成立前内蒙古牧区每年被狼害的牲畜平均达5万头（只）以上,新中国成立后自治区政府重视打狼工作,积极发动群众进行定期与经常性的打狼运动,有效地保护了牲畜。同时也开展了灭鼠害等其他兽害防治工作。

4.组织定期牲畜配种,大群分群放牧、按群接羔,小群合群放牧、互助接羔。过去牧民养羊,公母不分群,交配无定期,因此产羔时间拖得很长,冬春两季随时随地产羔,损失很大。领导牧民组织定期的牲畜配种,大群分群放牧、按群接羔,小群合群放牧、互助接羔,大大提高了幼畜成活率与牧业生产能力。

5.改良品种。新中国成立后,内蒙古牧区采取了选育本地良种与推广外来良种相结合的办法,为解决种公畜不足的困难,推行种公畜免税政策,有力地推进了畜群品种改良工作。

6.防治牲畜疫病。内蒙古牧区长期存在着牛瘟、炭疽、口蹄疫、疥癣病等疫病,严重威胁畜牧业的健康发展。内蒙古自治区成立后,自治区政府强调改进饲养管理、增进牲畜体质,普遍开展了以预防为主、治疗为辅的牲畜防疫防治工作,基本扑灭了牛瘟、口蹄疫等疫病。

通过以上五项方针、十一项政策和六项措施的实施,在牧区创建了统一指挥、统一管理并互助合作的工作作风和集体主义思想,为社会主义改造提供了正确的方针、政策和措施。

在牧业区要实施这项任务,必须结合牧业区的具体实际,慎重、稳妥地实行社会主义改造。因为牧区与农区不同,畜牧业与农业也差异甚大,少数民族与汉族也有不同的民族特点,因而在进行社会主义改造时,应当采取有别于农区、农业和汉族的步骤、方法与方式。当时的畜牧业基本靠天吃饭,受天气、气候影响较大。此特点一方面证明对畜牧业进行社会主义改造的必要,从而变个体为集体,变落后经营为现代化经营,变脆弱的、不稳定的畜牧业为可以稳定发展的畜牧业。另一方面又要求对畜牧业必须采取慎重的态度,要注意农牧民的生产积极性,一旦积极性降低,就可能招致巨大的损失。因此,必须依据少数民族的具体实际进行社会主义改造,如果脱离这些特点,在具体的工作中必将遇到挫折,达不到发展生产力的目的。正因如此,乌兰夫在1956年党的八大上提出:"认为各民族既然都要实现社会主义,或者正在实现社会主义,就可以采取汉族或者别的民族同样的办法去进行,没有必要再去注意民族差别、各族人民的意愿、觉悟水平和历史上残留的民族隔阂等重要因素,可以不采取适合于各民族具体情况的工作步骤、工作方式和具体政策,这种认识对民主改革和社会主义改造,只有害处,没有好处。有的同志以为机械搬套汉族或其他民族的办法,事情可能会更简单些,时间也可能会更短些。但是,事实恰恰相反,凡是不从实际情况出发,急于完成任务的做法,必然会出问题,走弯路,结果时间反而拖长。"①

在畜牧业社会主义改造之初,中共中央蒙绥分局就制定了必须坚持积极领导、稳步前进的方针。采取这一方针的目的,就是要防止和克服两种错误倾向:既要反对放任自流,又要反对急躁冒进。早在1953年,乌兰夫就曾明确指出,蒙绥牧区存在特殊情况,"在改造过程中,就必须十分谨慎地稳妥地有步骤有准备地进行。既要方向明确,又要慎重稳进。必须从现在的

---

① 乌兰夫:《党胜利地解决了国内民族问题》,载《乌兰夫文选》(上册),中央文献出版社1999年版,第414页。

群众觉悟水平、现在的生产水平出发,十分谨慎地步步为营地来工作。前进一步就巩固一步,一步有了把握然后再迈一步。坚决反对和经常防止强迫命令与形式主义。"①之所以要这样,就是为了在较少的"震动"下进行社会主义改造,也就是进行和平改造,尽量使民族地区在稳定的环境中实现社会改革,不使各阶层民众的利益受到损害,不使牲畜遭到损失。牧民是个体生产者,他们中间比较贫困的人群较易滋长平均主义思想,常以平均主义来理解社会主义,从而产生急躁冒进的情绪。在比较富裕的牧民中间,自发的资本主义倾向较重,他们希望自由发展,因而乐于放任自流。因此,必须时刻注意防止"左"和右两种倾向,采取积极领导、稳步前进的方针。

三、兴办牧区畜牧业互助组

1948 年,呼伦贝尔盟陈巴尔虎旗完工苏木(乡)组织起全区第一个常年互助组——刚果尔互助组。之后,内蒙古牧区各地牧民,为了解决生产设施短缺、劳动力资源不足和提高抵御自然灾害能力,自发组织起各种形式的互助合作组织。当时的互助合作组织多数为季节性或临时性的,此外还有数量较少的常年互助组。由于实施的牧区政策比较适宜当时的生产力发展,截止到 1952 年,内蒙古牧区共有 4 657 户牧民参加了互助合作组织,参加互助合作组织的牧业户数占全牧区总户数的 6.9%,其中牧业生产互助组 689 个,常年互助组 10 个,季节性互助组 679 个,参加常年互助组的牧民有 78 户,参加季节性互助组的牧民有 4 547 户,参加牧业生产互助组的有 4 625 户,占牧区总户数的 6.6%②。当时的绝大多数互助组是为了防灾、接羔、打草、打狼和副业生产而临时组织起来的任意性组织。在半农半牧区较多存在的互助形式是合群放牧互助组,是牲畜数量较少的贫苦牧民为节省劳动力、拓宽生产领域而组织起来的。数量较少的常年互助组是一种较高级的形式,它有一定的分工分业和生产计划。在 1952 年,翁牛特旗海日苏

---

① 乌兰夫:《为进一步发展牧区经济改善人民生活而努力》,载《乌兰夫文选》(上册),中央文献出版社 1999 年版,第 307 页。
② 参见内蒙古自治区畜牧厅修志编史委员会编著:《内蒙古畜牧业发展史》,内蒙古人民出版社 2000 年版,第 110 页。

努图克的照克图与扎兰敖道两个嘎查试办乌兰敖都和乌兰图格两个牧业生产合作社,入社社员 39 户,占两个嘎查总户数的 15.8%,入社牲畜 2 693头,占社员牲畜总头数的 81%①。以上互助组和合作社为社会主义改造奠定了组织条件。

第二节　牧区社会主义改造的实施

内蒙古牧区社会主义改造离不开全国范围内实施的农业社会主义改造,即农村经济中生产关系的变革②。1952 年,随着国民经济的恢复,党中央制定了"一化三改"的过渡时期总路线,即逐步实现国家的社会主义工业化,逐步完成对农业、手工业和资本主义工商业的社会主义改造任务。内蒙古党委根据当时牧主经济的实际情况,对个体牧民经济的社会主义改造,采取了在互助合作社的基础上稳步发展牧业生产合作社的社会主义改造途径;在牧主经济的社会主义改造上运用了类似改造资本主义工商业的赎买政策,采取了和平改造的办法。对于已废除封建特权的牧主经济和以资本主义方式经营的大牧主经济,都改造为公私合营牧场,付给定息。另一部分按资本主义经营方式的小牧主,让他们有条件地参加牧业合作社,付给定息,取消其对生产资料的私人所有权;对于喇嘛庙仓经济的改造,将下层喇嘛通过互助合作、参加生产劳动,改造成为自食其力的劳动者;对寺庙经营的庙仓畜群一般都改造成公私合营牧场,庙仓放的"苏鲁克"一律转归合作社,付给定息,取消其对生产资料的私人所有制;农区、半农半牧区畜牧业社会主义改造与农业合作化同步进行,并在稳定发展畜牧业生产的基础上,逐步实现对畜牧业社会主义改造的方针,坚持自愿互利的原则。

一、个体牧民经济的社会主义改造

1953 年 12 月,中共中央蒙绥分局为贯彻中央提出的过渡时期总路线

---

① 参见内蒙古自治区畜牧厅修志编史委员会编:《内蒙古自治区志·畜牧志》,内蒙古人民出版社 1999 年版,第 63 页。

② 参见达林太、郑易生:《牧区与市场:牧民经济学》,社会科学文献出版社 2010 年版,第 48 页。

和总任务,在第一次牧区工作会议上明确指出,通过互助合作途径达到个体牧民的社会主义改造目标。1953年牧区民主改革完成时,蒙绥地区已组织起临时季节型、合群放牧型、常年互助型3种形式的各类牧业互助组共3 800多个。因为内蒙古牧区发展牧业生产互助组采取了必须根据牧业生产的具体条件及从牧区的生产需要出发,使互助组建立在适合当地牧业生产条件的基础上;必须采取牧区所易于接受的、习惯的、简单的形式,在牧民旧有的互助习惯基础上,加以领导逐渐提高改进,不要把农区的一套经验搬到牧区去;必须照顾民族特点和群众的觉悟水平;必须绝对遵守自愿和互利的原则;必须采取积极领导、慎重稳进的方针"五个必须"的方针政策。与此同时,1952年在翁牛特旗海日苏努图克的照克图和扎兰敖道嘎查试办了乌兰敖都与乌兰图格两个牧业生产合作社。1954年4月,牧区又试办了陈巴尔虎旗呼和诺尔等一批牧业生产合作社。至1955年年初,全区建立了20个牧业生产合作社。到1955年年底,全区发展到258个牧业生产合作社。1952—1955年试办牧业合作社,主要采取了以下5种牲畜入股分红办法。

1. 母畜入社,劳畜仿照新"苏鲁克"的办法进行比例分红。

2. 牲畜分等定价,按价作股入社,劳畜按比例分益。

3. 折标准牲畜入社或牲畜评分入社,劳畜按比例分益。

4. 作价入社,付给固定利息。

5. 作价入社,分期偿还。

针对1955年牧区合作社的快速发展,乌兰夫在1956年的全区旗县长会议上,提出发展牧业合作社要遵循"政策要稳,办法要宽,时间要长"的原则,防止急躁冒进。同年3月召开的第三次牧区工作会议也对牧区合作化运动进行了分类指导。对基本实现初级合作化的地区,全力整顿,巩固牧业生产合作社,改善经营管理,大力发展畜牧业生产;对合作社有一定发展、入社牧户占牧户总数30%的地区,充分发挥典型示范作用,继续发展和提高互助组,做好建设的准备,稳步发展;工作有一定基础但尚未试办牧业生产合作社的地区,在大力发展互助组的基础上,试办好牧业生产合作社;在边远地区普遍发展各类互助组,由旗直接指导试办牧业生产合作社;阿拉善等沙漠、戈壁地区,主要是发展互助组和慎重试办合作社。强调试办牧业生产合作社要坚持适度规模:游牧区合作社的规模控制在 20 户左右,不得超过30 户;定居区合作社的规模为 20—30 户,不得超过 40 户;超过 50 户的合作社应该逐一检查,妥善解决。① 在同年举行的第四次牧区工作会上提出了办好牧业生产合作社的"四条标准",即生产增加、分配合理、社内民主团结、团结好社外牧民的标准。之后在 1957 年的第五次牧区工作会议上又规定了大力办好现有牧业生产合作社②,切实做到增产增畜,保证绝大多数社员增加收入,原则上不发展合作社的工作方针,同时整顿和巩固了互助组,为今后合作社的发展创造了良好条件。1958 年年初开始,全国发动了"大跃进"和人民公社化运动。在此影响下,至同年 7 月,牧业生产合作社已发展到 2 292 个,入社牧户 67 855 户,比 1955 年分别增加了 8.9 倍和 8.1 倍;而在牧业生产合作社快速推动的背景下,牧业生产互助组减少到 746 个,参加户数 13 656 户,分别比 1955 年减少 5 964 个互助组和 27 920 个牧户(见表 2-1)。

表 2-1　1952—1958 年全区牧业合作化情况表

年度	牧业生产合作社		牧业生产互助组	
	个数	参加户数	个数	参加户数
1952	2	39	689	4 625
1953	2	39	1 287	8 568
1954	8	192	5 151	33 271
1955	258	8 360	6 710	41 576
1956	450	15 371	3 499	37 818
1957	649	22 064	3 442	46 018
1958	2 292	67 855	746	13 656

资料来源:内蒙古自治区畜牧厅修志编史委员会编:《内蒙古自治区志·畜牧志》,内蒙古人民出版社 1999 年版,第 67 页。

---

① 参见内蒙古自治区畜牧厅修志编史委员会编:《内蒙古自治区志·畜牧志》,内蒙古人民出版社 1999 年版,第 64 页。

② 参见内蒙古自治区畜牧厅修志编史委员会编:《内蒙古自治区志·畜牧志》,内蒙古人民出版社 1999 年版,第 62 页。

二、牧主经济和喇嘛庙仓的改造

（一）对牧主经济的改造

畜牧业社会主义改造初期，自治区党委要求内部掌握，把占有牲畜折算成绵羊单位 2 000 只左右、雇长工 3 人以上、剥削量 50% 以上的划为牧主。依此标准，牧区有牧主 460 多户，占总牧户的 0.5%，有牲畜 110 万头，占牧区牲畜总头数的 9% 左右，雇长工 1 400 多人，放"苏鲁克"牲畜 30 万头，占牧区牲畜总头数的 3% 左右。

1953 年 12 月，中共中央蒙绥分局召集东部地区党委、各盟盟委负责人，对牧主的改造问题进行研究后，准备选择重点，采取类似国家资本主义的办法试点，在近两年内，只能由盟以上领导机关掌握，选择一两个条件成熟的对象做典型试验。1956 年 3 月，自治区党委第三次牧区工作会议确定，对牧主经济采取和平改造的路径，按照比对资产阶级宽松的政策即政治上团结、经济上"赎买"、办法上温和，对牧主实行长期团结改造，把牧主包下来，给牧主以生活出路，给牧主定息（按牧主参加公私合营牧场或入社牲畜作价款所给予的利息）和安排适当的工作。[1] 较大的牧主办公私合营牧场，较小的牧主有条件地加入牧业生产合作社，牧业生产合作社可接放牧主的"苏鲁克"。参加公私合营牧场的牧主可以当副场长，享受国家行政 17—20 级干部的工资待遇。[2] 参加牧业生产合作社的牧主允许其担任社管理委员会委员。

1956 年 2 月，新巴尔虎左旗建立了牧区第一个公私合营牧场"五一牧场"。同年 6 月 13 日，自治区党委批准锡林郭勒盟建立 4 个公私合营牧场，乌兰察布盟建立 3 个公私合营牧场。同年 9 月，全区已有 19 户牧主办起 11 个公私合营牧场，有 3.7 万头牲畜入场，占牧主牲畜总头数的 44.6%，其中有 8 个公私合营牧场对牧主入场牲畜实行定息办法，3 个公私合营牧场采

① 参见内蒙古党委政策研究室、内蒙古自治区农业委员会编：《内蒙古畜牧业文献资料选编》（内部资料）第二卷（上册），1987 年印刷，第 193 页。

② 参见内蒙古党委政策研究室、内蒙古自治区农业委员会编：《内蒙古畜牧业文献资料选编》（内部资料）第二卷（上册），1987 年印刷，第 195 页。

取分红办法。至1958年,全区公私合营牧场发展到122个,加上参加牧业合作社的牧主,全部牧主均已入场、入社,完成牧主经济的社会主义改造。

(二)对喇嘛庙仓的改造

内蒙古自治区成立时,境内有1 300多座寺庙。这些寺庙及其喇嘛拥有大量的土地、草场和牲畜。民主改革时期废除了庙仓的封建特权,将召庙牲畜的旧"苏鲁克"制度改造为按比例收益的新"苏鲁克"制度。在社会主义改造中,对庙仓牲畜和大型生产资料根据不同情况采取了参加合营牧场、牧业生产合作社、放"苏鲁克"等办法进行改造。对喇嘛多的召庙,根据喇嘛自愿,可以组织畜牧业和农副业生产;手工业匠人多的召庙,组织手工业合作社或手工工厂,吸收到国营企业和手工业合作社。鼓励喇嘛投资兴办事业,组织喇嘛医为群众治病,办喇嘛医进修学校,建喇嘛医(蒙医)研究所,安置活佛大喇嘛,对年老的喇嘛给予生活上的照顾;寺庙宗教活动有困难者,也适当给予照顾;组织喇嘛进行文化和政治学习,对喇嘛团结、改造,使他们走上社会主义道路,成为自食其力的劳动者。至1958年7月,对喇嘛庙仓即寺庙经济改造工作基本完成。召庙最多的锡林郭勒盟有4 000多名喇嘛,80%以上参加了牧业生产合作社和合营牧场,有的喇嘛被选为社长、场长或劳动模范。

三、半农半牧区畜牧业改造

牧业经济是内蒙古国民经济的重要组成部分之一。而农业区、半农半牧区牲畜头数占全区牲畜总头数近一半,畜牧业收入在农民收入中占有相当大的比重。在社会主义改造中,根据畜牧业的特点,自治区规定了必须"在稳定发展畜牧业生产的基础上,逐步实现畜牧业社会主义改造"的方针。

内蒙古半农半牧区畜牧业改造在1953年已着手进行,早于牧区。在农业合作化高潮中,有些干部对于畜牧业的问题认识不清,特别是1956年处理牲畜入社时,发生干部强迫实行牲畜作价归社,作价偏低,偿还期过长,以致群众大量出售、宰杀牲畜,造成严重损失。1956—1957年上半年的农业合作化高潮中,全区农区牲畜从634万头下降为560万头,一年之中减少

11.7%；半农半牧区的牲畜从637万头下降为593.6万头，下降了6.9%。为扭转此类偏差，自治区党委于1956年12月26日发出《关于端正农业区半农半牧区畜牧业社会主义改造的方针政策的指示》，第一，要使农村工作干部和农牧民确实认识到发展畜牧业生产对促进农业增产、增加农牧民收入、发展出口贸易、供应城市肉食、支援国家工业的重大作用，批判忽视畜牧业生产和不注意解决畜牧业生产中的具体问题的错误。采取有效措施，使合作社和农民在发展畜牧业中都能得到实际利益，来保护合作社和农民发展畜牧业生产的积极性。第二，畜牧业是农业生产合作社进行多种经营的主要部分，各个农业生产合作社逐步经营集体畜牧业，有利于合作社的社员；但是畜牧入社必须绝对遵守自愿互利的原则，不能使畜户吃亏。在互利政策方面，各地在整社工作中，对畜牧业生产要普遍进行一次检查。第三，要适当调整牲畜与畜产品的价格，改善购销供应工作，这与发展畜牧业生产有着极为重要的关系。对过去的牲畜与畜产品收购的规格标准有不切实际的应作适当修改，坚决贯彻优质优价的规定，并制止压价现象。同年12月，内蒙古党委出台了"关于端正农业区、半农半牧区畜牧业社会主义改造的方针政策的指示"，即农业区、半农半牧区也必须执行"在稳定发展畜牧业生产的基础上，逐步实现畜牧业的社会主义改造"的方针。农业区和半农半牧区的散畜入社与否，完全听取社员自愿，任何人不得以任何形式强迫入社。国家对农、牧民私有散畜一律保护，并扶持其发展。鉴于农业区和半农半牧区已经实现了农业合作化，劳动力、土地都组织到农业合作社中，因此，农业生产合作社必须注意公有牲畜和私有牲畜两方面的发展，必须给予私有养畜户以多方面的帮助，私有养畜户必须主动争取合作社的帮助。牲畜作价归合作社必须绝对遵守自愿原则。作价归社的牲畜价格应当高于平均市场价格。折价偿还期一般不得超过3年。到期必须偿还。鉴于过去合作社在处理散养畜问题上有的地方有强迫入社的现象，现在社员愿意继续由合作社统一经营的，仍然由合作社统一经营；作价过低、偿还期过长的应当纠正；合作社代放牧的牲畜应当退还或改变办法。要大力改善合作社的牲畜饲养和经营管理，要充分发挥现实集体经营的优越性。

1957年6月，自治区党委又发出《关于农区、半农半牧区处理牲畜入社问题的几项具体办法的通知》,要求必须积极正确地贯彻执行"在稳定发展畜牧业生产的基础上,逐步实现对畜牧业社会主义改造"的方针,坚持自愿互利政策;对已作价归社的牲畜,在交代政策后:

1. 社员不要求变动的,可不变动,但应退给必要的牛奶、骑马、食用羊和心爱的体己牲畜,以资照顾。

2. 如入社时没有按照自愿原则办事,作价不合理,又无明确的偿还期限,在交代政策后,不论是全体社员还是部分社员,甚至是一户社员要求将已作价归社牲畜退还全部或部分牲畜的,应当允许,不能拒绝。

3. 社员还愿作价归社,但作价不合理的应予调整,偿还期过长或无明确规定、社员有意见的,协商后作出明确规定,按规定期限偿还。

4. 对社员的私有牧畜由合作社统一经营,比例分益,对未入社的和退还给社员的牲畜,在实现高级合作化的地区,无论什么牲畜,均不再用作价入社的办法,如合作社需要,可以用买卖交易办法收买,社员可以自由出卖。

5. 社员私有牲畜可以采取由合作社代理放牧管理。社员的牧畜由社代放,畜主向合作社交代放费,牧畜的收益完全归畜主,代放费不应超过当地一般社会工资。

6. 耕(役)畜的处理,应与牧畜有所区别。入社的农民必须把私有耕畜根据社的需要转为合作社集体所有。但在半农半牧和耕畜多的地区,在满足社的需要外,应照顾社员留下的乘役用畜(马、牛、驴),以解决社员日常役用需要,特别照顾到蒙古族和境内少数民族社员之习惯。

7. 为了促进公有和私有畜牧业的发展,凡适龄种公畜、母畜更应保护。对饲养牧畜有功的社、户应给予表扬和奖励,以激发社员经营牧业的积极性。

第三节　牧业合作化运动及"稳、宽、长"原则

内蒙古牧区的经济改造是根据党中央确定的"依靠劳动牧民,团结一切可以团结的力量,在稳定发展畜牧业生产的基础上,逐步实现畜牧业的社会主义改造"方针进行的。牧业合作化是牧区的个体畜牧业经济过渡到社

会主义的必经之路。内蒙古政府按照"稳、宽、长"方针，因地制宜地采取了适合牧民要求的多种办社道路，取得了良好的效果。其合作化运动过程及其政策措施经历了以下阶段。

一、试办初级合作社

牧业生产合作社试办阶段，内蒙古政府政策的重点在于发展牧民互助组。此阶段是牧区社会主义改造的关键时期，乌兰夫同志在 1953 年 12 月 28 日召开的第一次牧区工作会议上明确指出"个体牧业经济过渡到社会主义主要是经过互助合作的道路"，而试办牧业合作社采取了慎重、稳进政策。即"必须坚持积极领导稳步前进的方针，试办畜牧业生产合作社要经过蒙绥分局与区党委的批准，并须派专职干部领导"①。1954 年 1 月 26 日，在中共中央蒙绥分局关于第一次牧区工作会议向华北局、党中央的报告上提出，"蒙绥牧区个体的畜牧业经济，据现有材料，人口约占牧区人口的 90% 以上，牲畜约占牧区牲畜的 80%，对于这个在人口与牲畜数目都占很大比重的个体畜牧业经济，要经过这条道路在一个相当长的时期内，把它从个体的、游牧的、落后的畜牧业经济改造成为合作化的、现代化的社会主义畜牧业经济，即把牧区劳动人民的个人所有制改造为合作社社员的集体所有制。"②

内蒙古牧区经过民主改革的几年后，社会经济发生了很大变化。牧业生产互助组的成立，给广大牧民带来了许多好处，显示了合作的优越性，如牲畜损失减少，节省劳动力，增加收入，提高劳动效率，等等。但是初级形式的互助组不能满足组员进一步发展生产的要求，许多牧民还要求办畜牧业合作社。在这种客观条件和主观要求之下，1952 年 4 月，翁牛特旗在牧区生产互助组基础上率先试办了 2 个牧业生产合作社，即乌兰敖都和乌兰图格牧业合作社，合作社吸收了 39 户社员和 2 693 头牲畜。经过两年的探

---

① 内蒙古党委政策研究室、内蒙古自治区农业委员会编：《内蒙古畜牧业文献资料选编》（内部资料）第二卷（上册），1987 年印刷，第 126 页。
② 内蒙古党委政策研究室、内蒙古自治区农业委员会编：《内蒙古畜牧业文献资料选编》（内部资料）第二卷（上册），1987 年印刷，第 139 页。

索,1954 年春,该旗又试办了 2 个合作社,同年秋后又建了 8 个新合作社。合作社的规模平均 16 户,牲畜 800 头左右,是坚持自愿互利原则下进行组合的牧业生产合作社。之后,牧区又试办了陈巴尔虎旗呼和诺尔等一批牧业生产合作社,至 1955 年年初,全区建立了 20 个牧业生产合作社。1955年 9 月 20 日,毛泽东主持编辑的《中国农村的社会主义高潮》一书选入《翁牛特旗建立了 12 个牧业生产合作社使畜牧业大为发展起来》的调查报告,并加了编者按语。这对牧区影响很大,促进了合作化运动的发展。

1952—1955 年,牧区试办牧业生产合作社坚持了以下几个自愿互利原则:

1. 牲畜入社形式采取了将各种牲畜都折成标准牛入股形式和作价入社分红原则。

2. 入股必须照顾到社员有自用的奶牛,照顾入社社员的吃羊和骑马问题,适当留出自用牲畜。社里除了照顾入社牲畜和社公有牲畜以外,对于社员自留牲畜,也应当在互利原则下,由社负责放牧。

3. 社里需要草料和防疫注射及行政管理等开支,牲畜入社的时候,除了入股以外,应该有一部分用作社的底垫。

4. 公积金、公益金可以参照农业社的办法逐渐积累。由于牧业生产比较稳定,增值较快,在正常收成下,公积金和公益金一般不应少于农业社。但是,开始办社的时候也不要留得过多。

5. 根据合作社的畜群大小和畜种等,合理规定劳动日的报酬。

6. 分红应当实行以劳动力分红为主的原则,适当地照顾牲畜收入,主要是分畜产品和农副业产品,尽量不分幼、种公畜和母畜,以保持畜群的扩大。并且应当照顾到牧民的收入和牲畜季节性,主产品可以一年分一次,副产品可以按两季分,既照顾到合作社的生产,又照顾到社员的便利①。

牧业经济是内蒙古国民经济的一个重要组成部分,畜牧业是农村经济的重要组成部分。内蒙古自治区农业区、半农半牧区牲畜头数占全区牲畜

---

① 参见内蒙古党委政策研究室、内蒙古自治区农业委员会编:《内蒙古畜牧业文献资料选编》(内部资料)第二卷(上册),1987 年印刷,第 167 页。

总头数近一半。在工业文明之前,畜牧业是农业动力和肥料的主要来源,畜牧业收入在农民总收入中占相当大的比重。因此,农业区、半农半牧区也必须执行"在稳定发展畜牧业生产的基础上,逐步实现畜牧业的社会主义改造"的方针。在社会主义改造中,应当把属于农业范畴的耕畜、役畜和属于牧业范畴的散畜与役畜区别看待,对农业耕畜、役畜应当随着土地、农具等转为集体所有。对于农业区和半农半牧区私有养畜户,采取了帮助措施。具体如下:第一,合作社给予私有自放的养畜户以人力、饲草、饲料的照顾,予以自养自放的条件,使私有散畜得到发展。第二,合作社可以帮助私有养畜户组织互助或者给予人力条件,使之合伙放。第三,在社员自愿原则下,由社代放,按比例分红,或者实行其他互利办法。第四,合作社对目前市价偏低的小牛、毛驴等,应帮助社员采取私有公放等方式。保护和发展了农区、半农半牧区畜牧业。

二、分类指导与整顿牧区合作社

1956 年 3 月,内蒙古自治区党委召开第三次牧区工作会议,根据全区牧业合作化发展情况和全国范围内社会主义改造形式,对牧区合作化运动要求进行分类指导。

第一类地区是农业区包围的牧区或是靠近农业区的牧区。如昭乌达盟(现赤峰市)多数牧区,哲里木盟(现通辽市)扎鲁特旗牧区,呼伦贝尔盟(现呼伦贝尔市)乌兰毛都牧区(包括现在的乌兰毛都苏木,桃合木办事处,满族屯乡,德佰斯镇西部,绿水牧场)平地泉(绥远省济宁专区所属)的察右中旗、察右后旗牧区,伊克昭乌达盟(现鄂尔多斯市)郡王旗(伊金霍洛旗)牧区等基本实现初级合作化,要全力整顿巩固合作社,改善经营管理,大力发展畜牧业生产,继续解决合作社中存在的各项问题。

第二类地区是合作社已有一定发展、入社牧户约占总牧户 30% 的地区。如乌兰察布盟乌拉特前旗(现归临河市),呼伦贝尔盟陈巴尔虎旗、索伦两旗(现鄂温克旗和莫力达瓦达斡尔族自治旗),伊克昭乌达盟、昭乌达盟、察哈尔盟的部分地区,要大力办好现有合作社,做好典型示范,并注意继续发展和提高各种类型的互助组。

第三类地区是牧业生产合作社尚未试办,或试办的不多,如呼伦贝尔盟的新巴尔虎东、西两旗,察哈尔盟、锡林郭勒盟、乌兰察布盟、伊克昭乌达盟的部分地区。要大力发展各类互助组,并在提高和巩固常年互助组的基础上做好牧业生产合作社的典型试办工作。

第四类地区是乌兰察布盟和锡林郭勒盟的部分边缘区。这些地区社会经济基础薄弱,完全是游牧区,牧主较多。主要任务是继续贯彻牧区各项社会政策,普遍发展各种类型的互助组,个别的代办合作社。

第五类地区是额济纳旗、阿拉善旗等沙漠、戈壁地区。这类地区仍应按甘肃省委的原则规划执行,要积极发展互助组和慎重试办初级合作社。不论哪一类地区,都必须坚持在稳定发展生产的基础上进行社会主义改造这一根本原则,都必须坚持"积极领导,慎重稳进"的方针。

建设牧区合作化运动在慎重稳进的政策方针下,至1956年9月,内蒙古牧区已办起了515个畜牧业生产合作社(其中高级社19个),入社牧户15 952户,占总牧户的18.9%,参加各类互助组的牧户为51 579户,占总牧户的61.1%,参加互助组合作社的牧户已占牧区总牧户的80%。到该年年底,合作社发展到543个,入社社员占总牧户的22%。合作社的规模每社平均30.9户,据乌兰察布盟、呼伦贝尔盟、锡林郭勒盟、昭乌达盟、察哈尔盟等5个盟336个社的统计,10户以上的有7个社,10—20户的有56个社,20—30户的有130个社,30—50户的有120个社,50—100户的有15个社,100—200户的有7个社,200—300户的有1个社。呼伦贝尔盟、昭乌达盟、锡林郭勒盟、乌兰察布盟、察哈尔盟的336个牧业生产合作社合作经营的牲畜为100余万,其中入社牲畜达73万多头①。

入社牲畜各地采取了不同办法,例如:伊克昭乌达盟全部都是采取按母畜头数入社比例分益的办法,锡林郭勒盟16个社的小畜是按母畜入社比例分羔羊,大畜是15个社作价入社付固定报酬,一个社是作价入社按比例分益(大小畜都是母畜和必需的役畜)。平地泉、察哈尔盟、乌兰察布盟、昭乌

① 参见内蒙古党委政策研究室、内蒙古自治区农业委员会编:《内蒙古畜牧业文献资料选编》(内部资料)第二卷(上册),1987年印刷,第219页。

达盟 268 个合作社中,母畜入股按比例分益的有 41 个社,牲畜评分或折标准牲畜折股入社,按劳动量、牲畜比例分益的有 183 个社,牲畜作价付固定报酬的有 10 个,牲畜作价归社分期偿还的有 11 个,作价归社、全部作为公有化股份基金、完全按劳分红的有 6 个合作社。从发展速度来看,除阿拉善、额济纳两个旗外,每旗都有合作社,伊克昭乌达盟、乌兰察布盟、昭乌达盟、哲里木盟、平地泉等地区入社牧户占 10%左右的鄂托克旗、四子王旗、乌拉特中后联合旗、达茂联合旗 4 个旗,入社户数占 15%—20%的乌审旗、杭锦旗、两个新巴尔虎旗、巴林右旗五个旗,入社牧户占 40%—50%的乌拉特前旗和阿鲁科尔沁旗,入社牧户占 60%—70%的陈巴尔虎旗、索伦旗、克什克腾旗,入社牧户占 90%以上的翁牛特旗、察右后旗、扎鲁特旗、科右前旗和石拐矿区①。

虽然牧区生产合作社有了较快的发展,但在发展当中存在着建设过程粗糙、主观主义倾向严重、强调劳动报酬、忽视畜股利益、自留牲畜偏紧、经营管理混乱、财务制度不健全、劳动纪律松散、领导不得力等问题。对此,1956 年 9 月,自治区政府在《关于畜牧业生产合作社几个问题的指示》中部署了控制合作社建设过度发展的措施。如 1956 年,合作社总数控制在 600 个左右,入户比例达到 20%应立即停止;牧区合作社规模应掌握在 20 户左右,一般不得超过 30 户;定居游牧区应掌握在 20—30 户左右,一般不得超过 40 户;已办 50 户以上的合作社应自检查一遍,研究存在的问题并妥善解决;建设季节应在夏季。对于入社牲畜的处理办法提出以下 5 种:第一种是母畜入社,劳、畜按比例分当年成活的仔畜及畜产品;第二、三种办法是牲畜按等级评分或作价入社,按劳、畜比例分益;第四种是牲畜作价入社;第五种是牲畜作价归社。股份基金在初级社时期可以不抽或少抽,抽时摊纳的数量不应超过当年生产投资的需要,一般不超过 5%;公积金和公益金的扣留不宜多,一般不应超过 5%;自留畜不得限制过严,按照牧民的需要和自愿选留,目前不必规定具体数字;对于社员个人,尤其是贫困牧民揽放的"苏

① 参见内蒙古党委政策研究室、内蒙古自治区农业委员会编:《内蒙古畜牧业文献资料选编》(内部资料)第二卷(上册),1987 年印刷,第 219 页。

鲁克"应不急于归社经营。应由合作社负责代管并收代管费;分配比例上合作社更要坚持少扣多分的原则。对于高级合作社,现有19个高级合作社试办当中存在着摊纳的股份基金过多或按劳摊作股份基金不合理等问题。因此,现在已办的可以继续试办下去,暂时不再发展这类合作社,待看了试办的结果再作决定为好①。同年12月,内蒙古党委召开第四次牧区工作会议,对牧区合作社建设又一次重申了整顿问题。在此会议上规定:当前牧区的任务,应当是全力整顿巩固现有合作社,今冬明春一律停止建社、扩社、并社和转高级合作社的工作,全力转向巩固;畜牧业合作社形式,应该强调最近只办初级社,暂时不办高级合作社;建设步骤,今后应该采取常年准备、分批发展、逐步前进的方针。会议还重申,互助组是牧业生产的主要形式,参加各类互助组的户数占牧户的61.1%,它是发展畜牧业生产的主要依靠力量,又是发展畜牧业的基础。因此在合作化运动中,必须注意发展巩固各类互助组,把发展互助组纳入合作化的规划里,防止重社轻组的错误思想和做法,更要具体帮助他们贯彻自愿互利原则。

通过牧业生产合作社的整顿,1957年年中为止,牧业合作社较前年增加了89个,总数达632个,入社牧户占总户数的24.6%,互助组也得到了发展和提高。整顿一年来大部分合作社增加了牧业生产和社员收入,提高了牧民的认识,稳定了生产情绪。但还存在着较多违背"依靠劳动牧民,团结一切可以团结的力量"和缺乏执行自愿互利原则的做法。对此,自治区政府进行批评并及时作了改进,从而巩固了牧业合作社,发挥了合作社的优越性。

三、"稳、宽、长"原则的提出

1955年7月,毛泽东在农业合作化问题上批评了所谓的"小脚女人"。10月,中共中央七届六中全会通过了"全国农业合作化问题的决议",把合作化运动推向了更加高速的发展阶段,同时也表现出了"左"倾冒进情绪。

---

① 参见内蒙古党委政策研究室、内蒙古自治区农业委员会编:《内蒙古畜牧业文献资料选编》(内部资料)第二卷(上册),1987年印刷,第233—239页。

到 1956 年年初,全国农村已基本实现了初级合作化,并继续向高级合作化发展,掀起了合作化运动的高潮。在这种情况下,内蒙古牧区的合作化运动也得到了快速发展。到 1957 年,合作社发展到 632 个,入社牧户占总牧户的 24%,比 1956 年增加 13 个百分点还多,各类互助组达到 3 144 个,还试办了 13 个公私合营的牧场。凡是牧业生产合作社办得好的地方,都显示了巨大的优越性,但是,在短期内发展了如此之多的合作社,由于干部和群众的组织准备与思想准备还不充分,领导也缺乏经验,很快就暴露出许多问题,主要表现在:有的地方对党的政策和方针贯彻执行不够,忽视了牧区的民族特点和畜牧业经济特点,忽视了党的民族政策;对自愿互利政策执行不当,使一部分畜多劳少户收入减少,自留牲畜、饲料地、副业生产、使用车辆、工具等方面都偏紧;经营管理、财务核算等方面混乱现象比较普遍;一部分合作社办得不好,牲畜死亡、流产严重①。针对这种情况,乌兰夫在 1957 年 2 月召开的内蒙古自治区旗县长会议上十分明确地指出:"畜牧业社会主义改造的基本方针,可归纳为三个字'稳、宽、长'"②,并对此进行了首次阐释。之后,1957 年 7 月中共内蒙古党委第五次牧区工作会议及内蒙古自治区畜牧业生产会议规定的工作方针为:"实现合作化,要按照党对畜牧业社会主义改造的方针,按照'稳、宽、长'的精神办事,就是政策要稳,办法要宽,时间允许长。允许因地制宜,采取适合牧民要求的多种形式。"这样,"稳、宽、长"原则在总结畜牧业改造的经验和教训基础上正式被提出。

四、"稳、宽、长"原则的内涵及具体实践

关于"稳、宽、长"原则的内涵,乌兰夫在 1957 年曾进行过较为完整的总结阐释。稳,就是在稳定发展生产的基础上,逐步实现畜牧业的社会主义改造,这是根据畜牧业的经济特点提出的,如果速度过快就会损失牲畜。进行畜牧业的社会主义改造,其基本目的有一条,就是既要实现社会主义改造,又要发展牲畜。"如果说进行了社会主义改造,却把牲畜搞光了,那就

---

① 参见内蒙古党委政策研究室、内蒙古自治区农业委员会编:《内蒙古畜牧业文献资料选编》(内部资料)第二卷(上册),1987 年印刷,第 289—311 页。
② 乌兰夫革命史料编研室编:《乌兰夫论牧区工作》,内蒙古人民出版社 1990 年版,第 145 页。

违背了改造的目的。因为革命的目的是改变生产关系,解放生产力,发展生产力。所以畜牧业的社会主义改造,离开了增畜、保畜就是严重错误的。牲畜发展与否,是衡量社会主义改造工作健康与否的尺度。"①因此,社会主义改造的步骤一定要稳。宽,就是对个体牧民和牧主的政策要宽,要依照自愿原则,不能强迫。长,就是要想实现稳、宽,就应采取较长的时间。"稳、宽、长"的原则概括地说,就是要"依靠劳动牧民,团结一切可以团结的力量,在稳定发展生产的基础上,逐步实现对畜牧业经济的社会主义改造",乌兰夫认为这一方针既适合于牧区,也适合于农区。

根据乌兰夫的这一思想,内蒙古自治区党委在 1957 年进一步明确了对畜牧业进行社会主义改造的"稳、宽、长"原则,更加完整、全面地阐发了这一方针的内容。稳,就是政策要稳,即坚决贯彻对畜牧业进行改造的方针,严格遵守自愿互利的原则;宽,就是办法要宽,即采取为群众易于了解和接受的办法,建立多种形式的合作社;长,就是时间要长,即根据生产是否能正常和稳定的发展,来确定各个地区的不同速度,因地制宜,以较长的时间来完成社会主义改造。

在内蒙古牧区社会主义改造的整个过程中,"稳、宽、长"的原则都有体现。一方面,内蒙古自治政府成立后,通过牧区民主改革,废除了封建特权,消除了阶级压迫和阶级剥削,使生产得到迅速恢复与发展,牧区广大贫苦牧民和不富裕牧民的牲畜数量有了一定的增长,生活有了显著改善和提高。但是牲畜的大发展仍受到所有制关系的很大制约,要进一步推进畜牧业的发展,就必须进行社会主义改造。另一方面,从畜牧业本身的特点来说,进行社会主义改造势在必行。正如乌兰夫在 1953 年所指出的:"畜牧业与农业一样,均属于落后的、分散的、个体的经济范畴,故二者具有同一性,决定了畜牧业必须进行社会主义改造。"②与此同时,乌兰夫也深刻认识到,只有社会主义制度才能使民族地区的社会经济得到迅速发展。他指出:"农村、

---

① 乌兰夫革命史料编研室编:《乌兰夫论牧区工作》,内蒙古人民出版社 1990 年版,第 145—146 页。

② 乌兰夫:《为进一步发展牧区经济改善人民生活而努力》,载《乌兰夫文选》(上册),中央文献出版社 1999 年版,第 284 页。

牧区民主改革的胜利,促进了农牧业生产的恢复与发展。但是,民主改革只是消灭了农村的封建土地制度和牧区的封建特权,在分散落后的个体小生产的条件下,生产力的发展是有限度的,农牧民发展生产存在的很多困难得不到根本解决,生活水平也不能得到大的改善。为了进一步满足广大人民发展生产和改善生活的要求,必须逐步地进行社会主义改造。只有社会主义制度,才能保证每一个民族在经济和文化上迅速发展。"①

民族地区有自身的民族特点和地区特点,畜牧业经济与农业经济也有不同的特点。因此,在进行社会主义改造时,步骤、方式和方法上必须符合民族地区的实际。乌兰夫非常注重对民族地区实际的认识,曾多次强调,少数民族地区的民主改革和社会主义改造必须根据各民族的不同特点与特殊情况进行。内蒙古自治区党委和政府也并没有急于全面铺开社会主义改造的工作,而是依据牧区的特点,采取了循序渐进、稳步发展的措施,在典型试验成功的前提下逐步发展,发展一批,巩固一批,逐步扩大。从对牧民个体渐进的社会主义改造来说,1952 年到 1955 年,主要是发展了互助组,在互助组基础上试办合作社。到 1955 年,仅试办了 22 个畜牧业生产合作社。即使在试点成功的前提下,也采取了稳定发展的方针,到 1956 年牧业生产合作社虽然发展到 450 个,但是入社牧户仅占总牧户的 19.17%,到 1957 年牧业生产合作社发展到 640 个,入社牧户达到了总牧户的 27.1%②。同时,还对牧业生产合作社的规模、建设步骤、牲畜入社、收益分配以及自留畜等问题,根据牧业经济特点作了适当的规定,并提出了多种多样的形式,供不同地区的牧民选择采用。因此很容易为牧民群众所理解和接受。如牲畜作价入社,或计头入社,或平分折股入社,不强求划一;收益分配,保留畜股报酬;游牧区牧业社的规模不宜过大,一般是 10—20 户,最多不超过 30 户为宜,定居区一般以 20—30 户,不超过 40 户为宜;提倡各地在合作社中采用各种简单易行的、为群众乐于接受的包工办法,包工是集体利益和个人利益正确结合的优良方法;自留畜方面,把作为生活资料的牲畜留给牧民,牧民

---

① 乌兰夫:《十年来的内蒙古》,载《乌兰夫文选》(上册),中央文献出版社 1999 年版,第 453 页。

② 参见浩帆:《内蒙古蒙古民族的社会主义过渡》,内蒙古人民出版社 1987 年版,第 213 页。

生活必需的奶牛、食用羊、乘用马和拉车拉水的役畜,都由社员自愿选留。建立畜牧业生产合作社后,牲畜和畜产品的产量只能增加,绝不能减少也不允许减少牧民的收入。这些规定和办法,不仅符合牧区的特点,而且也易于被牧民接受,因而有利于调动牧民的生产积极性,促进了畜牧业生产的发展。

在牧主经济的改造方面,采取了赎买政策,主要是办公私合营牧场。在具体实践中,也采取了较为宽松的办法。牧主是要加入公私合营牧场还是加入牧业生产合作社或国营牧场,均由牧主自由选择,牧场和合作社对加入的牧主,在生活和工作上予以适当的安排,还可以从宽选留自留畜。鼓励牧主把牲畜以外的资金和定息所得向牧场投资或办工业等基本建设。对牧主投资付给利息,牧主需要时可以抽回。这就使得大多数牧主能够接受改造。在喇嘛庙仓的改造中,采取了比对牧主改造更宽的赎买政策。召庙的牲畜仍坚持保护政策,可以自己经营,也可以放"苏鲁克",召庙主持人和喇嘛自愿加入公私合营牧场、牧业生产合作社或国营牧场;定息收入由召庙主持人集议支配。喇嘛生活必需的乘马、役畜、奶牛和食用小畜允许自留。喇嘛中老年体弱、生活上确有困难的,由政府给予救济补助。要始终坚持党和政府保护宗教信仰自由的政策,无论参加合作社还是参加合营牧场的人,都有信教自由,任何人不得干涉。

关于牧区过渡到社会主义的时间问题,在 1953 年 12 月,乌兰夫曾指出:"牧区进入社会主义社会比农区还要慢一些,也许需要四个或五个五年计划的时间,这是由牧业经济分散落后的特点所决定的。"[①]1955 年 1 月,乌兰夫在内蒙古自治区第二次牧区工作会议上又强调:"必须明确牧区过渡到社会主义,有一个相当长的过渡时期,要有和缓的过渡形式。""牧区过渡到社会主义比农业区是要晚一步,这是肯定的……至于互助组、合作社内的社会主义因素的增加,也不能要求像农业生产合作社那样快,应当和牧民协商,在牧民自愿的基础上逐步的建立。如果说农业社目前的性质是半社会

---

① 乌兰夫:《关于牧区工作的几点政策问题》,载《乌兰夫文选》(上册),中央文献出版社 1999 年版,第 321 页。

主义的,那么牧业生产合作社的社会主义因素可以要求得更低一些。之所以要如此,是因为牧业经济比农业经济更脆弱、更落后,牧民从个体到集体,从思想发动上,从在实践中取得具体工作经验上,都需要做更艰苦、更长期的工作。只要是在社会主义道路上前进,即使走得慢一点,也要做到稳一点,是有好处的,倘若掌握得不稳,走得过快过急,超过了群众的觉悟水平,即使道路走对了,也是会犯错误的。"①因此,结合乌兰夫在这一时期的论述,我们可以总结出关于牧区社会主义过渡时间必须"长"的几个原因:

首先,对于过渡时期总路线的深刻认识,是贯彻过渡时期总路线的一个体现。过渡时期总路线中明确提出,"要在相当长的时期内""逐步"完成社会主义改造。明确指出了社会主义改造不可能一朝一夕迅速完成,作为一种社会变革,作为为社会主义制度创造坚实基础的改革,需要很长一段时间来完成。应该说,乌兰夫及内蒙古自治区党委对过渡时期总路线内涵的认识是相当深刻的。

其次,更为重要的是,少数民族地区尤其是在牧业区进行社会主义改造要比其他地区所面临的任务更为繁重和艰巨。如果少数民族地区急于完成社会主义改造,采取急风暴雨式的方法,那么社会的急剧变革必然会带来包括民族关系紧张在内的诸多社会问题,而这些问题又必然会影响到社会的稳定和发展。民族地区的社会改革不能只考虑速度和效率,还要顾及民族团结、社会稳定。如果改造不能保证民族团结和社会稳定,那么最终必然事与愿违,社会主义改造也就失去了意义。

再次,畜牧业经济具有分散性、不稳定性和脆弱性的特点,如果急于实现社会主义改造,那么不仅不符合畜牧业经济的特点,而且会损害畜牧业的进一步发展,进而损害牧区广大人民的利益。正如乌兰夫所说,"如果改造了,牲畜也没了,那么实行社会主义的目的是什么呢?"②

最后,为社会主义准备条件,我们没有经验可继承,现有的基础非常薄

---

① 乌兰夫革命史料编研室编:《乌兰夫论牧区工作》,内蒙古人民出版社1990年版,第121—122页。

② 乌兰夫:《正确处理我区的人民内部矛盾》,载《乌兰夫文选》(上册),中央文献出版社1999年版,第426页。

弱,群众的觉悟水平又有待提高,所以过渡的方式、方法要慢慢探索,改造要逐步进行。而且,要达到增畜保畜、提高牧区人民生活水平的目的这在当时的基础和条件下是需要一个相当长的时间来实现的,一朝一夕难以完成这一艰巨任务,所以,社会主义改造的时间必须要长。

当然,内蒙古畜牧业的改造在1958年就完成了,这与当时乌兰夫的"长期性"思想相悖,其原因显然与包括全国形势在内的诸多客观因素有关。

从内蒙古牧区社会主义改造的过程来看,"稳、宽、长"原则的贯彻落实并不是一帆风顺的。受1958年"左"的指导思想的影响,内蒙古牧区也出现过对合作化进度和对牧主经济改造要求过急、工作过粗与形式单一等错误,又产生了忽视牧区经济特点、单纯追求速度的倾向,影响了畜牧业生产的发展。1958年全区牲畜总头数仅为1 762.5万头(只),比1956年的1 801.8万头(只)减少了2.18%。牧业生产合作化的步伐迈得过快,全部牧业生产合作社由1957年的640个,入社牧户占牧区总牧户的7.1%,至1958年7月初,牧业生产合作社就发展至2 083个,入社牧户占牧区总牧户的80%以上①。这样的发展速度显然违背了"稳、宽、长"的原则。

在牧区实现合作化以后,大多数合作社需要巩固提高管理水平,完善管理制度。为此,1958年7月,内蒙古党委在《关于实现人民公社化的初步规划决议》中指出:"由于牧业区今年才实现合作化,大多数合作社建立不久,需要整顿巩固。在今年内牧区暂不办人民公社。"但是,受农村人民公社化大潮的推动,从9月开始在牧区试办人民公社,到年底参加牧区人民公社的牧户迅速达到总牧户的91.5%,入社牲畜占牧区牲畜总头数的80%以上。1959年1月,全区由2 000多个牧业生产合作社,合并成158个牧区人民公社。在少数牧区也刮起了"共产风",约有30%的牧区公社取消了畜役报酬,出现了盲目扩大供给制范围、自留畜缩小数量等"左"的错误做法。为及时纠正这些"左"的做法,内蒙古党委又作出《关于牧区人民公社若干问题的指示》,规定牧区公社暂不办公共食堂和集体福利事业,明确了发展畜

①　参见内蒙古自治区政协文史资料委员会编:《"三不两利"与"稳宽长"·回忆与思考》,载《内蒙古文史资料》第59辑,2006年印刷,第197页。

牧业是牧区人民公社的首要任务。1959年7月在全区第八次牧区工作会议上,进一步规定牧区推行"三包一奖"或"以产计工"的分配制度,保证90%以上的社员增加收入。此后,到1965年全区牲畜总头数达到3 064.7万头(只),创历史最高水平①。

总之,在"稳、宽、长"方针的指导下,到1958年,内蒙古自治区顺利完成了对畜牧业的社会主义改造。全区建立起2 083个牧区生产合作社,77个公私合营牧场,入社(场)牧户占牧区总牧户的85%②。

五、合作社迅速发展与人民公社化阶段

在1957年开始的全国性"反右倾运动"和1958年来势迅猛的总路线、"大跃进"的影响下,内蒙古牧区一向积极稳慎推进畜牧业社会主义改造的步伐被打乱,牧区生产合作社进入了不断"升级"状态。其实早在1955年7月,毛泽东在中共中央召开的省、自治区、直辖市负责人会议上,就批评了主张合作社发展稳步前进的同志,说他们像小脚女人,看不到合作化运动的主流,犯了右倾错误。在这种政治思想下,内蒙古牧区生产合作社从1957年的649个猛增到1958年的2 083个,加入的牧户达67 855户,占总牧户的比例上升到80.2%。参加牧业生产互助组的牧户达到13 656户,占总牧户的16.1%,两者相加共计81 511户,占总牧户的96.3%。但是高级合作社不多,绝大多数还是社会主义性质的初级合作社。其发展演变过程如下:

1958年3月,内蒙古党委召开第六次牧区工作会议,分析了牧区的形势,认为牧区畜牧业社会主义改造经过1956年的发展以及1957年的巩固,已经进入了一个计划发展的新阶段。同时批评了索伦旗、鄂托克旗等牧区个别合作社的"大力收缩,登记退社"的现象。决定在1958年发展940个牧业合作社或办40个公私合营牧场,入社牧户要达到占总牧户45%—50%的目标。结果到了年底,牧业合作社发展到2 083个,入社牧户已占总牧户

---

① 参见内蒙古自治区政协文史资料委员会编:《"三不两利"与"稳宽长"·回忆与思考》,载《内蒙古文史资料》第59辑,2006年印刷,第197—198页。
② 参见林蔚然、郑广智主编:《内蒙古自治区经济发展史》,内蒙古人民出版社1990年版,第76页。

的 85%，公私合营牧场也发展到了 77 个①。牧区工作日程上也增加了政治革命、思想革命、技术革命、文化革命等任务，彻底打乱了牧区合作化运动的"慎重稳进"方针，改变了牧区社会主义改造的五项方针、十一项政策和六项措施。1958 年 7 月，乌兰夫在第七次牧区工作会议上，提出了深入开展牧区的全民整风运动，进行两条道路的斗争，即无产阶级同资产阶级、社会主义道路同资本主义道路斗争的任务。改变了一直坚持的"不斗、不分和不划阶级"与"牧工牧主两利"的"三不两利"政策和"依靠劳动牧民，团结一切可以团结的力量"的政策，开展批斗牧主和宗教喇嘛阶层的运动。同时也在全民、全党中开展了整风运动，并组织了生产大跃进，合作社的再一次整顿工作。合作社整顿主要包括：政治挂帅，插红旗，拔白旗，继续在合作社中进行社会主义教育；在合作社内树立劳动牧民的领导优势；正确处理公私比例和公共比例问题，原则上入社牲畜必须多于自留牲畜；合作社的规模必须适应生产大跃进和技术革命的需要；试办高级社，允许生产发展好的老合作社试办高级合作社，大部分牲畜转归集体所有，实行按劳分配的原则。

　　1958 年 8 月 13 日，《人民日报》发表了毛泽东同志 8 月 9 日在山东农村所讲的"还是人民公社好，它的好处是可以把工、农、商、学、兵合在一起，便于领导"之后，中共中央决定，在全国农村普及建立人民公社。同年 8—9 月，内蒙古党委召开了一系列专门会议，研究部署积极有序地领导全区人民公社化。根据当时牧区合作化中的初级社占比重较大、大多数合作社需要整顿巩固和提高的实际，决定 1958 年牧区暂不成立人民公社②。但是，由于受到农村声势浩大的人民公社化运动迅猛发展的冲击，内蒙古牧区并没有停止公社化的步伐，在 2 000 多个初级社还未及转为高级社的情况下，仅仅 3 个月内，就将所有牧业生产合作社全部合并成 158 个人民公社，入社牧民 9.6 万多户，占总牧户的 94%，基本实现了人民公社化。

---

① 参见内蒙古党委政策研究室、内蒙古自治区农业委员会编:《内蒙古畜牧业文献资料选编》(内部资料)第二卷(上册)，1987 年印刷，第 397 页。

② 参见内蒙古畜牧厅修志编史委员会编著:《内蒙古畜牧业发展史》，内蒙古人民出版社 2000 年版，第 158—159 页。

第四节　社会主义改造时期牧区其他事业发展

在牧区社会主义改造中除了个体牧民的合作化运动、牧主改造为公私合营牧场、庙仓经济改造为公私合营牧场或转归合作社以外,还对牧区实施了游牧定居政策,设立国营牧场,并在流通领域以及金融贸易领域进行了社会主义改造。这些社会主义改造对当时牧区经济的发展起到了重要作用,是牧区社会主义改造和合作化运动的重要部分。乌兰夫在 1953 年 5 月庆祝自治区成立 6 周年干部大会上提出,牧区提倡与实行定居游牧,在已定居下来的牧区提倡轮牧和选种牧草及蔬菜等,并且适应牧区特点,发展副业生产,重点建立贸易站,发展牧区供销合作社。在已建立的国营牧场和种畜场,必须加强领导,保证办好,充分发挥国营牧场生产上的示范作用。

一、定居游牧工作顺利进行

自治政府成立不久,提出"人畜两旺"方针,提倡有条件的牧区定居游牧,并且取得了初步成效。在此基础上,1956 年 6 月,内蒙古党委在第三次牧区工作会议上提出,在个体经济条件下,定居游牧是很艰巨的工作,需要逐步实现。推行定居游牧政策,必须结合互助组合作认真进行,首先要在合作社中推行定居游牧①。大体实现合作化时大部分转为定居。为做好定居工作,应该采取下列措施:

第一,在条件许可的地方,划给合作社以固定的牧场、打草场,以保证合作社有充足的饲草。游牧区过去常是远距离游牧,在合作社已有发展时,可以以几个合作社为中心划定移场放牧的牧场,并进行适当的建设,固定牧场与牧场私有本质上不同,是国家按统一规划决定的,固定牧场有利于合作社的长期建设。

第二,给合作社以经营人工饲料基地的自然条件和供给农具、调配农业

---

① 参见内蒙古党委政策研究室、内蒙古自治区农业委员会编:《内蒙古畜牧业文献资料选编》(内部资料)第二卷(上册),1987 年印刷,第 209 页。

技术工人等技术条件,使其能种植蔬菜、饲草和饲料。

第三,逐步在定居地建设简单的房屋。

第四,给予打井、搭棚等技术物质方面的帮助。为扶助牧民定居与进行基本建设,划拨一笔长期的畜牧业基本建设贷款。

第五,努力做好草原勘察规划,为定居游牧规划服务。

第六,加强牧区经济中心与交通建设,使合作社能够围绕经济中心定居。

1956 年,内蒙古还有约 4.2 万多户牧民尚处在游牧状态或虽已定居,但仍没有固定的房舍,都住在蒙古包。他们在合作化大发展的情况下都要求定居,但由于合作社初建且牧民并不富裕,无力提供定居所需的建筑等条件。对此,1956 年 9 月内蒙古党委农村牧区工作部在对牧区畜牧业社会主义改造和牧区建设问题的汇报时提出,为了确保指导好定居和定居建设,自治区和有关盟、旗应设指导定居机构,负责定居规划,贷款的掌握和调拨人力、物力等工作①。

1958 年 7 月,内蒙古党委在《关于高速发展畜牧业生产的指示》中,对于进行牧区畜牧业生产的各项基本建设问题提出了着重建设饲料基地、改良草原,大力发展牧区水利事业、迅速加强牧区保畜的物质基础、尽早实现半机械化、机械化、电力化,大力推行定居游牧等措施。并明确指出,为了贯彻执行上述各项措施,必须使牧民迅速定居下来。牧区的合作化已为实现定居创造了空前有利的条件,应争取 1—2 年内全部实现定居,然后进行固定牧场范围、划区轮牧、改善居住条件等定居点的基本建设②。到 1959 年,大约 50% 的牧民已经盖了房子,并逐步建立起居民点,有些定居点已经建立了水电站,有效解决了以往长期困扰的定居问题③。

---

① 参见内蒙古党委政策研究室、内蒙古自治区农业委员会编:《内蒙古畜牧业文献资料选编》(内部资料)第二卷(上册),1987 年印刷,第 230—231 页。

② 参见内蒙古党委政策研究室、内蒙古自治区农业委员会编:《内蒙古畜牧业文献资料选编》(内部资料)第二卷(上册),1987 年印刷,第 443—444 页。

③ 参见内蒙古党委政策研究室、内蒙古自治区农业委员会编:《内蒙古畜牧业文献资料选编》(内部资料)第二卷(上册),1987 年印刷,第 485 页。

二、设立国营牧场

其实,创建国营牧场是从 1949 年开始的。国营牧场是社会主义全民所有制经济及牧区畜牧业经济的主要组成部分。根据有关统计,1950 年,在锡林郭勒盟、兴安盟各建设国营牧场 1 处①。1952 年年末时,蒙绥地区的国营牧场共有 17 个,行政干部 80 人,技术干部 119 人,工人 501 人,牲畜 26 027 头(只),尚有贸易牧场和军马场②。

1953 年,在内蒙古自治区第一次牧区工作会议上确立了国营牧场的地位。会议指出:"国营牧场是社会主义全民所有制经济,有两种国营牧场,一种是国营牧场,一种是示范性牧场或配种站,都是牧区畜牧业经济的领导成分。"不仅能供给国家与人民以大量的牲畜和畜产品,对牧民有领导和示范作用,而且在一定程度上可以解决牧区劳动力不足的困难。因此做好国营牧场工作对发展牧区畜牧业经济具有重要意义。1953 年 12 月,中共中央蒙绥分局在第一次牧区工作会议指出:"社会主义性质的经济是牧区的领导成分,必须大力发展,首先是发展国营牧场。"到 1953 年年末为止,蒙绥地区共建立了 17 个国营牧场、贸易牧场以及军马场。第一个五年计划期间,随着社会主义改造高潮的到来,全民所有制的国营牧场得到了快速发展。呼伦贝尔盟岭北地区的国营牧场群是在这一时期组建的,即 1954 年年末,大批苏侨回国,在大量接收苏侨三河牛、三河马的基础上,先后组建了 8 个国营牧场③。其他盟市也在此期间相继发展一批国营牧场。1958 年 7 月,内蒙古党委《关于高速发展畜牧业生产的指示》中又一次提出了国营牧场应当发挥其畜牧改良、改善饲养管理、种植饲草料、技术革新等方面的示范作用,在机械化、机械修配以及兽疫防治等方面,应当成为传授技术的中心和骨干,在发展速度方面,国营牧场牲畜纯增率都不应低于 30%,并且国

---

① 参见内蒙古自治区畜牧厅修志编史委员会编著:《内蒙古畜牧业发展史》,内蒙古人民出版社 2000 年版,第 85 页。

② 参见内蒙古党委政策研究室、内蒙古自治区农业委员会编:《内蒙古畜牧业文献资料选编》(内部资料)第二卷(上册),1987 年印刷,第 95 页。

③ 参见内蒙古自治区畜牧厅修志编史委员会编:《内蒙古自治区志·畜牧志》,内蒙古人民出版社 1999 年版,第 89 页。

营牧场应当贯彻执行多种经营和农牧结合的方针以及保护母畜的政策。同时予以国营牧场在牧区种植饲料和粮食,三年内不计征、不计购的政策,其耕种土地的数量一律不加限制。牧场余量卖给国家,收购价格以国家不收取商业利润为原则。对于畜牧业的发展,可采取 5 年不上缴利润的办法,将利润全部投入扩大再生产,以便迅速增加其牲畜头数等优惠政策①。1958—1959 年,是国营牧场大发展的阶段,全区国营牧场的总数已达54 个。

此外,抽调得力干部参加牧场工作,有计划地轮训国营牧场工作干部,总结经验,提高生产技术,大量繁殖优良种畜,密切与牧民群众的联系,充分发挥国营牧场的领导示范作用,并继续有计划有步骤地扩大与发展国营牧场及种畜站②。

即使如此,仍然出现了部分地方政府领导不够重视、未能发挥国营牧场的示范作用和开展推广良种选育工作等问题。对此,内蒙古政府明确规定了国营牧场的任务为:国营牧场应努力提高繁殖率,降低死亡率,增加畜产品生产,完成国家的生产计划;培养牧业干部与技术人员,积累经验;在现有基础上研究改进饲养管理、逐步采用现代化、机械化方法;试种牧草,改良牧场。示范牧场的任务为,强调多方面示范的精神,不但应在科学饲养管理、改良品种、改良牧场、种植牧草、提高畜产品生产、防治兽疫等方面走在群众前头,而且要达到牲畜繁殖与成活率高、损失和死亡率低,并注意降低成本,进行经济核算。不但要推广外来良种,而且要着重选育本地良种;必须总结群众中的放牧、改良牧场、饲养管理等先进经验,与群众保持密切联系,强调科学的饲养管理必须与群众相结合的精神③。发展国营牧场与种场是在国家和自治区人民政府的领导下进行的,国营牧场不仅在提高畜牧业劳动生产率、降低生产成本、提高牲畜繁殖率、降低死亡率方面起到示范作用,而且

---

① 参见内蒙古党委政策研究室、内蒙古自治区农业委员会编:《内蒙古畜牧业文献资料选编》(内部资料)第二卷(上册),1987 年印刷,第 445—446 页。

② 参见乌兰夫革命史料编研室编:《乌兰夫论牧区工作》,内蒙古人民出版社 1990 年版,第61 页。

③ 参见内蒙古党委政策研究室、内蒙古自治区农业委员会编:《内蒙古畜牧业文献资料选编》(内部资料)第二卷(上册),1987 年印刷,第 95—96 页。

在个体畜牧业走向集体化、传统畜牧业走向现代化畜牧业方面迈进了一步。另外,改良牲畜品种是发展畜牧业的出路之一。可以说,自治区成立,特别是新中国成立之后,国营牧场在牲畜品种的改良、引进新品种、防疫和防灾方面确实起到了引领与示范作用。

三、牧区信用合作社建设

土地改革之后,农村牧区经济发展不平衡,高利贷开始活跃,助长了农村阶级的分化。为制止高利贷剥削,组织群众资金互助,1950 年,东部地区在供销合作社下成立了 27 个信用部。信用部帮助解决了互助组与困难户购买小农具之难,解决了部分农户青黄不接时期的口粮问题,支持了生产,打击了高利贷的剥削。截至 1953 年年底,共发展了信用部 45 个①。牧区民主改革之后,牧区金融贸易合作工作取得了较好的发展。到 1953 年为止,发放了大批贷款,扶持了牧业生产,牧区国营贸易与合作社的交易占牧区贸易总额的 70% 以上,以合理价格供应了牧民所需生产资料和生活用品,收购了牧民的畜产品,缩小了工、农、牧产品"剪刀差",减少了商人的中间剥削,促进了生产,改善了人民生活。

但是,金融贸易合作在日常工作和服务牧区经济建设上存在许多问题,例如:贸易公司与合作社缺乏调查研究群众需要的实际情况,许多产品脱销,豆饼等饲料、生产资料供应不足;价格政策上,对畜产品压价,牲畜价格普遍低于工业产品价格,扩大了畜产品与工业品的"剪刀差";重视物质推销供应,轻视牧业经济服务等。对此,自治区政府要求金融贸易部门在今后工作当中需要深入调查牧区,保证供给,尤其是生产工具与饲料的供给;掌握好价格政策,特别是与友邻地区的比价和工农牧业产品的比价;同时加强与互助组的联系和牧区手工业副业的生产领导②。

1953 年,首届供销社社员代表大会对信用部作了总结:我区农牧业生

---

① 参见达林太、郑易生:《牧区与市场:牧民经济学》,社会科学文献出版社 2010 年版,第 57 页。

② 参见内蒙古党委政策研究室、内蒙古自治区农业委员会编:《内蒙古畜牧业文献资料选编》(内部资料)第二卷(上册),1987 年印刷,第 97—98 页。

产季节性大,牧民旧历年前后,农区6—7月生产生活最为困难,高利贷乘机"买青苗"剥削群众,为了解决农牧民青黄不接的困难,打击高利贷剥削者,开展预购合同向农牧民预购绒毛、粮食、油料。并通过结合合同、订购、存实等形式解决了农牧民实际困难,帮助国家掌握了主要物质,引导了农牧业生产纳入了国家的计划轨道。① 信用部的建立对隔断农牧民与资本主义联系、推动互助组的合作作用亦大,但随着信用合作社的发展,现在附属于基层供销合作社的信用部逐步转化为信用合作社②。1958年,牧区一些地方开始创办牧民合资性质的信用社,开展金融存款贷款业务,也开始和供销合作社一样吸收部分牧民的股金,但不久也走上了国营化道路。

四、牧区供销合作社的发展

在社会主义改造时期,取消了民主改革时期的流通管制,实行了计划购销。除了生产领域的合作化外,牧区供销合作社也取得了较大发展。供销合作社的规模和业务范围不断扩大,网点增加,队伍壮大,营业额倍增是这一时期供销合作社发展的主要特点。供销合作社从过去只营销商品,逐步扩大到收购部分畜产品和土特产品等,在满足牧民商品需求的同时,也方便了牧民的产品销售,成为牧区主要的甚至是唯一的商业机构③。如锡林郭勒盟和察哈尔盟供销合作社,1950年已经在多数地区建立。当时察哈尔盟共有9个合作社,盟总社1个,旗社7个,租银地有1个。锡林郭勒盟供销合作社5个,资金有9万白洋。察哈尔盟正白旗、镶白旗合作社入股的户数已达到总户数的88%,社员数目占总人口的90%。这样,合作社与牧民在经济上发生了直接联系,合作社一方面收购牧民土产、皮毛、蘑菇、盐碱等;另一方面销售人民生活必需品,如米、面、布、茶等,同时组织运输生产。牧区供销合作社的发展,方便了牧民生活,促进了牧区商品流通,发展了牧业

① 参见达林太、郑易生:《牧区与市场:牧民经济学》,社会科学文献出版社2010年版,第57页。

② 参见内蒙古自治区供销合作社联合社编:《内蒙古自治区供销合作社史料》第二辑(上册),1988年印刷,第157页。

③ 参见内蒙古党委政策研究室、内蒙古自治区农业委员会编:《内蒙古畜牧业文献资料选编》(内部资料)第八卷,1987年印刷,第63页。

生产。但是供销合作社还存在一些问题,如业务不明确,部分合作社基本属于小商店性质,业务松散,账目不清,不主动与国营贸易联系,等等。对此,王泽同志在《加强国营贸易工作、合作社工作及运输工作》报告中对供销合作社性质作出了"它是以个体私有制度为基础,在无产阶级国家政权领导下,劳动人民集体的经济组织,它是群众的合作经济,它的目的是促进与提高生产,是要为社会的生产和消费服务"的评价。建立合作社方面,各旗主要是办供销合作社,结合供销组织群众运输,这样经过合作社以促进生产的发展。

第五节　社会主义改造时期牧区畜牧业发展成效

一、实行轻财税政策,鼓励牧区发展

1957 年 7 月,自治区颁布《内蒙古自治区牧业税征收办法》。规定牧业区和半农半牧业区,凡牧养马、牛、骆驼、绵羊、山羊者,除规定免税者外,一律按照本办法征收牧业税。

牧业税分别采取两种税制征收:对牧业生产合作社(包括半农半牧区农牧业结合的生产合作社)的公有牧畜和国营、公私合营牧场的牧畜采取比例税制;对牧业生产合作社的入社牧畜、自留牧畜和个体牧户的牧畜采取超额累进税制。下列各种牧畜免征牧业税:1—3 岁的马、骆驼;1—2 岁的牛和当年羊羔;种公畜,种畜场的牧畜,家畜防疫站供实验用的牧畜,学校自养用作学生伙食及补助经费开支的牧畜,盟、旗地方国家机关专供交通使用的小型马场牧畜,军马场的马,国营商业和合作社商业收购集中放牧的商品牧畜。

超额累进税共分 7 级,每 300 只羊为一级,按超额累进征收。其超过 7 级的,仍照 7 级的税率计征,不再累进。超额累进税的税率规定如下:第 1 级:羊 1—300 只,1%;第 2 级:羊 301—600 只,2%;第 3 级:羊 601—900 只,3%;第 4 级:羊 901—1 200 只,4%;第 5 级:羊 1 201—1 500 只,5%;第 6 级:羊 1 501—1 800 只,6%;第 7 级:羊 1 801—2 100 只,7%;羊超过

2 100 只以上的部分一律按 7% 征收(见表 2-2)。

表 2-2　牧业税累进计算表

第一级征收率 1%		第二级征收率 2%		第三级征收率 3%		第四级征收率 4%		第五级征收率 5%		第六级征收率 6%		第七级征收率 7%	
户主羊数	计征羊数	户主羊数	计征羊数	户主羊数	计征羊数	户主羊数	计征羊数	户主羊数	计征羊数	户主羊数	计征羊数	户主羊数	计征羊数
30	0.3	330	3.6	630	9.9	930	19.2	1 230	31.5	1 530	46.8	1 830	65.1
60	0.6	360	4.2	660	10.8	960	20.4	1 260	33.0	1 560	48.6	1 860	67.2
90	0.9	390	4.8	690	11.7	990	21.6	1 290	34.5	1 590	50.4	1 890	69.3
120	1.2	420	5.4	720	12.6	1 020	22.8	1 320	36.0	1 620	52.2	1 920	71.4
150	1.5	450	6.0	750	13.5	1 050	24.0	1 350	17.5	1 650	54.0	1 950	73.5
180	1.8	480	6.6	780	14.4	1 080	25.2	1 380	39.0	1 680	55.8	1 980	75.6
210	2.1	510	7.2	810	15.3	1 110	26.4	1 410	40.5	1 710	57.6	2 010	77.7
240	2.4	540	7.8	840	16.2	1 140	27.6	1 440	42.0	1 740	59.4	2 040	79.8
270	2.7	570	8.4	870	17.1	1 170	28.8	1 470	43.5	1 770	61.2	2 070	81.9
300	3.0	600	9.0	900	18.0	1 200	30.0	1 500	45.0	1 800	63.0	2 100	84.0

资料来源:内蒙古党委政策研究室、内蒙古自治区农业委员会编:《内蒙古畜牧业文献资料选编》(内部资料)第八卷,1987 年印刷,第 108 页。

庙仓及喇嘛的牧畜,按照超额累进税率,以下列规定征收:喇嘛庙的牧畜,以仓为单位,对经常住在仓内依靠庙仓为生而别无依靠的喇嘛,按牧业人口扣除免征额后所余牧畜依率计征。单独生活的喇嘛,由其本人所有牧畜中扣除人口免征额依率计征;在家生活或依靠家中供给生活的,可在其家中计算牧业人口。国营牧场的牧畜按 1% 的比例税率计征,公私合营牧场牧畜按 2% 的税率计征,其私有部分按个体户税率计征。

实施轻财税政策,减轻了牧区税收负担,增强了牧民对社会主义改造的信心、对中国共产党的信心和发展畜牧业的信心,促进了牧区各项事业的顺利发展。

二、兽医防疫工作取得显著成绩

在民主改革时期,内蒙古地区已基本扑灭历史上蔓延最广、危害最大的牛瘟，口蹄疫、炭疽也逐渐得以控制，由此，牲畜的死亡率显著减少，成活率明显提高。1953 年 3 月，自治区人民政府发布《关于开展爱国增畜防疫卫生工作的指示》。提出"以加强改善饲养管理为主，注射治疗为辅"的方针，注意牲畜健康，一旦疫病发生，必须采取严格的封锁、隔离、治疗、消毒、毁尸、深埋等相结合的办法。同时提出建立、健全群众性防疫组织，组织训练地方中西兽医，建立分区负责制，普遍开展群众性保育幼畜运动。

1955 年 5 月，自治区政府为保畜增畜、发展畜牧业生产、防止畜疫发生及蔓延，制定了《内蒙古自治区家畜防疫暂行条例》。本条例包括牛、马、骆驼、绵羊、山羊等"五畜"外骡、驴、猪、犬等家畜所感染的鼻疽、炭疽、气肿疽、牛瘟、口蹄疫、牛（山羊）传染性胸膜肺炎、牛出血性败血症、羊痘、羊快疫、猪肺疫、猪瘟、猪丹毒、布氏杆菌病、牛结核、狂犬病、疥癣等。

为预防畜疫，平时应执行下列几项措施：第一，要使一切畜圈、厩舍、牲畜卧盘以及草场、水源等经常保持清洁，并以每年春秋两季为重点，进行清扫、消毒工作。第二，所有新购入或新移入家畜，应先实行隔离饲养或分群放牧，无疫病发生时再与原有家畜混群。第三，发现畜疫或疑似畜疫时，畜主、饲养人或诊疗兽医除立即报告人民委员会外，应先将疫畜与健康畜隔离或分群，对病死牲畜尸体进行焚毁或掩埋等。此外，对畜疫情报、防疫措施、检疫以及奖励和处罚都作了详细规定。

从 1956 年开始，自治区财政厅拨款 200 000 元，全区共建立了 100 个畜牧兽医工作站。畜牧兽医工作站的主要任务是在服务区内对农牧业生产合作社和其他农牧民做好下列工作：1. 指导保护和繁殖牲畜，做好配种工作，大量繁殖各种家畜家禽。2. 指导选育优良种畜，改良牲畜，普遍提高牲畜品质，传授人工授精技术。3. 指导农牧业合作社，按照牲畜的种类和数量，全面安排饲料生产，保证供应，改进饲料的加工、贮存和利用方法，合理利用草原，改进家畜饲养、管理，建立饲养、使役制度。4. 指导做好家畜卫生工作，建立防疫制度，防治和消灭家畜疫病，并组织民间兽医参加防治工作。5. 协助训练农牧业生产合作社的饲养员、防疫员，传授畜牧兽医技术。

社会主义改造时期，内蒙古自治区共有民间兽医 5 000 多名，这些人员绝大部分是劳动人民出身，除少数在城镇地区从事专业兽医外，其余均散居在农村牧区。特点是人数较多,分布普遍,有较丰富的医疗经验,为广大群众所信任,是保畜防疫战线一支重要的力量。充分发挥这些民间兽医的力量,逐步消灭全区各种牲畜疫病,以"团结、使用、教育、提高"的政策为指导,通过建立兽医协会,与民间兽医人员加强团结,交流经验,互相学习,共同提高技术水平,提高畜牧业生产力。

三、牧区牲畜改良工作顺利

为了大量繁殖牲畜,消除适龄母畜空怀,不断提高牲畜质量,增加畜产品数量,内蒙古自治区在1954年5月制定了《内蒙古自治区民有种公畜选定及奖励暂行办法》。对于种公马、种公牛、种公羊等选定种类、年龄、公母比例以及外貌与结构方面制定了详细标准。到1955年春,全区共建立种马配种站31处,种牛配种站5处,种羊配种站20处。种公畜品种有苏纯血马24匹,卡巴金马23匹,苏维埃重挽马7匹,阿尔登马3匹,顿河马3匹,三河马40匹,共100匹被选为种公马。种公牛共15头,主要是短角牛和荷兰牛。绵羊改良工作也顺利进行,全区新疆细毛羊及苏联美利奴羊、斯达夫羊、高加索羊、茨盖羊等优良品种公羊1 900余只。1956年,全区分别设立绵羊良种、培育站各一处,对全区绵羊改良工作推进起到了关键作用。1956年开始把全区绵羊配种站交给农牧业生产合作社,提高了改良事业的全面系统性和工作合理性。

四、草场保护工作取得成效

蒙绥地区在解放以来坚持执行了党的民族政策,对半农半牧地区的农牧矛盾采取了有力措施。内蒙古地区在1950年曾经决定实行"保护牧场,禁止开荒"的政策,并实施了划定界限,但由于各地干部对政策的理解程度不同和"重农轻牧"思想存在,执行当中存在较多漏洞。昭乌达盟、哲里木盟的部分地区开垦牧场现象时而发生,严重影响了畜牧业的正常发展。伊克昭乌达盟、乌兰察布盟、巴彦淖尔盟地区也发生了牧场开垦、掏柴火、挖药材、烧荒焚毁牧场现象。对此,绥远省1953年1月颁布《绥远省草原工作站暂行办法》,禁止开垦牧地,保护牧场,有计划进行四季轮牧,详细规定轮牧天数和循环次数。鼓励和号召农牧民种草造林、灭虫,加强草原工作站的作用。当时,伊克昭乌达盟、乌兰察布盟等地开垦牧场问题较严重,甚至强迫牧民开垦牧场。伊克昭乌达盟地区出现乱挖甘草、沙蒿现象,使一部分荒地和牧地变为流沙。另外,部分地区由于曲解放牧政策,形成乱放乱牧、争夺牧场现象,引起牧民普遍不满。这种现象不仅影响了畜牧业的发展,又对民族团结产生了不良影响。对此,1953 年 7 月,绥远省人民政府进一步发布了《关于重申保护牧场的指示》,命令在 1953 年开垦的牧场应立即封闭,并应给予主持开荒、严重破坏牧场的干部适当处分;加强禁开牧场的宣传工作;严禁乱挖甘草根和其他药材;合理利用草场;等等。

第六节　社会主义改造时期牧区经济简评

一、牧区社会主义改造的成功之处

（一）创造性提出了符合内蒙古牧区实际的政策

内蒙古牧区社会主义改造,经过 1954 年的开始、1956 年的发展、1957 年的巩固,1958 年完成了社会主义改造。牧区社会主义改革在五项方针、十一项政策和六项措施的指导下,充分发挥了"三不两利""定居游牧""互助合作""发展生产"等政策作用。对牧区个体牧民、牧主经济、庙仓经济,通过建立改造为生产互助合作、公私合营牧场、生产合作社,取得了牧区社会经济快速、健康发展的成效。

在社会主义改造时期,内蒙古牧区存在有别于城市与汉族农业地区的一些特点,因而在过渡时期的工作中,在步骤与方式上更要迂回曲折,时间上更要准备长一些。所以,在蒙绥地区采取了不仅要有步骤、有计划的进行国家总路线和总任务的宣传教育,还坚持了稳步前进的方针,坚决反对强迫命令和形式主义,明确树立了整体观念和全局观念,对社会各界群众进行社会主义教育,统一了思想,为社会主义改造事业顺利进行奠定了坚实的基础。其中,主要成功经验是内蒙古自治区党委和政府高度重视,及时学习中共中央精神,领会要领,结合内蒙古牧区实际,创造性地提出内蒙古社会主义改造的方针政策和措施。为此,1953—1958 年间,召开 6 次牧区工作专题会议,学习中共中央文件,研究和分析内蒙古牧区特殊性,统一思想,提出符合内蒙古牧区实际情况的可行方案并部署实施。

1. 1953 年 12 月,第一次牧区工作会议上,总结了蒙绥牧区解放以来的工作成绩,并指出了牧区社会主义改造中存在的问题,提出以下意见:一是重新阐述了关于"自由放牧""不斗、不分、不划阶级"与"牧工牧主两利"政策;二是强调了发展牧区互助合作的政策;三是鼓励定居游牧政策。

2. 1955 年 1 月,乌兰夫召开第二次牧区工作会议,总结和肯定了牧区工作的五项方针、十一项政策、六项措施。提出在贯彻总路线和互助合作道路中,推行稳步、有计划的社会主义改造方针。为了发展畜牧业生产和改善人民生活,必须明确在牧区宣传与贯彻总路线,贯彻各项社会政策;必须明确牧区过渡到社会主义有一个相当长的过渡时期,要有和缓的过渡形式;对待牧主经济的政策问题时,根据不同于城市资产阶级和农村富农的特点,采取不同政策。会议着重提出加强领导建设牧区,要充分认识建设牧区的重要意义;建设牧区要加强对经济工作的重视,做好牧区物资供应工作;牧区劳动力不足的征兆已日益凸显,解决办法只有依靠组织互助、增加技术设备、办国营农场、动员农业区和半农半牧区的蒙古族与汉族劳动人民支援。

3. 1956 年 3 月 28 日,内蒙古党委召开第三次牧区工作会议,根据当时的牧区形势,把牧区大致划分五类地区:第一类地区是农业区包围的牧区或靠近农业区的牧区。第二类地区是合作社已有一定发展、入社牧户约占总牧户的 30%、估计今明两年可以合作化的地区。第三类地区是工作有一定基础,但合作社尚未试办或试办的不多,这类地区包括呼伦贝尔盟的东、西巴尔虎两旗,察哈尔盟、锡林郭勒盟、乌兰察布盟、伊克昭盟的部分地区。第四类地区是乌兰察布盟、伊克昭盟、锡林郭勒盟的部分边缘区。第五类地区是额济纳旗、阿拉善旗等。针对各类牧区互助合作运动的发展,应采取进行政策补课,从检查当天入手,进一步安排社内生产,建立生产秩序;做好财务会计工作,提高合作社经营管理;必须做好防疫、防灾工作,提高畜牧业综合生产能力。指出大量发展各种类型互助组,发展和提高常年互助组,是搞好当前牧区畜牧业生产和为迅速发展牧业生产合作社创造条件与打好基础的重要环节。同时指出,应正确对待牧区的划分阶级问题,对牧主阶级采取适当政策,减少畜牧业生产损失,做好宣传工作,促进牧区社会主义改造事业,做好全面规划。

4. 同年 12 月,内蒙古党委召开第四次牧区工作会议,研究畜牧业合作化的情况及围绕社会主义改造如何进行牧区思想建设、组织建设等问题。会议认为:经过一年时间,畜牧业社会主义改造有了发展,畜牧业生产合作社已发展到 543 个,入社牧民占总牧户的 22%,加入各类互助组的牧民已达到总牧户的 83%。但在互助合作运动中,由于某些政策和工作措施不当也发生了一些分配问题、社内外牧民的生产积极性问题、兼顾劳动力和牲畜两方面问题等。因此,会议就合作社发展和巩固的几个问题作了规定。①当前牧区的任务应当是全力整顿巩固现有的合作社,以合作社、互助组为中心带动全体牧民搞好今冬明春的畜牧业生产。②畜牧业社的形式,强调最近只能办初级社,暂时不办高级社。③自留牲畜的处理,不少地方偏紧,以致有些社员感到入社后生活不方便。④畜牧业社的规模,根据牧业地区辽阔、居住分散、畜牧业经济脆弱等特点,一般不宜大。⑤建设步骤今后应该采取常年准备、分批发展、逐步前进的方针。⑥社员个人揽放的"苏鲁克"和牧贷,社员资源归社统一经营的,可以归社统一经营。⑦整顿合作社的工作,今后应该成为经常的工作。⑧为了使合作社工作明确奋斗目标,应该制定办好合作社的标准,即生产增加,分配合理,社内民主团结,团结好社外的牧民。⑨互助组现在是牧区大量存在的形式,是畜牧业生产的主要组织形式,也是发展畜牧业的主要依靠力量。

5. 1957 年 7 月,内蒙古党委召开第五次牧区工作会议,总结和评价牧区畜牧业互助合作问题。提出牧业合作化是党在牧区不可动摇的方针,是个体的畜牧业经济过渡到社会主义的恰当形式,是进一步发展畜牧业经济的最好组织形式。因此,办好现有合作社,必须按照"依靠劳动牧民,团结一切可以团结的力量,在稳定发展生产的基础上,逐步实现对畜牧业的社会主义改造"的方针来检查合作社的执行政策情况;加强党对合作社的领导,采用群众路线的方法来整顿和巩固合作社。在经营管理上,应当抓紧搞好生产和管好畜群两个突出问题;制定预分方案,整顿巩固互助组,加强对互助组和合作社的政治工作。对牧主入社问题,条件可以放宽,牧主愿意入社,牧民愿意接受,只要能做到互利,就可以允许其入社,在经济上牧主只要不剥削牧民,一般与牧民享有同样待遇。牧主在社内能否安排一些副职由盟地委掌握。

6. 内蒙古自治区党委在 1958 年 2 月召开了第六次牧区工作会议,分析了牧区形势,认为牧区畜牧业的社会主义改造,经过 1956 年的发展,1957 年的巩固,已经进入了一个有计划发展的新阶段。牧区畜牧业要克服不稳定性和发挥潜在力量的关键是依靠群众搞好水、草、防疫、改良品种与畜牧业机械化等基本建设,当前最突出的是抓水、草两项工作。在水利方面,已经计划 5 年内消灭 20 万平方公里的无水草原,全部解决牧区人畜供水问题。解决草的问题,准备分三类地区进行。在丰富草原区,主要打草、储草;在贫瘠草原区,主要是种草;在沙漠、半沙漠区,主要是种草、造林与改造沙漠相结合。

社会主义改造时期,内蒙古自治区政府共召开 6 次牧区工作会议,依据中共中央精神和指示,针对牧区经济发展中出现的新问题、新情况,及时出台了符合中央精神,符合牧区特色的方针、政策和措施,有力推动了牧区各项工作的顺利开展。

（二）积累了办合作社的丰富经验

内蒙古自治区牧区从民主改革时期开始试办了牧业生产互助组。试办牧业生产互助组是为了解决生产设施不足、劳动配置不合理的困难,增强抵御自然灾害的能力。当时,互助合作组织大多数是季节性或临时性的生产互助组织,此外还有数量较少的常年互助组。由于当时所实施的牧区政策比较适宜生产力发展。在社会主义改造时期,自治区政府对牧区合作化问题始终坚持"自愿互利""慎重稳进"的工作方针进行发展。对于合作运动高潮时期所出现的贪大、贪多、贪高倾向,也提出了"政策要稳,办法要宽,时间要长"的原则,即"稳、宽、长"的原则,防止了急躁冒进。

对于牧业生产合作社的内部管理,牲畜入社形式采取了将各种牲畜都折成标准牛入股形式和作价入社分红原则;入股必须照顾到社员有自用的奶牛;吃羊和骑马的问题,适当留出自用牲畜。对于入社牲畜的处理办法提出以下五种:第一种是母畜入社,劳、畜按比例分当年成活的仔畜及畜产品;第二、第三种办法是牲畜按等级评分或作价入社,按劳、按畜比例分益;第四种是牲畜作价入社;第五种是牲畜作价归社。社里需要草料和防疫注射及行政管理等开支,牲畜入社的时候,除了入股以外,应该有一部分用作合作社的底垫。

在入股收益分配上,股份基金在初级社时期可以不抽或少抽,要抽时摊纳的数量不应超过当年生产投资的需要,一般不超过 5%;公积金和公益金的扣留不宜多,一般不超过 5%;自留畜不得限制过严,按照牧民的需要和自愿选留,目前不必规定具体数字;对于社员个人,尤其是贫困牧民揽放的"苏鲁克"不应急于归社经营,应由合作社负责代管并收代管费;分配比例上合作社要坚持少扣多分的原则;根据合作社的畜群大小和畜种等,合理规定劳动日的报酬;分红应当实行以劳动力分红为主的原则,适当地照顾牲畜收入,主要是分畜产品和农副业产品,尽量不分幼、种公畜和母畜,以保持畜群的扩大。并且应当照顾到牧民的收入和牲畜季节性,主产品可以一年分一次,副产品可以按两季分,既要照顾到合作社的生产,又要照顾到社员的便利等。

对于合作社的规模问题,牧区合作社规模应掌握在 20 户左右,一般不超过 30 户;定居游牧区应掌握在 20—30 户,一般不超过 40 户;已办 50 户以上的合作社应逐个检查一遍,研究存在的问题,予以妥善解决;建设季节应在夏季。以上办社经营管理经验,对于目前的牧区发展合作社也有一定的借鉴意义。

(三) 快速发展了畜牧业生产

将发展畜牧业作为牧业区经常的中心工作任务。一切工作都要围绕生产这个中心,为发展生产而服务。有了畜牧业生产的发展才会有畜牧业经济的发展,才能改善牧区人民的生活水平,才能解决各种妨碍畜牧业生产发展的问题,改变长期存在的牲畜饲养方法、生产技术的落后与生产组织的不完备状态以及由此引起的对各种自然灾害抵抗力薄弱的现况。蒙绥地区从1947 年解放到 1953 年社会主义改造开始,畜牧业生产有了较快的发展。

如内蒙古牧区牲畜增加了一倍多,绥远牧区增加了60%,进入了"人畜两旺"时期。从1954年到1956年,牲畜头数每年仍有增加,单纯增率波动比较大,并开始有下降现象,从1956年到1957年,畜牧业生产状况下降,主要由于牧区工作失误和自然灾害导致的牲畜数量比1956年减少了196万头(见表2-3)。

表2-3　1947—1957年内蒙古牧区畜牧业生产情况

年度	牲畜头数(万头)	比上年增减(%)
1947	828. 1837	—
1948	843. 7191	1. 87
1949	910. 3233	7. 89
1950	1 049. 9000	15. 33
1951	1 266. 9498	20. 67
1952	1 572. 0387	24. 08
1953	1 912. 7564	21. 67
1954	2 199. 8390	15. 00
1955	2 279. 1800	3. 60
1956	2 435. 9168	6. 85
1957	2 239. 4510	-8. 07

资料来源:内蒙古党委政策研究室、内蒙古自治区农业委员会编:《内蒙古畜牧业文献资料选编》(内部资料)第二卷(上册),1987年印刷,第344页。

二、"稳、宽、长"原则的意义

(一)"稳、宽、长"原则是内蒙古牧区社会主义改造工作的一项创新

社会主义改造对当时的党和政府来说是一个崭新的课题,对牧区进行社会主义改造更是全新的尝试。在过程中也犯过照抄照搬农区做法、步子过急等错误。对此,作为当时内蒙古自治区主要领导人的乌兰夫一再强调从牧区实际出发来制定各项政策的重要性,认为"在确定牧业区各项工作的政策方针时,必须从牧业区的实际情况和牧民的迫切要求出发,稳步前

进,任何生搬硬套的做法和想法都必须加以坚决反对"①。在具体经济工作中要始终坚持进行调研,有问题和干部、群众商量,寻求解决的方法,从实践中总结经验教训,并"经常以此教育干部,提醒各级领导不要犯主观主义错误,不能照搬照套,以免造成损失"②。"稳、宽、长"的改造原则,正是在总结以往经验教训的基础上提出的改造原则,它既符合党中央当时的总路线、总政策,也符合当时牧区的客观实际。正因为坚持了该原则,才保证了牧区社会主义改造任务的顺利完成。

"稳、宽、长"原则,是对全国农业合作化运动中出现的步子过急、形式过于简单划一、工作过粗、强迫命令等问题以及对牧区社会主义改造过程中积累的经验进行总结的产物,也是在当时环境下进行社会主义改造原则的一大创新,是中共中央精神与民族地区、民族群众工作有机结合的创新原则。如何实现牧区的社会主义过渡,畜牧业如何进行社会主义改造,同样是一项崭新的历史课题,内蒙古自治区党委和政府没有任何现成经验可资借鉴。在这种情况下,采取何种工作原则和方式显得尤为重要。内蒙古自治区党委和政府在乌兰夫的领导下,从社会主义改造伊始就充分考虑到牧区的特殊性、少数民族群众生产生活的特殊性,采取了较为稳妥的改造方式,慎重稳进地开展了社会主义改造。改造初期,主要是大力发展互助组,开始试办牧业生产合作社,以便通过典型试办取得经验,为牧业生产合作社的大发展创造条件。1956年,在全国形成农业合作化高潮的影响下,内蒙古的畜牧业合作化有了较快发展。在这种形势下,内蒙古党委提出了"依靠劳动牧民,团结一切可以团结的力量,在稳定发展生产的基础上,逐步实现对畜牧业的社会主义改造"方针,进一步明确了"稳定发展生产"和"逐步实现改造"的指导思想。1957年,乌兰夫在总结农区、牧区社会主义改造经验的基础上正式提出了"稳、宽、长"原则,指明了牧区社会主义改造的工作原则。

---

① 乌兰夫:《内蒙古自治区畜牧业的恢复发展及经验》,载《乌兰夫文选》(上册),中央文献出版社1999年版,第248页。

② 布赫:《继承遗志,造福人民》,《实践》2006年第10期。

（二）"稳、宽、长"原则为牧区顺利完成社会主义改造提供了重要保障

内蒙古自治区牧区在完成民主改革后,虽然解放了生产力,恢复和发展了畜牧业经济,但是保存下来的牧主经济和个体畜牧业经济限制了畜牧业生产与整个牧区经济的进一步发展。因此,只有有计划地对牧主经济进行社会主义改造,并把个体畜牧业改造成为集体的社会主义畜牧业,才能进一步解放生产力,促进畜牧业生产的稳定发展,改善和提高广大牧民的生活。在当时,牧区不同阶级和阶层都有着自己特殊的利益与诉求,对社会主义改造有着不同的态度,一些牧主、喇嘛和富裕牧民对社会主义改造持有不同意见。在这种情况下,坚定不移地贯彻对畜牧业进行社会主义改造的总方针是非常有必要的。社会主义改造的最终目的是发展生产力,一切改造的方针政策都必须有利于生产力的发展。畜牧业与农业不同,有很大的脆弱性,很容易遭受人为破坏,如果政策不稳,不注意改造的步骤和方式,或照搬农区的做法,必然会影响畜牧业的稳步发展,损害广大牧民群众的利益,这样也就背离了社会主义改造的初衷。"办法宽""政策稳"的改造原则,不仅适应了当时牧区各阶级、各阶层的实际,而且激发了他们参与社会主义改造的积极性,为顺利完成社会主义改造提供了群众基础。而"时间长"的改造原则,既体现了对畜牧业进行社会主义改造的特殊性、艰巨性和曲折性的充分考虑,又考虑到了能否正常、稳定发展畜牧业经济这一关键问题。仅从当时牧区社会主义改造的任务来讲,坚持"稳、宽、长"的改造原则及根据该原则采取的各种不同的政策和办法,的确得到了广大牧民的衷心拥护,使畜牧业的互助合作运动得到了健康发展,进而保障了牧区社会主义改造的顺利完成,为畜牧业的稳定发展提供了重要条件。

（三）坚持"稳、宽、长"原则,畜牧业生产稳步发展

在"稳、宽、长"的改造原则及一系列发展畜牧业政策的推动下,社会主义改造期间及之后一段时间,内蒙古的畜牧业得到逐年稳步的发展。到1956年年底,内蒙古有1.8万多户蒙古、达斡尔、索伦等民族牧民加入了合作社,并有5.9万多户牧民参加了各种类型的互助组。全自治区参加合作社的牧户占总牧户的22%,连同参加互助组的牧户,组织起来的牧户占牧户总数的83%。这些互助合作组织绝大部分增加了生产,牧民生活得到进

一步改善。

实践证明,党在牧区开展各项工作,必须坚持实事求是、一切从实际出发的思想路线,必须依据牧区的客观实际制定出台符合牧区特点的政策,这样才能成功领导牧区各项工作,顺利推进牧区各项事业的发展。

表 2-4　1956 年合作社的收益分配情况

地区	参加分配的社数(个)	增产社数(个)	占分配社数的比例(%)	增产户数(户)	占入社户数的比例(%)
乌兰察布盟	25	24	96	562	88.3
伊克昭乌达盟	46	44	95.6	2182	97
平地泉	6	3	50	125	88.6
察哈尔盟	27	23	85	433	95.3
锡林郭勒盟	13	13	100	229	87
哲里木盟	17	17	100	874	90
昭乌达盟	170	167	98	5 814	81.9
合计	304	291	95.7	10 219	86.6

资料来源:内蒙古党委政策研究室、内蒙古自治区农业委员会编:《内蒙古畜牧业文献资料选编》(内部资料)第二卷(上册),1987 年印刷,第 29 页。

内蒙古的牲畜总头数从 1952 年的 1 749.9 万头增长到 1958 年的 2 674.0 万头[1],1958 年为 1952 年的 1.53 倍左右。牲畜头数除因 1957 年遭受严重自然灾害而有所下降外,几乎逐年呈现出递增态势。其中,牧区的大小牲畜在 1956 年一年内净增近 110 万头。大牲畜和羊从 1952 年的 1 593.8 万头增至 1958 年的 2 430.4 万头,1966 年又增长到 3 717.5 万头。畜牧业总产值从 1952 年的 22 914 万元增至 1962 年的 50 639 万元[2]。1956 年,主要畜产品量:牛奶达到 34.89 万吨、羊毛达到 0.86 万吨、皮张达到 482.67 万张,分别比 1952 年增长 27.16%、48.92% 和 146.57%[3]。

---

[1]　参见内蒙古自治区统计局编:《辉煌五十年》,中国统计出版社 1997 年版,第 162 页。

[2]　参见内蒙古自治区统计局编:《内蒙古统计年鉴 2006》,中国统计出版社 2007 年版,第 332、310 页。

[3]　参见内蒙古自治区畜牧厅修志编史委员会编著:《内蒙古畜牧业发展史》,内蒙古人民出版社 2000 年版,第 139 页。

畜牧业生产的迅速发展,推动了牧区人民生活状况的改善。牧区人均牲畜从 1952 年的 25.9 头,上升为 1956 年的 34.7 头。一部分牧区已经消灭赤贫户①。锡林郭勒盟牧民每人平均占有牲畜头数在 1956 年达到 53.4 头②。据 1956 年对 10 个牧业旗 100 户牧民的典型调查显示,每户年平均收入达 1 506 元,人均年收入 386 元;生活消费每户平均达 1 245 元,每人平均消费粮食 130 公斤,奶食品 100 公斤,肉类 66.5 公斤,棉布 17.70 米。锡林郭勒盟牧民的年平均购买力,1952 年是 46 元,1956 年提高到 215 元。陈巴尔虎旗胡和诺尔牧业生产合作社原来的最贫困户都提高到中等牧户的水平,1956 年户均收入达到 1 200 元③。

三、社会主义改造中存在的问题

内蒙古牧区社会主义改造时期,虽然发展了畜牧业生产和社会经济各项事业并积累了丰富的办社经验。但在建设过程中,缺乏经验和生产力基础薄弱以及受全国性的大跃进运动与人民公社化运动的影响,实施当中存在不少不足之处。政治上逐渐强调阶级斗争,经济方面逐渐强化计划经济,导致逐渐淡化牧区特色和民族特色。牧区畜牧业经济发展历程中难免出现不足和缺憾。概括为以下三点。

（一）防灾措施不足

内蒙古牧区虽然从民主改革时期开始进行了畜牧业生产基础建设,如搭棚、盖圈、储草、防疫、防止风雪灾害和狼害等措施。但在社会主义改造时期,把工作重点放在畜牧业生产和合作社建设上,因而忽略了牧区畜牧业生产的基础设施建设,防灾抗灾意识薄弱,再加上自然灾害频繁等原因,畜牧业损失较大。如:1954 年雪灾中牲畜死亡 180 万头,1955 年伊克昭乌达盟、乌兰察布盟、昭乌达盟遭受了雪灾和内外寄生虫病害,损失了牲畜 251 万

---

① 参见内蒙古自治区畜牧厅修志编史委员会编著:《内蒙古畜牧业发展史》,内蒙古人民出版社 2000 年版,第 139 页。

② 参见郝维民主编:《内蒙古自治区史》,内蒙古大学出版社 1991 年版,第 148 页。

③ 参见内蒙古自治区畜牧厅修志编史委员会编著:《内蒙古畜牧业发展史》,内蒙古人民出版社 2000 年版,第 139 页。

头,损失率达到了 11.1%,1956 年损失了 217 万头(见表 2-5)。

表 2-5　社会主义改造时期牧区牲畜损失情况

年度	死亡牲畜头数(万头)	死亡率(%)
1952	54	3.44
1953	94	4.91
1954	180	8.18
1955	251	11.1
1956	217	8.94

资料来源:内蒙古党委政策研究室、内蒙古自治区农业委员会编:《内蒙古畜牧业文献资料选编》(内部资料)第二卷(上册),1987 年印刷,第 346 页。

（二）轻视农区、半农半牧区畜牧业

社会主义改造时期,对半农半牧区采取了发展牧业生产为主的政策,但政策执行上则发生了一定的偏差和错误,没有贯彻执行"在稳定发展畜牧业生产基础上进行社会主义改造的方针",忽视了内蒙古地区农牧交错、民族杂居、有很多蒙汉农民习惯经营畜牧业并且畜牧业占相当比重等特点。一方面,发生违反自愿原则、强迫命令对牲畜一律采用作价入社的情况,结果引起了农牧民的非正常宰杀和出卖牲畜,据估计全区非正常宰杀和出卖的牲畜达一百几十万头。牲畜入社后,合作社又缺乏集体饲养管理和经验,牲畜瘦弱死亡现象曾一度严重。如乌兰察布盟入社后因经营管理不当而损失牲畜达 25 万头,占半农半牧区牲畜总头数的 18%。另一方面,有不少合作社在畜牧业的经营方针上没有贯彻公私兼顾精神,只许合作社牧养公有牲畜,不允许社员自养牲畜,即使允许自留牲畜,也没有真正贯彻帮助社员发展畜牧业的精神,使社员在组织放牧、饲草饲料和劳动时间上都发生了困难。这些都影响了农区、半农半牧区的畜牧业发展。

（三）基础设施建设与畜牧业发展不协调

牧区社会主义改造时期,工作重点主要集中于畜牧业生产和合作化运动方面。牧业生产合作社的开设促进了畜牧业生产稳步快速发展,但也存在着畜牧业发展和基础设施建设极不协调的问题。内蒙古牧区从 1953 年开始,就意识到了草场保护和水利建设对牧区建设的重要性与紧迫性。因此,牧区社会主义改造期间,有计划地采取了对草原和水源进行勘测、保护与培养现有牧场、配置牧场等措施。但是,前期的合作化运动,后期的以政治思想斗争为主展开牧区工作,造成了牧区基础设施建设重视不足,力度缓慢。1956年,因缺水不能被利用的牧场约占全区牧场的1/3,1958年,牧区的水利、草场、棚圈等基本建设赶不上畜牧业发展的需要等问题日渐显现。内蒙古自治区成立以来,牧区牲畜曾增加了两倍,但是牧区的水利建设工作发展很慢,搭盖棚圈也不能适应需要,影响了畜牧业的发展。对此,自治区政府决定,在第二个五年计划期间应以解决牲畜饮水为主、适当地结合饲料基地和草原灌溉问题。

综上所述,内蒙古牧区在1953—1958年期间的社会主义改造是较为成功的,为全区乃至全国牧区的发展树立了典范。特别是牧区实施的"三不两利""依靠群众牧民,团结一切能团结的力量"政策以及"慎重稳进"地推进合作化运动是切实适合当时的社会条件和经济基础、生产力发展的。在牧区大力扶持牧民合作社的今天,社会主义改造时期的畜牧业生产互助合作化运动中的办社经验以及经营管理措施都是值得我们借鉴的。

第三章　人民公社时期的牧区经济

1958年8月9日,毛泽东在山东省视察时肯定"还是人民公社好"的消息在《人民日报》上发表后,全国许多地方纷纷创办人民公社。8月17日,在北戴河召开的中共中央政治局扩大会议上,通过了《中共中央在农村建立人民公社问题的决议》。10月底,参加公社的农户占全国总农户的99%以上。仅用了两个月的时间,就在全国实现了人民公社化。1959年2月,中共中央政治局召开第二次郑州会议,确定人民公社实行三级所有制。到了1962年,又进一步把所有制调整为公社、生产大队、生产队三级所有,并以生产队所有制为基础,此外还允许社员经营少量的自留地和家庭副业。在经营管理上由公社统一计划,以生产队为单位,组织社员共同劳动。生产队独立核算,自负盈亏。生产大队除了管理各生产队外,也经营一些队办企业,公社除了领导各生产大队协作外,还有举办工业和商业、管理和教育民兵、执行基层政权的职能。这样的管理体制一直延续到1979年。实践证明人民公社制度不能发挥农民的积极性,也不适合农村生产力的发展要求。1983年10月,中共中央和国务院发出了《关于实行政社分开建立乡政府的通知》。内蒙古自治区政府,从1983年3月开始,进行政社分开试点工作,到1984年年底,取消了原来的人民公社体制,建立了1 341个乡、苏木人民政府,从此,原来政社合一的人民公社不复存在。新建立的乡、苏木人民政府按照《中华人民共和国地方各级人民代表大会和地方各级人民政府组织法》的规定,行使职责。

内蒙古牧区广大牧民在长期的游牧生产中已形成了互助合作的习惯,有不同的组织形式,如"胡尔其独贵龙""索尔沁独贵龙",它们在蒙古语中都含有"互助"或"居民组"的意思。这些组织最初以血缘关系结成,而后扩大到以居住关系、劳动关系结成。按其生产内容不同,大体有两种:一种是合伙放牧的"放牧互助",另一种是解决重体力劳动的"劳动互助"形式。内蒙古自治区成立初期的 1953 年,互助组共 689 个,参加户数 8 568 户,1955 年鼎盛时期共 6 968 个,参加户数 41 567 户,占总户数的 50.7%①。1955 年在合作化运动的背景下,互助组改编为 258 个生产合作社,到 1958 年生产合作社猛增到 2 292 个,参加户数 67 855 户,占总牧户的比例上升为 80.2%,成为 152 个牧区人民公社成立的基础②。到 1959 年 2 月,全区牧区共建 163 个人民公社,入社牧户占全区牧业户的 97.9%,入社牲畜占牧区总数的 90% 以上,基本实现了人民公社化③。在 1958—1983 年的 25 年间,内蒙古牧区人民公社从 152 个发展成 419 个,生产大队从 514 个增加了 5 倍,生产队从 1 754 个增加了 3.7 倍,参加户数从 9.6 万户增加到 35.2 万户(见表 3-1),是全国最大的牧区人民公社发展区域。截至 1982 年 12 月,自治区党委召开农村牧区工作座谈会,改革人民公社体制,政社分开。1984 年,在牧区普遍推行"牲畜作价、户有户养"的基础上,相继在全国牧区率先完成了以"草场公有、承包经营、牲畜作价、户有户养"为主要内容的"草畜双承包"责任制。1984 年全区各地区建立乡、苏木政府和嘎查、村委员会,人民公社宣告解散。

特别说明的是在人民公社时期,1969 年 7 月 5 日,中共中央批准将呼伦贝尔盟(突泉县、科尔沁右翼前旗除外)划归黑龙江省;昭乌达盟划归辽宁省;哲里木盟和呼伦贝尔盟突泉县、科尔沁右翼前旗划归吉林省;巴彦淖尔盟的阿拉善左旗和阿拉善右旗的巴彦淖尔、乌力吉、塔木素、阿拉腾敖包、笋布尔等公社划归宁夏回族自治区;巴彦淖尔盟阿拉善右旗其余公社和额济纳旗划归甘肃省。党的十一届三中全会以后,为了落实党的民族政策、民

---

① 参见内蒙古自治区畜牧厅修志编史委员会编著:《内蒙古畜牧业发展史》,内蒙古人民出版社 2000 年版,第 113 页。

② 参见内蒙古自治区畜牧厅修志编史委员会编著:《内蒙古畜牧业发展史》,内蒙古人民出版社 2000 年版,第 114 页。

③ 参见内蒙古自治区畜牧厅修志编史委员会编著:《内蒙古自治区志·畜牧志》,内蒙古人民出版社 1999 年版,第 67 页。

族区域自治制度,实现内蒙古各族人民特别是蒙古族人民要求恢复内蒙古统一的民族区域自治的愿望,加强祖国北疆安全,1979 年 5 月 30 日,中共中央、国务院决定恢复内蒙古自治区。1969 年 7 月 5 日划归到其他省的原来内蒙古的行政地区,从 1979 年 7 月 1 日起划回内蒙古自治区。"这是落实党的民族政策的又一个重大步骤,是中国共产党的民族区域自治政策在新的历史时期的光辉体现,充分表达了党和国家对内蒙古各族人民特别是蒙古民族的关怀与尊重"①。所以,1969—1979 年之间的数字,不包括划归其他省份的原来内蒙古自治区行政区划地区。另外,人民公社从时间段上是 1958—1984 年之间,但中国的改革开放是 1978 年的中共中央十一届三中全会开始的,所以,本章主要研究 1958—1978 年之间的内蒙古牧区经济。内蒙古牧区人民公社情况,见表 3-1。

表 3-1　1958—1983 年全区牧区人民公社情况　　单位:个、万户

年度	人民公社	生产大队	生产队	户数
1958	152	514	1 754	9.6
1963	278	713	3 139	11.5
1968	291	641	3 320	12.6
1973	307	1 308	3 801	18.6
1978	326	1 499	3 642	20.7
1983	419	2 618	6 502	35.2

资料来源:内蒙古自治区畜牧厅修志编史委员会编:《内蒙古自治区志·畜牧志》,内蒙古人民出版社 1999 年版,第 69—70 页。

　　人民公社时期,畜牧业生产采取了"以牧为主,农牧林结合,因地制宜,各有侧重,多种经营,全面发展"的方针政策。对于牧区实行"以牧为主,农牧林相结合",半农半牧区采取"农牧并重、农牧林结合、发展多种经营",农区实行"以农为主、农牧林结合、发展多种经营"等方针政策;组织原则上执行了民主集中制,实行两级或三级管理;牧区人民公社一般是公社、生产队两级管理,规模较大的公社也可以采取公社、生产大队、生产队三级管理;生

① 郝维民主编:《内蒙古自治区史》,内蒙古大学出版社 1991 年版,第 370 页。

产经营运行中,采取了在缴纳国家税收、扣除下年生产费、提取公共积累的前提下,坚持按劳分配制度①。

　　1958 年,内蒙古地区畜牧业社会主义改造完成后,开始转入全面大规模的社会主义建设,即"人民公社"时期,直到"文化大革命"前夕,畜牧业虽然遭受过严重挫折,但是仍然取得很大成就。1965 年,全区牲畜总头数增加到 4 488.4 万头,比 1957 年同比增长 86%,平均年递增 6.5%,略高于第一个五年计划时期的增长速度。其中大牲畜达到 787.9 万头,羊总数达到 3 388.3 万只,生猪达到 312.2 万头,年递增分别为 4.1%、8.0%、7.2%(见图 3-1)。

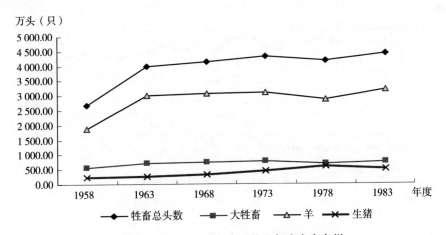

图 3-1　1958—1983 年全区牧业年度家畜存栏

资料来源:《内蒙古统计年鉴 2004》,中国统计出版社 2004 年版,第 315 页。

　　肉类总产量 19.78 万吨,其中猪肉 8.78 万吨,牛肉 3.03 万吨,羊肉 7.97 万吨,鲜奶 9.99 万吨,鲜蛋 3.64 万吨,毛绒 2.21 万吨,各类皮张 694.78 万张②。1965 年,全区畜牧业总产值达到 5.82 亿元,比 1957 年增长 115.6%,畜牧业产值在农业总产值中的比重达到 30%,比 1957 年增加了 5.9 个百分点。

---

① 参见内蒙古党委政策研究室、内蒙古自治区农业委员会编:《内蒙古畜牧业文献资料选编》(内部资料)第二卷(上册),1987 年印刷,第 454—462 页。
② 参见内蒙古自治区畜牧厅修志编史委员会编:《内蒙古自治区志·畜牧志》,内蒙古人民出版社 1999 年版,第 104 页。

1966—1976 年,"文化大革命"期间,全区牲畜总头数"六平、五歉",长期徘徊在 4 000 万头上下。11 年中的最高年份 1975 年,牲畜总头数为 4 628.4 万头,其中大牲畜 820.3 万头,羊 3 307.9 万只,生猪 500.2 万头(见图 3-2)。据 1978 年统计(1976 年统计数据不全),全区肉类产量 20.89 万吨,鲜奶 7.24 万吨,鲜蛋 3.56 万吨,毛绒 3.55 万吨,皮张 585.3 万张。同 1965 年相比,除肉类、毛绒产量稍有增长外,其他产品均呈下降趋势。1978 年,全区畜牧业产值为 8.42 亿元,比 1965 年增长 44.7%,畜牧业产值在农业总产值中的比重,从 1965 年的 30% 下降到 29.7%,减少了 0.3 个百分点。

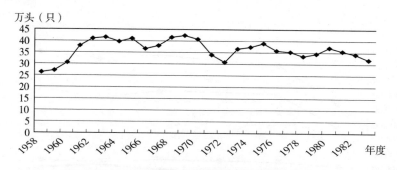

图 3-2　畜牧业在农业总产值中的比重(%)

资料来源:《内蒙古统计年鉴 2004》,中国统计出版社 2004 年版,第 315 页。

第一节　牧区公社化及其体制框架

1959 年 1 月,内蒙古党委在《关于牧区人民公社若干问题的指示》中指出,牧区人民公社的性质与农村的人民公社是基本相同的,它是我国社会主义社会结构的工、农、牧、商、学、兵相结合的基层单位,同时又是政权的基层组织。它将成为畜牧业由集体所有制过渡到全民所有制和牧区由社会主义社会过渡到共产主义社会的最好形式。但由于牧区是在初级社合作化基础上实现公社化,情况与农村人民公社有所不同。当时的牧区人民公社大体上有两种情况,即一种由牧业生产合作社变为公社时,取消了畜股报酬,已经成为较完全的社会主义集体所有制。另一种是在变为人民公社时还保留多少不等的畜股报酬,是不完全的社会主义集体所有制。因此,内蒙古政府对牧区生产合作社在其过渡到人民公社时,并未把农区经验原封不动地搬到牧区来实施,而是从牧区具体情况出发来制定政策的①。

一、牧区人民公社体制框架

1961 年 7 月,内蒙古自治区颁布《内蒙古自治区牧区人民公社工作条例》,明确规定了牧区人民公社的性质、任务、组织和规模等。

(一) 性质和任务

牧区人民公社是政社合一的组织,是我国社会主义社会在牧区的基层单位,又是社会主义政权在牧区的基层单位。牧区人民公社是适应生产发展的需要,在畜牧业生产合作社的基础上联合组成的,也是社会主义集体经济组织,实行各尽所能、按劳分配、多劳多得、不劳不得的原则。

牧区人民公社的任务是:以畜牧业为中心,发展生产,改善人民生活,巩固人民民主专政,建设社会主义新牧区。必须贯彻执行党在牧区依靠劳动牧民、团结一切可能团结的力量的阶级路线,执行党在牧区"人畜两旺"的政策,并贯彻执行党在牧区的以牧为主、农牧结合、发展多种经营的生产方针。

(二) 组织与制度

牧区人民公社在经济上是各生产大队的联合组织。生产大队是基本核算单位,生产队是直接组织生产和组织集体福利事业的单位。必须执行国家的政策、法令,在国家计划指导下,因地制宜并合理地组织生产,其组织原则是民主集中制。

牧区人民公社一般分为公社、生产大队和生产队三级,以生产大队的集体所有制为基础的三级集体所有制是人民公社的根本制度,在特定条件下,也允许两级集体所有制。人民公社的各级权力机关,是公社社员代表大会、生产大队社员代表大会或社员大会、生产队社员大会。

---

① 参见内蒙古党委政策研究室、内蒙古自治区农业委员会编:《内蒙古畜牧业文献资料选编》(内部资料)第二卷(上册),1987 年印刷,第 456—466 页。

（三）规模

牧区人民公社各级组织的规模，都应该有利于生产，利于经营管理，利于群众监督，利于团结，方便群众，不宜过大。按照定居区、半定居区、游牧区、平原、山地、沙漠、戈壁的不同情况，根据水草状况、户数和劳动力多少、牲畜多少、居住状况、历史习惯和其他经济条件因地制宜地划定。

二、人民公社管理组织和分配原则

人民公社的组织原则是民主集中制，无论在生产管理、收入分配、社员生活福利还是其他方面，都必须贯彻该原则。人民公社实行统一领导、分级管理制度。公社管理机构的设置以力求简化为原则，一般在社务委员会下，可设生产建设、文教卫生、财贸、政法、武装等部门、纪委和一个办公室，各地也可依据公社的规模大小，酌情增减所设部门。

公社的生产管理组织可推行两级或三级制。即公社是一级，在公社管理委员会下设生产队，生产队既是一级经济核算单位，也是基本的管理生产组织劳动的单位。生产队下可分若干个生产小组，规模较大的社也可以采取三级制，即公社管理委员会—管理区（生产大队）—生产队。在畜群管理方面提倡社与队之间"八固定"，即定领导、定劳动力、定畜群、定工具和设备、定役畜、定繁殖成活率、定畜膘、定放牧制度。生产队与放牧员提倡"七固定"，即定放牧方法、定饮水次数、定喂盐碱次数、定补饲、定防疫措施、定放牧时间和定卧盘等。除此之外还在劳动管理、财务管理制度以及加强党的领导等方面作了详细规定，促进了牧业生产合作社的人民公社化步伐。

分配原则和方法。1959年，自治区党委在《关于牧区人民公社若干问题的指示》中，要求牧区人民公社应当在勤俭办社的原则上，正确分配收入。为了迅速发展生产，在总收入中扣除生产费用、管理费用和缴纳税款之后，应适当提高积累比例。社员个人消费部分仍执行按劳分配原则，以原有的常年包工、按季包工、以产定工、死分活评等计酬办法为主，定期预支，年终结算。

分配的程序应该是"缴纳国家税收，扣除下年的生产费用，提取公共积累，分配社员个人消费"。同年3月，自治区党委又发出《内蒙古自治区人民公社收益分配的意见》，要求在分配中正确处理积累和消费的关系。在发展生产的基础上，保证 90% 以上的社员比上年增加收入，其余社员不减少收入；安排国家、公社、社员个人对畜产品的需要；明确分配与不分配的界限，正确掌握分配程序。

对于处理牲畜增长的比例，保证基本建设和社员生活有所改善，在提高总增值率和大畜比重的条件下，一般应稳定在 15% 左右；对于消费和扣留比例，当年计划分配的部分中，消费一般应占 60%—70%，各种扣留应占30%—40%。扣留比例为税金在"牧业税不变"的原则下，大约占分配部分的 5%。公共积累一般应在计划分配部分中占比 10%—15%，其中公积金8%—12%，公益金 2%—3%。公积金的使用范围包括基本建设、定居住宅建设、还贷款和社员生产投资①。

1961 年 7 月，自治区党委发布了《内蒙古自治区牧区人民公社工作条例（修正草案）》，对收益分配作出更加具体的规定。人民公社的收益分配分为三级进行，生产大队是基本核算分配单位，公社只在社办企业内部进行分配，生产队除了在生产大队参加统一分配外，分配自营所得的各项收入。在分配工作中，必须注意牧区人民公社每年的收入，不仅决定于当年的生产状况好坏，还决定于当年处理牲畜多少的实际情况，避免有些年增收，有些年减收，力争 90% 以上社员的收入逐年稳定增加，其余社员尽可能不减少收入。公积金一般控制在可分配总收入的 5%—8%，最多不能超过 10%—20%，公益金 3%—5% 的规定②。对收益分配问题，1980 年 2 月，内蒙古党委、人民政府在《关于畜牧业方针政策的几项规定》中决定，所有基本核算单位都必须认真执行"各尽所能，按劳分配"的原则，正确处理积累和消费的关系，在增产增收基础上，力争做到社员的实际收入逐年有所增加。为了调剂丰、歉之年社员收入差距过大，可根据需要留一定数量的储备基金。公积金可留 5%—10%，最多不超过 15%，公益金可留 2%—3%，减少了社队

① 参见内蒙古党委政策研究室、内蒙古自治区农业委员会编：《内蒙古畜牧业文献资料选编》（内部资料）第二卷（下册），1987 年印刷，第 225—226 页。
② 参见内蒙古自治区畜牧厅修志编史委员会编：《内蒙古自治区志·畜牧志》，内蒙古人民出版社 1999 年版，第 79 页。

留部分,减轻了广大牧民的生活负担,提高了收入。

三、牧区牲畜加入公社的办法

原则上社员加入公社时,应当把作为生产资料的牲畜和其他主要生产资料转为公社统一经营,但必须根据社员的自愿来进行。牲畜入社是从牧区的互助合作基础和当时的群众觉悟水平出发,继续采用牲畜作价入社办法。尊重牧民的生活习惯,留给了自留牲畜,并在自愿原则下,自留牲畜可由人民公社统一放牧,社员出若干放牧费。

牧区和农区有所不同,牲畜是牧区的生产资料,又是生活资料,在牧区处理牲畜入社时必须考虑这一点,积极稳妥的办法是当时牲畜加入公社的基本原则。原则上社员加入公社时应当将作为生产资料的牲畜和其他主要生产资料转为公社统一经营,但考虑到牧区实际情况采取了过渡办法,具体有以下4种:

1. 牲畜作价或评分入社,进行比例分配;

2. 牲畜作价入社,付给固定利息;

3. 牲畜作价保本入社,不付利息,按劳分配,退社时准予抽回原本;

4. 牲畜作价入社,分期偿还。

同时,采取了牧民群众所必需的乘用、役用和少量的食用牲畜一般应留给牧民,自留牲畜的数量应根据群众习惯、地区情况按需留给群众的原则。自留牲畜可由社队统一放牧,社员出若干放牧费。牧民的蒙古包、挤奶用具、马鞍子、车柜子等生活资料都不入社,但在社员有多余而公社确实需要的情况下,征得社员同意,可以通过租用、现款收买等办法由社调剂使用。

四、公私合营牧场和庙仓经济的入社

对于公私合营牧场的人民公社化问题,采取了公私合营牧场应加入附近以国营农牧场为主建立起来的公社或加入附近牧民建立的人民公社的原则。合营牧场加入公社后,一般应按公社的经济管理和分配制度办社,但也可以在公社统一领导下实行单独经济核算。牧主入社以后一般均可作为正

式社员,牧主牲畜的定息原则上不予取消。喇嘛必须参加生产活动,走人民公社道路。庙仓牲畜及其他生产资料应加入该庙仓所在地的人民公社,并给予适当的定息。已在其他合作社入社或放"苏鲁克"的牲畜,原则上全部就地归入公社。

对牧主的社会主义改造,首先,采取了由党员干部担任公方场长,调派一部分牧民党员到牧场工作,并确立工人阶级在合营牧场的绝对领导权。牧主本人可以分配适当的领导职务或一般职务,牧主家庭成员,凡是能够参加生产劳动的,都在牧场中分配工作,同工同酬。其次,公私合营牧场一般采用定息办法,定息标准以保证牧主生活水平不降低的原则,大体掌握在2%—5%。牧主的自留畜,原则上按生活需要留给乘马、役畜、奶牛、食用羊,牧主要求多留的可以适当放宽。最后,公私合营牧场实行民主管理,实行党委领导下的场长负责制,建立由公方场长领导的管理委员会。鼓励牧主把牲畜以外的资金或定息所得向牧场投资,举办工业或基本建设。牧主投资付给利息,牧主需要时,可以抽还。对于庙仓、葛根仓的牲畜,凡是庙仓经营的畜群,一般举办公私合营牧场,庙仓放的"苏鲁克"一律改为作价定息,转归合作社经营。

对于经过社会主义改造后的公私合营牧场和庙仓经济,人民公社成立后自治区人民政府继续深入贯彻党的方针、政策,为解决畜股报酬问题进行了整顿。1959 年 9 月召开的内蒙古党委农牧部关于全区公私合营牧场工作会议,总结了人民公社成立一年以来工作的同时,确立了生产方针,整顿和巩固了公私合营牧场的日常业务,其中重点整顿了畜股报酬问题。决定如下:

1. 畜股报酬。纠正巴彦淖尔盟商业系统合营牧场 5% 的定息、伊克昭乌达盟存在一牧场 4.5% 定息和锡林郭勒盟牧主付息比例高于牧工付息比例等问题。

2. 庙仓牲畜的报酬。要按照党委规定确定具体的付息比例,可按照牧主的畜股付息比例处理。

3. 牧主向合营牧场投资。采取不鼓励和动员牧主投资,以免产生误会,如本人确实愿意投资时,可按银行存款利率付息。

五、定居点的配套建设

牧区人民公社成立后采取了有计划的建设定居点、使广大游牧和半游牧的牧民逐步住上新房屋的措施。在定居点和规划方面,以生产队为单位,先建设了必要的住宅、牲畜棚圈、菜园子、饲料基地等,在整个公社范围内以因陋就简为原则建设一些必要的公共福利设施。至于长远的定居规划,以旗为单位制定统一的布局,规划住宅、公共食堂、托儿所、幼儿园、敬老院、工厂、畜舍、棚圈、商店、邮电所、仓库、学校、医院、俱乐部、浴室、厕所以及定居点的园林化等。选择定居点时,要根据草场、水源、土质、交通和牧民生活习惯,以生产队或浩特①、乌苏为单位定居,在冬营地或春营地定居,对定居点的规划设计应由群众自己决定。

第二节　人民公社时期畜牧业政策及管理方法

一、畜牧业发展政策

内蒙古自治区成立以来,自治区党委和人民政府为保障实现畜牧业发展总目标,采取了经济、法律和必要的行政措施等一整套政策。在人民公社时期,先后颁布了6项畜牧业发展试行办法草案或暂行办法,17项行政规章制度和5项生产方针以及畜牧业发展12项措施和8项技术措施。1958年人民公社确立之后,自治区对于农村牧区经济发展继续执行"农牧结合、多种经营"的方针。1959年,自治区党委发布《关于农区半农半牧区畜牧业生产的决定》,提出了农牧业生产必须执行牧区"以牧为主、农牧结合"、半农半牧区"农牧林相结合"的方针。要实现高速发展畜牧业生产,必须提高牲畜繁殖成活率,改良畜种,合理利用和改良草原,积极建设饲草、饲料基地,兴修水利,修搭棚圈,改良工具,加强饲养管理,防治兽疫等增产措施。

1960年9月,自治区党委第九次牧区工作会议又提出农区"以农为主,

---

① 浩特:蒙古语,意思为"城市"。

农牧结合"、半农半牧区"农牧并重、农牧结合"、牧区"以牧为主,农牧结合"等一系列方针。1961 年 8 月召开的自治区党委第十次牧区工作会议,修订了不同地区的生产方针,确定牧区"以牧为主,结合畜牧业发展的多种经营"、半农半牧区"以牧为主,全面规划,保护牧场,因地制宜,农牧林结合,发展多种经营"、农区"以农为主、农牧林结合、发展多种经营"等生产方针①。1971 年 10 月,自治区党委在《关于当前农村牧区若干政策问题的规定》中提出牧区畜牧业生产要坚持"以牧为主,农牧林结合,因地制宜,全面发展"的规定。1973 年在全区畜牧业生产会议上提到牧区除继续执行以上规定外,还在半农半牧区执行"农牧并举,农牧林结合,因地制宜,全面发展"的生产方针②。

1977 年 1 月,自治区党委召开了全区畜牧业工作座谈会,会上提出了牧区要"以牧为主,围绕畜牧业生产,全面发展"、半农半牧区要"农牧并举、全面发展"、农区要"在以粮为纲,全面发展的前提下,以养猪为中心,全面发展畜牧业"等不同区域发展不同的畜牧业方针。1979 年 2 月,自治区党委颁布的《关于尽快地把我区农牧业生产搞上去的意见》,在认真总结过去正反两方面经验教训的基础上,从地区实际出发,对地区方针作了修订,提出牧区应实行"以牧为主,围绕畜牧业生产,全面发展"的方针;半农半牧区经营方针应逐步改为"以牧为主,农牧林结合,因地制宜,全面发展";农区应推行"以农为主,农牧林结合,多种经营,全面发展"的生产方针③。

1980 年 2 月,自治区党委、人民政府发布《关于畜牧业方针政策的几项规定》,把全区农牧业生产总方针规定为"以牧为主、农牧林结合、因地制宜、各有侧重、多种经营、全面发展"。在这一方针指导下,牧区实行以牧为主,围绕畜牧业生产,发展多种经营,逐步做到放牧与饲养相结合,农牧林副

---

① 参见内蒙古自治区畜牧厅修志编史委员会编著:《内蒙古畜牧业发展史》,内蒙古人民出版社 2000 年版,第 172—175 页。

② 参见内蒙古自治区畜牧厅修志编史委员会编:《内蒙古自治区志·畜牧志》,内蒙古人民出版社 1999 年版,第 129—130 页。

③ 参见内蒙古自治区畜牧厅修志编史委员会编:《内蒙古自治区志·畜牧志》,内蒙古人民出版社 1999 年版,第 131 页。

渔及畜产加工全面发展。半农半牧区要加快畜牧业的发展,实行农牧林结合,逐步做到以牧为主,全面发展。农区以农为主,农牧林副渔相结合,多种经营,全面发展。努力提高粮食、油料、甜菜作物单位面积产量。大力发展畜牧业和家禽,逐步提高畜牧业在农业经济中的比重。山区要林牧并举,林区要以林为主,大力植树种草,保持水土,积极发展畜牧业。城市郊区以副食品生产为主,加速建设菜、肉、奶、禽、蛋、渔、果等副食品基地等一系列生产方针。1981 年 7 月,自治区党委向中共中央做了《关于内蒙古自治区执行什么样的经济建设方针的汇报》,提出今后的经济建设主要是根据"以牧为主,农牧林结合,因地制宜,各有侧重,多种经营,全面发展"的方针进行调整。1983 年全区旗县委书记会议上提出"牲畜作价归户、私有私养"的改革方针①。1984 年全国牧区率先完成了"草畜双承包"责任制,由此,牧区人民公社在改革的浪潮中彻底解体。

二、畜牧业生产管理方法

1957 年 8 月,《内蒙古牧业生产合作社示范章程(草案)》把推行科学的饲养管理方法和放牧技术,实行分区放牧,修改棚圈并使幼畜有暖棚,扩大草料贮备,科学利用饲草作为牧业生产合作社的工作规范。1959 年 9 月,自治区党委《关于牧区人民公社若干问题的指示》中要求,在畜群管理方面,社与队应当提倡"八固定",队与放牧员提倡"七固定"等管理制度。根据以上规定和生产方法,1959 年 7 月,自治区第八次牧区工作会议总结报告对人民公社生产管理和放牧管理作了进一步明确规定:1. 生产管理首先要推行"三包一奖"或"以产记工",建立生产责任制。2. 要合理划分畜群,固定牧场、设备、工具等,建立饲养放牧制度,总结群众的固有经验,积极推行科学的饲养放牧方法,建立畜群统计制度,推行畜群记录档案,提高畜群管理水平。3. 努力推行科学的饲养管理方法,采取"八项措施",如改进放牧管理,合理分群,延长放牧时间,适时饮水、喂盐,适时贴喂饲草饲料,搞

---

① 参见内蒙古自治区畜牧厅修志编史委员会编:《内蒙古自治区志·畜牧志》,内蒙古人民出版社 1999 年版,第 85 页。

好卧场等地,等等。4.畜群组织应根据当地水草条件、居住情况、劳力多少进行合理调整,一般不宜过大,对于母畜、幼畜、改良牲畜应根据情况,适当分群,并要经常注意改进放牧方法①。

（一）"三包一奖"或"以产记工"的生产责任制

1959年3月,自治区党委发出《关于牧区人民公社推广"三包一奖"制的意见》规定,基本核算单位的生产队根据公社下达的计划任务要求,向生产小队采取包产、包工、包投资,超产奖励、减产受罚的办法。包产就是生产大队或生产队下达生产任务、生产指标;包工就是生产队完成包产任务需要投入的劳动日数;包投资是为保证完成生产任务需要的生产工具、设备和现金的投入;超产奖励是完成或超额完成生产指标的单位或个人应当得到的实物和劳动工分的奖励;减产受罚是完不成生产指标的单位或个人罚减产部分的50%。"以产记工"是在"三包一奖"基础上发展起来的生产责任制,按包产项目分别规定完成每个用于生产的劳动日应该达到的产量,并对定产指标以内的各种产品进行折价计算,得出总产值,最后计算出每个劳动日应当达到的产值。

（二）"划分畜群""固定牧场"的饲养放牧制度

人民公社时期,畜牧业生产制度上采取了不同种类的畜群分别划分畜群放牧制度的措施。各生产队按照自治区第八次牧区工作会议精神,对于牛、马、羊、骆驼进行分别放牧管理,对于各种畜群进行进一步细分,建立母畜群、杂种母畜群、素白畜群分开饲养放牧制度,并且对于每个生产大队和生产队进行草场分配,实行固定草场使用和管理责权。

（三）"双满""五全"和"百母百仔"生产运动

1961年7月,《内蒙古牧区人民公社工作条例(修正草案)》进一步规定生产队的畜牧业管理权限和任务的同时,指出发展畜牧业必须因地制宜、实事求是地实施"水、草、繁、改、管、防、舍、工"八项措施。还规定对于生产队牲畜饲养要达到满膘、满怀的"双满"要求,对牲畜生产要力争全配、全

---

① 参见内蒙古自治区畜牧厅修志编史委员会编:《内蒙古自治区志·畜牧志》,内蒙古人民出版社1999年版,第75页。

孕、全生、全活、全壮的"五全"推广和争取"百母百仔"生产运动。1962年，内蒙古党委在第十次畜牧业工作会议上提出，努力解决干旱草原的缺水问题，合理利用草场，因地制宜地建立季节放牧制度，并逐步推行划区轮牧方法，以免草场退化。同时指出，充分合理利用农副产品是解决农区、半农半牧区牲畜饲草的重要办法。应提倡多种植粮草兼用作物，并可实行以畜定量、草料到群的办法。牲畜的饲料应认真贯彻"按头留料、分配到场、专料专管、不得挪用"的规定和饲料基地"专种、专收、专管、专用"的原则，切实把牲畜饲料安排好。对饲草料应指定专人管理，并建立必要的领取、使用管理制度，保障管好用好。棚圈建设要以永久性、半永久性为主，要保证役畜、改良畜、母畜、幼畜有暖棚。

（四）"两定一奖""八统一"方法

1963年，内蒙古党委第十一次牧区工作会议上，充分肯定了"定产、定工、超产奖励"政策。推行这项制度时，必须坚持基本核算单位对畜群生产组"八统一"的原则，即统一计划，统一管理（劳动、生产定额、财务开支等制度），统一调配劳力，统一处理产品（包括牲畜），统一分配，统一调剂畜群，统一调动生产工具，统一进行基本建设。同时要求坚持"六固定"原则，即定劳力、定畜群、定主要牧场、定工具、定设备、定役畜。

（五）"四清"运动

1963—1977年间，牧区大搞社会主义教育，掀起"清畜、清工、清账、清物"的"四清"运动，贯彻落实种养"二十三条"文件，进行划分阶级，掀起了"农业学大寨"高潮，并且全区执行"以粮为纲，全面发展"政策，忽略了牧区畜牧业生产管理，畜牧业管理方法没有新进展。

（六）牧区畜牧业经济的复苏

1978年，内蒙古党委起草《关于当前农村牧区若干经济政策问题的规定（试行草案）》，认真总结了十年动乱时期的畜牧业工作，重新提出执行"以牧为主，围绕畜牧业生产，发展多种经济"的方针和禁止"一平二调"，执行"按劳分配，多劳多得"原则。

1980年，内蒙古党委、人民政府发布《关于畜牧业方针政策的几项规定》，要求认真贯彻以牧为主农牧林结合的方针，坚持社队的所有权和自主权,积极推行了生产责任制,鼓励社员发展自留畜,保护适龄母畜等全区畜牧业生产放宽政策。

1983 年,布赫同志在政府工作报告中提出了发展畜牧业的一系列方针政策。即畜牧业生产,草与畜必须同步发展,在"草"字上做文章,在饲料上下功夫,要以草定畜;发展畜牧业,产供销必须衔接平衡,流通渠道要畅通,工作要跟上;发展畜牧业生产,必须从指导思想到经营方式作一个转变,要建立多种经济结构,开展为畜牧业服务的产前、产后行业指标。从此,草原畜牧业开始进入"人—草—畜"协调统一的新阶段,牧区经济出现生产、经营一体化趋势,牧区建设初步走上城乡协作、内联外引的新路子。

三、畜牧业产业结构变化

内蒙古自治区成立后,在畜群扩大再生产过程中,开始注意正确处理生产、消费和积累的关系,积极调整畜牧业产业结构,实行计划调节和综合平衡,以满足社会和人民不断增长的物质需求。

自治区从国民经济发展的第一个五年计划开始,把畜牧业纳入计划经济轨道,制定了能繁殖母畜头数和比重、繁殖成活仔畜头数和繁殖成活率、成幼畜死亡头数和死亡率、总增殖头数和总增殖率、农牧民自食头数和自食率、出卖头数和出卖率、出栏头数和出栏率、纯增殖头数和纯增殖率、年末存栏头数 9 个主要指标及受配数和受配率、受胎数和受胎率、配种受胎数和配种受胎率、产仔数和产仔率、繁殖数和繁殖率、仔畜成活数和成活率 6 个辅助指标①。1959 年乌兰夫在《红旗》杂志发表《高速度发展畜牧业》一文,进一步阐明上述比例的关系,指导人民公社畜牧业发展各项工作,取得了显著成绩。

(一) 畜群畜种结构

在人民公社时期,全区畜牧业总头数每年(年中数)平均 3 949.92 万

---

① 参见乌兰夫革命史料编研室编:《乌兰夫论牧区工作》,内蒙古人民出版社 1990 年版,第 176 页。

头(只),其中大牲畜平均 703.225 万头,占总头数的 17.8%,羊(含山羊) 2 847.308 万只,占总数的 72.1%,生猪 398.193 万口,占总数的 10.1%, 是以牛、羊、猪为中心的畜牧业生产结构。牛和羊主要分布在草原牧区人 民公社,猪主要分布在城市郊区和农区、半农半牧区等不同生产形式的地 区。人民公社时期畜牧业最显著的发展是大牲畜发展速度较快,其中牛 总头数平均 400.775 万头,马 168.98 万头,骆驼 30.43 万头,驴 78.9 万 头,骡 23.22 万头,分别占大牲畜总头数的 57%、24.1%、4.3%、11.2%、 3.4%(见图3-3),生产工具的役牛役马和交通工具的驴骡的饲养比重较 合理。

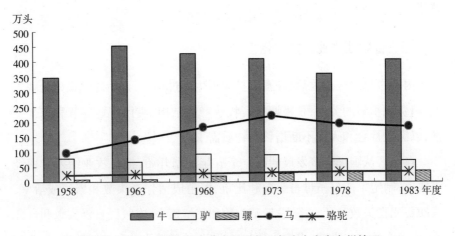

图3-3 1958—1983 年内蒙古牧区牧业年度大家畜存栏情况

数据来源:《内蒙古统计年鉴 2004》,中国统计出版社 2004 年版,第 315 页。

绵羊和山羊生产是内蒙古地区有史以来的传统畜牧业,人民公社时期, 羊的饲养总数始终徘徊在 3 000 万只左右,最高年份为 1982 年,年中存栏 数为 3 474 万只,年末存栏总数为 2 735 万只;最低年份为 1969 年,年中存 栏总数为 2 823.1 万只,年末存栏总数为 2 311.2 万只。其中绵羊存栏总 数由 1958 年的 1 097.9 万只,一直上升到 1983 年的 2 273.4 万只,1978 年 因自然灾害比前年减少了 196.8 万只。此外,几乎保持在 2 000 万只以上 的稳定发展状态。与此相反,山羊的饲养总数发展除在人民公社初期连续 增加 7 年以外,"文化大革命"期间全区山羊总数一路下滑,到了 1983 年降到 780.3 万只(见图 3-4),山羊总数比重从 1958 年的 32.2% 下降到 20.6%,减少了 11.6 个百分点。

与此同时,对于计划培育全区繁殖母畜头数,合理安排牛总头数中的比重,1958 年,自治区党委第七次牧区工作会议制定了保护母畜的政策,要求畜群中母畜的比例逐步提高到最高限度。1980 年,自治区政府在《关于畜牧业方针政策的几项规定》中进一步要求,认真贯彻执行保护母畜政策,要努力提高母畜比例。但是,人民公社时期,因"文化大革命"影响和技术管理等原因,全区繁殖母畜头数及比重始终未超过 2 000 万头(只),能繁殖母畜头数比重平均占 43.3%,与 1980 年规定的 60% 的目标相差 17 个百分点(见图 3-4)。

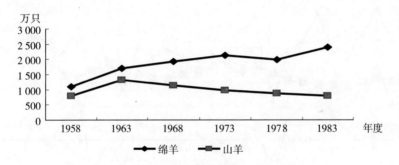

图 3-4　1958—1983 年全区牧业年度小家畜存栏情况

资料来源:《内蒙古统计年鉴 2004》,中国统计出版社 2004 年版,第 317—318 页。

(二) 良种和畜种结构改良

1958 年开始,全区开展大规模家畜品种改良,畜群中改良种牲畜不断增加。人民公社时期,畜种改良工作进行得比较顺利。从 1960 年到 1967 年 8 年间,全区良种改良牲畜达到 449.11 万头,占畜群的 11.6%,比 1960 年增长了 3.9 个百分点。其中大牲畜改良 42.88 万头,占大牲畜总数的 5.85%;牛改良 32.21 万头,占牛总数的 7.4%;绵羊改良 406.23 万只,占绵羊总数的 20.76%。与 1960 年比较,改良总数分别增加牛 25.11 万头、绵羊 189.07 万只。到 1980 年,全区良种改良种畜达到 1 323.79 万头,占畜群的 32.6%;其中大牲畜 83.04 万头,占大牲畜总数的 9.4%,牛 64.44 万头,占牛总数的 6.5%,绵羊 1 220.57 万只,占绵羊总数的 51.8%,大幅度优化了全区畜牧业产业结构和质量①。

（三）积累和消费结构

人民公社初期,自治区党委提出,在力争提高牲畜总数的前提下,正确解决牲畜积累和消费比例问题,把合理安排增加、消耗、征购和纯增的比例,作为一项政策加以推进的指示。在此政策下,全区大小牲畜积累和消费比重从 1958 年到 1983 年年底的 26 年间,总增率平均为 19.5%,出栏率 15.4%,纯增率 2.4%。其中,出栏率基本保持每年 14%—15% 的平衡水平,出栏总数内自食率和出卖率分别达到平均 7.4% 和 7.63%。

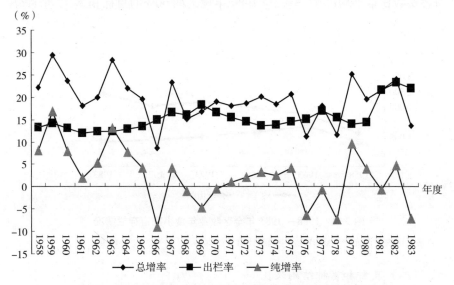

图 3-5　1958—1983 年牧业年度全区大小牲畜积累消费比重

资料来源:内蒙古自治区畜牧厅修志编史委员会编:《内蒙古自治区志·畜牧志》,内蒙古人民出版社 1999 年版,第 128—129 页。

此外,几乎均由人民公社和主管部门征购。总增率和纯增率在“文化大革命”十年动乱及其前后两年处于极不稳定或低水平状态,1966—1984 年间,先后 10 次负增长,尤其在 1968—1969 年和 1976—1978 年的两次连续负增长,严重挫伤了牧民畜牧业稳定发展的积极性。

———————

① 　参见内蒙古自治区畜牧厅修志编史委员会编:《内蒙古自治区志·畜牧志》,内蒙古人民出版社 1999 年版,第 258 页。

第三节　人民公社时期的畜牧业经营管理

一、经营形态

人民公社时期的畜牧业经营形态是以集体所有制为主,全民所有制为辅,带有个体零散饲养的三种经营形态并存。集体所有制经营是以人民公社、生产大队、生产队三级管理机构经营的畜牧业,全民所有制经营是自治区农牧场管理局管辖内的国营牧场和国营种畜场,个体零散经营是人民公社社员牧民群众所必需的乘用、役用和少量的食用牲畜自留畜的经营。

(一) 集体所有制经营

1958 年,内蒙古各地区建立人民公社,生产合作社或个人所有的牲畜,通过牲畜作价入社之后,土地、资本、劳动力成为人民公社、生产大队与生产队三级所有的集体经济成分,是内蒙古畜牧业经营形态的主要形式。1961年 4 月,内蒙古党委提出《关于牧区人民公社规模和体制的调整方案》,在有利于生产、有利于经营管理、有助于牧区建设、有益于组织生活、有利于团结的原则下进行调整,制定规模。人民公社一般可按原苏木的范围为单位,苏木小的一个苏木一个社,苏木大的一个苏木数个社。在已经定居的地区可以大些,人口、牲畜也可以多些;在半定居和游牧地区,社可以小些,人口、牲畜可以少些。生产大队(基本核算单位)一般按原来的高级社为单位建立,没有建立高级社实行公社化的,也可以将原来的几个初级社合并为一个核算单位。就是把现在的生产大队,根据群众自愿合并组成,一般户数控制在 50 户左右。生产小队的规模,可按乌苏、浩特组成,可以几个浩特或以一个乌苏为中心组成,一般以 10 户或 20 户为宜。1958 年牧区成立人民公社 152 个,生产大队 514 个,生产队 1 754 个,入社牧户 96 000 户,至 1984 年人民公社解体前,人民公社发展到 419 个,生产大队 2 618 个,生产队 6 502个,入社牧户 351 000 户。期间的 1963—1970 年,因开展牧区社会主义教育、"四清"运动、清理阶级成分等原因,使牧区生产大队数量从 1961 年的 1 551 个大幅度减少,一直徘徊在 575—864 个之间,1971 年才恢复到 1962

年的水平。人民公社和生产大队组织最多的年份是 1983 年，分别达到 419
个和 2 618 个，而最多的年份是 1981 年的 7 735 个生产小队（见图 3-6）。

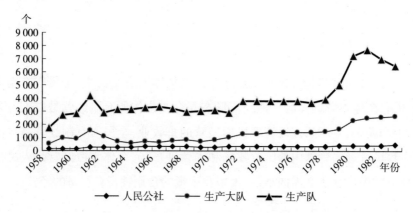

图 3-6　人民公社时期畜牧业经营集体组织

数据来源：内蒙古自治区畜牧厅修志编史委员会编：《内蒙古自治区志·畜牧志》，内蒙古人民出版
　　　社 1999 年版，第 70 页。

　　1962 年 5 月，自治区党委召开牧区人民公社基本核算单位问题座谈
会，分析研究牧区人民公社发展现状，提出了以"两级管理，两级核算，以生
产队为基本核算单位"的指示。在公社管辖的大队或生产队不多的情况
下，一般牧区实行公社、生产队两级管理，两级核算。以生产大队为基本核
算单位的地区，生产队只是一级管理机构，它除了替生产大队管理各个畜
群生产组织的生产外，不再进行分配和核算，也不建立所有制。对三级管
理，三级核算，以生产队为基本核算单位的地区，大队从生产队提取少量
的管理费，并经营实在不便下放的企业和代管几个队联合经营的企业。
无论实行几级管理还是几级核算，以哪级管理组织为基本核算单位，都要
从牧区的实际情况出发，从有利于发展生产出发，从自愿互利的原则
出发。

　　（二）全民所有制经营

　　人民公社时期畜牧业全民所有制经营包括国营牧场和国营种畜场。第
一批建立的国营牧场是在 1949 年的哲里木盟珠日河牧场、昭乌达盟的道德
牧场和呼伦贝尔盟的索伦牧场。人民公社初期，是国营牧场大发展时期，

1958—1959 年间,共建立了 54 个国营牧场,1963—1965 年调整到 60 个,牲畜总头数达到 84.5 万头(只),比 1949 年的 37473 头(只)增加了 22.5 倍,属自治区农牧场管理局管理。国营种畜场也是从 1949 年成立开始,20 世纪 50 年代末 60 年代初形成体系①。1960 年全区国营种畜场共建立 28 处,饲养各类良种牲畜 13 多万头,属自治区畜牧厅管理。人民公社时期,国营种畜场在牲畜品种改良和培育方面作出了优异的成绩,为内蒙古畜牧业发展起到了引领作用。

(三) 个体零散饲养

人民公社时期,畜牧业个体零散饲养主要存在于蒙古族牧民和其他少数民族居住地区。因为牧民在生产生活当中需要乘用和役用牲畜,并且在少数民族生活中肉食品和奶食品是不可缺少的物品。为此,自治区允许牧民自留少量牲畜经营。人民公社成立后的 1960 年 6 月,全区自留畜共有 280 万头,每户平均 1.5 头;1961 年每户平均 2 头,总数达到 373 万头;1962 年总数 592 万头,占总牲畜数的 19.9%,其中农村占 29%,牧区占 10%,平均每户 3 头,其中农村有自留畜户每户 4.5 头,牧区有自留畜户每户 14 头;而 1964 年自留畜总数达到 926 万头,两年期间增加了 56%,自留畜占总数的比例,由 19.9%上升到 25.3%②,自留畜有了快速发展。但在"文化大革命"期间的"左"倾思想影响下,牧户自留畜发展很慢,农区、半农半牧区自留畜多数归社队,牧区自留畜受到限制。1971 年 10 月规定,允许社员饲养少量自留畜,牧区每户可饲养 10—15 只,最多不超过 20 只,骑、挽和乳用大畜的数量由旗县根据当地实际需要规定;农区每户可饲养 2—5 只,半农半牧区可以稍多一些,一般不留大畜。

党的十一届三中全会之后自留畜政策放宽,鼓励牧户发展自留畜。1979 年内蒙古自治区党委在《关于农村牧区若干政策问题的决定》(10 条)中规定:"牧业队社员自留羊一般每人可养羊 10 只。每户还可饲养奶牛、

① 参见内蒙古自治区畜牧厅修志编史委员会编:《内蒙古自治区志·畜牧志》,内蒙古人民出版社 1999 年版,第 89 页。

② 参见内蒙古党委政策研究室、内蒙古自治区农业委员会编:《内蒙古畜牧业文献资料选编》(内部资料)第二卷(下册),1987 年印刷,第 170—171 页。

乘马和役畜,没有必要再做限制"①。会议又决定:关于社员自留畜的处理,应完全由社员自己决定,可以自食,可以卖给国家,也可以进入集市贸易议价出售,不宜乱加干涉。1980年2月,内蒙古自治区党委、政府又一次重申鼓励社员发展自留畜的政策,在不影响参加集体生产劳动、不与集体争夺草牧场的前提下,鼓励、扶助社员发展自留畜。首次允许牧区公社所在地的干部、职工,每户饲养3—5只羊、1—2头奶牛。

二、经营方式

内蒙古自治区成立之后,随着畜牧业生产的发展和畜牧业基本建设的不断增强,在传统全年放牧饲养方式的基础上逐步形成了冬春补饲的不完全半舍饲、半舍饲、舍饲的3种经营方式。

（一）放牧与冬春补饲

放牧与冬春补饲是牲畜全年在天然草场上放牧,多有棚圈设施,入冬前贮备一定的饲草饲料,冬春期间根据天气变化和家畜的膘情适当进行补草、贴料,以保证畜牧业的稳定生产。是牧区从传统游牧方式转变为修缮棚圈设备、贮草备料、冬春补饲的新型经营方式,减少了灾害年份的生产损失并使牧区畜牧业饲养方式发生了很大变化。

（二）半舍饲

人民公社时期,为了更好地发展全区畜牧业,对于国营种畜场、牧场、农村、部分半农半牧地区采取和推广以"舍饲"为主、放牧为辅或以放牧为主、舍饲为辅的经营方式。因为这些单位和地区有较多的草场资源与较强的种植业为依托,还有棚圈设备。一般在牧草丰盛的夏秋季节,牲畜在草场上放牧,冬春枯草季节进行舍饲。有的还采取白天放牧、晚间适当补饲的方法进行经营,是因地制宜推广的科学经营方式。

（三）舍饲

人民公社时期,舍饲经营尚不是内蒙古地区主要的饲养形式,主要集中

---

① 内蒙古党委政策研究室、内蒙古自治区农业委员会编:《内蒙古畜牧业文献资料选编》(内部资料)第二卷(下册),1987年印刷,第368页。

在城市郊区的奶牛场、养猪场等集约化饲养基地。其特点是将奶牛和生猪常年圈养在畜舍内,只给予一定的舍外活动。

三、管理方式

(一)劳动管理方式

1959年1月,内蒙古自治区党委《关于牧区人民公社若干问题的指示》中提出,劳动组织是经营管理中的一个重大问题,由于牧区的互助合作基础比农区要薄弱得多,根据已有的经验,搞好劳动组织的关键是要建立层层负责的责任制,提倡"三包"办法,即包任务、包财务、包收入,对超额完成的应给予分成奖励。同年3月,自治区党委发出《关于牧区人民公社劳动管理的意见》规定,牧区人民公社必须健全劳动组织,做好劳动力规划,建立与推行定额管理和生产责任制,加强劳动保护,开展劳动竞赛和规定劳动纪律等,以保证各项生产任务的完成。1960年年末,重新规定劳动管理制度,推进定人、定畜群、定设备的"三定"制度和保证畜保育率、保仔畜繁殖率、保成活率、保畜膘、保畜产品的"五保证",并完成定额或超产奖励制度。这是指标措施到群、责任到人的一种劳动管理制度。

关于劳动组织,牧区生产小队是基本劳动组织。生产队根据生产小队的管理权限、规模大小、居住情况与经营范围,确定和建立专业性或综合性的生产小队。畜牧业是牧区人民公社的主要生产项目,为开展多种经济的经营,基本核算单位一般应分别建立畜牧业、农业、工业、基本建设和副业等专业生产小队。为了充分合理使用劳动力,发挥劳动积极性与主动性,专业生产队在不影响专业生产的前提下,可以因地制宜地兼营一些其他生产项目,如经营小型副业,种植小菜园或小型农田、打猎、乳品加工、皮毛加工和挖药材等。对于劳动力的规划,必须在坚持常年性、固定性的原则下,制定全年、每季度、每月的用工计划、出工数量、出勤计划、劳动力调剂和写作计划。调配劳动计划必须坚持首先满足发展畜牧业生产的需要,保证完成增畜指标和满足工、农、林、副业等各项生产的需要,并且适当照顾生产和基本建设以及各项事业用劳动力比例与文化教育等其他方面必需的劳动力。在劳动力的使用上必须做到"因人使用,人尽其才",对于有特殊技术的社员如"努图克奇"①、手工业工人、民间兽医、配种员等,应当充分发挥他们的特长。同时制定并实行了定额管理、生产责任制和开展劳动竞赛以及劳动休息、保护、纪律、出勤制度。

（二）畜群管理方式

1959 年 3 月,内蒙古自治区政府出台了《关于人民公社畜群管理的意见》,对于畜群配置、畜群规模、放牧管理、配种保胎和接产保育等畜群管理进行了详细规定。

1. 畜群配置。畜群配置的形式,一种是一个生产小队里生产牛、马、骆驼、羊等的综合经营形式,是较普遍存在的生产形式;另一种是经营一种牲畜的专业化经营形式。两种畜群的配置方法和基本原则是尽可能不打乱原有畜群,保持原来的经营形式为基础。

2. 畜群规模。根据草场的好坏、水源分布、居住情况(定居、半定居、游牧)、劳动力多少、牲畜多少等条件确定。如草原丰富的呼伦贝尔盟牧区和锡林郭勒盟东部牧区,畜群规模是母羊群 700—900 只,杂种母羊群 400—500 只,苏白群 1 000 只左右;牛群为母牛群 100 头左右,苏白群 150 头左右;马群为 500 匹左右;骆驼群 80 峰左右。草原条件较差的锡林郭勒盟西南部、乌兰察布盟和巴彦淖尔盟定居半定居牧区实行的羊群规模指标为,母羊群 400—500 只,杂种母羊群 300—400 只,苏白群 600—700 只;牛群为,母牛群 60—70 头,苏白群 100 头左右;马群 300 匹;骆驼群 60—80 峰左右。在沙漠多而干旱的伊克昭乌达盟、巴彦淖尔牧区羊群为,母羊群 300—400 只,杂种母羊群 200—300 只,苏白群 400—500 只;牛群为母牛群 50—60 头,苏白群 80—100 头;马群 200—300 匹;骆驼群 80—90 峰左右②。

3. 放牧管理。每一种畜群实行跟群放牧,确实做到"人不离畜、畜不离群",绝对禁止放牧员在放牧时间串门或睡觉。提倡放牧员在放牧过程中,认真钻研放牧技术,积极改进和提高放牧方法,及时总结和相互交流经验。马群要常年昼夜放牧,牛羊群要延长放牧时间,早出晚归,冬春季一般放牧

① 努图克奇:组织走"敖特尔"和迁移营地的时间、地点的经验丰富的牧民。
② 参见内蒙古党委政策研究室、内蒙古自治区农业委员会编:《内蒙古畜牧业文献资料选编》(内部资料)第二卷(下册),1987 年印刷,第 254 页。

时间为 8—10 小时,夏秋两季为 10—12 小时。在放牧方法上,按季节划分的固定牧场上实行分区轮牧,根据草场条件与放牧员的经验,分别采取"一条鞭、满天星、簸箕掌"等放牧方法,禁止乱放、急追、急赶畜群;保证每天给大牲畜和羊饮水一次,定期唦盐,禁止饮消冰水、死水、雨水,以防止传染寄生虫病。放牧员必须每天清点牲畜并加强瘦弱牲畜的饲养管理。对瘦弱牲畜的饲养管理,采取放牧为主、舍饲为辅,一般情况下每 20—25 头牛、100只羊配备一名饲养员。到秋末冬初时,就将瘦弱牲畜分出群,实施半放牧半舍饲的管理方法,补饲时间要从 11 月末开始,并要有定额,操作上做到少喂、勤添,严防糟蹋浪费饲草饲料。

4. 配种、保胎和接产保育。要保证各种繁殖母畜和种公畜的良好膘度,以保其按期发情。在各种母畜群里,配种期配备一定比例的种公畜,进行适时配种,做到全配、全孕,最大限度减少失配和空怀,并做好牧畜的孕期管理。搞好种公畜的饲养管理,加强兽医防治,建立健全计划制度和畜群记录档案。

5. 种公畜的饲养管理。保护和养好种公畜是提高种公畜配种能力、保证牲畜大量繁殖改良的关键。因此,必须实行分群饲养,单独放牧,除配种期外不应与母群接触,要注意防止串群、混群。

6. 兽疫防治。根据防重于治、改善饲养管理、加强家畜卫生、结合药物防治的方针,生产小队、组合畜群,除积极采用土方土药外,还应准备一定数量的常用消毒药品、治疗药品和器械。同时做到畜群的环境要经常保持清洁干燥,人畜分居,以保证人畜健康。做好预防注射、驱虫、药浴工作。

7. 建立牲畜的统计制度和畜群记录档案。为了正确掌握畜群中的头数、畜种和口齿变化情况,生产小队、作业组都应建立牲畜的统计制度,畜群中的分群、新产仔畜、出卖与损失要有登记。作业组、生产小队、生产队、公社每一季度均做全面统计。

（三）财务管理

1958 年的人民公社化之后,1959 年自治区党委发布《关于牧区人民公社财务管理的意见》,确定财务管理工作的任务,明确公社、生产队（基本核算单位)、生产小队的财务管理权限。实行财务计划管理,是根据全年和季度生产计划和财务包干定额,制定全年的、季度的财务收支计划。其中包括:生产收入计划(畜牧业收入、农业收入、副业和其他收入);生产支出计划(畜牧业、农业、副业和其他生产支出);基本建设支出(畜牧业基本建设费用、农业基本建设费用、小型工业手工业建设费用、运输业基本建设费用和折旧费);文教福利支出(文教费用、福利费用);行政管理支出和缴纳牧业税金等计划。并且制定了安排消费与扣留比例,即积累与消费分配的计划①。即积累部分包括公积金(固定基金与生产基金)和公益金(文教基金与福利基金);消费部分包括社员劳动报酬、奖励费用、畜股报酬、入社生产工具的报酬等。

建立财会制度进行经济核算,切实加强了公共财产的管理。有了财务制度之后,牧区人民公社实行了民主理财,管理生产队和生产大队的财务收支账、劳工财及财务预算、收入分配等,并采取了按时公布制度。发动全体社员关心经济状况,参与财务管理工作。1971 年和 1981 年,自治区党委分别两次召开牧区经营管理会议,加强财务管理制度,制定了每年结合年终分配进行一次"四清",即清账目、清仓库、清财务、清工分制度,且集体的财产、物资、债权、债务和现金要进行认真清理并逐项登记造册。

(四)草场管理

1959 年,内蒙古自治区召开全区草原工作总结会议,提出在合理利用自然草原方面,必须积极推行营地划区轮牧和营地轮换,调剂载畜量,避免重牧或轻牧,防止草原退化,实行封沙育草。对割草场要实施圈封、轮割等培育保护工作。1962 年 8 月,自治区批准《关于调整各地草原工作站机构编制意见的报告》后,各地按照批复建立或恢复草原工作站,以"培育、保护、合理利用天然草场为主,积极建设、重点改良,提高载畜量为前提"的原则展开草原工作,并积极进行草原勘察工作,对全区草原进行分类,指导合理利用草原资源。1963 年,内蒙古草原面积为 13 亿亩,占总土地面积的

---

① 参见内蒙古党委政策研究室、内蒙古自治区农业委员会编:《内蒙古畜牧业文献资料选编》(内部资料)第二卷(下册),1987 年印刷,第 250 页。

62%,可利用草原面积约10.2亿亩,其中农区1亿亩,半农半牧区2.3亿亩,牧区6.9亿亩。牧区草原大体分为草甸草原、典型草原、荒漠草原和荒漠4个类型。全区每只羊平均占有28亩,适宜载畜量平均为每12亩养一只羊。但牧区大片缺水草场约1.8亿亩,小片缺水、季节缺水、干旱缺水草场约1.6亿亩①。为此,自治区规定,加强天然草牧场的保护工作。首先,在固定草场使用权限的基础上,进一步做到界限明确,范围清楚,登记造册,经旗县人民委员会批准后,发给草牧场使用证,承认各使用单位既有长期使用权,又有经营保护、培育建设之责。其次,今后牧区开垦草原,要坚持按照中央和内蒙古有关规定办事,并建立严格的审批制度。继续整顿牧区饲料基地,未履行手续的要补报审批,对妨碍畜牧业发展的耕地,要做必要的调整。在草原上砍柴、挖药,也应由社队统一安排指定区域,并应遵守砍死不砍活、砍枯不砍青、砍枝不砍根和随挖、随添、随种的原则。最后,做好草甸草原和典型草原地区的草原防火工作,贯彻"以防为主,积极消灭"的方针,实行地区、系统、单位三级负责制,保护草原资源。进一步健全和推行合理的放牧利用制度,全面推行四季(草甸草原地区)、三季(典型草原地区)以及两季(荒漠草原和荒漠地区)营地倒场放牧,其中心是保护好冬春营地。在各季营地推行分区分段放牧,划分小区,定期轮休轮牧,使牧草有休闲复壮的机会,均衡合理利用草场,防止退化。

　　1965年4月,自治区人民委员会首次发布《内蒙古自治区草原管理条例(草案)》,规定旗县以内开垦草原,发展种植业,得到所在公社和生产队同意后,按规定办理审批手续,绝对禁止开垦沙地、陡地,而对于弃耕的土地要由原来开垦单位平整,种草植树,恢复植被等内容。之后,先后4次对本管理条例进行了修改,严禁开垦草原,破坏植被,有效保护了草场。1979年,伊克昭乌达盟开始实施严禁"三滥"、防止"三化"的草原管理保护工作,即严禁滥垦、滥牧、滥伐,防止出现草原退化、沙化、盐碱化现象。1983年4月,古儒扎布同志在全区草原工作会议上提出"以草定畜,种草养畜"的口

---

① 参见内蒙古党委政策研究室、内蒙古自治区农业委员会编:《内蒙古畜牧业文献资料选编》(内部资料)第二卷(下册),1987年印刷,第250页。

号。天然草场的载畜量是有限度的,超过合理载畜量,牲畜的生产性能就要大大下降,草牧场就会受到严重破坏。因此,内蒙古草原管理工作在认真贯彻草原管理条例、积极开展草原建设的同时,试行了以草定畜的草原管理事业。1983年,时任自治区主席布赫同志在政府工作报告中提出,畜牧业生产,草与畜必须同步发展,在"草"字上做文章,饲料上下功夫,以草定畜。草原是畜牧业生产的主要生产资料,天然草场在今后一定时期内仍然是牲畜饲草的主要来源。搞好草原的管理、保护、利用和建设工作,一是要在干部和群众中宣传《草原管理条例》,草原管理必须依法办事。二是要结合《草原管理条例》的宣传教育,重申"保护草原,严禁开荒"的政策,对违反《草原管理条例》规定,滥垦、乱采、乱伐等破坏草场的行为,不论是个人还是单位,发生一件处理一件。三是在取得《草原管理条例》试点经验的基础上,各地应尽快制订出实施方案,深入细致地做好"两权"的划定工作,把草原牧场管理责任制同生产承包责任制统一起来。四是搞好草原建设,大力种草种树,这是发展畜牧业的根本大计,切实做好草场管理工作。

（五）生产技术

人民公社时期,生产技术主要体现在草原的科学合理利用和畜群改良育种等方面。在草原利用上,为了充分利用自然草原,合理利用牧场,划分四季牧场及打草场,从1959年开始逐步实现了划区轮牧的放牧制度。对于畜群改良育种,引进国外优良品种进行交配改良,在此基础上大力推进新品种的育种工作。20世纪60年代,在自治区畜牧厅的组织和努力下,全区选育了内蒙古三河牛、三河马和乌珠穆沁羊等优良品种7种,育成了内蒙古草原红牛、中国黑白花奶牛、科尔沁牛等16种品种牲畜[1]。并对牲畜进行人工授精、冷冻精液配种、妊马血清促进、羊只多胎、胚胎移植等新技术的推广工作,大幅度提高了内蒙古畜群质量和品种优化程度,为全区畜牧业发展作出了不可磨灭的贡献。

---

[1] 参见内蒙古自治区畜牧厅修志编史委员会编:《内蒙古自治区志·畜牧志》,内蒙古人民出版社1999年版,第234页。

第四节　人民公社时期的畜牧业配套事业发展

一、草原利用与草场建设

内蒙古草原是我国五大天然草原之首,在人民公社时期进行了 3 次综合性的草原资源勘察,全区草原总面积 8 033.33 万公顷,其中可利用草原面积 6 273.33 万公顷,全区草原分为 10 类、50 组、199 型。1958 年人民公社成立开始,自治区草原管理局在呼伦贝尔草原、锡林郭勒草原、乌兰察布草原、鄂尔多斯草原建立了草原改良试验站以进行草原动态监测。自治区政府十分重视草原保护和草原对畜牧业发展的重要性,1965 年 4 月颁布了《内蒙古自治区草原管理条例(草案)》,严格规定开垦草原的审批制度并指正了对草原的错误认识和做法,防治草场沙化。1973 年 8 月,自治区革命委员会公布实施的《内蒙古自治区草原管理条例(试行)》规定,严格执行中央关于在牧区、半农半牧区"禁止开荒,保护牧场"和"严禁搂草、不许挖草根"的政策,并重申了 1965 年以来对开垦草原规定的审批要求。之后,先后 4 次对该草原管理条例进行修改,严格制止草原乱开垦,防止滥搂滥挖,加强了对草原的保护和管理力度。与此同时,积极应对草原鼠、虫、草害和火灾,组织大量人力、物力进行了灭鼠、灭虫、防毒草、防止火灾等措施。对于 20 世纪 70 年代后期发生的牧场超载和放牧过度问题进行了及时处理与纠正,并于 1980 年又提出了"以草定畜,两个平衡"的方针政策,对合理利用草原资源和发展畜牧业起到了积极作用。

（一）放牧利用

自 1947 年内蒙古自治区成立之后至 1950 年为止自治区实施了"保护牧场、放牧自由"的政策,1951 年提出"定居游牧、人畜两旺"口号,1958 年又推出"划定牧场、划区轮牧"等草原利用措施,因此,草原放牧利用发生了很大变化。1959 年,自治区党委召开第八次牧区工作会议,要求充分利用自然草原,合理利用牧场,划分四季牧场及打草场,逐步实现划区轮牧,牧区要建立饲料基地,应结合定居游牧工作,进行全面规划等放牧利用制度。根据上述要求,牧区结合实际,着手划定冬、春、夏、秋四季牧场放牧;荒漠草原、荒漠区实行冬春、夏秋两季移动放牧。

据 1963 年 4 月内蒙古自治区草原工作站的检测统计,内蒙古草原面积约 13 亿亩,占全区总面积的 62%,可利用草原面积约 10.2 亿亩,其中农区 1 亿亩,半农半牧区 2.3 亿亩,牧区 6.9 亿亩。其中草甸草原 1.5 亿亩,占牧区草原总面积的 21.7%;典型草原面积 1.4 亿亩,占 20.6%;荒漠草原面积 2.5 亿亩,占 36%;荒漠地区 1.5 亿亩,占 21.7%。不同类型草原每亩产草量为:草甸草原 120 公斤,典型草原 53 公斤,荒漠草原 33 公斤,荒漠区 18 公斤。1963 年,草甸草原现有饲养大小牲畜 300 多万头,占牧区牲畜总数的 22.8%,羊单位①为 568 万只(大畜 1 头 6 个羊单位,下同),每只羊平均占有草场 23 亩,适宜载畜量每 5.8 亩草场养一只羊;典型草原现有大小牲畜 359 万多头,占牧区牲畜总数的 25.3%,羊单位为 648 万只,目前每只羊平均占有草场 21 亩,适宜载畜量每 10 亩草场养一只羊;荒漠草原现有大小牲畜 590 万头只,占牧区牲畜总数的 41.8%,羊单位为 1 524 万只,每只羊平均占有草场 27 亩,适宜载畜量每 17 亩养一只羊;荒漠区现有大小牲畜 142.9 万头只,占牧区牲畜总头数的 10.1%,羊单位为 249 万只,每只羊平均占有草场 59 亩,适宜载畜量每 36 亩养一只羊(见表 3-2)。

表 3-2　　1963 年内蒙古草原类型与基本情况

草原类型	总面积 (亿亩)	所占比 例(%)	每亩产 草量(公斤)	每只羊平均 占有草场 面积(亩)	适宜载畜量 (亩/羊)
草甸草原	1.5	21.7	120	23	5.8
典型草原	1.4	20.6	53	21	10
荒漠草原	2.5	36.0	33	27	17
荒漠	1.5	21.7	18	59	36

资料来源:内蒙古党委政策研究室、内蒙古自治区农业委员会编:《内蒙古畜牧业文献资料选编》(内部资料)第四卷,1987 年印刷,第 152—153 页。

―――――――――

① 羊单位,也叫绵羊单位,是以成年绵羊在正常放牧条件下采食牧草的数量作为标准,其他牲畜以其采食量的多少,折算成若干绵羊单位。按照内蒙古自治区制定的地方标准,一只成年绵羊为 1、山羊 0.9、马 6、牛 5、骡 5、驴 3、驼 7。

20 世纪 60 年代初,全区已经初步实现二季、三季或四季移动放牧制度,并积极开展打井饮水和牧户定居工作,到 20 世纪 60 年代中期,在内蒙古地区延续了几千年的纯游牧方式,已基本被定居游牧和部分定居移动放牧所取代。

(二)打草贮草

打草贮草是内蒙古地区牧民传统的草原利用以及畜牧业生产中的一项重要活动。自治区政府成立以后,为了推进打草贮草工作,一方面积极发展机械化、半机械化提高打草贮草能力,另一方面进行培育打草场和建立打草贮草站等工作。人民公社初期,自治区畜牧厅把有关打草、青贮、饲料地、农副产品及代用饲料等贮草备料事业作为各地草原工作站的一项重要任务,积极开展青贮饲料生产,为牲畜过冬做好准备。从 20 世纪 70 年代到 1984年为止,进一步推广呼伦贝尔盟鄂温克旗西博生产队机械化、半机械化打草经验、镶黄旗贮存备荒草经验,号召各地组织群众积极开展打草贮草运动。真正做到了"适时打草、妥善保管、灾年多用、节余贮存"的目的,为畜牧业生产的顺利进行作出了积极贡献。

(三)草场建设

从 20 世纪 60 年代开始,内蒙古地区为了更好地发展畜牧业,积极开展打草贮草活动的同时,在全区各地推广了大规模、多项目的草场建设运动,如围栏、草库伦、饲料基地、种草、飞播、改良草原、灌丛草场等,培育和建设了稳产、高产打草场。1958—1963 年,全区牧区积极培育机械化打草站 30多处,指定 109 个牧业公社的 13.04 万公顷打草场进行有计划的培育、打草、贮草工作。在草甸草原和典型草原地区选择产草量较高、草质较好的地区积极封育草场,推行打草场条状轮割,打一条留一条,定期轮换,并有计划地推行打草场和放牧场更替,防止打草场退化。在荒漠草原和荒漠地区充分利用低湿地培育天然打草场。同时在有条件的地区种植优良牧草,培育人工打草场,逐步建成了旗和盟抗灾饲草贮备基地。1962 年 12 月,自治区畜牧厅《关于对各地草原工作站性质和工作任务的意见》中规定,草原工作站管理水、草、舍、工 4 项措施及有关草原建设业务工作。工作的指导思想是"以培育、保护、合理利用天然草场为主,积极建设,重点改良,提高载畜量"为原则推进。1975 年开始推广乌审召公社草库伦建设和镶黄旗饲料基地建设经验,到年末为止,全区新建草库伦 185.2 万亩,累计达到 544.8 万亩,牧区饲料基地 33.2 万亩,总产饲料 769.5 万公斤[①]。牧区畜牧业生产条件有了很大变化。

1977 年,内蒙古政府布置实施各类草原建设方针,在草甸草原地区,主要是保护好、利用好草原,建设好冬春营地,尽快解决人畜供水,解决"黑灾""白灾"问题。同时要在冬春营地建设够标准的草库伦,并通过封育、松土、补播,大力提高天然草场产量和载畜量;干旱草原地区,集中力量抓水利、抓种草、抓造林,建设草库伦主要是建立巩固的高产稳产打草地、冬春放牧场,也要实行草库伦划区轮牧;荒漠草原地区和沙漠地区,要大搞造林治沙,大搞水、草、林、料的基地建设。要积极培育人工打草地、人工牧场,提高草库伦质量,利用好草库伦,总结划区轮牧的经验,逐步建立高产、稳产的基本牧场。

1980 年 1 月,全区旗长会议确定"全面规划,加强保护,合理利用,重点建设"的草原工作方针政策,当年新建草库伦 24.6 万公顷,累计达到 213.33 万公顷,畜均 0.05 公顷;人工种草达到 39.13 万公顷;飞播牧草 2.41 万公顷;生产草籽 966 万公斤;打贮草 24.51 亿公斤,畜均 41 公斤;青贮 1.8 亿公斤[②],为全区畜牧业稳步发展起到了积极作用。同年 3 月,内蒙古自治区发布《关于积极开展封山育林、封沙育林工作》的通知,要求各旗县、人民公社都要根据地区特点,全面规划,合理安排农、林、牧业用地,划定封山育林、封沙育林育草区,确定封育期限,促进森林、植被的恢复;封山育林、封沙育林育草应以具有天然下种、萌芽更新条件不佳和风沙灾害、水土流失严重地区为重点,凡天然和人工幼林、疏林地、山脊陡坡、水库周围的灌木、村镇、农田附近的沙地和有恢复可能的荒山、荒地与沙区都要有计划地进行封山、封沙育林育草。1981 年,全区草原建设进一步贯彻和调整工作

---

① 参见内蒙古党委政策研究室、内蒙古自治区农业委员会编:《内蒙古畜牧业文献资料选编》(内部资料)第四卷,1987 年印刷,第 238—239 页。

② 参见内蒙古自治区畜牧厅修志编史委员会编:《内蒙古自治区志·畜牧志》,内蒙古人民出版社 1999 年版,第 165—169,199 页。

方针,坚持因地制宜、分类指导、各有侧重的原则;在建设规模上以中小型为主;建设重点要在冬春营地和打草场上,并进一步整顿草库伦建设和落实草原飞播任务。1982 年又一次重申草牧场建设,要实行"全面规划,加强保护,合理利用,重点建设"的方针,并且牧区草牧场建设重点在近期内要放在冬春营地,以作业组为单位建设抗灾基地。1983 年 4 月,自治区召开全区草原工作会议,全面落实《内蒙古自治区草原管理条例》,积极推行了"以草定畜,草畜平衡"制度。草原建设资金应当坚持"个人集资、集体筹资、国家投资相结合"的原则,开展草牧场建设,保护生态环境。

二、畜牧业抗灾、防灾、防疫事业发展

人民公社时期,由于畜牧业基础建设薄弱,经营方式落后,自然灾害频繁,使畜牧业生产长期处于不稳定状态。"大灾大减产,小灾小减产,风调雨顺增点产",几乎成为畜牧业生产的一种规律。人民公社时期,前后遭遇10 个年份较大的自然灾害,其中旱灾 16 次、水灾 28 次、风灾 11 次、雪灾 18 次、雹灾 20 次,全区牲畜共损失 2 330.92万头(只),牧区损失 1 168.44 万头(只),牧区占 50%(见表 3-3)。所以,该时期内蒙古牧区的抗灾、防灾和防疫事业发展较快。

表 3-3　人民公社时期牧业年度因灾牲畜减少年份统计表

单位:万头(只)

全区(除牧区)		牧区	
年度	减少牲畜数	年度	减少牲畜数
1966	458.34	1962	139.3
1968	379.90	1966	368.65
1969	180.26	1968	35.27
1970	36.94	1969	23.84
1976	264.40	1970	22.00
1977	36.04	1973	32.67
1978	282.53	1976	77.24
1981	252.88	1978	243.88

续表

全区（除牧区）		牧区	
年度	减少牲畜数	年度	减少牲畜数
1983	300.45	1981	88.34
1984	139.18	1983	137.25
合计	2 330.92	合计	1 168.44

资料来源：内蒙古畜牧厅修志编史委员会编：《内蒙古自治区志·畜牧志》，内蒙古人民出版社1999年版，第146—147页。

（一）防灾、抗灾事业

1959年7月，自治区党委第八次牧区工作会议提出稳定地发展畜牧业的思想，利用夏秋的抓膘、打草、贮草、兴修水利、修缮棚圈等工作，为战胜自然灾害斗争做准备。然而由于受"大跃进"和"文化大革命"的影响，实际工作中，牲畜冬春季食用储备饲草料不足，仍没有摆脱被动抗灾的局面。灾害来了，被动地卖掉牲畜，以缓解草料不足造成牲畜死亡的厄运，或远距离"走敖特尔"即轮换草场放牧，以解决因冬季灾害造成的牧场不足问题。被动抗灾，虽然在一定程度上减轻了自然灾害造成的生产损失，但是抗衡灾害能力很低，需要的人力、物力、财力更大，而畜牧业的脆弱性和不稳定性问题仍得不到根本解决。对此，1965年4月制定的《内蒙古自治区草原管理条例（草案）》有明确规定，牧区的防灾、抗灾能力取得一定成效，但受"文化大革命"等影响被动抗灾局面未能从根本上得到解决。

党的十一届三中全会之后，全区上下认真总结抗灾保畜正反两方面的经验教训，重新提出防灾和防灾基地建设的重要性。1979年11月，自治区人民政府召开全区畜牧业工作会议，提出建设养畜的目标，要大搞草牧场基本建设，解决好牲畜吃、喝、住问题。通过建设，使每个牲畜都有一个出可放牧、退可舍饲的"根据地"，在冬春营地上具备4个月的半舍饲条件。在牧区大力开展防灾基地、草业示范项目等一系列畜牧业基础建设，使畜牧业生产条件进一步得到改善。在牧区常年放牧、冬春补饲的饲养方式逐步取代终年放牧、完全靠天养畜的状态，并为向半舍饲和集约化经营方向发展创造了条件。

（二）防疫工作

内蒙古自治区成立后,不同时期兽医防疫的方针提法亦不相同。1951年提出"防疫为主,治疗为辅",1953年提出"以加强饲养管理为主,注射治疗为辅",1957年"改善饲养管理,加强家畜卫生,结合药物防治"的方针。人民公社时期加强和完善了兽医工作的同时,认真贯彻执行"预防为主,治疗为辅"的方针。1951年4月,内蒙古自治区人民政府颁布《家畜防疫暂行条例》后,1955年5月、1963年7月和1982年2月先后3次修改,使家畜防疫工作开始走向法制化轨道。1959年3月,自治区人民委员会颁布《改良羊饲养管理和疫病防治方案》,1960年强调各地要抓好秋季防疫卫生运动,农区做好猪、鸡病防治,牧区做好羊痘、疥癣的防治。1962年2月,内蒙古自治区人民委员会发布《关于认真做好畜疫防治工作》的指示,重点提出畜疫防治工作应以幼畜疫病、内外寄生虫病、猪鸡病和耕畜疫病为重点。防治幼畜疫病,应首先注意怀胎母畜的饲养管理,并要着重做好产后仔畜的护理工作,防止忽冷忽热、过饥过饱,提高保育工作水平,最大限度地减少疫病发生。对寄生虫病的防治工作,要贯彻预防、治疗、灭绝疫病的综合性措施,定期驱虫、药浴;实行移场轮牧;不饮死水或污水;低洼潮湿地带不放牧,以防止再感染等,切实加强了防疫工作。同年,自治区畜牧厅兽医局在总结全区4年(1958—1961年)兽医防疫工作总结会上又提出,全面贯彻"改善饲养管理,加强家畜卫生,结合药物防治"的方针,是消灭疫病的关键,继续推广"五勤、六净"饲养卫生保健制度。

1963年7月,内蒙古自治区为了加速控制和消灭家畜、家禽传染病与寄生虫病,促进农牧业生产发展,制定颁布了《内蒙古自治区家畜防疫试行条例》。条例规定:检疫畜禽、报告疫情、预防注射、驱虫药浴、隔离病畜、封锁疫区、严格消毒和销毁尸体是国家规定的防疫技术措施,一切饲养、经营畜禽的单位和个人都必须严格遵守,并因地制定防疫卫生制度,改善放牧饲养管理条件,经常保持饲草、饲料、饮水、棚圈、用具、卧盘、畜体以及草牧场、水源的卫生,防止疫病传播。新购入的畜禽一般应隔离饲养30—40天,证明无传染病后,方可并入原有畜禽群内。发现畜禽传染病或疑似传染病时,有关人员应立即隔离病畜,迅速向当地人民公社委员会及兽医部门报告。

发生疫情后,应立即组织力量,按本条例的规定积极防治。

1966 年,内蒙古自治区物价局、财政局、畜牧局发出《关于颁发畜禽防疫、检疫、医疗、配种兽医办法(试行)》的通知,使畜禽防疫、检疫、医疗、配种等各项技术服务收费有法可依。1976 年,自治区财政局、畜牧局发出《内蒙古自治区公社集体畜牧兽医站公助暂行办法》,明确公社集体畜牧兽医工作站公助金额、使用办法,扶持和稳定了公社集体牧兽。

表 3-4　人民公社时期家畜部分疫病检疫情况表

年度	检疫数(万头)	病畜数(头)	病畜检出率(%)	检疫对象
1958	79.56	34 687	4.36	马鼻疽、结核、布病①、牛肺疫
1959	284.29	111 996	3.93	马鼻疽、结核、布病、牛肺疫
1960	288.46	70 460	2.44	马鼻疽、结核、布病、牛肺疫
1962	44.01	12 038	2.73	马鼻疽、结核、布病、马传病②、马传贫③、猪囊虫病
1964	45.91	14 624	3.18	马鼻疽、结核、布病、牛肺疫、马传贫
1966	138.91	54 933	3.95	马鼻疽、结核、布病、牛肺疫、马传贫、猪囊虫病
1968	43.55	34 294	7.87	马鼻疽、结核、布病
1970	44.65	29 063	6.50	马鼻疽、布病、马传贫
1972	90.17	22 019	2.44	马鼻疽、结核、布病、马传贫
1974	146.31	42 568	2.90	马鼻疽、结核、布病、马传贫
1976	136.29	17 825	1.30	马鼻疽、结核、布病、马传贫
1978	131.16	12 753	0.97	马鼻疽、结核、布病、马传贫、猪囊虫病
1980	159.45	31 485	1.97	马鼻疽、结核、布病、马传贫、副结核、猪囊虫病
1982	161.94	20 965	1.29	马鼻疽、结核、布病、副结核、猪囊虫病、马传病
1984	169.94	16 563	0.97	马鼻疽、结核、布病、马传贫、副结核

资料来源:内蒙古自治区畜牧厅修志编史委员会编:《内蒙古自治区志·畜牧志》,内蒙古人民出版社 1999 年版,第 326—327 页。

---

① 布病:布鲁菌病简称布病,也称波状热。
② 马传病:马传染性疾病简称马传病。
③ 马传贫:马传染性贫血病简称马传贫。

畜牧兽医工作站和技术人员,保证了基层畜牧兽医工作的开展。在抗灾、防灾和防疫事业的积极建设下,内蒙古畜牧业有了长足发展的保障。人民公社时期,对牲畜检疫数达到 19 674.6 万头、病畜数 526 273 头、病畜检出率平均为 3.12%,平均每年检疫头数 131 万头、检出病畜头数 3 584.87 头。检疫对象一般年度集中在马鼻疽、结核、布病、马传贫等病疫,特殊年度对牛肺疫病和猪囊虫病、副结核病进行检疫(见表 3-4),避免了因病疫而造成的畜牧业损失,为防治畜牧业疫情起到了积极的作用。

三、畜禽品种与改良事业

内蒙古地区家畜、家禽品种资源十分丰富,自治区政府曾多次组织力量对区内畜禽品种资源进行调查并进行认定许可。据调查,内蒙古地区的畜禽品种共有 98 个,大体分为 3 类,即地方品种 16 个,引入品种 59 个,培育品种 23 个。地方品种有蒙古牛、乌珠穆沁羊、蒙古羊、滩羊、布特哈奶山羊、河套大耳猪、金宝屯猪、蒙古马、锡尼河马、乌珠穆沁马、百岔马、乌审马、库伦马、苏尼特双峰驼、驯鹿、边鸡十六个品种①。引入品种有从新西兰引进的短角牛;从苏联、加拿大引进的西门塔尔种牛;从法国引进的利木赞牛;从苏联引进的茨盖羊、卡拉库尔羊、迪卡—沃伦蛋鸡、卡巴金马;澳洲、东德美利奴羊、赛特羊等优良品种。这些品种的引进对内蒙古畜禽品种的结构优化起到了积极作用。

(一) 良种牲畜引进

1959—1960 年间,从苏联引进苏维埃挽种马 32 匹(其中公马 5 匹),西门塔尔种牛 59 头(其中公牛 5 头),美利奴种公羊 100 只,阿尔泰种公羊 30 只,卡拉库尔种羊 397 只(其中公羊 55 只),从德国引进东德美利奴种羊 330 只(其中公羊 30 只)。1966—1975 年间,主要是引进优质半细毛羊,以建立半细毛种羊基地,开展半细毛羊的改良工作。1966 年,从英国引进林肯种羊 47 只(其中公羊 3 只),引进罗姆尼种羊 190 只(其中公羊 22 只),

---

① 参见内蒙古自治区畜牧厅修志编史委员会编:《内蒙古自治区志·畜牧志》,内蒙古人民出版社 1999 年版,第 234—249 页。

边区莱斯特种羊 307 只(其中公羊 14 只)。1974—1975 年间,从法国引进利木赞种牛 14 头(其中公牛 9 头),夏洛来种牛 16 头(其中公牛 4 头)①。

(二) 制定良种牲畜品种及标准

1961 年 3 月,内蒙古自治区农牧场管理局确定"种畜场执行以牧为主,以种畜为纲、农牧结合、多种经营、综合利用"的方针。1964 年,自治区科学技术委员会、畜牧厅召开种畜标准化会议,提出三河马、内蒙古三河牛、敖汉毛肉兼用细毛羊 3 个品种等级标准和盟旗 11 个地方良种制定标准化规划以及实现标准化的主要措施。

(三) 建设种畜场

1959 年,内蒙古自治区人民委员会颁布《内蒙古自治区良种牲畜管理办法》要求:各地农牧部门帮助人民公社制订良种繁育计划,逐步做到社有育种场、队有繁殖场、饲养场,场有核心群,以加速良种牲畜的繁殖。截至 1960 年,全区各类国营种畜场已发展到 28 处。其中综合场 6 处、种马场 4 处、种牛场 13 处、种羊场 3 处、种猪场 2 处,饲养各类优良种畜达 13 万头②。1964 年,内蒙古畜牧厅和农牧场管理局共同商定,将符合种畜场条件的场子,如原属内蒙古农牧场管理局管辖的谢尔塔拉种畜场、大雁马场、索伦马场、高林屯种畜场等,全部划归自治区畜牧厅统一管理。为此,自治区畜牧厅进一步加强种畜场管理,建设好种畜基地,于 1964 年 5 月成立自治区良种繁育场管理局。1965 年,国家农业部、粮食部联合颁布《国营种畜场工作暂行条例(试行草案)》。种畜场隶属关系的调整,法规条例的颁布实施,使种畜场的工作有章可循,经营方向明确,管理得到加强,种畜数量增加,质量不断提高。"文化大革命"初期,种畜场的管理和生产受到严重冲击,一些地方将种畜场下放给旗县,增加了种畜场的管理困难,饲养种畜的数量、质量有所下降,使全区家畜改良和育种工作受到很大影响。截至 1978 年,内蒙古种畜场在改革中才有了新的发展势头。

----

① 参见内蒙古自治区畜牧厅修志编史委员会编:《内蒙古自治区志·畜牧志》,内蒙古人民出版社 1999 年版,第 251—289 页。

② 参见内蒙古自治区畜牧厅修志编史委员会编:《内蒙古自治区志·畜牧志》,内蒙古人民出版社 1999 年版,第 247 页。

（四）建设改良（配种）

1958年6月，自治区人民委员会批转内蒙古自治区畜牧厅《内蒙古自治区绵羊配种站交社（农、牧业生产合作社）方案》。同年，人民公社自办的绵羊改良配种站发展到3 435处。1959年4月，自治区人民政府委员会转发自治区畜牧厅文件《关于1959年家畜改良辅导站设置办法方案》和《内蒙古自治区家畜改良辅导站业务范围暂行办法》决定，全区建立盟（市）级和旗（县）级家畜改良辅导站50处和精液供应站8处。到年底，全区绵羊改良配种站发展到4 228处，种马改良配种站发展到380处，种牛改良配种站发展到577处，从事家畜改良和人工授精的技术人员发展到1.2万人①。1960年9月，自治区党委第九次牧区工作会议讨论并修订《内蒙古自治区1960—1967年家畜改良规划》，提出了积极整顿和加强公社配种站，提倡建立综合性配种站，充分利用人力、设备，大量培训提高公社家畜育种和人工授精员的意见。"文化大革命"中，内蒙古自治区家畜改良和育种工作在曲折中前进。全区在常温人工授精基础上，试验推广家畜冷冻精液配种新技术（见表3-5）。1978年，中共十一届三中全会以后，内蒙古自治区家畜改良工作进入了一个新阶段，家畜改良机构、队伍不断发展壮大，新的技术不断开发、推广与应用。

（五）畜禽改良

1959年，国家农业部召开全国家畜家禽育种工作会议，提出了把品种选育和杂交育种并举，全面开展家畜、家禽育种工作方针。1960年，为贯彻全国家畜家禽育种工作会议精神，自治区畜牧业厅制定了《内蒙古自治区人民公社及国营农牧场家畜家禽育种规划（1960—1969年）》，提出了全区育种工作以国营农牧场育种与群众育种、繁殖提高纯种与选育提高地方良种培育为主，推广良种与繁殖良种结合的方针。至此，内蒙古地区的家畜改良和育种工作进入了齐头并进的新阶段。20世纪70年代，主要工作重点放在"三北羊"（即卡拉库尔羊）的育种和发展方面，进行三北羊改良区域

---

① 参见内蒙古自治区畜牧厅修志编史委员会编：《内蒙古自治区志·畜牧志》，内蒙古人民出版社1999年版，第249页。

规划和基地建设。经过几年的努力,1974 年培育出金、银两色三北羊(即苏尔羊)。

1975 年 1 月,内蒙古自治区畜牧局提出《内蒙古自治区猪种改良和育种规划(1975—1980 年)(试行草案)》,要求开展猪的杂种优势利用,推广猪的经济杂交,在 2—3 年内力争全区实现养猪"三化",即公猪良种化、母猪当地化、肥猪杂种化,并试办社队猪人工授精站,以解决种公猪不足问题和扩大优良种公猪的利用。

表 3-5 人民公社时期全区良种和改良牲畜统计表 单位:万头(只)

年度		合计		大牲畜		羊	
		头数	比重(%)	头数	比重(%)	头数	比重(%)
1962 年 6 月末		218.2	6.7	23.0	3.6	195.2	7.4
1965 年 6 月末		302.7	7.2	36.2	4.6	266.5	7.9
1970 年 6 月末		455.6	12.8	39.7	5.5	415.9	14.6
1975 年 6 月末		928.3	22.5	66.9	8.2	861.4	26.0
1978 年 6 月末		1 034.8	29.1	76.8	11.0	958.0	33.5
1979 年	6 月末	1 196.1	30.7	78.8	10.9	1 117.6	35.2
	12 月末	1 012.0	30.5	71.3	10.4	940.7	35.7
1980 年	6 月末	1 323.7	32.6	83.0	11.2	1 240.7	37.4
	12 月末	1 015.3	31.4	78.5	11.5	936.9	36.7
1981 年	6 月末	1 298.0	32.2	86.2	11.9	1 211.8	36.6
	12 月末	1 103.2	33.0	75.7	11.2	1 027.7	38.5
1982 年	6 月末	1 430.6	33.9	91.7	12.3	1 338.9	38.5
	12 月末	1 183.5	34.4	81.6	11.5	1 101.9	40.3
1983 年	6 月末	1 379.0	35.2	87.1	11.8	1 291.9	40.7
	12 月末	1 096.1	35.2	74.6	10.7	1 021.5	42.3
1984 年	6 月末	1 338.1	35.3	85.9	11.6	1 252.2	41.0
	12 月末	1 085.7	35.3	76.8	11.0	1 008.9	42.4

资料来源:内蒙古自治区畜牧厅修志编史委员会编:《内蒙古自治区志·畜牧志》,内蒙古人民出版社 1999 年版,第 258—259 页。

1978 年,全区建立商品牛基地的旗县有 32 个。1979 年年末,基地旗县内有牛 249 万头,其中良种和改良种牛 42 万头,占总头数的 16.9%;良种和改良种牛超过万头的旗县有 12 个,比例超过 20% 的旗县有 8 个。1980 年 6月,自治区人民政府修订并正式颁布《内蒙古自治区家畜改良方向区域规划》,进一步明确全区家畜育种改良的发展方向。1983 年 7 月,自治区畜牧局发出《关于家畜改良事业作为发展畜牧业战略重点的通知》提出,把畜牧业的重点从增加牲畜数量转移到提高经济效益、改良牲畜品种、提高生产质量的要求。

在人民公社时期,畜禽改良工作进行比较顺利,采取了本地品种选育和杂交改良育种的方针,培育出三河牛、三河马、阿拉善双驼峰、乌珠穆沁羊、草原红牛、科尔沁牛、锡林郭勒马、乌兰哈达猪等 23 个家畜新品种,品种之丰富,数量之多,质量之优,居全国榜首。

四、牧业事业费管理

为了发展畜牧业生产,巩固与发展牧区集体经济,加强对牧业事业费的管理,1964 年,自治区政府制定了牧业事业费的使用原则、使用范围、财务管理、固定资产管理以及预算、决算管理等方面的详细规定。在利于畜牧业生产发展和支援牧区集体经济的基础上,以勤俭办一切事业为方针,统一领导、分级管理为原则,除人员机构费、设备购置费和差额补助费以外,其他事业费用于畜牧兽医、家畜改良、草原改良、抗灾保畜、科学研究、专业教育、干部培训、其他业务等①。详细条款如下:

1. 畜牧兽医费:预防各种牲畜主要疫病的生物药品和临时防治以及劳保用品等。

2. 家畜改良费:配种站、家畜改良辅导站所需的药品材料费,优良种畜的饲养,种畜串换试点和向群众推广的种畜补助以及劳保用品等。

3. 草原改良费:牧区草原改良,优良牧草种子推广,草原病虫害防治和牧草试验、栽培、无水草原利用、棚圈建设试点以及劳保用品等。

---

① 内蒙古党委政策研究室、内蒙古自治区农业委员会编:《内蒙古畜牧业文献资料选编》(内部资料)第八卷,1987 年印刷,第 134—142 页。

4. 抗灾保畜费:抗灾保畜开支的药品、饲料及运输等有关费用的补助。

5. 科学研究费:科学研究单位的实验研究业务费和委托高等院校科学研究项目的补助费。

6. 中等专业教育费:畜牧部门中等专业学校的教学费和实验、实习费。

7. 干部训练费:畜牧部门干部训练班的教学业务费和牧区人民公社财会人员、牧业技术等人员的训练费。

8. 其他业务费:包括劳模会议、展览、参观、宣传、奖励和其他畜牧业事业单位的有关业务费。

牧业事业费的规范规定,对牧区畜牧业的防灾、抗灾、防疫、改良品种和培育畜牧业人才及推广畜牧业科技方面起到了应有的作用。

五、牧业税收条例

早在 1951 年,内蒙古自治区人民政府颁布了《内蒙古自治区牧业税暂行条例》,在此基础上 1952 年、1954 年两次修订。1957 年,自治区政府颁布了《内蒙古自治区牧业税征收方法》,1965 年,自治区人民委员会公布了《关于一九六五年牧业税征收工作的通知》,1975 年,内蒙古自治区革命委员会公布了《关于做好一九七五年牧业税征收工作的通知》,1978 年,内蒙古革命委员会公布了《关于对灾区牧业税特殊减免照顾的通知》,1980 年,自治区人民政府修订颁布的《内蒙古自治区牧业税征收办法》等主要的牧业税收条例和方法。《内蒙古自治区牧业税征收办法》规定,对于牧区人民公社的基本核算单位、国营牧场、种畜场、公私合营牧场实行牧业税按牧业收入计征。牧业收入包括牲畜、绒毛、皮张和牛奶的收入。牧业税实行比例税制,税率定位 3%;税额实行一定 5 年不变,在 5 年内增收不增税;牧业税的计征,以基本核算单位人均收入 80 元以上为起征点,80 元以下免征牧业税;社员自留畜的牧业收入,不征收牧业税。对边境公社按应征税给予了10%的减税照顾。牧业收入减少 10%以上不到 20%的,减征税额的 30%;牧业收入减少 20%以上不到 30%的,减征税额的 50%;牧业收入减少 30%以上的,全部免征。这些牧业税的基本特征就是能减就减、能照顾就照顾、能免就免,从而保证了内蒙古畜牧业的快速发展。

六、金融支持牧业

在人民公社期间,国家为了扶持农牧业生产和促进合作化运动的迅速发展与巩固,大量增加了农牧额贷款。1958 年自治区人民委员会公布《关于一九五八年农牧业贷款工作的指示》;1960 年内蒙古党委发出《关于财贸工作支援农牧业生产的通知》;1964 年内蒙古财政厅、畜牧厅出台了《关于牧业事业费的使用范围和财务管理的试行规定》;1973 年内蒙古自治区革命委员会颁布了《关于加强农村牧区信用合作社工作的若干规定》;1977 年内蒙古自治区革命委员会发布了《关于内蒙古自治区农村牧区信贷包干实施方案》;1980 年中国人民银行内蒙古分行出台了《关于放宽农村牧区现金管理政策的报告》;1983 年内蒙古党委和政府颁布《关于改革供销社体制加强农村牧区商业工作的决定》等主要金融政策。这些金融政策支援牧业的指示、规定和政策,在牧业经济的发展上起到举足轻重的作用。如 1958 年颁布《关于一九五八年农牧业贷款工作的指示》之后,全区农牧业贷款已达 7 377.7 万元[1],主要为农贷、牧业贷和国营、公私合营农牧场经营贷款 3 个指标下达。牧业贷款着重支持牧业社、牧业组兴建必要的防灾保畜设备,建立饲料基地以及饲料、牲畜医药费用。牧区水利贷款以解决打井、修井工具材料为主。对于定居建设资金依然由牧民自己解决,贷款只能在其自有资金不足时,给予辅助性的帮助。无论农贷还是牧贷,银行放款还是信用社放款,都必须继续贯彻"有借有还,到期归还"的原则,放了再收,收了再放,这是充实扩大资金力量、支持农牧业生产的一个有效办法。再如,1977 年 3 月,内蒙古自治区公布"农村牧区信贷包干实施方案"规定,从当年起,银行农牧区存款新增加的部分,由各盟市、旗县并入农牧业贷款指标,贯彻统一安排使用、多组织存款、可以多发放贷款的原则[2]。同时采取了充分发挥信用社的作用,牧区信用社采取信用社资金发放全部牧业贷款的办法。对于

---

[1]　参见内蒙古党委政策研究室、内蒙古自治区农业委员会编:《内蒙古畜牧业文献资料选编》(内部资料)第八卷,1987 年印刷,第 109 页。

[2]　参见内蒙古党委政策研究室、内蒙古自治区农业委员会编:《内蒙古畜牧业文献资料选编》(内部资料)第八卷,1987 年印刷,第 258—260 页。

信用社资金力量雄厚的东乌珠穆沁旗、西乌珠穆沁旗、阿巴嘎旗、阿巴哈纳尔和苏尼特左旗 5 个牧业旗,对社队和社员的各项贷款,完全由信用社资金承担包放。其他牧业旗也采取了同上办法,无力实施上述办法的牧业旗县仍由银行和信用社两个渠道同时发放。农牧业贷款发放的对象和用途是:农村牧区人民公社集体所有制的独立核算单位,发展农、牧、林、渔业和社队企业的生产费用、生产设备开支;贫下中农社员群众生产、生活的临时资金困难。而且规定,不准把农牧信贷资金用于旗县办"五小"企业和社员分配。

七、牧区流通贸易

人民公社时期,对畜产品实行全面的统购统销政策,大宗畜产品通过计划渠道进入工业消费和生活消费,即以计划方式控制畜产品流通的国营商业部门和供销合作社为市场的基本形式。1958 年内蒙古自治区人民委员会颁布了《关于畜牧收购、屠宰条件的规定》;1960 年内蒙古人民委员会颁布了《关于全力做好一九六零年春季绒毛和其它畜产品生产、收购、分配、调运工作的指示》和《内蒙古自治区皮毛统购方法》;1963 年内蒙古党委和人民委员会颁布《关于改进和加强民族贸易工作的几点规定》;1965 年内蒙古自治区人民委员会财贸办公室下达了《关于牲畜收购几项规定的意见》;1977 年内蒙古革命委员会印发了《关于改进农村(牧区)社队企业征收工商所得税方法的通知》;1977 年供销总社《关于实行畜产品收购规格修订草案的通知》①等规定、意见和方法,进一步强化了牧区畜产品流通管制。这些规定、意见和方法详细规定了畜牧业流通领域的各种行为,对牧区畜产品流通环节的规范起到了积极作用。如 1958 年 12 月颁发了《关于牲畜收购、屠宰条件的规定》,具体内容如下:

1. 全区凡 3 岁以下的小牛,不分公、母、犍牛,均作为幼畜予以保护,由人民公社、国营农牧场、牧业生产合作社饲养成长,不得屠宰。

2. 全区凡是有繁殖能力的母羊、母牛、种公牛、种公羊,一律不准出售和

---

① 参见内蒙古党委政策研究室、内蒙古自治区农业委员会编:《内蒙古畜牧业文献资料选编》(内部资料)第八卷,1987 年印刷,第 119、127 页。

屠宰,由人民公社、牧业生产合作社、国营农牧场饲养繁殖;如因特殊情况必须出售时,可由国营商业部门统一收购,按养畜出售给人民公社或委托公社放牧"苏鲁克"等办法处理。

3.全区4—10岁的犍牛,作为耕、役畜;10岁以上可以作为耕、役畜的仍应按耕、役畜处理。所有耕、役畜均由商业部门按计划收购,并在区内外调剂,不准屠宰。不属于以上范围者,统一由商业部门以菜牛收购,供应出口和肉食需要。

4.全区凡2岁以上的羯羊(包括当年冬羔子),统一由商业部门收购,供应出口和内销肉食需要。

5.凡上述规定不能屠宰的牲畜,各食品加工厂均不得接收,已接收者,应按有关规定进行适当处理,严禁屠杀。

6.所有保护范围以内的母畜、耕畜、种畜如确属残废严重或没有繁殖及劳役能力需宰杀者,经旗、县(市)人民委员会批准后,才能屠宰。

第五节　人民公社时期牧区经济发展成效

一、牧区社会、经济管理制度初具规模

牧区人民公社是政社合一、三级所有、以队为基础的集体经济组织。在社会经济管理上虽然出现了"一大二公""一大二平"、财务混乱的局面,但在牧区管理和畜牧业生产方面仍取得了一些成绩。例如1961年7月,颁布了《内蒙古自治区人民公社工作条例》,规定了人民公社的任务是"以畜牧业为中心,发展生产,改善人民生活";组织原则是"民主集中制";生产组织规模是"利于生产、利于经营、利于群众监督、利于团结、方便群众,不宜过大"。与此同时,还对社员大会和管理委员会的责权、生产经营措施、财务管理、劳动报酬和收益分配等方面作了详细的解释和规定。这些条例对当前牧区合作社组织建设和运行都有较强的借鉴意义。

人民公社时期,在牧区除了该条例外,也创设了草原管理、护林防火、畜群防疫、兽医站管理等制度。具体包括,1963年7月出台的《内蒙古自治区

家畜防疫试行条例》,1965 年 4 月出台的《内蒙古自治区草原管理暂行条例》,1973 年 8 月修订的《内蒙古自治区草原管理条例》,1980 年 3 月实施的《内蒙古自治区护林护场防火工作条例》,1981 年 9 月颁布的《内蒙古自治区人民公社畜牧兽医站管理暂行条例》和 1982 年 2 月颁布的《内蒙古自治区畜禽防疫暂行条例》,等等。这些条例中,较明确地制定了草场保护、草原防火、保护植被、草原合理利用、牲畜改良和畜禽防疫等相关内容。在牧区,这些条例的顺利实施,确实加强了草原管理,有效预防了畜群流行病,控制了草原火灾的频繁发生,成功培育出优良牲畜品种,为内蒙古自治区畜牧业生产起到了积极作用。

公社社员代表大会是人民公社的最高权力机关,在社员大会上能够决定内部监督管理机制的同时,制定经营项目、经营计划内容等内部运行机制。如果当时没有极左思想的干扰,人民公社时期的牧区生产队经济运行是较为合理而有效的,其运行机制的民主管理制度也充分体现了社会主义的优越性。集体经济的民主化管理,能够把广大牧民的思想观念集中起来,充分发挥人民群众的智慧,创建共同发展、共同劳动的局面。这些思想观念的统一,对于克服如今每家每户个体经营中不断暴露出来的种种弊端,具有重要的借鉴意义。生产队运行中的困难户和"五保户"的供给与补助方法,在当时国家社会保障制度未建立之前,由集体经济组织承担社会救济和保障措施;这种做法在当前社会老龄化日趋严峻,社会养老、家庭养老、房产养老等养老问题争论不休的过程中值得反思。采纳全社员的意见和意愿,组织畜牧业生产,提倡游牧民定居,建设美好牧区等措施可以说是人民公社时期较成功的新农村建设运动。而经营管理中实施"三包一奖"制度和收益分配、畜群调整、草场使用、劳动力安排等管理制度,也值得今天兴办的牧区合作经济组织进一步参考应用。这些方面在农区虽基本以失败而告终,但牧区人口较少、社员不多以及畜牧业生产的特点也许本身便适应这种规模经营和集体操纵的经营方式。

二、推进畜群改良,提高畜群质量

人民公社时期,牧区畜牧业的另一个成绩就是畜群改良和良种培育。

如今很多优良品种大多是人民公社时期引进或培育的,这些牲畜新品种、改良品种,为传统牲畜的改良和现代畜牧业发展奠定了坚实的基础。

内蒙古自治区成立伊始,在牧区经济发展中特别重视畜群改良工作。早在1951年,自治区人民政府颁布《内蒙古自治区民有种公畜候补种公畜选定及奖励暂行办法》,鼓励种公畜主的生产经营并给予肯定。1957年,自治区颁布《内蒙古自治区畜牧业技术措施方案》,着重提出大力推行牲畜品种改良,以逐步提高牲畜质量,增加畜产品。为加速畜产品品种改良工作,必须坚决贯彻"选育本地良种和推广外来良种相结合"的方针,大力加强土种选育,选配提高,并积极引进外地良种,进行杂交改良。1959年的《内蒙古自治区良种牲畜管理办法》,制定了良种牲畜的生产和保护,繁殖和培育,交易、输出和输入等方面的详细规定。在畜牧业快速发展中,自治区先后制订了家畜改良规划4次,即1956—1967年的《内蒙古自治区农牧业发展规划》,1960—1967年的《内蒙古自治区人民公社及国营农牧场家畜育种规划》及《内蒙古自治区家畜改良规划》,1973—1980年的《绵羊改良发展规划意见》等家畜改良政策,有力地推进了内蒙古牧区、半农半牧区的畜牧业发展。

内蒙古地区家畜家禽品种资源十分丰富,全区符合国家品种标准的畜禽品种共有98个,大体分为3类:地方品种16个,引入品种59个,培育品种23个。自治区成立后,经过几十年的辛勤培育,育成了适应本地区环境的新品种。培育品种分两类,一类是经过本地品种育成的新品种,如内蒙古三河牛、三河马、阿拉善双峰驼、乌珠穆沁羊、内蒙古白绒山羊、乌珠穆沁绒肉兼用白绒山羊和罕山白绒山羊共7个品种;另一类是引用外来品种与当地品种杂交改良培育成的新品种,如内蒙古草原红牛、中国黑白花奶牛、科尔沁牛、锡林郭勒马、内蒙古毛绒兼用细毛羊、敖汉毛肉兼用细毛羊、鄂尔多斯毛用细毛羊、中国美利奴(科尔沁型)细毛羊、科尔沁毛用细毛羊、兴安细毛羊、呼伦贝尔细毛羊、乌兰察布细毛羊、内蒙古半细毛羊等16个品种。并对于国营种畜场详细制定了家畜育种指标体系(见表3-6和表3-7),每年按照指标体系进行鉴定、检查、评比。

表 3-6　国营农牧场家畜育种指标（一等牛）

品种		性别	300 天泌乳量（公斤）	乳脂率（%）	体重（公斤）	
					12 个月	18 个月
荷兰牛		公			320	450
		母	6 000 以上	3.4 以上	270	340
短角牛		公			335	480
		母	3 500 以上	4.0 以上	270	350
西门塔尔牛		公			325	470
		母	3 700 以上	3.8 以上	270	340
三河牛	兼用型	公			350	480
		母	3 700 以上	4.0 以上	270	350
	乳用型	公			350	480
		母	4 200 以上	3.8 以上	270	350
土默特乳用牛		公			300	420
		母	3 000 以上	3.8 以上	250	380
科尔沁乳肉兼用牛		公			300	420
		母	2 800 以上	4.0 以上	250	380
翁牛特乳肉兼用牛		公			300	420
		母	2 500 以上	4.0 以上	250	380
锡林郭勒肉乳兼用牛		公			320	420
		母	1 500 以上	4.0 以上	260	380

资料来源：内蒙古党委政策研究室编：《内蒙古自治区家畜改良文献资料选编》（内部资料）（上册），
　　　　　1989 年印刷，第 85 页。

表 3-7　国营农牧场家畜育种指标（一等羊）

品种	成年体重（公斤）		成年产毛量（公斤）		毛长（厘米）	毛细（支）	屠宰率（%）	净毛率（%）
	公	母	公	母				
苏联美利奴羊	80	45	9.0	6.0	7 以上	60—64	—	42
泊利考斯羊	100	60	6.0	4.0	7 以上	60—64	50	43
阿尔泰羊	90	50	9.0	6.0	7 以上	60—64	—	43

续表

品种	成年体重（公斤）		成年产毛量（公斤）		毛长（厘米）	毛细（支）	屠宰率（%）	净毛率（%）
	公	母	公	母				
茨盖羊	80	50	5.5	4.0	8以上	46—56	—	43
考力代羊	100	60	7.5	5.0	10以上	56—58	50	42
沙力斯克羊	80	45	8.0	5.0	7以上	60—64	—	40
新疆细毛羊	90	50	9.0	5.0	7以上	60—64	—	40
敖汉毛肉兼用细毛羊	90	50	10.0	6.0	7以上	60—64		32
锡林郭勒毛肉兼用细毛羊	90	50	9.0	5.0	7以上	60—64		40
乌兰察布毛肉兼用细毛羊	80	45	8.0	4.0	7以上	60—64		40
呼伦贝尔肉毛兼用半细毛羊	95	60	7.0	4.0	10以上	46—56	50	42
乌珠穆沁羊	90	70	1.5	—	—	—	50以上	
伊克昭绒肉兼用山羊	60	40	0.4	—	—	—	40—45	

资料来源:内蒙古党委政策研究室编:《内蒙古自治区家畜改良文献资料选编》(内部资料)(上册),1989年印刷,第86页。

通过这些努力,内蒙古牧区畜牧业品种改良取得了较好的成绩,毛、绒毛、皮革、肉和乳畜产品的商品价值显著提高,牧民生活水平明显提升。

三、创建了畜牧业防疫、兽医管理体系

内蒙古自治区牲畜疫病种类很多,流行范围也很广,这些疫病对畜牧业生产造成较大的威胁。在内蒙古自治区成立初期发现的传染病有牛瘟、口蹄疫、炭疽、气肿疽、羊痘、鼻疽、牛肺疫、结核等三十几种。除传染病之外,各种牲畜寄生虫病也是频繁发生,其中危害最大的有捻转胃虫、肠结节蛔虫、肝蛭、肺丝虫等十几种。当时内蒙古牧区兽医基本状况为畜牧兽医机构不健全,技术力量薄弱,药械不足,预防和治疗条件差。因此,对于流行快、

危害大、死亡最严重的传染病牛瘟、口蹄疫、炭疽三种疫病,采取了集中力量打歼灭战。

自内蒙古自治区成立以来,为了保畜增畜,发展畜牧事业,防治畜疫发生及蔓延,自治区政府重视畜牧业兽医、防疫工作,将之作为一项社会经济稳定快速发展的重要环节来抓。早在1951年,内蒙古自治区颁布《家畜防疫暂行条例》,对于草原"五畜"和驴、骡、猪、犬等农区牲畜采取防疫措施。该条例详细规定了畜疫情报、防疫、检疫以及奖励和处罚细则。1952年,为了更好地开展兽医、防疫工作,自治区组织成立各旗县家畜防疫工作领导小组,调查兽疫情况,研究防治办法,制订年度计划等,尽量解决旗县兽疫防治站在预防、诊断、防治和治疗牲畜疫病方面存在的问题与不足。1955年,自治区又重新修订《家畜防疫暂行条例》,进一步加强了兽疫防治,大幅度减少了牲畜疫病的发生率,减轻了畜牧业损失。针对1949年和1951年发生的口蹄疫与牛瘟,采取了预防、防治和治疗该疫病的技术、制度等多种措施,到1954年,基本扑灭了口蹄疫和牛瘟这两种危害巨大的畜疫,为畜牧业健康发展创造了条件。

内蒙古自治区成立前,牧区牲畜疫病是畜牧业经济的严重灾害之一。当时因没有健全预防、防疫治疗机构和缺失现代兽医技术人员,牲畜疫病一旦发生就有很多牲畜得不到良好的预防和治疗而死亡,给牧民生活和牧业生产造成巨大损失。内蒙古自治区成立后,针对牧区疫情分布面广、掌握疫情和防治不及时、与基层单位和群众的关系不够密切等问题,从1950年开始,自治区政府在各盟市重点旗县建立畜牧兽医工作站,并逐步在乡(苏木)建立基层工作站。1957年年底,全区各级畜牧兽医工作站已达375处。牧区的部分地区和较偏远地区都普遍建立起工作站。1958年人民公社化以后,为了适应发展集体养畜业的需要,又进一步将所有的基层站都下放到人民公社,把国家兽医干部、中兽医、防疫员、饲养员、放牧员、配种员等都纳入所在公社的畜牧兽医站内统一领导,在全区范围内形成了兽医网,并出台了一系列兽医管理制度(见表3-8)。

表 3-8　内蒙古自治区人民公社时期出台的兽医管理制度

时间	办法（条例）
1958 年	内蒙古自治区防治布氏杆菌病试行办法
1958 年	内蒙古自治区畜牧厅关于鼻疽病流行情况及防治办法
1961 年	内蒙古自治区防治牛肺疫暂行办法（草案）
1961 年	关于建立人民公社兽医工作站的暂行办法
1963 年	内蒙古自治区家畜防疫试行条例
1963 年	内蒙古自治区民间兽医管理办法（试行草案）
1964 年	内蒙古自治区防治口蹄疫暂行办法（草案）
1968 年	内蒙古自治区四号病、鼻疽病防治试行办法（节录）
1973 年	内蒙古自治区发放畜牧兽医技术人员防治鼻疽病保健津贴办法
1973 年	内蒙古自治区畜牧兽医技术人员保健津贴发放试行办法
1976 年	内蒙古自治区人民公社集体畜牧兽医站暂行管理办法（草案）
1978 年	内蒙古自治区猪鸡病防治试行办法
1979 年	内蒙古自治区农村人民公社畜病合作防治暂行办法
1981 年	内蒙古自治区人民公社畜牧兽医站管理暂行办法
1982 年	内蒙古自治区畜群防疫暂行条例

资料来源：内蒙古党委政策研究室编：《内蒙古自治区畜牧业文献资料选编》（内部资料）第六卷，
　　　　　1987 年印刷，依据该资料整理汇总。

　　内蒙古自治区为了积极贯彻"人畜两旺"政策，增进人民体质健康，确保农牧业生产高速发展，根据布氏杆菌病在本区流行特点，采取对策，有计划、有步骤地进行了防治工作。1958 年，制定了《内蒙古自治区防治布氏杆菌病试行办法》，采取宣传教育、普及防治常识、培训基层干部等手段，充分发挥蒙医的积极作用，实行从实际出发、密切结合生产、重点消灭的方针以及科学技术与群众运动相结合、土洋与蒙西医相结合的工作方法，根据流行情况分别对病区、受威胁区、安全区等采取不同措施。实施了人畜共同感染的布氏杆菌病的检疫方法、严格制定病畜处理及康复措施、积极开展卫生及兽医学防护办法等措施。1958 年又出台了具有历史性意义的《内蒙古自治区畜牧厅关于鼻疽病流行情况及防治办法》。1961 年，为了实现年内基本消灭牛肺疫的规划，确保养牛业迅速发展，制定了《内蒙古自治区防治牛肺疫暂行办法（草案）》，在全区范围内不论疫区、非疫区，普遍开展预防注射，结合封锁隔离、检疫、治疗、淘汰等综合性防治措施,增强牛群保护力,彻底灭绝了病源。在人民公社时期,内蒙古自治区先后出台了 15 项政策措施,完善了畜牧兽医工作,形成比较完整的兽疫、防治、防疫体系。

四、奠定了牧区畜牧业经营管理体系

在人民公社时期,内蒙古牧区最成功的一项工作就是 1959 年 3 月颁布的一系列畜牧业生产经营"八项措施"。这是一套比较完整的、适应牧区实际的经营管理制度,这些经营管理制度对今天牧区合作社建设和畜牧业生产仍具有较高的借鉴意义与参考价值。

1959 年 3 月 17 日,牧区人民公社为了便于民主管理,解决权力下放后使计划、指标、措施得以落实的问题,正确处理积累和消费的关系,颁布了《关于牧区人民公社生产小队的部分所有制和管理权限的意见》《关于牧区人民公社收益分配的意见》《关于牧区人民公社推行"三包一奖"制的意见》《关于牧区人民公社推行"以产计工"的意见》《关于牧区人民公社计划管理的意见》《关于牧区人民公社劳动管理的意见》《关于牧区人民公社财务管理的意见》《关于牧区人民公社畜群管理的意见》8 项措施。形成了一套比较严密的现代畜牧业经营管理体系,为牧区畜牧业生产和人民公社的畜牧业经营作出了很大贡献。

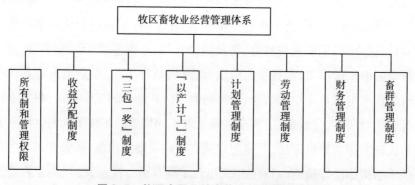

图 3-7　牧区人民公社畜牧业经营管理体系

（一）所有制和管理权限

作为基本核算单位的生产小队,既是具体组织劳动生产的单位,也是包

工包产单位。在生产经营中为了便于民主管理,进一步挖掘小队的劳力、物力、财力的潜力,多方面提高和调动组织的积极性与责任心,制定了生产小队对生产资料有固定的使用权,即定劳动、定牲畜、定牧场、定设备、定工具、定役畜的"六固定"制度。即在生产队范围内的牲畜、工具、役畜和牧场,可以统一调整,但一经固定后,生产小队有固定的使用和管理权,不得乱抽乱调,如必须抽调时,需要在不影响小队完成包产任务的前提下进行,并且要征得小队的同意。在固定牧场上,组织"走敖特尔"和迁移营地的时间、地点等均由小队决定。固定在小队的一切设备由小队负责保护和整修。在不影响生产任务完成的情况下,生产小队可以选择一定数量的母畜搞丰产、改良事业。为了增加社员收入,创造社会财富,广泛寻找生产门路,发挥社员生产积极性,允许社员在不妨碍集体劳动的前提下和保证完成既定任务之后,搞家庭副业生产,收入全归个人所有。如:经营缝纫、制酒、奶食品、熟皮子、做鞋等生产;打猎、打草、捡骨头、采蘑菇、捡废品、拾牛粪、采集草籽、采药材、拾羊毛,经营小型菜地、在宅旁种植树木、经营自留牲畜和养少量其他家畜家禽。

(二) 收益分配制度

在人民公社内部的经济关系中,除了所有制关系之外,至关重要的就是收益分配问题了。收益分配问题不仅可以衡量政策效益和生产效率,而且还关系到每个社员的切身利益。所以,正确处理积累与消费的关系是做好收益分配工作的根本问题。积累和消费的关系是集体与个人、个人长远利益和眼前利益的关系问题,两者必须兼顾。为此,掌握牲畜增长比例的同时,合理处理消费与扣留比例,坚持按劳分配原则。保证 90%以上的社员比上年增加收入,其余社员收入不减少,消费一般应占 60%—70%,各项扣留应占 30%—40%。各项扣留的比例是:税金根据"牧业税不变"的原则,大约占分配部分的 5%,公共积累一般应在计划分配部分占比 10%—15%,其中公积金占 8%—12%,公益金占 2%—3%。公积金的适用范围包括基本建设(农林牧渔副业和小型工业、手工业),定居住宅建设,还贷款和社员生产投资。同时详细规定了国家、公社、社员三方面的畜产品需求调节方法及计划分配部分的计算方法等。

（三）"三包一奖"制度

"三包一奖"制度是人民公社时期普遍推行的一种简单易行、便于社员理解的生产管理制度。推行这种办法，能够更好地解决权力下放、分级管理、按劳分配等问题。"三包一奖"就是基本核算单位生产队根据公社下达的计划任务和要求，向生产小队采取包工、包产、包投资、超产奖励、减产受罚的办法。包产，基本核算单位向小队确定包产指标时，一方面要下达计划指标作为任务；另一方面要规定包产指标。包产指标定下来之后，经实践认为合理时，应当稳定几年，以便社员树立长期经营的事业心。包工的工日，就是完成包产指标所投的劳动日，因此包工的范围只限于为完成包产指标而直接用的工。而包投资是为了保证完成包产指标所投的生产工具、设备和现金。超产奖励一般有两种：一种是劳动日奖，基本核算单位不提成，全归小队，生产小队留 10% 的公共积累，10% 的奖金，30%—40% 奖给作业组，其余 40%—50% 按小队劳动日进行分配。一种是超产实物归小队。

（四）"以产计工"制度

"以产计工"是在"三包一奖"制度基础上发展起来的一种制度，这种制度也适合当时牧区人民公社的管理水平。生产小队在固定牧场、畜群、工具、设备、役畜、劳力的基础上，首先要做好定产、定工、定投资的"三定"工作。其具体做法除与"三包一奖"相同以外，在计算产量、用工等方面以采取定产量、定产指标内的各种产品作为交产取酬的依据，并按照产量和产值计算应得的总劳动日。

（五）计划管理制度

牧区人民公社为了合理利用自然资源，促进畜牧业快速发展，基本核算单位都要制订 3 到 5 年的长远建设计划及年度计划、季节或季度计划、小段作业或月份计划等。这 4 种计划的关系十分密切，缺一不可。长远计划可以全面布局和指导各项建设事业的发展，便于指导各年度的生产活动，避免工作中的盲目性，并给干部和群众指出前进的方向，开阔广大社员的眼界，使社员懂得公共积累的意义和用途。年度计划是计划管理的中心环节，是当年各项生产建设的纲领，也是制订季度计划的依据。长远计划内容：对自然资源利用的规划，对草场改良，牧场规划，饲料基地的分布，河流及各种水源的利用,畜牧业和工、农业的布局等;还包括生产规划、定居基本建设规划、劳动力使用计划、资金收入与资金使用计划、文教、卫生计划、生活福利计划以及交通邮电计划等。

（六）劳动管理制度

加强劳动管理是提高劳动生产率的重要环节。牧区人民公社内具体组织劳动生产的基本单位是生产小队,也是基本的劳动组织。基本核算单位一般分别建立畜牧业、农业、工业、基本建设和副业等专业生产小队,实行劳动组织分工专业化。有计划地安排劳动力是搞好劳动管理、保证各项生产建设任务完成的关键,它关系着各项生产的发展。牧区人民公社对劳动力的安排按照常年性、固定性、责任性,用工上、使用上做到"因人使用,人尽其才"的原则,并且为了提高劳动效率,按计划完成任务,实施定额管理和生产责任制,进行劳动竞赛,实施劳动休息和劳动保护、劳动纪律与考勤制度等。

（七）财务管理制度

牧区人民公社财务管理工作的基本任务是,贯彻执行党和国家对公社有关的经济政策,积极扩大收入,厉行节约,保证完成国家收购任务,保证发展生产的资金需要,正确安排积累和消费,做好分配工作。财务管理体制中规定公社、基本单位生产队、生产小队管理委员会的财务管理权限,制定财会制度和核算、公共财产管理、民主管理规章制度。

（八）畜群管理制度

在牧区人民公社畜牧业生产中,加强放牧管理是畜牧业生产的中心环节。加强放牧管理,推行科学的饲养管理办法,是增加牲畜头数、提高牲畜质量、增加畜产品的重要措施。在畜群管理过程中,要使牲畜多生、多活、不瘦弱、不死亡,就必须做到夏秋两季抓满膘,春季保好膘。在畜群配置上,"五畜"饲养是进行综合经营,畜群配置在以生产为中心的基础上,考虑社员的燃料和用奶需求,羊群和牛群合理配置。与此不同的是只有一种牲畜的专业性经营形式,集中管理。畜群规模上根据草场好坏、水源分布、居住情况(定居、半定居、游牧地区)、劳动力的多少、牲畜的多少等条件确定。放牧管理规程上,每一种畜群要彻底改变过去的瞭望收群放牧习惯,实行专人跟群放牧,确实做到"人不离畜、畜不离群"。同时也详细规定了马群与牛羊群的放牧时间、饮水次数、定期喂盐、清点畜群、瘦弱牲畜的饲养管理等作业程序。对基本生产核算单位,要求在畜群管理上必须做到配种、保胎和接产保育工作,做好种公畜的饲养管理、兽疫防治等工作。这些管理制度,改革开放之后因在个体小牧经营中基本被放弃,成为历史。但如今在大市场与小生产规模之间矛盾的产生,又一次唤起了牧区畜牧业合作经营的浪潮,这种浪潮当中,很多牧民合作社经营管理技术和制度建设还未使用具体的科学根据与指导文件。人民公社集体生产在当时全国范围内掀起的"左"倾思想干扰下存在众多弊端,但牧区人民公社经营管理体系,无论在当时的生产力条件下还是目前的市场经济制度下,仍有不可否定的合理性和适用性。

第六节　人民公社时期牧区经济政策简评

人民公社是政社合一的组织,又是三级所有、以队为基础的集体经济组织。人民公社时期,受"左"倾思想影响,全国各地基本以阶级斗争为纲,不断开展政治运动。所有制上强调一刀切的"一大二公",分配上强调大锅饭、平均主义,经济结构上强调"两纲一光"(工业"以钢为纲",农业"以粮为纲",其他"砍光")政策,导致生产力的严重破坏和群众生产积极性的挫伤,使国民经济发展比例失调,整个国家发展处于停滞或倒退状态。

牧区工作也受"形势逼人""社会主义"跑步前进和"大跃进"等"左"倾指导思想影响,违背了经济规律和自然规律,忽视了民族特点和地区特点,大搞政治运动,尤其是1958年的几个月间,就把全区牧区都转化成了党、政、社三位一体,又"大"又"公"的人民公社。这样,放弃了1953年以来实施的符合牧区特色的"稳、宽、长"合作化政策,以人民公社时期的内地方法来指导牧区工作,导致牧区经济建设速度缓慢,严重破坏了生产力的发展。1958—1966年,全区牲畜总数达到3 717万多头(只),9年间增长了50%,发展速度比前一阶段降低了一半多。尤其是在"文化大革命"期间,"四人帮"极力破坏国家的政治制度、破坏生产和破坏各民族之间的团结,在牧区乱划阶级,搞边境牧民内迁,提出"牧民不吃亏心粮",滥垦草场,并在内蒙古制造了一系列冤、假、错案,诬陷广大干部群众,使牧区社会经济受到了难以估量的损失。全区牲畜到 1976 年为 3 866 万头(只),十年间只增长了 149 万头(只),平均每年递增率不到 0.3%,畜牧业生产徘徊了 10 年。

这些政治上的"左"倾影响,早已被政界和学界讨论并纠正过,在此不再赘述。该时期虽然受"左"的影响,但内蒙古牧区经济也取得了一些成绩,积累了一些经验。评价牧区人民公社时期的内蒙古牧区经济,必须坚持实事求是的原则,正确理解当时的政治环境和生产力发展情况,才能作出合理评价,提炼其成功的经验,总结其失败的教训,对于今后内蒙古牧区经济发展和全国少数民族经济发展具有重要的借鉴意义。

一、制定了既符合中央精神又符合牧区特点的政策

人民公社时期,内蒙古自治区人民政府(委员会)先后召开了 6 次牧区工作会议,对牧区人民公社畜牧业生产和发展提供了一系列的政策措施。

1958 年,内蒙古牧区基本实现了牧业合作化。为了巩固和发展牧区畜牧业生产,自治区政府召开了第七次牧区工作会议,部署开展了牧业生产的半机械化、机械化和电力化为主要内容的技术革命;在牧区扫除文盲和普及小学教育,积极推进社办小学、苏木办中学、旗办高等中学和中等专科学校,盟(有条件的旗)要建立科学研究机关和高等学校等教育事业,为畜牧业生产经营培养出文化和技术人才,极大地促进了畜牧业生产力水平的提高和管理技术的改善。同时,采取了提高母畜在畜群中的比重和繁殖成活率;以开发水利、开辟人工饲料基地、保护、培育和改良草原、建设永久性棚圈、增加牧区防疫设备,大力贯彻农牧结合方针,推行科学饲养管理方法等基础设施建设和改进经营管理方法的有力措施,发展了畜牧业生产。1959 年,自治区召开第八次牧区工作会议,又一次强调了以上生产政策。总结出牧区畜牧业发展:水(水利)、草(饲草饲料)、繁(提高繁殖成活率)、改(改良品种)、管(饲养管理)、防(防止疫病及受害)、舍(盖棚搭圈)、工(增置和改革工具)"八项措施",指导和发展了牧区畜牧业生产管理。在 1960 年召开的第九次牧区工作会议上,自治区政府强调了畜牧业在国民经济中的地位,着

重指出:"内蒙古的畜牧业生产能不能搞好,直接关系到自治区农业能不能搞好的问题,也关系到全国的畜牧业发展问题",把畜牧业生产提高到各级政府工作日程的重点位置。要求以稳定、全面的畜牧业发展为前提,努力做好保护母畜、种公畜和提高母畜受胎繁殖成活率,开展"百母百仔""双满""五全"运动;发展大家畜,弥补农牧业机械化程度较低的弱点,保障农牧业生产中使用的役牛、役马等。1961年9月,自治区召开第十次牧区工作会议,强调"稳定、全面、高速发展畜牧业"生产的基本方针和一整套措施并举的方针,规定牧区"以牧为主,农牧结合,发展多种经济"、农区"以农为主,农牧林结合,发展多种经济"、半农半牧区"以牧为主"的生产方针。关于增畜保畜措施,采取了大力抓好秋膘、切实抓好牲畜配种、准备足够的饲草料、抓紧棚圈修建和畜疫防治等工作措施,为畜牧业生产的顺利进行提供了良好的政策环境。1963年召开的第十一次牧区工作会议上,工作重点转移到牧区社会主义教育和巩固人民公社集体经济问题上,强调阶级斗争,畜牧业快速发展。虽然继续实施畜牧业生产"八项措施"方针,但片面强调经营管理上的"八统一"原则,即统一计划,统一管理制度(劳动、生产定额、财务开支制度等),统一调配劳力,统一处理产品(包括牲畜),统一分配,统一调剂畜群,统一调动生产工具,统一进行基本建设;并要坚持"六固定",即定劳力、定畜群、定牧场、定工具、定设备、定役畜。这是一项既要统一,严格防止变相单干,又要固定,避免乱调动的管理制度。虽然巩固了集体经济基础,但极大地制约了农牧民的生产积极性和创造性,畜牧业生产出现了教条并僵化的局面,严重妨碍了畜牧业的发展。

1963年之后,因在全国范围内开展社会主义教育、"四清"运动、划分阶级、牧业"学大寨"等政治运动,一直到1977年的近14年间,未曾召开过专门的牧区工作会议。1978年,在批判了林彪、"四人帮"之后,总结了"文化大革命"期间的工作失误,纠正了工作路线和指导方针,才把牧区畜牧业发展提上了政府的工作日程,重新强调牧区禁止开荒、保护牧场、"以牧为主,多种经营,因地制宜,全面发展"的方针,加强了党和政府对畜牧业的领导。

1984年7月,内蒙古自治区召开了改革开放后的第一次专门研究牧区的工作会议。总结党的十一届三中全会以来牧区工作的经验,统一认识,进一步明确了今后牧区工作的方针、任务。会议讨论进一步落实《草原管理条例》、固定草场的所有权和使用权、畜群责任制和草牧场责任制结合的"草畜双承包"问题，继续落实"林牧为主、多种经营"的经济建设方针，并决定根据牧区的资源条件，调整生产布局，因地制宜，发挥优势，建立有地区特点、结构合理、产供销结合的牧区经济新格局；大力扶持和发展各种形式的畜牧业专业户、重点户和新的经济联合体，促进牧区生产的专业化、社会化；改革管理体制，实行牧工商的综合经营；鼓励积极引进区内外和国内外的资金与先进技术，帮助牧区进行开发性建设等特殊政策，搞活了牧区经济。

从 1958 年到 1984 年的 27 年间，召开 12 次全区牧区工作会议（1963—1977 年之间的 15 年，受"左"的思想和"文化大革命"影响，未召开全区牧区工作会议），根据中央精神和牧区经济发展的新要求，提出新的工作方案和措施，畅通了内蒙古牧区畜牧业的生产、流通、分配和消费环节，提升了改良品种、防灾、抗灾和防疫能力，建立了草原站、畜牧站（改良站）和兽医站等管理机构，普及了牧区小学、中学和高中，基本扫除文盲，基本实现了牧民定居工作及其周围的配套设施建设，内蒙古牧区畜牧业得到了应有的发展，值得肯定和称赞。

二、牧区各项工作取得新进展

虽然人民公社是"左"的思想产物，但乌兰夫等内蒙古自治区领导，始终坚持"实事求是""一切从实际出发"的党的思想路线，表现出一名真正共产主义战士的本色，不仅提出符合牧区特点的方针政策，还实行了大量符合牧业经济的做法，使牧区工作得到一定的发展。对此，达林太和郑易生评价说："这段历史中多处体现出牧区工作决策者的智慧与求实精神，他们不仅在可能的范围内减缓、弥补损失，而且成功地坚持了那些适合牧区发展与有利牧民的做法，甚至在这个过程中有所创新，进一步加强了极为薄弱的牧区的经济与社会聚合力。"[①]所以，人民公社时期，牧区畜牧业配套事业取得一定发展，而且为国家提供大量的畜产品，集体（生产队）对牧区基础设施的

---

① 达林太、郑易生：《牧区与市场：牧民经济学》，社会科学文献出版社 2010 年版，第 91 页。

投入等均有较大的发展。

三、人民公社时期牧区工作的失误

一是受极左路线和思想的影响,以阶级斗争为纲,扩大了人民(牧民)内部矛盾,尤其是"文化大革命"中,内蒙古自治区遭受浩劫。1966 年 5 月,陈伯达、康生、江青和姚文元等人制造了"乌兰夫反党叛国集体"冤案,错误地批评了乌兰夫同志,接着出现在内蒙古各地挖"内人党"和"新内人党"冤案,1969 年 6 月又把内蒙古自治区的部分盟和旗(包括公社)划出并入周边5 个省份,牧区重新划阶级,搞阶级斗争。这样,党的民族区域自治制度全面被否定,党的民族理论与民族政策遭到破坏,极大地伤害了各族人民尤其是蒙古族牧民感情,牧区生产遭到极大的破坏。以"文化大革命"前 4 年为例,按日历年度计算,全区牲畜头数由 1965 年的 3 335.4 万头(只)下降到1969 年的 2 976.3 万(只),5 年下降了 10.7%;同期畜牧业产值下降0.53%①。"1976 年和 1965 年相比,牲畜不但没有增加,反而减少309.8 万头,下降 7.7%"②。

二是以高度计划经济体制来安排牧区经济,牧区畜牧业生产队的一切经济活动基本统购统销,管得过多、过死,使牧区生产队失去了自主经营权,失去了经营什么、如何经营的自主权,阻碍了牧区畜牧业经济发展。

三是乱开垦草场,导致草原荒漠化。新中国成立之后,内蒙古草原出现了三次大的开垦高潮,其中,两次在"人民公社"期间。"第一次是 1958—1962 年间片面强调'以粮为纲',在牧区和半农半牧区开垦草原,大办农业和副业基地。第二次是 1966—1976 年间提倡所谓'牧民不吃亏心粮',盲目开垦草原。在此期间,还有众多的生产建设兵团、部队、机关、学校、厂矿和企业单位也相继到牧区开垦草原,乱占牧场。"③

四是在牧区极度短缺掌握经济核算、财务管理和会计学知识的人才,使

---

① 参见内蒙古自治区人民政府:《光辉的四十年》,内蒙古人民出版社 1987 年版,第 197 页。
② 林蔚然、郑广智主编:《内蒙古自治区经济发展史》,内蒙古人民出版社 1990 年版,第188 页。
③ 郝维民、齐木德道尔吉总主编:《内蒙古通史》第八卷,人民出版社 2011 年版,第 312 页。

人民公社时期牧区生产队的畜牧业经营情况和经济核算普遍较混乱。

总之,人民公社时期牧区畜牧业生产有得也有失,很难对其进行单方面的评价。目前在牧区畜牧业发展当中进一步提倡生产要素的整合、划区轮牧的生产方式和控制畜群规模制度,尤其是在当今牧区兴起的牧民合作社的建立与运行过程中,我们如何更好地吸取人民公社时期牧区畜牧业实施的经营管理制度、采取的各项措施及其获得的成功经验和惨痛的教训,都具有重要的现实意义。

第四章　改革开放初期的牧区经济

　　改革开放初期，是指 1978 年党的十一届三中全会胜利召开至 1991 年社会主义市场经济体制建立之前这段时期。期间，党和国家的工作重点从"以阶级斗争为纲"向"以经济建设为中心"的正确方向转移，阐明了市场经济在社会主义经济中的地位，明确了建立社会主义市场经济体制的改革方向。自党的十一届三中全会以后，中国改革理论和开放事业阔步前进，社会经济发展迅速，逐步走向了外延与内涵式经济增长并存的现代化发展道路，为后来社会主义市场经济体制的建立奠定了坚实的基础。

　　中国的经济体制改革是社会主义经济制度的自我完善，因此改革必须坚持以公有制为基础的社会主义方向。所有制是经济体制的基础，调整和完善所有制结构是建立社会主义市场经济的根本条件。中国的经济体制改革，一方面要坚持社会主义方向和公有制，另一方面要充分发挥市场机制的作用，发展非公有制经济。在建设中国特色社会主义过程中，党认真总结了以往在所有制问题上的经验教训，制定了"以公有制为主体、多种所有制经济共同发展"的方针，并在党的十五大上把这一方针确立为我国社会主义初级阶段的基本经济制度。基本经济制度的确立，既遵循了公有制这一路径，又为非公有制经济留下了广阔的空间，解决了社会主义与市场经济的结合、公有制与市场机制的结合这一世纪性难题，为中国社会主义经济体制改革指明了发展方向。

　　在党中央、国务院的领导下，内蒙古自治区在改革开放初期，坚持以经济建设为中心，以改革为动力，不断解放和发展生产力，推进牧区经济体制改革，将牧区发展定义为牧区经济增长的发展观。这一时期，牧区经济的增长方式,开始由追求数量增长转变为追求效益增长;而生产关系的调整,则让牧户成为牧区生产的主体或基本单位,极大地调动了牧民生产的积极性;牧区在推进第一产业稳步发展的同时,还大力发展二、三产业,加快畜牧业产业化、工业化和城镇化建设①。内蒙古自治区在促进全区经济发展、社会全面进步的同时,也在结合地区实际情况搞好民族地区改革开放方面积累了丰富的历史经验。

本书围绕内蒙古牧区经济体制改革过程中开展的一系列产业体制和产权制度改革,以改革的路径为横轴,以时间段为纵轴,通过交叉分析,梳理改革开放初期的内蒙古牧区经济(见表4-1)。文中涉及的相关概念界定如下。

表4-1 改革开放初期内蒙古牧区经济体制改革历程

时间段	产业体制改革	产权制度改革
1978—1980 年	以牧为主	恢复畜牧业生产责任制,放宽所有制政策
1981—1985 年	林牧为主,多种经营	试行多种生产责任制,推行草畜双承包制
1986—1990 年	念草木经,兴畜牧业	稳定家庭经营,实施草牧场有偿承包

1. 牧区

牧区是以广阔天然草原为基地、主要采取放牧方式经营饲养草食性家畜为主的地区。牧区以饲养草食性牲畜为主,是商品牲畜、役畜和种畜的生产基地。王俊敏认为,牧区是一种与农村、城市并列的新型社区,是以村为卫星区,以乡为中心区的层级结构。牧区生活中,家庭是基础层次和主体层次,是牧区生活的重心所在和社区服务的主要对象;乡中心区是最高级层次,处于中心地位,是社区的主要源泉;村卫星区是中间层次,起着连接家庭小区和乡的桥梁作用②。本书认为,从一个社会赖以生存的角度来看,牧区社会是指不适于耕作而适于放牧、饲养牲畜的地区。

---

① 参见内蒙古农业大学经济管理学院编:《畜牧业经济管理问题研究——王秉秀教授80 华诞纪念文集》,内蒙古教育出版社2009 年版,第160 页。

② 参见王俊敏:《一种新型社区——牧区社区》,《内蒙古大学学报》(哲学社会科学版)1993年第2 期。

根据内蒙古自治区经济类型区划分,牧业旗县包括:鄂温克族自治旗、新巴尔虎右旗、新巴尔虎左旗、陈巴尔虎旗、科尔沁右翼中旗、科尔沁左翼中旗、科尔沁左翼后旗、扎鲁特旗、阿鲁科尔沁旗、巴林左旗、巴林右旗、克什克腾旗、翁牛特旗、锡林浩特市、阿巴嘎旗、苏尼特左旗、苏尼特右旗、东乌珠穆沁旗、西乌珠穆沁旗、镶黄旗、正镶白旗、正蓝旗、达尔罕茂明安联合旗、四子王旗、鄂托克前旗、鄂托克旗、杭锦旗、乌审旗、乌拉特中旗、乌拉特后旗、阿拉善左旗、阿拉善右旗、额济纳旗,共33个旗县(市)。本书将上述33旗县(市)的数据做了汇总计算工作。

2.产业体制改革

具体说,内蒙古产业体制改革主要包括确立产业发展政策和产业结构调整两部分,其中产业结构调整在牧区经济层面又体现出三层结构,即整个牧区的产业结构、畜牧业内部结构以及畜群结构调整。

牧区产业结构包括牧、农、林、副、渔、工、商、建、运、服等。而它是按照一定规律发展演变的,大致经过三个阶段:①单一型阶段。即传统畜牧业阶段。②松散结合型阶段。即由草原畜牧业向现代畜牧业过渡阶段。畜牧业与其他产业和行业已有所联系,但是各业间比例还不协调。③紧密结合型阶段。即以科学技术为先导,畜牧业与农、工、商等各业密切联系,协调发展,也就是现代畜牧业阶段①。产业结构合理化的主要标志是各产业相互补充、协调发展,使自然、人力、物力、财力资源及科学技术能得到充分有效利用,并适应市场需求。牧区产业结构合理模式主要反映在以下两方面:一是畜牧业形成牧区的主导产业,二是畜牧业与其他产业配合发展,发挥整体功能效益,实现牧农结合、牧工结合、牧商结合。牧农结合就是以牧为主,以农养牧,以牧促农,牧农互补,形成养殖业与种植业的良性"小循环"。牧工结合、牧商结合就是充分利用当地资源优势,积极发展地方工业、乡镇企业和商品流通,以牧业促工商,以工商补牧业,牧工商一体化、产加销一条龙。牧区普遍具有畜产品资源优势,同时需要搞饲草料加工调制,所以,牧区畜产品加工和饲料加工业应是重点行业。

---

① 参见布仁乌力吉:《牧区经济发展中的几个问题》,《农业经济问题》1991年第12期。

　　畜牧业内部结构既包括草畜关系,也包括畜种、品种、畜产品的合理布局。调整畜牧业内部结构要坚持因地制宜、因条件制宜,坚持"水、草、林、机、畜"配套,逐步形成一些自然、生态、生产条件适宜的商品畜专业化饲养基地及畜产品专业化生产基地。

　　畜群结构的调整重点放在培养专业化饲养的家庭牧场、专门育肥的家庭牧场和提供专项畜产品与服务的家庭办企业方面,逐步形成规模不等的配种、改良、繁殖、育肥、防疫等家庭经营或联户经营的牧场或企业。

　　3. 产权制度改革

　　道格拉斯·C.诺斯在他的《经济史中的结构与变迁》一书中认为,所谓制度指的是"一个社会的游戏规则,更规范地说,它们决定人们的相互关系而人为设定的一些制约","制度是一系列被制定出来的规则、守法程序和行为的道德伦理规范,它旨在约束追求福利或效用最大化的个人行为"[1]。对于社会学家来说,制度指的是某种认同机制,它具有集体生活的某些一般性特点。本书所指的制度与诺斯所指的制度不一样,相对更为狭义一些,是指国家政策、成文法规、习惯规则,以及政府部门背后蕴涵的制度安排。

　　制度最基本的功能是对人们的行为提供规范,从而影响人的行为。制度内涵的产权完整性以及这种产权对努力与报酬的计算能力决定着对人的激励程度。因此,产权成为所有制度规则中对人们的行为影响最为重要的因素[2]。

　　按照《牛津法律大辞典》的解释,产权"亦称财产所有权,是指存在于任何客体之中或之上的完全权利,它包括占有权、使用权、出借权、转让权、用尽权、消费权和其他与财产有关的权利"。产权的基本特征为排他性、有限性、可分解性及可交易性。西方学者广泛引用的是美国产权经济学家德姆塞茨的定义。德姆塞茨认为,产权主要是为了解决资源稀缺性的需要而产生的,"由于资源的稀缺,才出现了产权的概念,才出现了产权制度。"[3]德姆

---

[1]　[美]道格拉斯·C.诺斯:《经济史中的结构与变迁》,陈郁、罗华平译,上海人民出版社1994年版,第24页。

[2]　参见张红宇:《中国农村的土地制度变迁》,中国农业出版社2002年版,第11页。

[3]　程承坪:《企业理论新论——兼论国有企业改革》,人民出版社2004年版,第3页。

塞茨从传统习惯法角度出发,认为产权是一种"权利束",是一个形成与他人进行交易的合理预期工具,产权是一种社会工具,其重要性就在于,事实上产权能帮助一个人形成他与其他人进行交易时的合理预期。这些预期又通过社会的法律、习俗和道德得到表达。

国内学者对产权的代表性观点整理如下:高尚全认为,"产权是除所有权之外的各项权利之和,所有权规定了资源的归属问题,产权明确的是资源利用和使用问题"[1];李新认为,"产权既是权利,又是规则"[2]。它是一组权利的总和,是由国家意志力保护的拥有资源的财产权。樊纲认为,"所谓产权,从最基本的意义上说,就是对物品或劳务根据一定的目的加以利用或处置以从中获得一定收益的权利"。[3] 王艾青认为,产权制度是人们从事经济活动物质激励的一个重要部分,主要规定的是人们的剩余索取权。产权越不清晰,剩余索取越难,从而对人们从事经济活动的努力的激励就越小。此外,由于人们从事经济活动的不断变化,使产权状态不断发生变化,因而就需要对产权进行不断的界定。在经济运行中,若当事人的利益通过明晰产权而得到肯定和保护,则经济行为主体的内在动力就有了保证。这时,产权的激励作用就通过利益机制得以实现。反之,若产权不明晰,利益关系模糊,则必然导致当事人失去动力,失去生产经营的积极性,从而使得经济运行效率低下,经济增长难以实现。[4]

改革开放初期,内蒙古牧区产权制度改革是伴随着生产责任制的改革而逐步推进的所有权制改革。其产权关系的实质涉及草原畜牧业中两个方面的基本内容,即牲畜的产权关系和草场的产权关系。当然,判别一种产权关系是否合理,应该看这种产权关系是否有利于充分调动生产者的潜在积极性、是否有利于草原畜牧业的持续性发展、是否有利于生产力水平的提高以及是否有利于改善牧民的生活状况。

---

[1] 高尚全:《土地制度改革的核心是建立新型的产权制度》,《经济研究》1991 年第 3 期。

[2] 李新:《内蒙古牧区草原土地产权制度变迁实证研究》,硕士学位论文,内蒙古农业大学,2007 年,第 10 页。

[3] 樊纲:《市场机制与经济效率》,上海三联书店 1992 年版,第 126 页。

[4] 参见王艾青:《制度变迁与中国经济增长的关系分析》,《理论导刊》2009 年第 7 期。

第一节　"以牧为主"政策

遵照党的十一届三中全会精神和1979年4月中央工作会议提出的"调整、改革、整顿、提高"的新八字方针,内蒙古自治区开始了对国民经济的全面调整。农业是国民经济中的薄弱环节,畜牧业又是整个农业中的薄弱环节。迅速改变畜牧业的落后状况,加快畜牧业的发展速度,成为自治区经济发展的迫切需要。从1979年开始,内蒙古自治区根据《中共中央关于加快农业发展若干问题的决定》(1979年)、《农业部关于加速发展畜牧业的报告》(1980年)等有关农牧业问题的指示,开始着手纠正牧区工作中一系列"左"的错误,在政治上保障群众的权利;在经济上充分关心群众的物质利益;在生产上给予牧民充分的自主权;在分配上强调了按劳分配的原则。一系列方针政策的调整与贯彻,实际上是实行牧业生产责任制的开始,也拉开了牧区实行经济体制改革的序幕。

一、"以牧为主"的产业政策和畜牧业生产责任制的恢复

(一)"以牧为主"产业政策的提出及实施

"文化大革命"期间,畜牧业长期受到排挤,未曾摆到自治区经济应有的位置。工业"以钢为纲",农业"以粮为纲",其他"砍光","左"倾蛮干的做法,使畜牧业受到很大损失。粉碎"四人帮"后,内蒙古自治区通过拨乱反正,通过对自治区区情的认识,对畜牧业的重要性给予肯定,确立了畜牧业在自治区国民经济中的基础地位,制定了一系列大政方针,采取了有针对性的组织措施与具体决策,以确保畜牧业的稳步发展。

1."以牧为主"产业方针的提出

1977年1月,自治区党委召开的全区畜牧业工作座谈会首次提出牧区要"以牧为主,围绕畜牧业生产,发展多种经济"的工作思路。1978年,中共中央召开了十一届三中全会,会议的重要成果之一就是党的工作中心从阶级斗争转到经济建设上。内蒙古自治区党委和政府学习党的十一届三中全会精神后,把内蒙古自治区的工作重点转移到经济建设上来,针对牧区经济

工作,1979 年 2 月 7 日,自治区党委在《关于尽快把我区农牧业生产搞上去的意见》中,强调牧区经济工作,提出了牧业区应实行"以牧为主,围绕畜牧业生产,发展多种经济"的方针。1980 年 2 月,内蒙古自治区党委、人民政府在《关于畜牧业方针政策的几项规定》中,把全区农牧业生产总方针规定为:"以牧为主,农牧林结合,因地制宜,各有侧重,多种经营,全面发展"①。这是内蒙古自治区为切实加强畜牧业基础地位而实行的一项重大措施。

2."以牧为主"产业政策的贯彻实施

为保证"以牧为主,农林牧结合"产业政策的实施,重申畜牧业在自治区国民经济中的地位和作用,自治区各级党政部门通过各种会议,不断宣传和确立畜牧业在内蒙古国民经济中的支柱地位与根本优势,积极贯彻执行"水、草、繁、改、管、防、舍、工"八项畜牧业增产措施,从各个方面采取有力措施以保证"以牧为主"产业方针的贯彻实施,确保自治区畜牧业的发展。其中,主要明确了以下三点:

(1)强化机构管理

在"以牧为主"产业方针的带领下,内蒙古自治区重新恢复畜牧机构,健全畜牧队伍,全面加强对畜牧业的领导。牧区盟、旗由书记动手,全党兴办畜牧业。恢复了畜牧业专职领导、专门机构、专业队伍、专业会议的"四专"制度。到 1980 年,全区已有各类畜牧兽医技术推广机构、科研单位、种畜场、畜牧兽医医院校等事业、企业单位 815 个,拥有固定职工 20 979 人,其中技术人员 5 565 人②,使得已经削弱的畜牧系统进一步得到了恢复和加强。

(2)确定生产布局

1980 年 2 月,内蒙古自治区党委、人民政府在《关于畜牧业方针政策的几项规定》中,将全区划分成 5 类经济区并规定了其具体的产业结构调整

---

① 内蒙古自治区畜牧厅修志编史委员会编:《内蒙古自治区志·畜牧业志》,内蒙古人民出版社 1999 年版,第 130 页。

② 参见内蒙古自治区畜牧厅修志编史委员会编著:《内蒙古畜牧业发展史》,内蒙古人民出版社 2000 年版,第 225 页。

政策。规定要求牧区实行"以牧为主",围绕畜牧业生产,发展多种经营,逐步做到放牧与饲养相结合,农、林、牧、副、渔及畜产品加工业全面发展①。牧区要加速草牧场建设,认真执行"禁止开荒,保护牧场"的政策。已经开垦的地方,必须尽快采取措施,恢复植被,还牧还林。沙化严重、沙漠面积大的牧区,要大力造林种草,治理沙漠,防止过度放牧,减少并逐步控制草场退化和沙化。1980年4月,《全区草原工作会议纪要》提出:合理利用草原的关键是合理的载畜量,逐步实行以草定畜,实现两个平衡:一是现有的草场生产能力同饲养牲畜数量的平衡,叫自然平衡;二是建设速度和牲畜发展速度的平衡,叫计划平衡。这是自治区首次提出实行"以草定畜"的要求。

(3)重视畜群结构调整

要搞好畜种配置,调整畜群结构。自治区党委、政府根据自然和草场条件,要求牧区因地制宜集中建立肉牛基地、肉羊基地、细毛羊基地和半细毛羊基地、骆驼基地、山羊基地、滩羊基地等。此外,为了确保逐步扩大适龄母畜比例,各地要认真贯彻执行保护母畜政策,从适龄母畜只占畜群的30%—40%,逐步扩大到50%—60%。集体和社员都不准任意屠宰和出卖有繁殖能力的母畜和种畜,对任意自食、出卖、收购、宰杀适龄母畜的行为,必须坚决制止,严肃处理。

(二) 畜牧业生产责任制的恢复

产权是一个权利束,是与资源利用相关的权利。产权制度改革主要包括所有权制度改革、经营权制度改革、处置权制度改革和收益权制度改革。改革开放初期,内蒙古牧区产权制度改革是伴随着生产责任制的改革而逐步推进的所有权制改革。

1.畜牧业生产责任制的逐步恢复

1977年1月,自治区党委召开的全区畜牧业工作座谈会强调,基本核算单位向畜群作业组实行"定产、定工、超产奖励"的"两定一奖"制度,是适

① 参见内蒙古党委政策研究室、内蒙古自治区农业委员会编:《内蒙古畜牧业文献资料选编》(内部资料)第二卷,1987年印刷,第130页。

合牧区畜牧业生产特点的。同年 2 月,由自治区革命委员会作为正式文件下达,着重指出在畜群管理上推行"定产、定工、超产奖励"制度,并要求自治区各地根据当地实际情况制定相应的实施办法,促进畜牧业生产的发展①。"两定一奖"制度有利于贯彻执行"各尽所能,按劳分配"的社会主义原则,有利于调动广大贫下中牧(农)民的社会主义积极性,是一项符合畜牧业生产特点的管理制度,同时又是开展社会主义劳动竞赛的一种好形式。但当时由于受"左"的思想影响,仍强调奖罚以劳动日的形式结算,还没恢复到"文化大革命"前一般奖给劳动日,也可以奖现金和实物,成畜、仔畜超产,可以奖给少量的肉用牲畜,畜产品实行超什么奖什么的办法。直到党的十一届三中全会以后,自治区才逐步恢复畜牧业生产责任制,从精神奖励为主改为物质奖励为主,有的奖励奖金,有的超产什么就奖励什么,超多少就奖多少,"文化大革命"中被破坏的放牧和畜群管理制度逐步得到恢复并有所发展,畜牧业生产也开始得到恢复和发展。

2. 所有制和分配制度的调整放宽

(1)所有制的放宽

内蒙古自治区在逐步恢复畜牧业生产责任制的同时,开始纠正长期以来盲目追求所有制集体经济单一化的"左"的错误,从实际的生产力水平出发,积极鼓励并支持个体经济的发展,允许和鼓励社员利用剩余时间和节假日经营家庭副业。其中着重放宽"三自留",即自留地、自留畜、自留树(草),恢复大集体下的小自由。从 1978 年开始到 1980 年,连续 3 次放宽"三自留"政策。

1978 年 8 月,内蒙古自治区党委在《关于当前农村牧区若干经济政策问题的规定(实行草案)》中强调,鼓励社员经营家庭副业,恢复"三自留"。牧区社员自留畜,一般不超过基本核算单位牲畜头数的 10%。3 口人以下的牧户,每户可养羊 9 只,4 口人以上的牧户每个人可养羊 3 只。1979 年 2 月,自治区再次放宽"三自留"政策,牧业队社员自留羊放宽到每人 10 只左

① 参见内蒙古自治区畜牧厅修志编史委员会编著:《内蒙古畜牧业发展史》,内蒙古人民出版社 2000 年版,第 226 页。

右,积极支持社员在房前屋后和生产队指定的地方种树。在土地条件允许的地方,还可由生产队划给社员一定数量的荒山、荒地,营造薪炭林或经济林,执行谁造谁有的政策。1980 年 7 月,自治区党委扩大会议后,第三次放宽所有制方面的政策,实行多种所有制经济成分和多种生产经营方式并存。自留畜放宽到从品种到数量不加限制。牧区提倡牧户营建草库伦,每户几亩、十几亩、几十亩①。

（2）分配制度的放宽

1977 年年初,自治区党委强调要实行基本劳动日和定额管理制度,切实做好评工记分,实行男女同工同酬,纠正在劳动计酬上的干多干少、干好干坏、技术高低一样的平均主义倾向。1979 年 2 月 8 日,内蒙古自治区党委、自治区革命委员会在《关于农村牧区若干政策问题的决定》中提出,要认真执行按劳分配、多劳多得的社会主义分配原则,克服平均主义,全面建立生产责任制,实现联产计酬。1980 年 2 月,自治区又决定在推行"两定一奖"生产责任制中,贯彻多奖少罚原则,"超什么项目奖什么项目"。1980 年 8 月,自治区党委进一步放宽分配制度,允许在农村牧区实行"包产到户""包产到劳力"在内的一切可以增产增收的生产责任制,并明确提出各种生产责任制可以长期并存,要从实际出发,按照群众意愿,实行多种管理形式、多种劳动组织形式和多种报酬办法同时存在的政策。

二、"以牧为主"政策影响下的牧区经济发展

"以牧为主"产业政策的提出,使自治区各地都把发展畜牧业放在首位。例如,呼伦贝尔盟在中共十一届三中全会以后,把全盟划分为畜牧、农牧、林牧、小城镇和城郊 5 种经济类型区,在各种经济类型区都坚持发展畜牧业;伊克昭盟从实际出发,破除"重粮轻牧"的观念,树立"以牧业为基础"的观念,克服垦草种粮的倾向,把 50 个旱作农业乡由农转牧,关闭掉百万亩

---

① 参见内蒙古自治区畜牧厅修志编史委员会编著:《内蒙古畜牧业发展史》,内蒙古人民出版社 2000 年版,第 228 页。

耕地;哲里木盟在种植业内部,由原来的"粮—经"二元结构调整为"粮—经—草"三元结构;等等。在各地给予政策支持的同时,中央政府和自治区用于畜牧业的投资也大幅增加,1976—1980 年期间累计投资达到 33 892 万元,并在投资中首次开列了畜牧业专项投资。这一时期,基本建设投资 10 871 万元,专项投资 4 394 万元,事业费 18 627 万元①。牧区经济在畜牧业的带动下出现了新发展。

(一) 畜牧业生产恢复发展

1980 年牧业年度与 1976 年相比,全区牲畜总头数增加 242.69 万头,达到了 4 651.76 万头,增长 5.2%,恢复并超过"文化大革命"前 1965 年 4 487.57 万头的历史最高水平。在牲畜总头数中,大牲畜和羊增加 183.47 万头,达到 4 053.30 万头,增长 4.74%。1976—1980 年,肉类总产量增加 3.5 万吨,达到 24.52 万吨,增长 17.3%;毛绒总产量增加 0.82 万吨,达到 27.16 亿元,增长 6%。畜牧业产值(按 1990 年不变价)增加 1.45 亿元,增长 6%②。在此期间,全区 33 个牧业旗县(市)年末牲畜总头数和猪牛羊肉总产量也呈现出增长态势(见表 4-2)。

表 4-2　1978—1980 年牧区年末牲畜总头数和猪牛羊肉产量

年份	年末牲畜总头数(万头〈只〉)	猪牛羊肉产量(吨)
1978	1 866.46	87 390.4
1979	2 050.8	88 110
1980	2 074.8	90 560.2

数据来源:根据《内蒙古统计年鉴(1979—1981)》数据整理所得。

在畜牧业整体生产情况恢复的同时,一度缓慢发展的畜种改良也开始出现新的发展势头,改良配种数量逐年增加。1980 年,全区家畜改良配种头数达到 533.2 万头。良种改良种大牲畜和羊增加 306.1 万头,达到

---

① 参见内蒙古自治区畜牧厅修志编史委员会编:《内蒙古自治区志·畜牧业志》,内蒙古人民出版社 1999 年版,第 448 页。

② 参见内蒙古自治区畜牧厅修志编史委员会编著:《内蒙古畜牧业发展史》,内蒙古人民出版社 2000 年版,第 233 页。

1 323.79 万头,比 1976 年增加 30.08%;良种改良种牲畜在畜群中的比重达到 32.6%,比 1976 年增加 6.3 个百分点。以家畜冷冻精液配种为标志的家畜改良配种高新技术在生产中开始应用。每年冷配牛数量达到 18 万头。家畜育种也取得了初步成果,例如,"内蒙古毛肉兼用细毛羊"成为内蒙古地区成功培育的第一个家畜新品种,结束了内蒙古地区没有培育品种的历史。

(二) 草原建设步入正轨

草原作为一种自然资源,长期为牲畜提供草料以支持畜牧业发展。在畜牧业内部,草是基础,畜是主体,草业的发展决定着畜牧业的发展[1]。健康的草原生态系统不仅是畜牧业发展的重要保证,而且对保障国家生态安全具有重要的战略意义。内蒙古草原面积虽然很大,可是,由于地处蒙古高原,大陆性气候明显,降雨量少,风大沙多,加上春季温度骤升,气温剧降剧升,草原上无霜期短,气候多变,白灾(雪灾)、黑灾(旱灾)经常发生,给牧草生长和畜牧业生产带来了严重的困难。在片面强调"以粮为纲"和"牧民不吃亏心粮"的错误口号影响下,不少草原被垦。1971—1973 年,内蒙古被垦草原面积达到 3 100 万亩,仅鄂托克旗在这 3 年期间共垦草原 300 万亩[2]。此外,20 世纪 70 年代中期以后,草原上乱搂、乱挖药材的问题日趋严重,特别是外省区、外单位大批人员涌入牧区乱搂、乱挖,草原遭到严重破坏,并带来一系列社会问题和治安问题。80 年代初,伊克昭盟每年挖甘草 250 万—300 万公斤,割麻黄 500 万公斤,每年破坏草原 1.67 万—1.87 万公顷。1977—1980 年,涌进苏尼特右旗搂发菜的有 5 万多人次,所到之处,不仅草原破坏,而且房屋棚圈被毁,水井被填,饲草被烧。滥垦乱挖不仅缩小了草原面积,破坏了草原资源,更重要的是破坏了草场的植被和生态环境,使沙漠面积不断扩大。因此,草原建设在内蒙古牧区占有头等重要的位置。

从 20 世纪 70 年代中期到 80 年代初,内蒙古自治区党委、人民政府以

---

① 参见许岢:《内蒙古深化牧区改革的几个问题》,《农业经济问题》1989 年第 4 期。
② 参见于学礼、周礼等:《对草原建设和解决草畜矛盾的几点意见》,《农业经济问题》1981 年第 12 期。

及业务主管部门在各种有关会议和相关政策规定中,都对禁止开荒、保护草原的问题再三重申。1978 年,自治区召开全区牧区草原建设工作会议。1979 年,自治区畜牧业工作会议上提出建设养畜的目标,要求大搞草原建设,解决好牲畜的吃、喝、住问题,从靠天养畜向建设养畜转变。1980 年,内蒙古自治区决定再次对《内蒙古自治区草原管理条例》进行修改,并成立《内蒙古自治区草原管理条例》修改领导小组,修改的内容主要强调:1. 明确草原不是荒地,是畜牧业的生产资料,无论农区、牧区、半农半牧区,任何单位都不得任意开垦草原;2. 适当上收开垦草原的批准权限,要把较大面积开垦草原的批准权收到自治区人民政府;3. 对过去已开垦草原的问题要规定处理办法。这一系列政策保证了草原建设的顺利进行。1980 年,全区新建草库伦 24.6 万公顷,累计达到 213.33 万公顷,畜均 0.05 公顷;人工种草达到 39.13 万公顷;飞播牧草 2.41 万公顷;生产草籽 966 万公斤;打贮草24.51 亿公斤,畜均 41 公斤;青贮 1.8 亿公斤;牧区新建供水井 586 眼,累计达到 3 541 眼,机电井达到 13 639 眼,开缺水草场 9.4 万平方公里,灌溉天然草场 7.8 万公顷,灌溉饲料基地 6.7 万公顷;当年新建棚圈 25 944 处,累计达到 185 386 处①。

(三) 牧民收入水平有所改善

所有制政策的放宽,为牧民休养生息起到了重要作用。到 1980 年,牧区实行"两定一奖"或"三定一奖"责任制的生产队已占 95.4%,当年社员所分得的超产奖金(不包括牲畜)就达到 322.2 万元,比 1979 年的 234.8 万元增长了 37.2%,相当于社员分配部分 1 305 万元的 24.6%。牧区社员自留畜达到 319.3 万头,占牲畜总头数的 17.28%,比上年增长 69.3%。牧户户均自留畜达到了 12.9 头。随着畜牧业生产的发展,社员通过出售自留畜及畜产品、采集等方式获取家庭副业收入,人均收入增加 115 元,达到 265 元,增长 76.2%②,牧民生活水平有了相应的提高。

---

① 参见内蒙古自治区畜牧厅修志编史委员会编:《内蒙古自治区志·畜牧业志》,内蒙古人民出版社 1999 年版,第 199 页。

② 参见内蒙古自治区畜牧厅修志编史委员会编著:《内蒙古畜牧业发展史》,内蒙古人民出版社 2000 年版,第 233 页。

表 4-3　1978—1980 年内蒙古牧民人均纯收入变化表（单位：元、%）

年份	内蒙古牧民人均名义纯收入	名义增长率	指数	内蒙古牧民收入实际增长率	内蒙古人均GDP实际增长率
1978	188	—	100.0	—	—
1979	236	25.53	116.8	21.86	7.44
1980	265	12.29	118.8	10.34	0.21

数据来源：根据《内蒙古统计年鉴（1979—1981）》数据整理所得。

在畜牧业和牧民收入水平取得一定发展的同时，从长远来看，交通闭塞和能源紧缺成为制约牧区经济发展的突出问题。牧区地域广大，海拔高，运距远，交通运输主要靠公路，但公路密度很低，而绝大部分又集中在城镇附近，牧区不少县不通班车，大部分乡镇不通公路，只能靠一些自然路，一旦遇到雨雪就不能通行，并且对草原破坏严重。例如内蒙古锡林浩特至赛汉塔拉一线，并行的草原路多达 48 条，破坏草场 50 万亩左右。由于交通不便，牲畜收购赶运损失很大。据估算，每年赶运掉膘损失肉量达 500 万斤。因此，公路建设应当作为下一步牧区经济发展的重要战略。为解决牧区运输沙阻、雪阻问题，应引进和制造适合雪地和沙漠行进的专用车、鲜奶冷藏的运输车、运畜专用车等，并应在偏僻牧区建立中心冷库，采取就地屠宰、加工和冷藏办法。此外，牧区能源特别紧缺，很多牧民仍然用牛羊粪做燃料和用酥油照明。这一时期全区 90% 的牧民没有用上电，有一半牧业旗为无电旗①。能源紧缺给牧民生产、生活造成很大困难，也直接影响冷库建设和肉类、乳品、饲草、饲料等加工业的发展。因地制宜地解决能源问题也成为牧区经济下一步发展的重点。

第二节　"林牧为主，多种经营"
政策和草畜双承包制

1981—1985 年间，内蒙古自治区在拨乱反正取得全面胜利的基础上，

---

① 参见艾云航：《进一步活跃牧区经济的几个问题》，《农业技术经济》1985 年第 8 期。

进入了一个全面开创社会主义现代化建设的新时期。1982年9月,党的十二大会议上提出"计划经济为主,市场调节为辅"的经济改革原则,使市场调节作为手段被引入到社会主义经济之中。在中共十二大精神的指引下,内蒙古自治区在牧区体制改革方面,继续探索和深化。首先,强调对牧区的"再认识",在充分认识牧区特殊性的基础上,把党的路线、方针和政策同牧区的实际结合起来指导牧区工作,不能照搬农区和内地的做法。其次,在牧区经济建设上,继续贯彻"调整、改革、整顿、提高"的方针,并根据内蒙古地区的自然经济、生产环境以及未来发展的方向,不断探索符合当地实际情况的经济结构的制度安排。

一、"林牧为主,多种经营"政策和草畜双承包制

（一）"林牧为主,多种经营"产业政策的提出及实施

1. "林牧为主,多种经营"产业政策的提出

1981年7月16日,内蒙古自治区党委在向中央的工作情况汇报中指出:内蒙古降雨量少,地下水缺,无霜期短,大多数地区不具备发展粮食生产的条件。长期以来,不顾客观条件和后果地"以粮为纲",大规模开荒,走一条"粮化—沙化—贫困化"的路子。自然生态失去平衡,物质基础十分薄弱。因此,今后的经济建设主要是根据"以牧为主,农牧林结合,因地制宜,各有侧重,多种经营,全面发展"的二十五字方针进行调整,走"林（草）—牧—粮（多种经营）"的路子,并以此为基础,发展工业和科学、文化、教育、卫生等事业①。中共中央书记处在讨论内蒙古自治区《工作纪要》时,集中内蒙古人民的智慧,在28号文件中发出《中央书记处讨论内蒙古自治区工作的纪要》通知,将内蒙古的经济建设方针确定为"林牧为主,多种经营"②。通知指出,内蒙古自治区应下决心以20、30年或半个世纪的时间,用愚公移山的精神,因地制宜,走出一条"林牧为主,多种经营"的路子。

---

① 参见内蒙古党委政策研究室、内蒙古自治区农业委员会编:《内蒙古畜牧业文献资料选编》（内部资料）第一卷,1987年印刷,第320—324页。

② 参见内蒙古党委政策研究室、内蒙古自治区农业委员会编:《内蒙古畜牧业文献资料选编》（内部资料）第一卷,1987年印刷,第320页。

"林牧为主",是把畜牧业放在牧区工作的重点,把草原建设作为牧区建设的重点。在管好、用好、保护好现有草原的同时,大力种草种树,发展草业和草业经营。积极进行家畜改良和畜疫防治,解决好人畜饮水、围栏草场、牲畜棚圈等生产性基本建设。以饲草饲料加工、畜产品加工以及科技教育、智力开发为重点,在互利的原则下,开展独资、合资等多种经营。当然,摆在自治区发展面前的重要任务是发展和扩大草原,保护草原,改良草原。只有草原发展了,才能使畜牧业迅速发展,也可以起到调节气候、增加雨量、保护水土、减少风沙的生态作用。

"多种经营",是指农业以外的工业和其他事业,涉及内蒙古整个经济的发展建设问题,而并非局限在农业内部。中央明确指出内蒙古经济建设的奋斗目标是:第一步,争取在 5 年之内,按人口平均的工农业总产值恢复到内蒙古历史上的最好水平;第二步,争取在 10 年之内,工农业总产值按人口平均计算,要在全国 29 个省、市、自治区中,进入先进行列①。

2. "林牧为主,多种经营"政策的贯彻实施

为了把《中央书记处讨论内蒙古自治区工作的纪要》精神落到实处,1982 年 2 月,自治区党委召开了全区旗县委书记会议,会议就自治区今后经济建设的设想进行了全面部署:首先是把城乡市场特别是林、牧、粮多种经营搞活,解决好荒山、荒水和草牧场使用问题,加快草牧场建设。其次是把经济结构逐步调整到"林牧为主,多种经营"的轨道上来。

(1)林牧为主,加快发展牧区畜牧业

在牧区畜牧业发展过程中,内蒙古自治区把工作重点首先放到了畜牧业结构的调整上来:一是调整草业和畜牧业的关系,把大兴草业、解决草畜矛盾摆在首位;二是调整畜种结构和品种结构,因地制宜,大力发展奶牛、肉牛、细毛羊等经济价值高的畜种和品种;三是调整畜群内部结构,继续提高母畜比重,扩大再生产的能力,使畜群结构趋向专业化。在畜牧业生产管理方面,逐渐趋向人、草、畜和权、责、利统一,产前、产中、产后的服务趋向全方

---

① 参见马慧民:《对林牧为主,多种经营方针中几个问题的理解》,《内蒙古科技》1982 年第 3 期。

位、社会化。

1982 年 8 月,在北方畜牧工作座谈会上,自治区党委、人民政府提出"加快畜群周转,提高出栏率,提高商品率,积极果断处理应该处理的牲畜,努力提高经济效益"的原则,并在转发会议《纪要》时强调:"要改变过去单纯追求牲畜存栏头数和以此作为考核成绩的标志。要树立提高适龄母畜比重,提高牲畜的商品率和提高经济效益为评比工作成绩的主要标志。"[①]

1983 年 9 月 25 日,内蒙古自治区党委副书记、人民政府主席布赫在政府工作报告中建议:"根据草原生产能力的发展和变动情况,搞积极的以草定畜,存多少草,养多少牲畜。要把每年入冬前处理牲畜看作是一种自然现象,是生产消费和调整载畜量的一种措施。同时,要缩短饲养周期和育肥周期,提高出栏率和商品率,讲求经济效益。"1984 年 7 月 4 日,布赫在全区牧区工作会议上的讲话中指出:"要实现畜牧业稳定、优质、高产、低消耗。"[②]

1984 年和 1985 年,自治区党委、人民政府召开了两次全区牧区工作会议,之后又颁发了有关畜牧业的文件和决定,对畜群管理等一系列畜牧业发展的问题指明了方向。一是指出饲养结构要由"小而全"逐步向专业化方向发展,转向"大而专"的专业户。二是指出"草畜双承包"责任制较好地解决了人、草、畜,权、责、利分离的矛盾,实行"草畜双承包"不是权宜之计,也不是一般的工作任务,而是一项具有战略意义的大事,要坚定不移地沿着这条路子走下去。三是指出要保护和发展母畜,鼓励多养,禁止宰杀母畜,出售母畜要加收交易税。四是指出解决畜群"小而全"的问题,要在向农(牧)民讲清发展趋势的前提下,在自愿互利的基础上,搞跟群放牧,分群管理,互相代放,也可以互相等价交换牲畜,也可以按作价时的价格互相买卖。五是指出要逐步调整牧区经济结构,包括产业结构、畜牧业内部结构、畜群结构,

---

① 参见内蒙古党委政策研究室、内蒙古自治区农业委员会编:《内蒙古畜牧业文献资料选编》(内部资料)第二卷,1987 年印刷,第 109 页。

② 参见内蒙古党委政策研究室、内蒙古自治区农业委员会编:《内蒙古畜牧业文献资料选编》(内部资料)第二卷,1987 年印刷,第 113 页。

畜群结构调整的重点要放到培养专业化饲养的家庭牧场、专门育肥的家庭牧场和提供专项服务的家庭办企业方面上来。六是指出要建立和健全科技服务体系,面向千家万户,通过签订技术联产承包合同,把服务送到畜群、地头。1981—1985 年间,中央和自治区用于畜牧业投资 42 182 万元,其中基本建设投资 4 373 万元,专项投资 12 807 万元,事业费 25 002 万元①。截至 1985 年,已完成和正在建设的牧区援建项目有 15 个,收到非常好的效果。

林业在内蒙古自治区国民经济中具有极其重要的地位,是使农牧业生产在良性循环中稳定发展的重要保证。森林覆盖率高,对周围环境、人类健康、精神文明建设,都有着直接的影响。党的十一届三中全会以来,在改革开放总方针的指引下,内蒙古制定了一系列政策,实行了林权到户的家庭承包责任制,调动了广大群众与林区职工的生产积极性,为林业生产的发展开拓了广阔前景,是林业生产成绩最大、发展最快、最好的时期。1982 年,自治区将过去执行的以集体为主的造林方针,调整为"个体、集体、国家一起上"。经过一年多的实践,1983 年又进一步确定为"个体、集体、国家一起上,以家庭经营为主"的造林方针。进而明确规定:个体造林不限量,谁造谁有,长期不变,产品自行处理,允许继承,可以转让。全区先后给221.4 万户农牧民划拨宜林"三荒"地 242.6 万公顷;将 186.6 万公顷集体林作价归户和承包到户经营;把国家不便经营管理的约 60 万公顷国有次生林,委托给农民群众经营。1978 年起,在国家统一规划下,自治区开始进行"三北"防护林体系工程建设。这项被誉为"绿色万里长城"的宏伟工程,第一期工程任务为造林保存面积 177 万公顷,到 1985 年已超额完成任务②。

(2)多种经营,着力调整牧区产业结构

在贯彻实施"林牧为主,多种经营"方针的过程中,伴随着商品生产的

---

① 参见内蒙古自治区畜牧厅修志编史委员会编:《内蒙古自治区志·畜牧业志》,内蒙古人民出版社 1999 年版,第 448 页。

② 参见林蔚然、郑广智主编:《内蒙古自治区经济发展史》,内蒙古人民出版社 1990 年版,第178 页。

发展和人民生活水平的提高,牧区产业结构也需要按照自然规律和经济规律进行新的调整。1984年5月14日,内蒙古自治区人民政府颁发《关于发展农村牧区商品生产,搞活经济的七项规定》。1985年8月,自治区党委、人民政府召开的全区牧区工作会议总结提出:"牧区产业结构的调整,积极发展第二、第三产业是很必要的,特别是发展商品生产问题,是今后进一步振兴牧区经济的关键所在。"①牧区坚持以牧为主的同时,围绕发展商品畜牧业,使牧、农、林、副、渔、工、商、建、运、服等各业均衡发展。这一时期的重点是发展苏木一级的乡镇企业以及有条件的嘎查企业。根据牧区的资源优势,优先兴办饲草饲料加工业和皮革、乳品、毛纺、肉类等畜产品加工业,同时积极兴办为农牧民服务的食品、商业、服务等第三产业,有条件的地区要兴办采矿、建筑、运输等产业。

(3)大兴草业,加强草原保护与建设

草原保护和建设一直是牧区发展的重点。在大兴草业的同时,必须极大地关注牧区林业的发展。因为在一定意义上,有林就有草,有草就有畜,草是基础,林是保障。牧区造林也是为了保护草原、保护畜牧业。

1981年4月4日,内蒙古自治区党委、人民政府作出《关于大力种树种草的决定》。同年,自治区人民政府批转内蒙古自治区畜牧厅的报告,再次强调要实行"以草定畜",并对"以草定畜"的内涵作了规定:第一,要千方百计提高草料的生产和供应水平,在不断增加草料的基础上发展畜牧业;第二,在保护草原、不破坏草原生态的前提下,根据草料实际情况部署畜牧业;第三,根据草料供应的情况和特点,采用最佳养畜方案,提高饲料报酬,取得最好的经济效益。1982年3月10日,自治区党委作出《关于大力种草加快绿化和草牧场建设的指示》,进一步强调:要重申禁止开荒、保护牧场的政策。对"文化大革命"以来,在牧区开垦的草牧场要全面进行复查,凡是沙区、陡坡区、过牧道和生产很不稳定的垦地,应逐步封闭,种树种草。需要保留的要重新履行审批手续,并要在垦地上营造防风固沙林,防止沙化、退化。

---

① 内蒙古自治区畜牧厅修志编史委员会编:《内蒙古自治区志·畜牧业志》,内蒙古人民出版社1999年版,第132页。

今后任何单位和个人均不准擅自开垦草牧场,确有必要开垦时,须经主管部门审查,经自治区人民政府批准①。1982 年 3 月 26 日,自治区党委办公厅印发《内蒙古自治区草原管理条例(试行)》,要求各地进行试行和试点,总结经验。条例有总则、草原的所有权和使用权、草原的保护、奖励与惩罚、附则,共 5 章 28 条。1984 年 7 月,自治区人民代表大会通过《内蒙古自治区草原管理条例》。《条例》规定:草原使用单位要定期对草场进行查场测草,根据实际产草量,确定每年牲畜饲养量和年末存栏量,实行以草定畜,做到草畜平衡。"草畜平衡"原则第一次作为地方立法被确定了下来。

(二) 试行多种生产责任制

1981 年,内蒙古自治区党委和人民政府发出允许各种生产责任制并存的通知②。这一时期,牧民群众创造了多种生产责任制形式。1982 年,大部分牧区陆续实行了"包产到户"责任制,即生产队把集体牲畜承包到户,不计工,不投费用,保本(数量)或保值(作价),一定几年不变,增产的牲畜和畜产品全归个人。"包产到户"责任制虽然解决了吃"大锅饭"问题,但仍是实物形态(牲畜)的承包办法,兑现手续繁琐,也容易出现重视自留畜、忽视承包畜的倾向。1982 年冬和 1983 年春,哲里木盟和伊克昭盟一些地方,牧民率先实行了"牲畜作价归户承包"的办法,即将集体牲畜作价承包给牧民,实行作价保本、提留包干、现金兑现的办法。之后,在全牧区范围内出现了"作价承包,比例分成""作价承包,适当提留""作价承包,保本保值"等不同形式的作价归户承包形式。"牲畜作价归户承包"是牧民实行包产到户责任制的一大突破,其实质是用货币形态代替实物形态,交够集体的,剩下的都是自己的,扩大了承包者的经营自主权,更加受到牧民群众的欢迎。1984 年,内蒙古牧区基本上全面推行了"牲畜作价,户有户养"的生产责任制。

(三) 草畜双承包责任制的实施

在推行"牲畜作价,户有户养"政策的同时,内蒙古又推行了"草场公

---

① 参见内蒙古自治区畜牧厅修志编史委员会编著:《内蒙古畜牧业发展史》,内蒙古人民出版社 2000 年版,第 238 页。

② 参见内蒙古自治区畜牧厅修志编史委员会编著:《内蒙古畜牧业发展史》,内蒙古人民出版社 2000 年版,第 242 页。

有,承包经营"的办法,统称"草畜双承包"责任制。从牲畜"承包到户"到"作价归户",其改革的着眼点主要放在了牲畜上。但是,牧区的畜与草,历来都是既矛盾又统一、不可分割的整体,畜离开了草,就无法生存,草离开了畜,也就失去了自身的经济价值。这就意味着牲畜产权关系的变革必然要引发草场产权关系的变革。同牲畜的产权关系变革一样,草场产权关系的变革也是从"草场承包责任制"开始的。

1. 草畜双承包责任制的实施背景

"牲畜作价归户承包"调动了牧民的生产积极性,实行包产到户责任制是解决吃"大锅饭"问题的一大突破,但是牲畜吃草场"大锅饭"却没有改变,由此导致草场的不合理利用和牧民不愿投资进行草场基本建设。"在大范围内出现草场退化和沙化,是长时期重畜不重草,忽视生态效益,特别是在草原的开发利用、管理建设方面的责、权、利没有协调起来"①。"草畜双承包责任制"最大限度地把关系牧民切身利益的几个环节联系起来,把劳动者同劳动成果联系起来,这有利于最大限度地调动牧民的生产积极性,使草原责任制同畜牧业生产责任制直接联系起来。

此外,草畜双承包责任制的实施是在改变传统"靠天养畜"观念的背景下推行的。长期以来,牲畜因灾害死亡和"夏饱、秋肥、冬瘦、春死亡"的问题一直没有得到有效解决,使得畜牧业生产不能持续发展。为了应对灾害,修建草库伦和棚圈以及贮草备料在牧区开始广泛推行,内蒙古自治区加大种树种草、扩大人工草地的力度,积极发展饲料工业,希望以建设养畜的道路来改变传统放牧的方式。草畜双承包责任制使牧民不仅拥有牲畜经营权,而且也拥有草场经营权,这样他们就可以科学利用草场,广开饲草来源,积极贮草备荒。20 世纪 80 年代初,农区大范围推广家庭联产承包责任制已经证明承包制可以大大提高农民的生产积极性,促进农业生产的发展。在这样的背景下,牧区实施草畜双承包责任制也受到了一定政策意义上的启发和影响。

---

① 参见内蒙古党委政策研究室、内蒙古自治区农业委员会编:《内蒙古畜牧业文献资料选编》(内部资料)第二卷,1987 年印刷,第 514—521 页。

2. 草畜双承包责任制的实施及目标

1981 年 11 月,内蒙古自治区党委常委会议研究决定内蒙古地区的草原实行社会主义全民所有和社会主义劳动群众集体所有两种所有制。1982年 9 月 25 日,自治区党委、人民政府发文要求,盟市、旗县党委和人民政府,领导干部要亲自动手,像当年搞好土地改革、农牧业生产合作和落实农牧业生产责任制试点一样,落实草原"双权一制"即草原所有权、经营权和承包经营责任制度的工作。1983 年 3 月初,内蒙古自治区《草原管理条例》起草领导小组召开草原管理条例试行试点交流会,会议纪要提出:"落实草原责任制是落实和完善农牧业生产责任制的重要组成部分。只落实土地和牲畜责任制,而不落实草原责任制,只是落实了农牧业生产责任制的一半,而且会加重吃草原'大锅饭'的问题。要把落实草原责任制当作完善农牧业生产责任制的重要内容抓好。"这是首次在全区提出落实草原责任制的问题。同年,内蒙古自治区人大常委会通过《内蒙古草原管理条例(试行)》,第一次将"实行以草定畜,做到草畜平衡"以法律的形式固定下来。1984 年 7月,自治区党委在召开的牧区工作会议上首次提出"草畜双承包"责任制①。从此,内蒙古全区开始落实草原责任制的工作。

草畜双承包责任制包括两方面内容:在推行"牲畜作价,户有户养"的同时,推行"草场公有,承包经营"的办法,统称为"草畜双承包"责任制。在牲畜承包方面,积极推广牲畜"作价承包,现金提留"和"作价卖给牧民,分期偿还"的办法。在草场承包方面,就是将集体的草原随着牲畜的归户也划分到户,由牧户长期承包使用,把草牧场使用、管理、建设的责任制落实到户。无论是畜群承包还是草地承包,均发了承包证书,在法律上予以保证②。

在草场承包的过程中,由于各地区草原的类型、面积、草场的质量、畜群的结构和自然条件等差异,因而在做法上也各不相同。有的地区草原面积

---

① 参见内蒙古自治区畜牧厅修志编史委员会编:《内蒙古自治区志·畜牧业志》,内蒙古人民出版社 1999 年版,第 192 页。

② 参见李新:《内蒙古牧区草原土地产权制度变迁实证研究》,硕士学位论文,内蒙古农业大学,2007 年,第 22 页。

小,草原的质量也比较差,除了留一些机动的草场外,都划分给牧户或浩特。如锡林郭勒盟镶黄旗牧区9个苏木的61个嘎查,到1984年6月,除9个嘎查因走场或边界有争议未划分外,其余52个嘎查全部将草场划分到户。有的地区如呼伦贝尔盟,草原面积较大,除了有大面积丰美的草场和草库伦外,还有大面积的无水草原。在这种情况下,要把草原都划分到户就比较困难。当地将草库伦、打草场、春营地、冬营地等基本草场划分到户,其余仍然由巴嘎①或浩特统一管理,统一调节使用。总之,草原的划分是一件很细致复杂的工作,必须因地制宜,切忌"一刀切"。至于每户分多少,一般都是按人畜比例,有的三七开,有的四六开,既考虑到牲畜的头数,又考虑到人口的多少。有的地区对一些善于经营草牧场的能手,可以适当多分,这有利于牧户向经营饲草专业户方向发展。镶黄旗新宝力嘎苏木的一位牧民将牲畜归户后,同另一牧民一起,承包了一座4 500亩的草库伦,成了专门经营饲草的专业户。草原承包到户后,各地都采取了收草原管理费的办法。一般都是按牲畜头数收费,大畜一年一元,小畜一年五角。有些地区除收草原管理费外,还向社员提留现金,大畜每年平均提留2—7元,小畜0.3—1.5元不等。所筹资金主要用于干部补贴,民办教师的补助,军烈属、五保户的补助,等等②。

草畜双承包责任制要实现两个目标,即草场保护和建设养畜。需要强调的是,草畜双承包责任制并不是一个孤立的政策,它是由一系列相互支撑的政策措施组成的一个综合的草场管理和畜牧业发展的政策体系,可以称之为"广义的草畜双承包责任制"。它不仅包括牲畜和草场双承包这种产权制度的变化,而且还包括随之引发的一系列畜牧业生产方式和草场管理方式的变革,包括定居定牧、舍饲圈养、人工饲料地的种植、水利设施建设和固定抗灾等,还有承载力管理。为了避免草场承包后牧民过度增加牲畜数量,造成草场过度利用,草畜平衡即承载力管理成为主要的草场保护手段。

---

① 巴嘎:蒙古语,意思为"队"。
② 参见乔松、那仁敖其尔:《牲畜归户、草场承包是草原畜牧业经营管理的新形式》,《理论研究》1984年第16期。

二、政策影响下内蒙古牧区经济发展成效

内蒙古自治区将"林牧为主,多种经营"确定为经济建设方针,这在自治区成立以来尚属首次。它明确了自治区经济建设的指导思想和政策思路,由此在全区范围内自上而下形成了一个全党全民重视畜牧业、关心畜牧业、支援畜牧业、大办畜牧业、建设畜牧业的热潮。全区畜牧业生产的内部环境和外部环境从根本上有了很大改善,从此,畜牧业生产不断攀登新台阶。这一时期,牧区经济正在出现生产、经营一体化的新趋势,由单纯牧业经济向"以牧为主,多种经营"的方向发展。越来越多的牧民认识到,牧区经济要发展,收入要提高,不仅要搞好第一产业,还要注意第二、三产业的发展。

(一) 畜牧业生产稳步发展

这一时期内蒙古的畜牧业生产出现了两大转变。一是由过去单纯注重牲畜纯增和牲畜存栏头数,逐步转到注重牲畜总增、提高牲畜商品率上,商品生产出现了非常活跃的局面。二是饲养结构由"小而全"逐步向专业化的方向发展。在实行包干到户的初期,大部分地区按照牲畜的头数承包,不可避免地存在着"小而全"的弊端,实行牲畜作价卖给群众后,一部分经营者为了追求更大的经济效益,开始调整畜群结构,向"小而专""大而全"的方向发展。

1985 年与 1980 年相比,全区牲畜总增率增加到 22.7%,增加 3.1 个百分点;牲畜出栏率增加到 23.5%,增加 9.2 个百分点,其中出卖率增加到 15%,增加 8.9 个百分点,出栏率和出卖率都是新中国成立以来最高的年份,标志着畜牧业商品生产的发展。畜牧业良种改良种牲畜发展到 1 401.84 万头,占畜群的 36.5%;畜牧业总产值达到 40.2 亿元(按 1990 年不变价),增长 48.04%。肉类总产量达到 34.93 万吨,增长 46.6%;鲜奶总产量达到 25.86 万吨,增长 267.9%;毛绒总产量达到 5.31 万吨,增长 21.52%[①]。

[①]　参见内蒙古自治区畜牧厅修志编史委员会编著:《内蒙古畜牧业发展史》,内蒙古人民出版社 2000 年版,第 251 页。

全区33个牧业旗县(市)1981—1985年年末牲畜总头数和猪牛羊肉总产量情况如表4-4所示。

表4-4　1981—1985年牧区年末牲畜总头数和猪牛羊肉产量

（单位:万头〈只〉、吨）

年份	年末牲畜总头数	猪牛羊肉产量
1981	2 220.97	95 653
1982	2 199.75	114 137.2
1983	2 016.97	133 896
1984	2 017.48	137 613.3
1985	2 080.38	149 347.2

数据来源:根据《内蒙古统计年鉴(1982—1986)》数据整理所得。

畜牧业的发展带动了内蒙古畜产品的出口,1983年自治区在向港、澳地区出口的同时,开展向中东地区出口羊的业务,当年向科威特国出口活羊(乌珠穆沁肥尾羊)1.1万只,创汇54万美元。1983年后,内蒙古地区每年向港、澳地区出口活牛都在1万头以上。1981—1985年,累计出口毛、绒2 169.48吨,其中无毛绒637.36吨①。与此同时,全区的畜产工业也得到了相应发展。1985年全区乳制品产量达到1.43万吨,比1980年提高2.4倍;皮革产量81万张(折成牛皮),重革产量429吨,轻革产量206万平方米,分别比1980年提高5.19%、23.34%和62.2%;精粗纺绒线产量4 728吨,毛毯80.15万条,精粗纺呢绒727万米,分别比1981年提高7.4%、64.0%和100.82%。这一时期,饲草饲料工业也得到了较快发展。1982年以前,全区饲草饲料加工业基本是一项空白,20世纪80年代开始,乌兰察布盟、锡林郭勒盟、哲里木盟、伊克昭盟、赤峰市、乌海市等地先后建起15座肉骨粉厂,利用畜禽屠宰后的骨、头蹄、内脏、胚躯身等加工成骨粉或肉骨粉,营养价值仅次于鱼粉,可作为制作配合、混合饲料所需蛋白质的钙和磷原料。1985年,全区饲草饲料加工厂(点)达到6 712个,年加工量为10.05

① 参见内蒙古自治区畜牧厅修志编史委员会编著:《内蒙古畜牧业发展史》,内蒙古人民出版社2000年版,第252页。

亿公斤,实现了零的突破①。

（二）草原建设逐步加强

1985 年与 1980 年相比,全区人工种草面积 42.53 万公顷,增长
217.4%;围建草库伦面积 28.03 万公顷,增长 45.2%;改良草场面积 23.03
万公顷,增长 1 627.5%;种植灌木面积 11.6 万公顷,增长 141.7%。有些地
方小草库伦正在由过去的围封为主,向水、草、林、机、料综合配套方向发展。
畜棚畜圈建设累计达到 475 万间(座),比 1980 年增长 189.3%。在草原建
设中,飞机播种牧草又有新的突破。1981—1984 年,阿拉善左旗草原局等
单位在年降水量 200 毫米以下的腾格里沙漠东缘连续飞机播种籽蒿、沙拐
枣 6.67 万公顷获得成功②。

（三）牧民收入水平高速增长

1981—1985 年期间,内蒙古牧民人均纯收入不断提高。从表 4-5 可以
看出,这一时期牧民人均名义纯收入不断提高,1985 年达到 650 元,平均每
年以 20.05%的速度在增长;牧民收入的实际增长率平均每年也以 11.51%
的速度在高速增长。

表 4-5　1981—1985 年内蒙古牧民人均纯收入变化表（单位:元、%）

年份	内蒙古牧民人均名义纯收入	名义增长率	指数	内蒙古牧民收入实际增长率	内蒙古人均 GDP 实际增长率
1981	326	23.02	137.2	16.78	9.37
1982	387	18.71	153.0	12.23	16.94
1983	530	36.95	199.5	18.52	7.83
1984	573	8.11	206.5	3.93	16.16
1985	650	13.44	219.9	6.11	14.58

数据来源:根据《内蒙古统计年鉴(1982—1986)》数据整理所得。

---

① 参见内蒙古自治区畜牧厅修志编史委员会编著:《内蒙古畜牧业发展史》,内蒙古人民出
版社 2000 年版,第 253 页。
② 参见内蒙古自治区畜牧厅修志编史委员会编著:《内蒙古畜牧业发展史》,内蒙古人民出
版社 2000 年版,第 253 页。

（四）牧区商业积极发展

商业是专门组织商品流通的国民经济中一个不可缺少的重要经济部门。它的主要职能是把工农业部门新生产的商品收购进来，满足生产和生活消费的需要，是生产和消费之间、工业和农业之间、城市和乡村之间、地区和地区之间经济联系的桥梁与纽带。进入新时期以来，牧区商业发展首先从思想上清除"全民比集体先进"、发展个体商业就是走资本主义道路的"左"的错误观念，认识到国营商业独家经营和流通渠道单一的呆板状况必须改革，然后恢复了供销合作社，使牧区商业网点由国营转为集体所有；建立了以国营商业为主的多种经济成分、多种流通渠道、多种经营方式并存的流通体制，实行多种商业成分的合理配置和发展，实行国家、集体、个人一起上的方针。这些流通体制的改革，促进了牧区社会主义商品经济的快速发展。

在牧区商品流通过程中，供销合作社这一集体所有制商业组织发挥了重要作用。从1983年起，内蒙古供销合作社系统，从加强组织上的群众性、管理上的民主性和经营上的灵活性着手，疏通了农村牧区这条主要的商品流通渠道，适应了商品生产和人民生活的需要。从1984年起，又从农牧民入股、经营服务范围、劳动人事制度、分配方式、价格管理5个方面进行了改革。1985年，进一步按照民办企业的要求，加强综合服务，扩大横向联系，使供销合作社真正成为农牧民群众集体经营的商店，改变了"官商"作风，从而促进了购销业务的增长。1985年全区供销社系统商品纯购销总额达34亿元，比1984年增长19.8%。其中农副产品收购额达7亿多元，比1984年增加2亿多元，多增长的部分相当于20世纪60年代每年农副产品收购总额①。

随着商业的发展、信息的沟通，偏远牧区的商品观念逐步增强，一些原来仅供自己用甚至从来就当废物扔掉的农畜产品下脚料，在变"废"为"宝"的思想指导下，也都成为可以出售的商品了，过去只有城市才有销路的商

---

① 参见林蔚然、郑广智主编：《内蒙古自治区经济发展史》，内蒙古人民出版社1990年版，第386页。

品,也已成为牧民甚至偏远地区牧民的日用品了。这些变化为商业的大发展创造了条件。商业部门本着面向生产、面向群众的精神,哪里需要就把购销网点铺到哪里。经济的发展带动了商业的发展。不仅是新兴的工业区和新建的城镇迅速发展了商业网点,而且连人口较稀少的边远地区,也都设置了购销机构。

（五）牧区基本建设步伐加快

1949 年以前,牧民住的是天幕式的毡包,即蒙古包。这种用柳棍做骨架、毛毡为墙体的活动房屋,家庭妇女都能安装、拆卸,折叠起来,一辆勒勒车即牧区用的牛拉的木制大轱辘车,就可以载运,极便于游牧使用。这种活动房屋不仅可以就地取材,有维修简便等优点,而且圆墙尖顶的造型,具有在大风雪中阻力小和不积雪等特点,适于风多雪大、气候寒冷的草原使用,所以到今天流动放牧还在普遍使用。但是,仅十几平方米圆形活动空间,居住和一切活动都在里面,是很不方便的。早在 20 世纪 50 年代初,自治区人民政府就提倡牧民建设定居点,实行定居轮牧,改变传统的"逐水草而居"的常年游牧、永无定址的落后状况。1978 年后,牧区普遍落实了畜群草场双承包责任制,草场固定到户,调动、促进了牧民大搞草牧场建设和定居点建设的积极性。各牧区旗政府抓住时机因势利导,以水定点,以草定畜,具体确定了各个定居点的位置,使牧区定居点建设在统一规划的指导下稳步前进。

例如,乌拉特中旗以水草为中心,对全旗牧区进行了草牧场全面系统的调查、研究,同时对全旗牧区定居点进行了科学布点;编制出全旗定居点分布的总体规划,并根据牧民生活和牧业生产的需要,对定居点上各项设施进行了规划和设计。每个定居点由牧民住宅、牲畜棚圈、水井和风力提水设施、药浴池、草库、青储窖、机械场(库)等有机结合,形成科学布局的现代化定居点。镶黄旗、阿巴嘎旗加强对牧区定居点建设的自治和领导,有计划、有步骤地扶持牧民建设定居点,并同草原的风能、太阳能的开发利用相结合,把牧区定居点建设逐步引向科学合理的轨道上来。扎鲁特旗根据当地牧业生产和草牧场的具体情况与特点,组织指导牧民建设"一村多铺"的牧民新村,即把一个嘎查的牧民集中在一个适当的位置,建设一处牧民新村;

在村内,每户牧民建设一处住宅;村内建小学、幼儿园、敬老院、文化站、医疗所、收益所、商业网点等公用设施。围绕牧民新村,在四周适当的草牧场建设多处牧铺(即放牧点)。这样能够较好地解决牧业不易过于集中,牧民因居住分散而造成养老难、求医难、求学难等长期难以解决的问题①。自治区为了能指引全区牧区定居点建设,于1984年在阿巴嘎旗召开了全区牧区定居点建设经验交流会,总结推广在不同地区建设牧区定居点的典型经验,并对牧区定居点建设做了安排和部署,推动全区牧区定居点建设的深入发展。

与此同时,牧区的公路运输业也取得了迅速发展,仅1985年一年自治区新建公路731公里。1982年自治区建成了锡林浩特—宝昌—三号地的锡宝三公路,全长329公里,这是草原上的第一条柏油路,技术等级达到三级②。这对于解决牧区交通运输问题,沟通锡林郭勒盟南北以及与外界的联系,推动牧区民族经济的发展,都起到了重要作用。

第三节 "念草木经,兴畜牧业"与 "草场有偿承包"政策

1986—1990年间,正值中国国民经济和社会发展第七个五年计划时期。"七五"计划期间,在中国经济社会发展中是一个开拓创新的重要历史时期。内蒙古自治区按照中共十二大关于经济体制全面改革将在"七五"计划期间逐步展开的部署和中共十三大所规划的现代化建设与深化改革的目标,在这五年采取了一系列加快改革的重大措施。内蒙古自治区畜牧业领域的改革全面开展,畜牧业经济和牧区经济的运行格局发生了重大变化。

一、"念草木经,兴畜牧业"政策的提出及实施

(一)"念草木经,兴畜牧业"产业政策的提出

1986年4月30日至5月12日,内蒙古自治区人大六届四次会议通过

---

① 参见内蒙古自治区《内蒙古建设五十年》编纂委员会:《内蒙古建设五十年(1947—1997)》,1997年印刷,第335页。

② 参见林蔚然、郑广智主编:《内蒙古自治区经济发展史》,内蒙古人民出版社1990年版,第321页。

了《内蒙古自治区国民经济和社会发展第七个五年计划（草案）》。"七五"计划强调要把改革放在首位，继续深入贯彻"林牧为主，多种经营"的方针。1986年9月8日，时任内蒙古自治区党委书记张曙光在自治区直属机关处以上党员干部会议上指出，贯彻落实"林牧为主，多种经营"的经济建设方针，就要把"念草木经，兴畜牧业"作为自治区经济建设的主攻方向。11月5日至29日，自治区党委召开全体旗县委书记会议，传达贯彻中共十二届六中全会精神，并研究了把"念草木经，兴畜牧业"作为自治区经济建设的主攻方向。12月1日至3日，自治区党委举行四届三次全体委员会议，讨论并原则通过《关于"念草木经，兴畜牧业"的实施方案（试行草案）》①。

（二）"念草木经，兴畜牧业"产业政策的贯彻实施

为了更好贯彻"念草木经，兴畜牧业"的产业政策，内蒙古自治区从牧区产业结构调整、发展商品生产和建设养畜三个方面入手加速发展畜牧业。

第一，从实际出发进行牧区产业结构的调整。经济发展的过程就是经济结构不断调整并优化升级的过程，是经济运行质量的基础。1985年8月，自治区党委召开牧区工作会议，会议形成了《关于加速发展畜牧业若干问题的决定》②。会议强调，产业结构调整是农村、牧区继推行生产责任制之后的第二次革命，是今后进一步繁荣农村牧区经济、促进畜牧业大发展的重要推动力。产业结构调整，要积极发展第二、三产业，在现有基础上增加新的产业，拓宽生产领域，特别是发展商品生产和畜产品加工、综合利用问题，是今后进一步振兴牧区经济的关键所在。畜牧业内部结构的调整，重点放在草业建设和畜群内部结构的调整上。其中心环节是提高基础母畜的比重，以提高畜牧业扩大再生产的能力，向多繁殖、高效益的方向发展。

第二，增强商品经营意识，发展商品生产。1984年10月，中共十二届三中全会通过的《中共中央关于经济体制改革的决定》明确指出，社会主义经济是公有制基础上有计划的商品经济。中共十三大又明确指出社会主义

---

① 参见内蒙古自治区畜牧厅修志编史委员会编著：《内蒙古畜牧业发展史》，内蒙古人民出版社2000年版，第239页。

② 参见内蒙古自治区畜牧厅修志编史委员会编著：《内蒙古畜牧业发展史》，内蒙古人民出版社2000年版，第256页。

商品经济的发展离不开市场的发育和完善。1988年9月,自治区人民政府召开畜牧业工作会议,提出要把自治区的畜牧业生产同全国大环境密切联系起来,坚定不移地推动畜牧业向商品化、现代化的方向前进,把生产与经营的结合作为发展畜牧业商品经济的重要环节。

自治区首先进一步放开市场和价格,从根本上解决价格和价值相背离的问题。1984年,自治区对牛羊实行议购议销,允许多渠道经营,同时规定把皮张、毛绒的收购列入指导性计划,实行合同定购;1986年,又规定将牛、羊的收购列入指导性计划,实行合同定购,在主产区实行完成计划后开放市场的政策;1988年,自治区规定,进一步放开牛、羊活畜市场,允许区内外企事业单位、集体、个人经营和运销。牛、羊和牛肉、羊肉价格一律实行市场调节。1988年年底,把主要出口产品的价格全部放开。1989年,对毛绒的收购实行最高限价和最低保护价,根据优质优价的原则规定价格,并决定建立羊毛专业市场和组织拍卖活动。其次是根据地理位置和生产经营的特点,有计划地在适宜的地方逐步建立商品牲畜和畜产品的交易市场、批发市场与拍卖市场。最后继续放宽政策,诸如允许工牧直交、商牧直交,减少中间环节;鼓励销区和企业同产区旗县、苏木挂钩,联合投资,建设肉、奶、皮、毛等商品原料基地等。

为了从牧区的实际出发,扎扎实实地抓住商品生产这条主线,把整个牧区工作带动起来,自治区政府还加强了对牧区商品生产的指导和服务。首先是对生产的指导和服务,通过多方渠道积极向农牧民提供市场需求的信息,把农牧民的生产纳入市场经济的轨道;其次是供应的指导和服务,及时满足农牧民对生产、生活资料的需求,从而保证生产过程的顺利进行;最后是销售的指导和服务,将农牧民的产品及时变为商品,提供便利收购的条件,扩大销售市场,争取最佳价格。

第三,建设养畜,促进畜牧业全面发展。这一时期,自治区强调建设草原要因地制宜,坚持以小为主、以自力更生为主、讲求实效的方针,积极组织和扶持群众搞好畜群草库伦建设,要在两三年内,做到每个畜群或牧户都有一处或几处草库伦。1987年开始,全区33个旗县开展以草业为主的牧区建设。1989年10月开始,在牧区全面推行草牧场有偿承包责任制度,以调动牧民群众建设草原、发展畜牧业的积极性。同年,国家和自治区共同投资设立育草基金,在 16 个旗县开展草原建设,建设期总投资 1 885.39 万元①。与此同时,内蒙古加大了对草原的保护、利用和建设力度,开展了以改善生态环境与提高饲草饲料为目标的绿色工程和以稳定畜牧业发展为目标的牲畜温饱工程。在牧区重点推广了对草原的围栏保护、划区轮牧、草场改良、人工种草、飞机播种牧草、建设配套草库伦,引种入牧,发展饲草料生产。

为了巩固畜牧业的基础地位,加快畜牧业专业化的进程,促进畜牧业持续、稳定、健康发展,"七五"计划期间,自治区政府坚持实行专业化生产与社会化服务的统一。即在稳定、完善家庭经营的前提下,推行专业化经营和为其进行产前、产中、产后提供专业化与综合配套服务。在实践中,各地在积极引导专业化生产、发展家庭牧场、鼓励牲畜和草场适当集中、发展规模经济的同时,分 3 个层次健全服务体系。第一个层次,在扶持育种、改良、防疫、运销、饲草料生产、科技服务专业户的基础上,引导牧民之间开展有偿服务;第二个层次,健全嘎查一级的合作经济组织,搞好统分结合,加强集体的统一管理和服务;第三个层次,苏木、乡镇和旗县市建立畜牧业综合服务站或综合服务中心,从产前、产中、产后各个环节上,开展有偿的社会化服务。

上述措施的采用,使得畜牧业的第一性生产和第二性生产紧密地统一起来,有力地保证了畜牧业持续、稳定、快速发展。从 1986 年开始,自治区畜牧业生产连续获得丰收。

二、"念草木经,兴畜牧业"政策下牧区经济发展成效

"七五"计划时期,由于自治区认真执行了中共十三大的正确方针,稳定政策,深化改革,使畜牧业生产和建设取得重大成就,牧区经济取得了长足发展。

（一）畜牧业生产持续发展

1986—1990 年,畜牧业摆脱了长期徘徊的局面,5 年稳定增产,其发展

---

① 参见内蒙古自治区畜牧厅修志编史委员会编著:《内蒙古畜牧业发展史》,内蒙古人民出版社 2000 年版,第 258 页。

规模超过历史上任何一个时期。1989 年全区牲畜总头数上了一个新台阶，实现了从 4 000 万到 5 000 万的跨越。1990 年，全区畜牧业产值达到 53.01 亿元，比 1980 年的 27.15 亿元增长 95.24%，平均年增长 6.9%。整个"七五"期间，畜牧业产值平均年增长 5.7%，接近全国 6.7%的水平。1986—1990 年，全区肉类总产量达到 229.68 万吨，毛绒总产量达到 29.89 万吨。1990 年，全区已经具备了年产 53 万吨肉、39 万吨鲜奶、6.4 万吨毛绒、897 万张皮的综合生产能力①。全区 33 个牧业旗县(市)1986—1990 年年末牲畜总头数和猪牛羊肉总产量情况如表 4-6 所示。截至 1990 年牧业年度，全区改良牲畜达到 2 914.9 万头，比 1985 年的 1 401.8 万头增加 56.6%。良种改良牲畜比重从 1985 年的 36.5%增长到 46.3%，提高 9.8 个百分点。这一时期，全区育成并命名三河牛、科尔沁牛、中国黑白花奶牛、科尔沁细毛羊、内蒙古白绒山羊、乌珠穆沁羊等众多新品种，成为全国家畜育种工作成效最为显著的省区之一。

表 4-6　1986—1990 年牧区年末牲畜总头数和猪牛羊肉产量

(单位:万头〈只〉、吨)

年份	年末牲畜总头数	猪牛羊肉产量
1986	2 038.21	150 266
1987	2 035.96	167 206
1988	2 236.1	168 388
1989	2 354.77	212 972
1990	2 406.26	209 429

数据来源:根据《内蒙古统计年鉴(1987—1991)》数据整理所得。

(二) 草原建设加快发展

草业的发展在"七五"计划期间初具规模。每年的草原建设能力，包括人工种草、飞机播种牧草、围栏草场、改良草场，平均达到 106.67 万公顷。

---

① 参见内蒙古自治区畜牧厅修志编史委员会编著:《内蒙古畜牧业发展史》,内蒙古人民出版社 2000 年版,第 278 页。

1990 年,全区草原建设的总体规模达到 139 万公顷,比 1985 年的 26.93 万公顷增长 48.50%,平均年增长 8.2%。畜均贮草由 1985 年的不足 98 公斤,提高到 195 公斤。1990 年,全区人工种草 47.88 万公顷,围栏草场 45.99 万公顷,改良草场 25.07 万公顷,打贮草 65.66 亿公斤。80% 以上的牲畜实现了小畜有棚,大畜有圈,牲畜的吃、喝、住条件有了很大改善①。

（三）牧民生活水平显著提高

牧区的经济体制改革,极大地调动了牧民的生产积极性,牧业生产得到了迅速发展,牧民的生活水平显著提高。

第一,收入增长。"六五"计划期间,牧民人均收入为 473 元,"七五"计划期间平均达到 821 元,增长 73.57%。1988 年和 1979 年相比,自治区城镇居民收入（扣除物价上涨因素）年平均递增 5.76%,而牧民年平均递增速度为 12.33%。由于牧民收入增长速度超过了城镇居民,城镇居民和牧民的收入之比,已由 1978 年的 1.46∶1,改变为 0.98∶1,也就是说,牧民的收入已经超过了城镇居民的收入。据抽样调查显示,1988 年,牧民年人均纯收入低于 300 元的贫困户占被调查户的 7.1%,300—800 元的温饱户占 50%,800—1 500 元的富裕户占 31.2%,1 500 元以上的高收入户占 11.7%。1990 年,牧区人均纯收入达到 905.67 元②。

第二,支出结构变化。在生活消费水平提高的同时,牧民的支出结构也发生了新的变化。1988 年总支出中,用于家庭生产经营性支出所占的比重,牧民家庭提高到 24.7%,而用于生活消费支出的比重,牧民由 1982 年的 80.8% 下降到 1988 年的 56.6%。1980—1988 年,在全部生活消费支出中,牧民在吃、穿方面的消费比重有了大幅下降,下降了 19.13%,而在文化生活服务方面的支出所占比重提高了 4.43%。牧民的各项消费中,增长最快的是生活用品,8 年增长 5.9 倍,占生活消费支出的比重提高 9.13%。由于 90% 以上的牧民实行了定居和半定居,用于建新房和购置蒙古包方面的消

---

① 参见内蒙古自治区畜牧厅修志编史委员会编著:《内蒙古畜牧业发展史》,内蒙古人民出版社 2000 年版,第 278 页。

② 参见林蔚然、郑广智主编:《内蒙古自治区经济发展史》,内蒙古人民出版社 2000 年版,第 520 页。

费增长也较快,在生活费支出中所占比重提高 3.47%①。

第三,高档耐用消费品拥有量的变化。牧民生活水平提高的另一个重要标志就是耐用消费品拥有量的增长和变化。如表 4-7 所示,1988 年牧民平均每百户耐用消费品的拥有量与 1980 年相比有显著提高,尤其是收录机、电视机等家用电器,以及摩托车、大型家具等耐用品更是发生了从无到有的巨大变化。

表 4-7　牧民平均每百户耐用消费品拥有量

品名 ＼ 年份	1980	1988
自行车(辆)	28	88
缝纫机(架)	39	79
收录机(台)	—	49
手表(只)	180	353
电视机(台)	—	42
摩托车(辆)	—	30
大型家具(件)	—	159

数据来源:根据《内蒙古统计年鉴(1981、1989)》数据整理所得。

(四) 牧区商品经济迅速发展

在畜牧业发展建设的过程中,牧民的商品经营意识增强,牧区由指令性计划变为指导性计划,取消对牲畜和部分畜产品的统购派购,实行市场调节,使牧民的生产直接面向市场。由于尊重了牧民的生产经营自主权,牧民积极调节产业结构,扩大经营范围,投入开发性生产,兴办种植业、加工业、运输业、商业和服务业的牧民越来越多。1989 年以来,市场交易已成为牧民出售牲畜的主要渠道。1990 年,大牲畜和羊出卖率达到 17.04%,比 1985 年的 15%提高 2.04 个百分点。1986—1990 年,累计向国家提供各类商品牲畜 3 233.68 万头,肉类 113.84 万吨,毛绒 25.11 万吨,皮张 3 613.23 万

---

① 参见林蔚然、郑广智主编:《内蒙古自治区经济发展史》,内蒙古人民出版社 2000 年版,第 520 页。

张。以畜产品为原料的轻工业生产获得快速发展,毛、革、乳、糖被誉为自治区轻工业的"四条龙"。1990 年,毛纺工业总产值 5. 26 亿元,居全国第六位;皮革毛皮及其制品总产值 1. 88 亿元,居全国第十六位;乳品工业总产值 1. 05 亿元,居全国第二位①。

此外,畜牧业商品生产基地的建设在这一时期取得了较快发展。到 1992 年年末,全区建成畜牧业商品生产基地旗县 23 个,其中细毛和半细毛羊商品生产基地旗县 16 个,白绒山羊商品生产基地旗县 4 个,商品牛生产基地旗县 2 个。建设总投资 2 632 万元,其中中央投资 910 万元。主要用于商品生产基地旗县良种繁育体系的建设,共引进种畜 1. 25 万头,建种畜舍 2. 69 万平方米;建立配种站 3 326 个。同时完成人工种草 7. 33 万公顷,改良草场 16. 67 万公顷,兴建家庭草库伦 5. 53 万公顷②。

这一时期以农畜产品加工和流通为主的乡镇企业得到了发展壮大。到 1990 年,内蒙古乡镇企业社会总产值达到 56. 2 亿元,比 1980 年增加 1 倍。1990 年,农村牧区非农牧产业的产值已占农业总产值的 23%。此外,国营民贸企业也积极增设网点,在牧区开展购销、修理和服务三结合,定路线、定时间流动服务,既搞收购推销,又为牧民修锅、补壶、划玻璃、理发、寄信、汇款,受到牧民的欢迎。乡镇企业的发展使牧区的经济结构发生了明显的变化。

（五）牧区基本建设走上新路

牧区基本建设初步走上城乡协作、内联外引的新路。1984 年以来,牧区引进建设项目 80 个,先后引进资金约 3 600 万元。纵向横向经济联系的加强,大大促进了牧区各项事业的发展。牧区建成电视差转台 106 个,使不少过去看不上电视的牧民看上了电视。新建校舍 43. 9 万平方米,一些过去不通电的牧业旗和苏木,1985 年已实现通电。新安装风力发电机 6 000 多台,是历年累计数的 3. 5 倍。新增加公路 731 公里。镶黄旗、阿巴嘎旗把牧

① 参见内蒙古自治区畜牧厅修志编史委员会编著:《内蒙古畜牧业发展史》,内蒙古人民出版社 2000 年版,第 268 页。

② 参见内蒙古自治区畜牧厅修志编史委员会编著:《内蒙古畜牧业发展史》,内蒙古人民出版社 2000 年版,第 269 页。

区风能、太阳能开发利用和牧区定居点建设结合起来,解决了牧民生活和牧业生产用电问题,既改善了牧民生活,又促进了牧业生产的发展。到 1987年,全区建起定居点牧民共达 30 万户,90%以上的牧民实现了定居。此时,自治区信用社机构网点遍布广大农村牧区。到 1990 年,全区农牧区信用社及分社 1 439 个,职工达 11 397 人。农牧区信用社的发展,为农村牧区的生产和生活提供了有效的金融服务,已经成为促进农村牧区经济发展的重要力量[1]。

三、草牧场家庭经营的实施和草场有偿承包

（一）草牧场家庭经营的实施

这一时期自治区深化牧区改革,强调了要长期稳定家庭承包经营。从实践过程来看,实施草牧场家庭经营,需要完善统分结合的双层经营体制。这包括完善家庭承包经营和集体统一经营两个层次。因为两者都是牧区集体经济中的经营方式,相互依存、相互补充、相互促进,忽视任何一个方面,都不利于牧区经济的健康发展。

1988 年 9 月,布赫在全区畜牧业工作会议上指出:"实行家庭经营适合于畜牧业分散经营的特点,但它也有自身难以克服的局限性。比如,大多数牧户还不能很好地形成规模经营,畜种齐全,不利于专业化生产;有一些带有长远性建设项目及现代化技术推广项目,一家一户还难以办到;在发展商品生产中,产前、产后的流通衔接,一家一户也难以办好。不解决这些问题,家庭经营就会被禁锢在小生产的圈子里。要解决好这些问题,一方面,要在群众自愿的前提下,组织各种协作联合,比如牲畜调换,组织专群放牧,搞分工的劳动组合;另一方面,要从各方面完善社会化服务。"[2]牧区推行草畜双承包责任制之后,自治区党委和人民政府多次要求,要在稳定家庭经营的基础上,逐步完善集体统一经营的内容。凡是一家一户办不了、办不好、办起

---

① 参见林蔚然、郑广智主编:《内蒙古自治区经济发展史》,内蒙古人民出版社 1990 年版,第467 页。

② 内蒙古自治区畜牧厅修志编史委员会编著:《内蒙古畜牧业发展史》,内蒙古人民出版社2000 年版,第 259 页。

来不合算的事,嘎查集体经济组织都要根据群众的意愿努力去办,将有利于统一经营的优越性同家庭经营的积极性更好地结合起来。1988 年 9 月,自治区党委和自治区人民政府召开的全区畜牧业工作会议强调指出,必须健全嘎查一级的合作经济组织,搞好统分结合,加强集体的统一管理和服务。通过社会服务这个纽带,把"统"与"分"结合起来,把产、供、销联结起来,逐步完善双层经营体制。充分发挥苏木、嘎查合作经济组织的功能,普建基层综合服务站。截至 1990 年,全区 1 535 个苏木、乡镇中,已有 894 个建立起以兽医、畜牧、草原、经营为主的综合服务站。通过培训,为嘎查、村配备了兽医防疫员 8 436 人。

在加强双层经营集体经济实力的过程中,自治区特别关注管好、用好集体资金。牧区经济体制改革后,原社队的集体财产、公共积累、牲畜作价款共约 10 亿元。这部分集体资金采取由苏木、乡镇经营管理站统一代管,把资金存入农业银行或信用合作社,单独立账,由苏木、乡镇政府监督使用,有偿投放的办法。如草牧场承包使用费,基本上归集体所有,建立"育草基金",滚动使用,增强了苏木、嘎查在资金使用上"统"的功能。在推行草牧场承包责任制的过程中,苏木、乡镇和嘎查、村根据需要,留出公用设施用地和一定的机动草牧场,作为集体统一组织林业、草业用地或防灾基地、备荒打草场。由国家、集体投资统一建设、围封的大面积草场及其设施,包括机井、药浴池、配种站等归集体所有,统一管理,实行牧户或联户承包经营,有偿使用,所得收入作为集体积累,用于扩大再生产和公益事业。

到 1990 年,内蒙古牧区家庭牧场发展到 2 万户,基本形成规模化、专业化生产,牧区家庭牧场的生产规模一般拥有牲畜 200—300 头以上,以一种牲畜为主,畜群结构较合理,良种化程度较高。畜牧业基础设施配套齐全,有相应的草场,草场建设规模大、成效好,能够为牲畜提供较丰厚的饲草饲料,有配套的棚舍、水井设施;配种、防疫等方面基本能达到科学养畜的要求。可以看出,此时家庭经营的各种生产要素得到了较优化的组合,有效地带动了畜牧业商品化、专业化生产的发展。

(二) 草场有偿承包

草牧场管理体制新一轮改革的核心,是变"草场公有,承包经营"为"草场公有,有偿承包"。它是深化牧区经济体制改革的重大措施,其主要目标和任务是构建符合社会主义市场经济要求的草地产权制度和有偿使用制度。

1985年9月,内蒙古自治区党委、人民政府颁发的《关于加速发展畜牧业若干问题的决定》中,用政策把草牧场有偿使用问题肯定下来。该《决定》规定:"凡使用国有草原或集体所有草原的单位和个人,都应缴纳草原管理费",并对草原管理费的标准、收取和管理使用做了原则规定。草原管理费实质上就是草牧场的有偿使用费,只是提法上有所不同。1986年以后,阿鲁科尔沁旗、巴林右旗、镶黄旗、鄂托克旗、乌拉特中旗等地相继进行了草牧场有偿承包的试点。1989年3月,自治区畜牧局召开全区盟市畜牧处(局)长会议,总结了试验旗的经验,认为实行草牧场有偿承包是牧区改革的继续和深入,是进一步调整草牧场权益关系,加强草牧场保护、管理和建设的重要措施,并向自治区人民政府提出全面推广有偿承包使用的建议。1989年9月1日至5日,自治区人民政府在阿鲁科尔沁旗召开全区草牧场有偿承包使用现场会议,交流各地的情况,确立和推广草牧场"承包到户,有偿使用"制度。会议确定,为了保持草原生态的平衡和永续利用,在遵循草原属于全民和集体所有制的前提下,对草牧场实行有偿承包的指导思想是:进一步深化改革,强化家庭承包经营的使用权和经营权,把对草牧场的管护、建设、合理利用同承包者的责任、权利和利益统一起来,充分发挥以家庭经营为基础的双层经营的积极性,增加投入,提高草牧场的生产能力和经济效益;逐步建立起科学的草牧场管理体制,努力做到草畜平衡,同步发展。会议还同时强调实行草牧场有偿承包必须坚持4条原则:1.坚持草牧场使用者责、权、利统一和长期使用的原则;2.坚持发展和提高草牧场生产力的原则;3.坚持经济效益和生态效益并重的原则;4.坚持科学管理的原则。1989年10月15日,自治区农委向自治区人民政府提交《关于进一步落实草牧场使用权,实行草牧场有偿承包使用制度初步意见的报告》,建议在阿鲁科尔沁旗现场会议的基础上,在牧区、半农半牧区建立草牧场有偿承包制度,并对建立这一制度的指导思想、原则、做法和领导问题提出了具体意见。1990年1月,自治区人民政府在《关于进一步深化农村牧区改革的意见》中指出:"在今后,三到五年内,把牧区草牧场有偿使用的制度建立起来,使村级集体经济有所发展,为建立双层经营体制和新的格局打下基础。"

在上述政策的推动下,20世纪90年代开始,内蒙古草牧场有偿承包使用制度在牧区、半农半牧区全面推行。由于这一制度的推行调动了草牧场所有者和承包者两方的积极性,所以发展势头良好。1989年9月,自治区阿鲁科尔沁旗现场会议统计,全区进行试点的有12个旗,69个苏木、乡镇,539个嘎查、村,承包草牧场面积581.3万公顷。1990年一年,推行草牧场有偿承包的就已扩大到9个盟市,51个旗县,198个苏木、乡镇,1 115个嘎查,21.6万户牧民,承包草牧场1 526.67万公顷,年收取使用费575.26万元。到1993年,全区推行草牧场有偿承包的已有10个盟市,59个旗县,590个苏木、乡镇,3 998个嘎查,26.9万户牧民,3 800万公顷草牧场,收取使用费5 118.31万元[①]。至此,草牧场有偿承包制度已在全区牧区、半农半牧区基本普及。

第四节　改革开放初期牧区经济的简评与思考

因本书主要介绍了改革开放初期,内蒙古自治区对牧区实施了比较有影响的3个政策,所以对这3个政策一一评价,并表述对此的思考。

一、"以牧为主"产业政策的简评

"以牧为主,农牧林结合,因地制宜,各有侧重,多种经营,全面发展"二十五字建设方针的颁布,对牧区经济形势给予了重新认识,对畜牧业的重要性给予了重新肯定,确立了畜牧业在自治区国民经济中的基础地位。"以牧为主"产业政策的贯彻执行,对于保护自治区的自然资源、恢复和发展生产力、促进全区经济发展起到了重要作用。

马克思认为,人们的正确思想是客观现实的正确反映,而人们对客观现

---

① 参见内蒙古自治区畜牧厅修志编史委员会编著:《内蒙古畜牧业发展史》,内蒙古人民出版社2000年版,第267页。

实的认识,总是遵循着由认识特殊事物开始,从特殊到普遍的规律。产业发展方针的提出要以当地自然条件和经济条件提供的可能性为依据,坚持实事求是的原则。

(一)"以牧为主"方针符合自治区自然条件状况

内蒙古自治区地处亚洲中部的蒙古高原,雨量、热量、水分土壤、植被等地带差异性明显,形成了森林、草原、荒漠三大景观区,其中尤以草原景观占绝对优势。据内蒙古自治区成立后的三次草原资源调查确认,全区草原总面积 7 880.5 万公顷,占全区国土总面积的 66.6%,其中可利用草原面积 6 359.1 万公顷,占草原总面积的 80.7%;年均每公顷产干草 643.2 公斤,总产约 409 亿公斤,依靠天然草原就可以饲养 6 000 多万羊单位牲畜。此外,内蒙古草原海拔较低,地势比较平缓,气候温和稳定,多数地方降水量适中,周边环境较好,交通比较方便,同其他省区的草原相比,具有许多明显的优越性,发展畜牧业具有得天独厚的有利条件。与之形成鲜明对比的是,自治区可利用耕地面积在全部土地面积中所占比重较小,而且在占土地总面积约为 4.5% 的 8 000 多万亩耕地中,可以达到一年一熟稳定生产的土地只有 627 万亩左右(约占总耕地面积的 7.8%),其余都是受灾频繁、产量较低的不稳的一年一熟土地①。可见,自治区的自然条件为产业发展提供的优势在畜牧业上,劣势在种植业上,实行"以牧为主"的产业政策是扬长避短、发挥地方优势的正确选择。

(二)"以牧为主"方针体现自治区畜牧业的发展需要

内蒙古是我国主要牧区之一,畜牧业经营历史悠久。在漫长的历史发展过程中,自治区畜牧业逐渐形成了包括草原畜牧业、农区畜牧业、半农半牧畜牧业和城市郊区畜牧业在内的类型齐全的畜牧业经济体系。同时,随着生产力的发展,畜牧业的饲养方式也逐渐由过去逐水草而居的纯放牧式畜牧业发展到定居或半定居放牧畜牧业,同时补饲、舍饲育肥以及各种类型的饲养场也逐步发展起来。在这一过程中,特别不容忽视的是以下几个方

---

① 参见萨纳赛汉:《试论"以牧为主"方针的正确性及其长远意义》,《内蒙古社会科学》1981年第 1 期。

面:第一,在长期的畜牧业生产实践中,自治区各族人民积累了丰富的畜牧业经营经验;第二,自治区成立以来,国家对畜牧业进行了大量的投资,进行了大量的基本建设,发展机械化、半机械化,形成了一定的生产能力,为畜牧业的进一步发展积累了物质基础;第三,自治区成立以来,畜牧业经济得到了很大发展,1965 年,畜牧业总头数曾达到 4 176.2 万,虽然经历了十年动乱的浩劫,到 1979 年年初提出"以牧为主"方针时,牲畜数量仍有 3 600 多万只,并且作为畜牧业扩大再生产主要物质基础的母畜,在牲畜总数中的比重占 40% 以上,良种和改良牲畜在牲畜总数中所占的比重超过了三分之一;第四,自治区成立 30 多年来,培养了一大批畜牧业科学技术人才和管理人才,造就了一大批有经验的畜牧业领导干部。这些都无疑成为内蒙古自治区大力发展畜牧业、实行符合自治区经济发展要求的"以牧为主"政策的主客观要求。

(三)"以牧为主"方针有利于自治区经济全面发展

"以牧为主"不是单打一,也不是一刀切,而是要坚持因地制宜,宜牧则牧,宜农则农,宜林则林,多种经营,农林牧副渔全面发展。要避免搞单一经济,实现农林牧相互促进,共同发展。农业(种植业)可以为畜牧业提供饲草饲料,畜牧业的发展为农业提供优质有机肥料,促进农业的发展;森林是发展农牧业的自然屏障,嫩枝树叶又是牲畜的好饲料。"以牧为主,农林牧结合"的产业政策,再加上"两定一奖"生产责任制的恢复改进以及分配制度的放宽和调整,广大牧民的生产积极性得到了调动,人民群众的收入有了一定程度的增加。

例如,通辽丰田公社建新大队,过去搞单一的农业经济,生产发展缓慢,群众生活水平不高。后来当地从实际出发,坚持以农为主,农牧林结合,到1979 年农田防护林达到 1 200 亩,大畜 280 头,粮食单产达到 812 斤,总产达到 360 万斤,向国家交售商品粮 170 万斤,人均收入增长到 214 元,实现了以农养牧,以林牧促农,农牧林全面发展①。事实证明,农林牧相结合有

---

① 参见石光华:《在调整中全面正确地落实"以牧为主"的二十五字方针》,《内蒙古社会科学》1981 年第 2 期。

利于改善生态平衡,有利于促进生产,有利于提高人民生活水平,是自治区经济全面发展的重要途径。

总之,1978—1980年内蒙古自治区提出"以牧为主"的产业发展方针,是自治区党委遵循党的正确思想路线,大胆解放思想,从内蒙古地区的实际出发,在科学地总结自治区农业经营历史经验教训的基础上,考虑到自治区经济发展的长远利益制定的,是实践性和科学性相统一的结果,为内蒙古牧区经济的进一步发展奠定了良好基础。

但是,"以牧为主"政策实施过程中,在草原建设和草畜矛盾的问题上出现了一些新情况。

1. 牲畜发展速度很快,牧区草畜矛盾日益尖锐

由于生产责任制的推广,牧民的劳动收入和饲养的牲畜直接联系了起来。因此,他们爱畜如子,精心饲养,使仔畜的繁殖成活率大大提高,使成畜的死亡率普遍下降,从而使牲畜的总增和纯增幅度不断加大,速度加快。特别是前文提到的牧民自留畜,不仅发展速度快,而且在牲畜中所占的比例逐年加大。牲畜的大量发展,在草原建设速度与之不相适应的情况下,必然加剧草畜矛盾。

2. 草原建设没有落实"责任制"

在牧区牲畜落实责任制的同时,草原的保护和建设普遍没有实行责任制,草原的好坏和牧民的眼前利益没有直接联系,致使出现了只利用、不保护、不建设的现象。牧区出现了吃草场"大锅饭"的现象,严重影响了草原的保护和建设。

3. 草场使用权不固定,加剧了冬春草场的紧张

内蒙古牧区枯草期一般较长,长达七八个月,冬春草场面积很少。这种实际情况本身就使牧区畜牧业的发展受到很大限制。再加上牲畜"包产到户",草场使用权不固定,不少牧民为了确保自己牲畜的成活率,在有限的冬春草场上抢牧、滥牧、过牧,使本已紧缺的冬春草场更加紧张。

由此可见,如何逐步做到养畜和草场使用相统一,养畜数量和草场载畜量相统一,真正达到草畜平衡,成为持续实现"以牧为主"政策的关键所在。固定草场使用权,推行草场责任制也成为下一步政策发展的指向和广大牧

民实现长远发展的迫切愿望。

二、"林牧为主,多种经营"政策的简评

"林牧为主,多种经营"的产业政策得到了内蒙古自治区各族人民的热烈拥护,它标志着内蒙古的经济将走上一个健全发展的轨道。这一产业政策的实施,对内蒙古的社会主义现代化建设具有重大的战略意义。

（一）"林牧为主"符合自治区的实际状况

"林牧为主",是在对内蒙古经济发展形势做了科学分析和正确估量的基础上提出来的,是对内蒙古自治区的地区特点、经济特点和民族特点认识的一个飞跃。实行"林牧为主,多种经营"的方针,是自治区大农业全面发展的方针,而大农业发展了,又可以促进工业生产的发展[①]。马克思关于社会再生产理论的核心问题,是第一部类(生产资料)生产和第二部类(消费资料)生产相互之间有计划、按比例发展的问题,是第一部类生产和第二部类生产相互流通、相互还原和相互发展的问题,是正确处理第一部类生产和第二部类生产相互之间的比例关系的问题。第一部类和第二部类相互之间的比例关系,集中表现为农业(大农业)和工业的相互关系(特别是重工业)。"林牧为主",首先可以向第一部类生产部门和其他有关社会部门的劳动者提供必需的生活资料,直至随着大农业的发展,逐步提高劳动者生活资料的供应份额,使他们的生活状况不断改善。其次,工业生产的发展,除靠自身积累资金外,还要依靠大农业积累资金。农业除直接为工业积累一部分资金,还通过向工业(主要是轻工业)提供原料为工业积累资金。最后,工业的发展,要以农业作为重要市场,这在我们这个农业人口众多的国家尤为重要。由此可见,"林牧为主"的方针既是内蒙古大农业全面发展的方针,也有利于自治区工业的长远发展。

（二）"多种经营"符合商品经济的客观规律

人们对农产品的需求是多种多样的。我国人口多,耕地少,自然资源贫乏,技术装备落后,但我国国土辽阔,劳动力资源丰富,生产门路很多。农业

---

① 参见王路:《以林牧为主方针的重大战略意义》,《内蒙古社会科学》1982 年第 1 期。

生产有季节性,实行多种经营,可以做到全年各个时期对劳动力和生产资料的需要量相互均衡,使工作时间相互错开的部门搭配经营。在内蒙古以林牧为主的基础上,可以综合利用林产品发展林产品加工业,利用森林提供的饲料发展畜牧业。畜牧业每年产出大量的绒毛、皮张、乳肉及其他畜产品,只要充分、合理利用畜牧业产品,发展以畜产品为原料的毛纺、制革、制裘、乳品、肉类加工等工业,自治区的经济就会快速搞活,既可以提高人民生活水平,也可以使自治区的轻工业得到较快的发展,进而为发展重工业,主要是为开发利用地下资源积累资金。从这个意义上讲,"林牧为主,多种经营"的方针也是自治区遵守经济规律、治穷致富的方针。

(三)"林牧为主,多种经营"符合国家全局需要

社会主义经济是在公有制基础上全国统一的计划经济。它的最大优点之一,就在于能合理利用全国的资源,对经济发展实行全面规划,合理布局。在确定地区经济建设方针上,既需要从地区实际出发,又不完全如此。例如,南方少种甘蔗,北方多种甜菜,就并非因为南方不适于种甘蔗,而是从全国经济效益出发,这样做更合算。内蒙古之所以确定以林牧为主,也并非因为内蒙古只能发展林牧业,没有发展粮食种植和其他产业的条件,它同样是国家统一计划经济的需要。国家需要把内蒙古建设成现代化的林牧业生产基地,以便为其提供更多的肉食、皮毛、木材等。内蒙古多发展林牧业,其他地区可以多发展粮食种植和其他产业,专业化地区分工是十分必要的。只要能实现全国的综合平衡,这种分工系统有利于全国经济的整体协调发展。

正因如此,"林牧为主,多种经营"的方针虽说是自治区经济的发展方针,却并非只与内蒙古有关的事,要实现这方针,一方面,国家有责任在人力、物力、财力等方面给内蒙古以应有的支援;另一方面,内蒙古也自然承担着向国家提供更多更优质的木材、肉类、皮毛等林牧产品的义务。这是国家统一计划经济的实际需要与内蒙古实际状况相结合的必然结果。

三、"草畜双承包责任制"的讨论

草畜平衡在自然界是生态系统自我调节功能产生作用的过程。草地生

产分为 4 个层次:前植物生产、植物生产、动物生产、后社会生产,核心是植物生产和动物生产,草畜平衡就是这两个核心系统的复杂耦合问题。第一阶段是自然界自身的生态平衡;第二阶段是由于人类对物质过度追求而造成失衡,需要恢复,这个时间很长;第三个阶段即人、草、畜和谐协同发展。草与畜的关系实际上是协同进化的关系,草与畜是草地上两个互相依附的系统,缺一不可。草畜平衡就是要草地生产系统中的四个层次,好比一架机器的四个轮子,和谐地转动起来①。

　　由于生产责任制的推广,牧民的劳动收入直接和饲养的牲畜联系起来,从而促进了牧民畜牧业生产的积极性,使牲畜的总增和纯增幅度加大②。牲畜的大量发展,在草原建设速度不相适应的情况下,必然加剧草畜矛盾。此外,牧区和半牧区的牲畜大都包群到户、包群到人,但对草原的保护和建设普遍没有实行责任制,草原的好坏和牧民眼前利益没有直接联系起来,致使出现了只利用、不保护、不建设的现象。草畜双承包制,一定程度上解决了牲畜所有权和草场使用权的归属问题,使人、草、畜协调统一起来,牧民有了草畜两个方面的经营自主权和受益权,有效调动了牧民养畜和保护建设草原的"两个积极性"③。从根本上破除了所谓"草原无主,放牧无界,草原无价,使用无偿"的旧观念,树立了"草原有价,使用有偿,建设有责"的新观念④。从实践来看,其优点在于以下几个方面。

　　第一,草场保护和建设效果好。实行草畜双承包责任制后,牧民对草场比较爱护,十分注意合理利用草场。例如,过去草场管理"吃大锅饭",夏季集体畜转入夏牧场,自留畜却继续在冬春牧场啃食。有的牧业队还留下部分集体牛马挤奶,造成夏吃冬草,集体畜越冬草场无草。每年为保护冬春草

---

① 参见任继周:《草畜平衡是人与自然友好相处的关键》,《全国草原畜牧业可持续发展高层研讨会论文集》,2003 年,第 5 页。

② 参见于学礼、周礼等:《对草原建设和解决草畜矛盾的几点意见》,《农业经济问题》1981 年第 12 期。

③ 参见刘志华:《防治荒漠化中的土地产权制度研究》,硕士学位论文,西南大学,2008 年,第 22 页。

④ 参见许志信、陈玉琦:《草原管理与畜牧业持续发展》,《内蒙古草业》1997 年第 1 期。

场和打草场,队干部要花费很大气力,却收效甚微。实行草畜双承包责任制后,草权落实到了畜群,牧民的自留畜都自动组群上山,任意啃食冬春牧场和打草场的现象自然消失了。

第二,及时打草,及时拉运,提高了储备冬草质量。过去打草由集体组织劳力统一进行,割倒的牧草常常不能及时拉运堆垛,有的枯黄、有的霉烂,大大降低了饲草的营养价值。实行草畜双承包责任制后,各承包畜群牧工自己打草,及时拉运,干草鲜绿,保存了牧草良好的营养价值。各牧业社、场、队也相应办起数量可观的草料中转站,形成了防灾抗灾、保畜草料的供应网。

第三,牲畜品种改良有保证。牲畜品种改良是实行草畜双承包责任制后牧民和干部最关心的问题之一。牧民对牲畜管理精细,想得周到,畜牧技术人员的责任心也增强了。"吃大锅饭"时,所有生产活动都要由队干部安排,没有队干部派工,牧民的自寻生计往往会成为无偿劳动。因此,牧民之间很少主动协作。实行草畜承包后,牧民主动协作,诸如剪毛、打草等需要劳力较多的活路,牧民都相互帮助。

第四,牧民生产积极性增强了。草畜双承包后,集体畜和自留畜界线不复存在,过去牲畜是集体的,不管"三定一奖"还是包群到组,都少不了"大锅饭",生产的好坏与个人没有多大关系。承包后,牲畜都成了个人的,饲养不好,个人直接遭受损失。因此,牧民生产积极性被充分调动起来,饲养管理十分精心,各个生产环节都抓得很紧。

但在具体实施的过程中,由于管理工作跟不上,配套措施不落实,加上不少牧民安于草场无偿使用状态,故在实际工作中草场承包既缺乏外部的约束力,又没有内在的动力,致使绝大部分草场划而不分,流于形式,"大锅饭"问题未能从根本上解决。具体来看,以下几个方面的问题影响了草畜双承包责任制在保护草场和畜牧业发展方面发挥预期作用,也反映出该政策制定实施的局限性。

第一,从草场划分的执行效果来看,内蒙古的牲畜承包和草场承包虽然起始时间大致相同,但是进程却不同步,牲畜作价归户在 1985 年就基本结束了,而草场承包却到 2000 年才基本结束,畜群承包和草场承包的不同步性使草场在划分过程中处于无人管理的状态,牧户随意使用草场,造成草场的退化、沙化①。此外,在进行草场承包时,没有相关政策的支持和资金保障,没有能力全部围封自己草场的牧民也得不到国家的资金支持,因此,部分牧民滋长了一种趁机超载利用草场的心理,一味增加牲畜头数,使草场严重退化和沙化。

例如,内蒙古的巴林右旗在实行草场承包责任制的过程中,首先把打草场承包落实到户。这不仅是由于打草场对牧民有着特殊利益,而且在很大程度上是由于打草场一般都附有专栏设施,牲畜难以进入,而人则可以自觉地划分和辨别界线,因此容易落实到户。但是,放牧场由于缺乏天然屏障,而牲畜又是不自觉的动物,加之草场质量差异悬殊,因而承包到户难度很大。巴林右旗采取的主要办法是,把易划分的放牧场承包落实到户;对暂时不易划分的草场,把其使用权由原来的嘎查共同使用划分到联户、畜群组或"独贵龙"。草场一般按"人畜比例"(一部分按人口分配,另一部分按牲畜头数分配)进行承包。草场承包期,随着中央政策的变化,也相应做了几次调整,由几年到十几年,最后改为长期不变。巴林右旗的草场承包办法,在全国牧区很有代表性。就全国牧区而言,草场真正承包落实到户的仅限于围栏草场和打草场,这部分草场占可利用草场总面积的比例很小(5%左右),而大面积的放牧场实际上属于"假承包"。同改革前相比,它的进步之处在于进一步缩小草场的使用权单位,即把草场的使用权由原来的嘎查划分到联户或小组。放牧场的"假承包"产生了很大的副作用。原来一些各方面条件较好的牧户,借"假承包"之机迅速扩大自己的畜群规模,发展成为"养畜大户"。原来条件较差的牧户则千方百计追赶大户,一时间形成了牧户间的养畜"竞赛"。在这场竞赛中,养畜大户凭借畜多的优势,占据了比一般牧户较多的草场,成为受益者;而那些养畜小户则必然牺牲了一定利益。这就是所谓的"大户"吃"小户"现象。"大户"吃"小户"现象发生之后,不仅加剧了"草"与"畜"之间的矛盾,而且还产生了牧户与牧户之间的

---

① 参见包玉山:《内蒙古草原退化沙化的制度原因及对策建议》,《内蒙古师范大学学报》(哲学社会科学版)2003 年第 3 期。

矛盾。

　　第二,从承载力计算即草畜平衡①测算方式来看,也有一系列问题阻碍草场保护目标的实现。草畜平衡是草畜双承包责任制实施后保护草场的主要管理手段。草畜平衡管理的主要程序是:①确定牧户(生产者)草场中天然草场、改良草场、人工草地、封育草场、飞播草场的面积;②测定草地的生产力;③基于草地面积和生产力计算各类草地的可食干草量;④考虑其他来源的饲草料并折算为标准干草量;⑤基于可食干草量计算适宜载畜量②。但由于以下原因,实际执行的却只是"草地面积与家畜的平衡":①仅考虑草地的面积和静态产草量,而对草地生产力的年度和季节性差异以及草地生产力与家畜需求的季节性分异问题考虑不够;②由于很难考虑到不同地点草场等级和外部条件的不同,因此常用草场平均生产力来代替,这样承载力的执行标准就变为"草地面积与家畜的平衡"③。

　　第三,从草畜平衡管理的长远执行来看,草畜平衡管理模式不但不会降低对草场的利用,反而会刺激牧民更多地将自然草地生态系统转变为人工草地生态系统,提高产草量,从而加大对草场的利用强度,威胁草地生态系统的服务功能④。针对几百万平方公里内分布的上百万牧户,牧户又随时可以买卖牲畜,监督的难度远远超过草原地区的管理水平和能力,这必然导致很高的草畜平衡管理的监督成本。例如,锡林郭勒盟草地面积19.7万平方公里,试行草畜平衡管理后,新录用草原监理人员273名,每年仅增加人员的工资支出就高达400多万元⑤。长期来看,草场"承包到户",牧民将使用权属于自己的草场圈起来,随着时间的推移,有的牲畜数量必然增加,而有的则会减少,有的则会弃牧而从事其他产业,进而导致畜牧业中草与畜的

---

① 草畜平衡是指在一定区域和时间内通过草原与其他途径提供的饲草饲料量,与饲养牲畜所需的饲草饲料量达到动态平衡。

② 参见李青丰:《草地畜牧业以及草原生态保护的调研及建议——禁牧舍饲、季节性休牧和划区轮牧》,《内蒙古草业》2005年第1期。

③ 参见赵成章、龙瑞军等:《草地产权制度对过度放牧的影响》,《草业学报》2005年第1期。

④ 参见杨理、侯向阳:《以草定畜的若干理论问题研究》,《中国农学通报》2005年第3期。

⑤ 参见王国钟:《内蒙古牧区草畜平衡工作的调查与研究》,《内蒙古草业》2003年第4期。

严重不平衡①。

第四,从生态系统长远的保护发展来看,大量牲畜被限制在固定承包面积的草场内放牧,在限定的草场连续啃食,牧草没有休养生息的机会,很容易造成草场退化。同时,草场承包后,围封使得植被结构单一,减少了生态系统内的生物多样性,这不利于基因资源的相对稳定,对于天然草原的稳定演替带来了极大影响。

四、"念草木经,兴畜牧业"政策的简评

"念草木经,兴畜牧业"的重要战略决策,来自于群众,来自于实践,是对内蒙古自治区"林牧为主,多种经营"经济建设方针的发展和具体化。这一重要战略思想,开始由注重第二性生产转向注重第一性生产,要求在"草业"上下功夫,坚持草业与畜牧业的统一,坚持第一性生产与第二性生产的统一。同时这一政策还包含了许多新观念,如立草为业,建设养畜,林牧农一体,种养与加工业相结合,牧工商一条龙,以及对"荒地"和"草"的新认识,等等。

(一)"念草木经,兴畜牧业"是促进大农业全面发展的方针

内蒙古有大量的优良草地,有传统的牧业生产经验,有大兴安岭森林基地,有大片需要绿化的荒山、沙漠,发展林牧业有必要又有条件。林业不仅是生产经济,而且是环境保护经济,除生产木材、燃料、饲料外,还能改造小气候,保持水土,防风固沙,既保护种植业的发展,也保护畜牧业的发展和人的生存环境;畜牧业除为人类提供肉、奶、蛋、皮、毛等产品外,还为种植业提供耕畜、肥料。这就说明,林、牧业都有利于农业(谷物、甜菜、油料等)的发展。实行"念草木经,兴畜牧业",是促进自治区大农业全面发展的方针。

(二)"念草木经,兴畜牧业"是对自治区经济发展形势的正确把握

内蒙古的林业和畜牧业都有一定的基础,发展壮大和充分利用这个基

---

① 参见刘艳、齐升等:《明晰草原产权关系,促进畜牧业可持续发展》,《农业经济》2005 年第9 期。

础是由穷变富的有效路径。自治区在发展林业的同时,可以充分发挥现有森林的作用,综合利用林产,发展林产品加工业,利用森林提供的饲料发展畜牧业。自治区发展畜牧业,每年出产大量绒毛、皮张、乳肉及其他畜产品,只要充分、合理利用畜牧业产品,发展以畜产品为原料的毛纺、制革、制裘、乳品、肉类加工等工业,内蒙古的经济就会快速搞活,既可以快速提高人民生活水平,也可以使自治区的轻工业有较快的发展,进而发展重工业,三者可以为开发利用地下资源积累资金。历史上内蒙古是"皮毛一动百业兴",现在再加上林业,就会出现"林牧业一活一切皆活"的大好形势。

(三)"念草木经,兴畜牧业"是改善生态环境的快捷途径

生态环境本身就是生产力,而且是可持续发展的生产力。我国的草原生态系统是欧亚大陆温带草原生态系统的重要组成部分,内蒙古更是被誉为我国北方的天然屏障。内蒙古草原牧区植被属于短矮植草,再加上环境气候比较恶劣,常年盛行季风。植被覆盖层较浅,容易破坏而不容易恢复,而且内蒙古草原牧区面积大,恢复起来也困难,投入的资金、人力、物力大。"念草木经,兴畜牧业"打破了对草原只利用、不建设,只取之、不予之的传统认识,草业的重要性逐步被人们所认识。自治区用草来改变生态环境,同时通过草场有偿承包,大量种植牧草,发展舍饲圈养,从而较好地解决草畜矛盾,实现山绿水清,初步遏制水土流失。

五、"草牧场家庭经营"和"草场有偿承包"的思考

(一) 关于"草牧场家庭经营"的思考

该政策在内蒙古牧区的实施,对牧区畜牧业的发展产生了积极影响的同时,带来了很多值得讨论的话题。其积极意义可归结为以下几点。

1. 生产组织主体由过去的生产队(嘎查村)变为牧民家庭(牧户)。也就是将统一的生产组织改组为分散的生产组织,这有助于更加明确一家一户的责任、权利、利益关系。同时,以家庭为经营单位,实现了家庭内部劳动力的优化组合和优势互补,因为家庭内部协作几乎没有交易成本,他们具有共同的目标,不存在利益分歧,因此管理成本低,组织劳动的成本低,利用机

会的成本也较低。

2. 产权关系趋向明确。在草地等基本生产资料集体所有制或国家所有制性质不变的前提下,草地交给牧户使用,牧户只对草地享有使用权而无所有权,所有权仍为集体或国家。这样,草地等基本生产资料的所有权与使用权由过去归集体或国家统一享有,改变为现在归集体或国家和牧户分别享有,作为主要生产者的牧民拥有牧业生产的直接控制权,因而,产权主体趋向明确和具体。

3. 资源配置方式趋向市场化。一方面,牧民以家庭为单位采取合同的方式承包集体的草地和牲畜,虽然这些合同方式在承包制的早期还具有较强的政府计划导向特征,但是随着承包制的发展以及市场供求关系的变化,合同方式趋向规范化,合同内容也较多地反映了市场需求。另一方面,牧民生产过程中所需的其他生产要素如劳动力、技术、饲料等生产资料和资金,均由牧民自由地从市场上获取,因而能使资源配置效率不断提高。

4. 生产经营的决策机制趋向灵活管理。在家庭承包责任制下,建立了以牧户分散经营为主的、牧户分散经营与集体统一经营相结合的经营决策机制,由于牧户成了自主经营、独立核算、自负盈亏的经营单位,因而牧户生产经营决策必然会考虑各种经营风险,尤其会在生产经营决策时进行成本—收益分析。尽管牧户的各种短期行为正好是这种决策机制的具体体现,但这种决策机制因能较适合牧户的决策能力和分散经营的需要而不断趋向灵活管理,又由于家庭决策的信息较充分,且具有快速、灵活、方便、权威、随机应变等优点,因而决策成本很低。

5. 在分配关系调整上赋予了牧户直接的剩余索取权。"交够国家的,留足集体的,剩下都是自己的",这种生产经营剩余的"三分法",确定了牧户直接的剩余索取权,加之在家庭内部进行分配节省了分配的成本,避免了结算、计量、划分、监督的成本,牧户为了使"剩下"的量尽可能增大而不断增加各种投入,从而生产经营的积极性被充分调动起来了。

总之,草牧场家庭承包有十分突出的重要意义:它有利于保护和恢复草原生态环境,有利于缩小牧民的贫富差距,有利于实现畜牧业规模经济,有利于提高牧民草原建设的主动性和积极性①,有利于推动牧民定居工程建设②。

尽管草牧场家庭承包制度的优点十分显著,但其制度的弊端也较为突出,可归结为以下几个方面。

1. 无法实现轮牧和休牧。无论是"逐水草而居"的游牧(即大区域的轮牧)还是四季轮牧、两季轮牧等,都是实现草原永续利用以及牧区生态经济可持续发展的有效方式,是防止草场退化或实现生态恢复的必要手段。轮牧通常需具备的条件是草场面积足够大,并且有冬春营盘、夏秋营盘及放草、打草场等之分。草牧场家庭承包经营虽然实现了公有草场产权的可分割,转化为私人行使的产权,但却使草场形成了一些碎片化的结构,单独牧户承包草场规模有限,无法实现轮牧和休牧,牧户对固定的、规模不大的草场长期重复高强度利用,草场退化、沙化不可避免。

2. 增加牧民开支。草场承包到户后,为了减少边界纠纷或为了恢复草场而实行的封牧等都需要牧户对草场实施围栏,这产生较多的成本。为了围栏,牧民一般需要安装铁丝网,数千亩草场的铁丝网耗资 4 万—5 万元(20 世纪 80 年代的价格);固定草场放牧转变为定居,砖房代替毡房,草原上修建一栋砖瓦房至少需投资 7 万—8 万元;草场承包后,每户需要修建自己的牲畜棚圈,一般需投资 2 万—3 万元;草地承包到户后,由于水源地分布不均衡,人畜饮水成为很大的难题,牧户之间经常因饮水发生纠纷。如果在自己的草场上打深井则需要投资 10 万元以上;分散定居,供电设备投资在 0.5 万元左右;放牧牲畜购买摩托车需要数千元;此外,打草机、汽车、拖拉机以及玉米、饲草等饲料储备,各户虽不相同,但一般也在数万元以上;再加上基础畜群,一般每户牧民的资产支出约 100 万元,其中大多数属于生产性支出,随着价格上升,这些投资越来越大,经营

<hr>

① 参见王明利等:《北方牧区牧民保护与建设草地的行为分析》,《中国农村经济》2005 年第 12 期。

② 参见阿德力汗·叶斯汗:《草原产权:新疆现代草原畜牧业的必然选择》,《新疆社会科学》2006 年第 5 期。

规模小使这些投资不能充分发挥作用而不能及时回收,造成一些牧民因投资过大而致贫①。

3. 单个牧户抵御风险的能力下降。牧区不仅容易发生蝗虫、鼠害等自然灾害,而且牧产品还容易产生较大的市场价格波动风险,将牧区草场"化整为零"后,单个牧户可能缺乏抵御自然灾害和市场风险的能力。

由此可见,草原畜牧业与农区种植业相比,具有流动性大、周转周期长、地域更为分散的特点,因此对牧民家庭经营责权利必须更具体、更直接、更细心。一家一户办不到或办了不合算的事情,像品种改良、疫病防治、产品交换和饲料、畜产品加工、抵御大的自然灾害等,应该由集体来办,从而把集体统一管理的优越性和牧民分散经营的可靠性相互结合,形成新的生产力。

(二) 关于"草场有偿承包"的思考

草场的使用由无偿变为有偿,"使草场的产权关系在一定程度上得到明确,使用者通过交费的方式从原有草场使用者转让给另一个使用者,而原有草场使用者通过收费的方式使出让的资源获得了一定的经济补偿"②。实行草场有偿承包使用制度至少在以下几个方面发挥作用。

1. 按照价值规律办事。长期以来,草场一直被人们认为是无价值、无成本的自然资源。但当商品化生产在牧区发展起来以后,客观上就要求在维护草场所有权关系不变的前提下自觉地运用价值规律调节畜牧业生产中的各种关系,特别是草原的价值观确立后,草场使用者理所当然要交纳草场使用费,转让草场要收转让费,多占草场要收超占费,超载过牧要收超载费。实行草场有偿使用制有助于引导牧民自觉地在价值规律的指导下有偿使用草场,使牧民由靠天养畜、重畜轻草、重量轻质的传统观念,向建设养畜、草畜并重、数量质量并举的现代观念转变。

2. 正确处理"三者"利益关系,实现"两权"分离。实行草场有偿使用

---

① 参见周立、董小瑜:《"三牧"问题的制度逻辑——中国草牧场管理与产权制度变迁研究》,《中国农业大学学报》(社会科学版)2013 年第 2 期。
② 于立、于左、徐斌:《"三牧"问题的成因与出路——兼论中国草场的资源整合》,《农业经济问题》2009 年第 5 期。

后,把草场的所有权和使用权用法律及制度形式区别开来,规范了权属和利益分配关系。一是规范了国家与集体之间草牧场权属关系,明确规定嘎查村范围内的草场属集体所有,所有权的代表者是嘎查村委员会。二是规范了集体与牧民之间的草场权属关系,主要以合同形式,明确草场的发包方与承包方各自的权利、责任和义务。三是规范了国家、集体和个人之间的利益分配关系。草场使用者要向集体或原有草场使用者交纳有偿使用费,在集体和发包方的监督下开展经营活动,承担对草场资源保护和建设的责任,并以此获得经济效益。

3. 顺应自然规律,以草定畜。实行"以草定畜"是畜牧业持续发展的客观选择和必然趋势,其积极意义不仅体现在生态效益方面,更主要的是把"以草定畜"作为一项基本制度贯彻到畜牧业生产管理体制中,在家庭经营的基础上,把牲畜和草场作为一个整体,统一安排,平衡发展,做到有多少草养多少畜。这样做的结果,激发了牧民科学养畜、建设养畜的积极性。更深层的意义还在于,在"以草定畜"的约束下,实现了牧户对草场的合理占有,并通过限制超载,体现并保障无畜户和少畜户平等使用草场的合法权益,走共同富裕的路子。同时,又促进草场使用权流转制度的建立,在家庭经营的氛围内,实现了基本生产资料的优化组合。

4. 合理确定分配比例,福利与效益相统一。草场作为牧区基本生产资料和畜牧业发展的主要生产要素,具有两重性。一是福利性。主要表现在草场人人有份,即使没有牲畜或牲畜很少,也应划分相应的草场,以保障生活之需。二是效益性。在落实草场责任制时,既要考虑人口的因素,又要按牲畜头数分配一定数量的草场,以保证畜牧业整体经济效益不能因落实草场有偿承包使用制度而"滑坡"。从建设养畜的角度出发,也必须鼓励有条件的牧民承包退化、沙化草场,通过建设恢复生产能力,增加牲畜饲养量,获得较高的经济效益。

5. 为草原建设积累资金。过去用于草原建设的资金主要来源于国家和集体,来自牧民个人的部分相当少。实行草场有偿使用后,由于收取的费用来自个体牧民,而且只能用于草原建设。因此,为草原建设资金的积累开辟了一条新的途径。例如,阿鲁科尔沁旗1990—1991年累计收取有偿使用费

170 万元,其中 14 万元已投入草原建设①。

6. 加强统一经营和服务,实行统分结合。实行草场有偿承包使用后,本着"大稳定、小调整"的原则,对原分得的草场进行局部调整,使草场集中联片,嘎查村和独贵龙组都按一定比例留出公用草场作为恢复或重新组建小牧场的基地,为集体经济的发展创造条件。各级政府部门及行政经济组织,也可以通过经济和行政手段,组织群众统一搞大规模的生产建设,为群众提供产前、产中、产后技术服务。

7. 管、建、用相结合,以法治草。推行草场有偿承包使用制度,实际上是贯彻落实《中华人民共和国草原法》和《内蒙古自治区草原管理条例》的重要步骤。通过法律手段使责任制在畜牧业生产中加以固定,并对执行情况进行检查监督,按照法律规定,调节草原纠纷,查处违法侵权事件,对违约或不按规定完成应尽的责任和义务者提出处罚,从而达到把草场资源的管理、利用和开发建设,真正纳入法制轨道的目的。

但是,我们应该进一步思考仿照农村对土地的做法,对牧区的草原实行承包到户,这样做符合草场经营的客观规律、经济上合理、技术上可行吗?值得继续讨论。

1. 草场是牧区畜牧业的基本生产资料和物质基础。草原面积辽阔,自然地理条件复杂,利用率较低,远非农村的土地特别是耕地可以类比。草场的使用要与较大范围的水、草、畜、季节、气候、棚圈、能源以及居民点等要素相配套,方能形成生产力,其中许多要素具有可公共使用的性质,非一家一户可以垄断;草原的保护、改良、建设需投入大量人力、物力和财力,要有较为先进的技术设备,要进行大范围的统筹规划和分工协作,亦非一家一户能够办到。例如,草原飞播、治蝗、灭鼠、大型水利饮水工程等。面对这样的生产资料,很难设想在地广人稀的牧区,如何才能合乎畜牧业生产的要求将成千上万亩草场划分到各家各户;即使不惜时间和人工,把草场划分到户,以目前单个牧民的经济实力,也很难设想会把大面积的草原保护、利用、建设

---

① 参见刘玉满:《农民组织与畜牧业产业化——国外经验与我国的实践》,《中国动物保健》1999 年第 11 期。

好,更不说各种类型的四季牧场分割划片承包后利用上的困难和不便。

2.草原所有权和使用权法律主体模糊。内蒙古自治区成立前,内蒙古牧区除一部分草原属于牧主个人所有之外,更多的是王公贵族、奴隶主、部落领袖掌握着草原的所有权。内蒙古自治区成立后,牧区废除封建特权,宣布草场公有、自由放牧。1953 年,中央实行的政策是"保护培育草原,划分与合理使用草场与牧场"。合作化时期,由于牧区没有进行类似农村的土地改革。草场没有分给牧民,所以在集体化过程中,草原仍是公有的,权属没有进一步明确。1954 年,《中华人民共和国宪法》提到"矿藏、水流、由法律规定的国有森林、荒地和其他资源,都属于全民所有"。此期间没有规定草地是一种资源,同样没有明确草原的权属。1975 年与 1978 年的两部《中华人民共和国宪法》仍然没有具体规定草地的所有权制度。直到 1982 年修订的《中华人民共和国宪法》,草原首次被单独列为一种自然资源,并规定了草地的两种所有权。1985 年通过并实行的《中华人民共和国草原法》规定:"草原属于国家所有,即全民所有,由法律规定的属于集体所有的草原除外。"这是在法律上界定草场的所有权,同时设定了使用权和承包经营权。"全民所有的草原可以固定给集体长期使用,可以由集体或个人承包。"但是,哪些草原属于集体所有并没有作出具体的规定,也没有对草地的各项权能包括使用权、收益权以及转让权作出专门的规定,因此草地的产权边界仍是模糊的。草场所有权主体不明确的另一个不良后果是基础设施建设无提供者,即一些本应由所有者提供的公共品资源,如水利工程、灌溉渠道、交通道路等无人负责。而原有的一些公共基础设施由于过度使用又无人管理被迅速损耗。实行家庭承包制后,普遍存在的基础设施停滞、水利设施失修,就是一个鲜明的例证。

3.不否认一些牧民承包草场后的建设积极性,但从整个牧区草原建设的规模、速度及其效果看,情况不容乐观。在一些实行草原承包责任制多年的地区,草地承包合同仅仅确认了牧民承包草场的"四至"界线,除作为交费依据外,很少发挥其他作用,承包草地的使用和保护处于一种无序状态。实行草原承包责任制后未围栏的天然草原比实行承包责任制之前还要"公地化",许多畜牧大户在承包责任制的旗号下,围封自己的草场而无偿使用其他未围封草场的掠夺行为已十分普遍,使牧区贫富差距进一步扩大。低收入家庭没有能力围封自家放牧场,经济实力较强的牧户把自家放牧场围封起来,然后无偿占有或掠夺性经营那些没有经济实力围封自家承包牧场的家庭的牧场。其结果不仅加大了贫富分化,而且还加剧了草原资源的退化①。

4. 草原承包使用权流转中的有偿"租借"放牧形式导致草牧场使用过度。土地承包使用是具有债权性质的,它的内容是由合同确定的,其性质是一种承包合同关系,它只涉及发包人和承包人。实际生活中,土地的承包使用权流转有两种形式:一种是改变承包使用合同主体的流转,一种是不改变承包使用合同主体的流转。改变承包经营合同主体的流转是指由承包人将承包使用权转让给他人,承包人自己完全退出承包合同关系,由受让人取代承包人地位的状况;不改变承包使用合同主体的流转是指由承包人通过转包、出租、互换、合作入股的方式将承包使用权转让给他人,而承包人仍然为原承包使用合同主体的状况。草原牧区草场承包使用权流转形式只有少量是以买断形式改变了承包使用权主体,主要还是以不改变承包使用合同主体的形式存在,并且通过有偿转包和出租来实现。可以说,草场的有偿"租借"为草场的规模化利用创造了条件,但是也带来了草场利用的短期行为,出现了哈丁所描述的"租借放牧危害"。对于每一个暂时获得租赁权的人,这种有偿的租借制度没有形成有效的投资激励机制,相反,却极度地膨胀了草原使用的欲望,他们往往为了追求草原的最大产出而过度放牧,尽量将收益内化、成本外化。即使有部分租借者在草原搞基础建设,但其建设速度远远赶不上经济诱发对草地资源进一步掠夺式经营的速度。因此,草地资源势必恶化。

总之,改革开放后,自治区历届党委、政府坚持从实际出发,不断创新和完善适合民族地区的发展思路。1979 年以后,自治区部分农村开始推行家庭联产承包责任制。自治区成为在全国较早进行以家庭联产承包责任制为

---

① 参见崔金龙:《牧民草牧场权益被侵占问题的研究》,硕士学位论文,内蒙古农业大学,2008 年,第 15 页。

主的农村改革的省区之一。牧区也开始实行草畜双承包责任制,成为全国5个少数民族自治区牧区改革最早的地区,对全国牧区改革的不断推进起到了示范作用。"以牧为主""林牧为主,多种经营""念草木经,兴畜牧业""草牧场家庭经营"和"草场有偿承包"等一系列改革措施是自治区党委遵循党的正确思想路线,大胆解放思想,并考虑到自治区经济发展的长远利益而制定的,是对自治区经济发展形势的正确把握;这些改革符合自治区自然条件状况,体现了自治区畜牧业发展的需要,对牧区经济形势给予了重新认识,为内蒙古牧区经济的进一步发展奠定了良好基础;这些改革恢复和发展了生产力,对于保护自治区的自然资源、促进大农业全面发展、促进全区经济整体发展起到了重要作用。在自治区经济体制改革稳步推进、使经济和社会各方面都发生深刻变化的同时,我们应清醒地看到巨大成就的背后也存在一些问题,客观地指出改革尚未解决的问题,探索反思改革的经验教训,对进一步推进改革大有裨益。

从多年的发展内蒙古牧区畜牧业政策和实施的成效上我们可得出以下两个启示:一是要实现草场保护和畜牧业经济发展的目标,就必须制定符合草原生态系统特点的政策。要让"人"适应于"草"和"畜"的特点,这样才能更好地实现"草"和"畜"的管理目标以及"人""草""畜"的协调发展。二是政策的稳定性和灵活性的统一。政策的稳定性是使政策在一定时期内持续发挥作用,避免执行过程的间断,甚至出现某种倒退。政策的稳定性有助于政策决策者的思想贯彻到底,有利于在稳定中降低政策执行的成本。如果政策朝令夕改,一方面会损害政策的权威性和有效性;另一方面对于政策执行中相关利益主体的权益也会造成损伤。当然,要想实现政策的持续稳定,得到长期的贯彻执行,其前提必须是提高政策制定的科学效力,在深入实际、充分调研取证的基础上,政策才会具备前瞻性,从而有效防止执行过程中突发的负面效应,保证政策的稳步推行。政策的灵活性主要体现在两个方面。其一,牧区经济体制改革与畜牧业经济发展必须从当地实际出发,制定适合少数民族地区实际情况的方针政策。要避免牧区工作照抄照搬农区和内地的生产经验;要因地制宜,结合草原生态经济价值的思考,创造性地发挥政策鼓励生产发展的功效。其二,政策制定过程中要赋予牧民更多自主选择的机会,因为制度的内生变量在制度的变迁中起主导作用。在牧区经济体制改革和畜牧业经济发展的过程中,要充分尊重广大牧民的意愿,提高牧民民主参与和决策的权利,这不仅有利于实现牧民真正成为草原的主人,更有助于提高政策制定的科学性。政策的稳定性和灵活性是相互依存、内在统一的。灵活性是政策稳定的前提,没有灵活的政策制定,没有来自于基层牧民的"声音",政策很难保证执行的稳定性;而稳定性又会促进政策灵活性的发挥,长期稳定执行的政策会调动基层牧民的生产积极性,引发政策相关利益主体对政策进一步实施的深入思考与实践。

第五章　社会主义市场经济体制
时期的牧区经济

　　自 1992 年始,中国经济步入快速增长阶段,1992 年 GDP 总量同比增长14%,且此后一直保持 10% 以上的增长速度,创造了中国经济奇迹,市场经济体制的活力在农村和城市得到了极大释放。1992 年 10 月,中国共产党第十四次全国代表大会通过了《加快改革开放和现代化建设步伐,夺取有中国特色社会主义事业的更大胜利》的报告,明确提出了我国经济体制改革的目标是建立社会主义的市场经济体制,这一目标统领中国经济改革全局,涉及对社会主义性质认识的重大变化和对社会主义经济组织方式、经济改革目标与策略的相应变化。建立社会主义市场经济体制,要求整个社会生产和商品流转从以计划配置为主转变到以市场配置为主。1993 年 11 月14 日,中国共产党第十四届中央委员会第三次全体会议通过了《中共中央关于建立社会主义市场经济体制若干问题的决定》。从此,中国社会进入了建设社会主义市场经济时代。

　　2003 年 10 月 14 日,中国共产党第十六届中央委员会第三次会议通过了《中共中央关于完善社会主义市场经济体制若干问题的决定》,该《决定》就完善农村土地制度,健全农业社会化服务、农产品市场和对农业的支持保护体系等作出部署,标志着社会主义市场经济体制得到进一步完善。内蒙古牧区经济体制变革与中央在农村经济体制变革的思路、轨迹基本保持一致,牧区经济体制建设步伐滞后于农区经济体制。

　　社会主义市场经济体制的确立,预示着中国社会经济的深刻变革,建立社会主义市场经济体制的过程中,自然会产生新的经济主体,形成新的经济关系,演化出现代产权关系,逐步形成现代法权关系。在经济体制逐步变革的基础上,社会结构也会产生新的变化,经济主体形态的变化和所有制结构的变化,会造就新的社会结构,逐步孕育全新的生产和交换关系,也调整社会各阶层的利益关系。各阶层的社会经济地位、社会作用、思维方式、行为取向以及利益诉求也会发生根本变化。内蒙古牧区经济体制改革就是在这样的政策背景下逐步推进的。

内蒙古牧区经济作为中国国民经济的重要组成部分,应当逐渐建立社会主义市场经济体制,确保市场在牧区经济资源配置中从基础性到决定性作用的转变过程,必然要进行一系列与市场经济体制配套的改革。同时,内蒙古牧区的改革必须符合牧区的特殊性规律以及牧民的实际情况,这是内蒙古牧区社会主义市场经济体制改革的前提和基础。内蒙古牧区经济体制逐步走进社会主义市场经济体制,是时代发展的必然趋势,更是内蒙古牧区经济社会发展的必然要求。

牧区经济和社会的发展主要依靠的是畜牧业经济,畜牧业经济虽然在发展速度和规模上没有工业和商业快,然而,内蒙古牧区畜牧业承载的是草原牧民世世代代的生产与生活方式。畜牧业又是与自然生态环境联系非常紧密的传统产业,在国民经济众多产业中,畜牧业与草原生态的关联度最高。从趋势来看,虽然畜牧业在国民经济中的比重逐年下降,但是畜牧业在牧区经济和社会中的战略性基础地位仍然十分稳固。

内蒙古牧区市场经济体制改革深受农村市场经济体制改革的影响。牧区市场经济体制改革的过程面临的困难和阻力远比农村改革大得多,内蒙古牧区的市场经济体制改革触及生产组织形式、资源配置方式、牧民生活方式以及文化价值理念等深层次、根本性问题。传统畜牧产业必须通过制度变革与体制机制创新,改变在诸多产业中的不利境地,扭转牧区畜牧业被不断边缘化的不利局面。在内蒙古牧区市场化改革过程中,应充分重视、考虑每个领域、每个局部的具体情况。加之市场体制建立并发挥作用是渐进的过程,因此,内蒙古牧区市场经济体制改革应当采取分阶段、分步骤、有序、有力推进的策略。

内蒙古牧区市场经济体制的确立具有重要的现实意义。

第一，社会主义市场经济体制给牧区带来了全新的价值观念。市场经济体制逐渐改变了牧区自给自足的价值观念，代之以家庭利益和经济利益至上的价值观念，生产经营价值观念的巨大转变，引发了内蒙古牧区一系列根本性变革。市场经济体制在内蒙古牧区现代的社会信用体系，特别是现代的市场理念需要深入到牧区牧户的生产经营活动中。首先就是建立良好的信用体系，只有良好的信用理念的形成，才能够与开放性的市场交易相适应。信用体系逐步建立，也才能够使得市场交易的深度和广度得到大大扩展，特别是现代的网络化和信息化发展，没有良好的现代信用体系，市场交易也很难得到有效展开。缺乏成熟的市场价值观念和完善的信用体系，成为牧区经济市场化价值观念的束缚。

第二，社会主义市场经济体制引入内蒙古牧区，引发了牧区畜牧业生产组织形式的变革，提高了畜牧业生产的合作程度以及生产的组织化和社会化程度。内蒙古牧区社会主义市场经济体制及其配套改革，历经从无到有、从有到成熟、不断发展和完善的过程。牧区的市场化改革加速了政府转变职能的步伐，对政府服务于经济和社会发展的能力提出了全新要求。内蒙古牧区的市场化改革是牧区经济和社会全面与市场接轨的根本性变革。市场化改革重新调整了牧区经济结构，提升了牧区经济参与现代市场竞争的能力，使得城乡之间的发展以及农业、工业、畜牧业发展态势得到一定程度的协调。

第三，社会主义市场经济体制加快了内蒙古牧区经济开放的步伐，赋予传统的草原游牧文明以新的活力与生命力。传统的牧业社会面临着重大战略机遇期。牧区市场经济体制确立的过程充分说明，牧区市场经济体制改革一直处在制度变革与结构重构的过程当中，意味着牧区经济和社会发展面临重大调整。内蒙古牧区市场经济体制改革的阶段，恰恰是内蒙古牧区加速发展的阶段。内蒙古原有的相对封闭的经济和社会形态，通过市场机制逐步转变成为开放型经济形态。牧区市场经济的确立，使牧区经济以更加开放的姿态登上国际舞台。开放的市场为牧区畜牧业经济发展开拓了全新的思路与更加广阔的视野。市场经济体制逐步深入到牧区，关系到草原牧民及畜牧业的根本利益，与草原牧民的命运息息相关。

第四,社会主义市场经济体制促进了牧区商品经济发展。市场化改革以来,内蒙古牧区商品经济的面貌焕然一新。畜牧产品得以自由流通,生产要素得到更加合理、高效的配置,市场化的经营主体不断孕育,公平交易的市场环境和法制环境正在形成,牧区生产力布局更加合理。畜牧业健康发展所需的要素市场和商品市场开始形成。符合市场经营的主体和新的组织模式开始孕育出现。商品流通所需的基本设施逐步引入并得到完善,物流、现代金融、劳动力市场、技术、信息、原料、科研等配套市场也在逐步健全,各个领域的配套改革也在同步推进。牧区的经济发展更加协调,城乡、区域、农牧之间的不协调逐步得到缓和,牧区经济和社会的进步步伐不断加快。

第一节　牧区经济体制的变化

一、经济制度与经济体制

人们对制度的普遍理解为,制度是约束人们行为的一系列规则。规则中内含制度和体制规定性。把先进制度和体制引进到一个新的经济与社会环境中,对于经济和社会将产生积极的推动作用。适应特定经济和社会环境的先进制度,除了能约束和规范人们的行为之外,还能引导、推动、激励人们的行为。经济主体的行为总是在制度的框架内自觉开展经济活动,完善的制度和成熟的体制会使经济处于"帕累托最优"状态,这是牧区市场化改革不断追求的最优目标。

制度对交易行为的引导和约束,主要表现在可以使经济交往或交易行为按照互相认可的规则进行,交易成本得到有效降低。为了保证交易的顺利进行,每一笔交易又要以产权的归属关系为前提。一套能够在经济运行过程中不断激励经济主体行为的制度安排,必定能够激发出经济主体的创造性和活力。在高度制度化的环境中,有效的市场经济体制形成人们稳定预期的路径。正如诺斯所言,"有效率的组织需要建立制度化的设施,并确立财产所有权,把个人的经济行为不断引向人们的社会性活动,使个人的收益不断接近社会收益率"①,这就是制度及其有效的实现机制整合资源(特别是人类群体组织)的力量。"制度提供了人类相互影响的框架,它们建立了构成一个社会,或更确切地说,构成一种经济秩序的合作与竞争关系"②。"制度是一个社会的游戏规则,更规范地说,它是决定人们关系的系列约束"③。牧区社会主义市场经济体制的改革,正推动着一个更加具有活力和效率的牧区社会的形成。

经济体制是"经济制度中关于劳动力、生产资料和自然资源所有权及其对占有权关系规定的展开,它涉及占有权对所有权的责任与义务,以及占有权行使者对使用权的派生与控制等权利关系"④。畜牧业产业组织形式实际上就是一整套畜牧产业参与人的权利体系与权利关系,以及由此而形成的经济管理方式和机构设置体系。草场产权制度、牧民思想价值观念、经济发展水平、基层干部、市场服务等因素,影响和制约着内蒙古牧区市场经济体制的有效运行,比如牧区土地制度,草场承包经营权流转市场,基础设施建设,等等。此外,草场难以顺利流转,在于草场定价问题及草场的所有权、使用权如何参与到生产过程中⑤。从更为宽泛的角度来看,牧区社会主义经济体制就是制定并执行各种经济决策的整套制度及其机制安排。

在牧区畜牧业经济体制的分析中,必然要涉及生产资料,即草场和牲畜。在牧区畜牧业经济中,草场资源是第一资源,通过对第一资源的自然形成和人工培育,形成具有原生属性的畜草产品;以畜草产品为基础的、通过牧民的放牧劳动以及其他劳动而形成的牲畜产品,属于次生产品。这两者有机结合起来就构成了内蒙古畜牧业经济的商品基本形态。牧区经济体制的设计和安排主要在于解决草牧场的有效利用与有效分配问题。当前,内

---

① [美]道格拉斯·C.诺斯:《西方世界的兴起》,厉以平、蔡磊译,学苑出版社1998年版,第1页。

② [美]道格拉斯·C.诺斯:《经济史中的结构与变迁》,陈郁、罗华平译,上海人民出版社1994年版,第225—226页。

③ [美]道格拉斯·C.诺斯:《制度、制度变迁与经济绩效》,刘守英译,上海人民出版社1994年版,第3页。

④ 刘永佶主编:《民族经济学》,中国经济出版社2006年版,第6页。

⑤ 参见乌日陶克套胡、王瑞军:《内蒙古牧区畜牧业主导模式选择》,《中央民族大学学报》2013年第6期。

蒙古牧区存在的民生问题、社会问题以及生态问题,就实质而言,在于内蒙古草原牧区内生的草原畜牧业经济体制和机制存在障碍、缺陷,需要彻底修正和完善。而外生的政策成为影响牧区畜牧业经济发展的战略方向和基本路径。外生的牧区市场经济政策正经历着与牧区畜牧业经济社会艰难的"磨合"过程。

二、内蒙古牧区市场经济体制的变化

"在现实世界中,信息不仅具有不完全的特征,而且还具有不对称的特征"①。政府在制定牧区政策时所依赖的信息源,就存在不完全和不对称特征。因此,中央政府及各级地方政府制定的政策对牧区的适用性就会成为问题。"特别是在少数民族地区……政府通常对少数民族传统的游牧生活方式知之甚少"②。从中国农区经济体制发展的历程来看,先后经历了计划经济体制、有计划的商品经济体制和市场经济体制三个不同阶段。农村的政策照搬到牧区就会出现很多问题和矛盾,这些问题常常是根本性的,对牧区会造成很多不利的影响。制定不当的政策对牧区产生许多消极影响,有的影响根深蒂固,短时难以扭转。牧区经济体制的改革必须基于变化着的牧区畜牧业发展的实际而展开,必须以牧民的实际诉求为根本出发点和归宿点。

体制由制度所决定。草场制度的变迁决定牧区经济体制的变化,其中影响较大的是草场承包制。内蒙古牧区草牧场承包制度的变迁大致可以分为三个阶段:第一阶段,20世纪80年代初至80年代末,牲畜承包到户,部分草场实行承包制;第二阶段,20世纪80年代末到90年代中期,牧区大部分草场开始承包到户和组;第三阶段,1996—1998年,牧区全面落实草原所有权、使用权和承包责任制,把草原的承包经营权交给牧民,并坚持30—50年不变,草场基本承包到户。在牧区推行草场承包制度,一方面,将牲畜的所有权与经营权转移到牧民手中,将草场的经营权予以牧民,很大程度上调

---

① 柯武刚、史漫飞:《制度经济学》,商务印书馆2003年版,第64—65页。
② [荷]何·皮特:《谁是中国土地的拥有者?——制度变迁、产权和社会冲突》,林韵然译,社会科学文献出版社2008年版,第20页。

动了牧民的积极性,促进了牧区社会生产力的发展;另一方面,由于草场承包时间滞后于牲畜承包时间,在牲畜承包之后到草场承包制度落实之前的一段时间内,曾出现承包的牲畜无序、无节制滥用集体草场的现象,导致草场退化加剧。草场承包权的落实,明确草场归属,但草场利用方面也出现了一些新的问题,牧民可利用草场的范围缩小,小范围放牧,植物种类单一,造成牲畜营养不平衡;草场面积比较小的牧户劳动力不能充分发挥潜能,劳动生产率低;分工协作不够,技术水平难以提高,生产经营活动规模不经济;等等①。

早在改革开放之初,内蒙古牧区就率先实行草畜双承包责任制,极大地解放和促进了牧区社会生产力的发展。时任自治区党委书记周惠同志在《红旗》杂志撰写文章指出:"联系畜牧业生产责任制和个体经营户而建立起来的草原管理责任制,实际上就是一种既包括牲畜又包括草原的'双承包制'","牲畜和草原'双承包'责任制的推行,使社会主义制度的优越性同家庭经营的积极性结合起来,使小规模分户经营与专业化、社会化生产有机地结合起来"②。

在1991年11月全区第十五次牧区工作会议中,时任内蒙古自治区党委书记王群作重要讲话,提出"畜牧业再上新台阶,牧民率先达小康"。时任自治区主席布赫作了题为《加速实现畜牧业现代化,建设有中国特色的社会主义新牧区》的报告。从战略高度阐述了未来一个阶段牧区发展的思路。1992年12月30日,自治区七届人大常委会公告第30号公布《内蒙古自治区农牧业承包合同条例》,强化了牧业合同的有效性。1994年12月,中国共产党内蒙古自治区第六次代表大会召开,规定了改革和现代化建设的主要任务,提出:到20世纪末,实现小康和初步建立起社会主义市场经济体制的宏伟目标。1996年9月28日,自治区八届人民代表大会常务委员会第22次会议通过《内蒙古自治区农村牧区集体经济组织审计条例》,自治区人民政府颁布了《内蒙古自治区进一步落实完善草原"双权一制"的规

---

① 参见乔光华:《关于内蒙古牧区经营体制创新的几个问题的认识》,《北方经济》2011年第11期。
② 周惠:《谈谈固定草场使用权的意义》,《红旗》1984年第10期。

定》《关于加快发展农区畜牧业的决定》等地方政府畜牧业规范性文件。其中最重要的是"双权一制"。在实行草畜双承包责任制的基础上,推行了以草场承包到户为重点的草牧场"双权一制"。"双权一制"即草牧场的所有权、使用权和承包责任制,是牧区畜牧业经营体制的又一项重大改革,在短时间内得以顺利推行。1989—1995 年,草牧场承包责任制得到进一步完善,承包形式上采取 3 种办法,即承包到户、承包到联户、承包到浩特(自然村);1996—1998 年,根据《内蒙古自治区进一步落实完善草原"双权一制"的规定》,内蒙古牧区落实了草牧场所有权、使用权和承包责任制,把草牧场使用权彻底承包到户;1998—2002 年为全区草牧场"双权一制"落实工作完善阶段;到 2005 年,内蒙古牧区"双权一制"落实工作基本完成①。当前,草原"双权一制","已落实草原所有权面积 9.8 亿亩,承包草原面积 8.7 亿亩,涉及农牧民 156.6 万人。"②"双权一制"的实行使草牧场的所有权、使用权、承包责任制进一步得到明确,牧区的产权体制逐步细化,牧区的市场经济体制,尤其是草场的牧户使用权进一步得到强化。

　　"双权一制"是牧区草畜双承包责任制的又一项重大延伸政策,是草原生态保护补偿奖励机制的前提。贯彻草原生态保护补助奖励机制,基本前提就是要落实草原"双权一制",草牧场全部承包到户③。以产权改革促进政策调整,以政策调整促进牧民权利得到充分的保障,生态效益和牧民自身经济权益实现了有效对接。按照《中华人民共和国草原法》《中华人民共和国农村土地承包法》《内蒙古自治区草原管理条例》《内蒙古自治区草原管理实施细则》等法律、法规和政策规定,对已经落实草原"双权一制"的地区,要按照中央和自治区有关规定,遵循保持草原承包关系稳定并长久不变的原则,抓好政策的落实、巩固和完善;对没有划分到户或划分不明确、权属不明确的草原要查漏补缺,通过嘎查牧民大会研究,公平、合理、彻底承包到

---

① 参见李媛媛、盖志毅、马军:《内蒙古牧区政策的变迁与农牧业发展研究》,《农业现代化研究》2010 年第 1 期。

② 《内蒙古草原生态保护补助奖励机制实施方案》,2010 年 10 日,内蒙古自治区农牧业厅官网,见 http://www.nmagri.gov.cn/zxq/gsgg/218395.shtml。

③ 参见《内蒙古自治区人民政府关于进一步落实完善草原"双权一制"有关事宜的通知》,《内蒙古政报》2010 年第 12 期。

户,并颁发旗县人民政府统一印制的草原承包经营权证①。从政策上来看,明确了充分保障牧民草原承包使用权的法律地位,稳定了牧民长期经营草原畜牧业的决心,使得草原承包经营权得到有效的法律保障。在实践中,进一步加强了牧草场承包经营权在流转过程中牧民草原承包权益的保护和实现,培养了部分具有现代市场和法律意识的牧民职业经理人,培育了合法的畜牧业交易中介组织,牧区畜牧业经济的法制化进程逐步加快。

"双权一制"在落实过程中也产生了诸多亟待探讨、解决的理论和实际问题。第一,"双权一制"的有效政策执行主体没有形成,所有权主体为集体,现在牧区的集体在哪里? 谁是集体? 是嘎查、苏木还是旗县,法律没有明确规定,导致草场所有权主体虚化或不明晰,尤其是嘎查集休经济微弱或没有集体经济势力的嘎查不能行使草场所有权主体的权力。牧民有草场的使用权,但牧民和牧户没有真正被赋予有效经营和管理草牧场的完整权利。如政策在制定过程中对于承包期限的限制,使得牧民对于牧区政策的稳定性和对于畜牧业持续经营的预期受到影响,随之而来的是对草原牧场的短期开发行为——掠夺式开发,牟取短期利益成为常态,对于长期生态环境的改善等没有得到应有的重视。第二,畜牧业生产要素合理整合很难得到有效开展,政策的公信力在牧区的可操作性受到制约。由此,造成畜牧业生产要素的有效配置和有序流转很难进行。第三,"双权一制"政策未能有效遏制草原生态恶化的总体趋势。"双权一制"政策的实施,打破了草原整体利用的传统优势,代之以碎片化、长期化、法律化的家庭经营,超载过牧必然成为普遍现象,草地生产力明显下降。一言以蔽之,"双权一制"强化了牧区个体牧户层面的权益,却弱化甚至分解了牧区的集体经济。

在此期间,也实施了"增草增畜,提高质量,提高效益"战略、草畜平衡制度和"围封转移"政策。1987 年,国务院召开全国牧区工作会议提出,牧草是畜牧业的基础,发展草业是发展畜牧业的前提。必须加强管理,保护草原,建设草原,发展草业,逐步做到以草定畜,增草增畜,平衡发展。1996

---

① 参见《内蒙古自治区人民政府关于进一步落实完善草原"双权一制"有关事宜的通知》,《内蒙古政报》2010 年第 12 期。

年,内蒙古提出并实施了"增草增畜,提高质量,提高效益"(以下简称"双增双提")战略,使畜牧业经济发展进入从增量发展转向增量和增效并重的阶段。从此,内蒙古畜牧业经济更加注重牧草质量、牲畜品种质量和畜产质量,从向数量求效益转变为向质量求效益的阶段,不仅要经济效益,也要生态效益。"双增双提"战略主导了此后一个时期的内蒙古牧区畜牧业的新发展,也为牧区市场经济发展提供了积累。

为了更好地实施"双增双提"战略,1997 年 9 月 26 日,自治区党委、自治区人民政府发出《关于加快推进全区农牧业产业化的实施意见》,正式确立了内蒙古畜牧业产业化的战略选择。在市场经济条件下,畜牧业产业化的历史使命由谁来承担,用怎样的组织模式去实现,对内蒙古牧区而言,是关乎畜牧业产业化成败的关键问题。在组织模式上,应该将松散结合的贸工牧一体化,转变成为紧密型的资产管理经营一体化的现代产业组织模式。然而,根据牧区的具体差别,结合各类牧区经济发展的实际,要以松散型的模式与紧密型模式相结合的方式。松散的组织模式包括"公司+牧户""市场+牧户""协会+牧户"等。在经济条件较好的牧区,可尝试建立紧密型产业化组织模式,如建立公司化的经营实体,以资金、技术、设施、土地、劳力等生产要素集聚的方式,按照现代公司制的组织模式,结合牧区的实际,建立生产经营一体化的紧密型产业组织模式。努力培育和开拓外部市场,拓展牧区经济对外部的影响力,增加牧区生产经营的活力。确定了商品基地建设,在生产的同时建立标准化的经营与发展模式,打造牧区畜牧业产品的品牌,增加畜产品的商品化率,推进牧区与市场有效连接,实行专业化生产、规模化经营,推进畜牧业产业化进程。

为了提高畜牧业效益,1997 年 12 月 27 日,内蒙古自治区党委、政府作出《关于推进牲畜"种子工程"的决定》,以市场为导向,实行良种牲畜发展的区域化布局、规模化生产,依靠科技进步,加快良种化进程,促进畜牧业生产方式和增长方式的转变,使畜牧业步入优质、高产、高效发展的道路。在政策推进和落实的初期,必须选准时机启动种畜市场,将种畜优选与改良作为驱动牧区畜牧业改革的突破口,通过增加种畜规模和提高种畜质量,逐步提高牲畜种群的质量,从源头提升畜产品品质。这就要求对种畜引进优胜劣汰的市场机制,在知识和科技特别是基因工程的指导下,加大科技和研发力度,在市场竞争机制的作用下,完善种畜的培育、加工、出栏、上市,扩充种畜市场规模,完善种畜市场。

"双增双提"全面落实草原承包到户责任制,加大草原保护和监管力度。草原承包到户工作不彻底、不完善的地方,要抓紧查缺补漏,尽快落实责任,切实把使用、管理、保护、建设草原的责权利完全彻底地交给牧民。要进一步加强苏木、嘎查基层组织对草原承包到户的管理职责。在落实草原承包责任制的基础上,认真贯彻落实已有的政策和法规①。从草地资源的产权改革与产权明晰,增长方式的转变,从源头抓畜牧业生产质量,到不同产业和区域的相互配伍,无不体现着内蒙古畜牧业发展的宏观战略。2000年6月28日公布施行的《内蒙古自治区草畜平衡暂行规定》(以下简称《规定》)总则第四条提到:"实行草畜平衡制度应当贯彻增草增蓄,提高质量、提高效益的畜牧业发展战略,坚持畜牧业发展与保护草原生态并重的原则。"该《规定》中所称的草畜平衡,是指为保持草原生态系统的良性循环,在一定区域和时间内通过草原和其他途径提供的饲草饲料量,与饲养牲畜所需的饲草饲料量保持动态平衡。从政策来看,首先进行草畜平衡核定适宜载畜量,并根据《内蒙古自治区天然草地适宜载畜量计算标准》确定,草原等级根据《内蒙古自治区天然草地资源等级评定标准》确定,草原退化根据《内蒙古天然草地退化标准》确定,并规定草畜平衡核定中,计算现有牲畜头数以统计部门的年度统计数据为准。《规定》中在草畜平衡管理方面,以法律的形式明确草原所有者或者草原使用权单位必须与草原承包经营者签订草畜平衡责任书,其核心内容就是草原现状(草原四至界线、面积、类型、等级、草原退化、沙化面积和程度)、载畜量、草畜平衡措施。草畜平衡制度的确立对于处理畜牧经济与生态关系具有深远的影响。"草畜平衡"为生态与经济的平衡发展架起了政策桥梁。

2002年国务院制定了《国务院关于加强草原保护和建设的若干意见》,再一次明确要求"实行草畜平衡制度",而且要求"控制草原牲畜放牧数量,

---

① 刘明祖:《走保护生态与科学养畜并举之路》,《人民日报》2000年7月17日。

逐步解决草原超载过牧,实现草畜动态平衡"。到 2005 年农业部公布了《草畜平衡管理方法》,共 18 条,详细规定了县以上人民政府对草畜平衡工作的管理、具体标准和管理档案等细节。2005 年农业部又出台了《关于进一步加强退牧还草工程实施管理的意见》,这样,"草畜平衡"政策从当初内蒙古自治区政府行为,上升到主管部门农业部甚至国务院政策之一。

"双增双提"政策初步适应了内蒙古牧区社会主义市场经济发展起步阶段,适应了内蒙古牧区畜牧业经营管理体制,为内蒙古牧区畜牧业在短时间内取得新成绩提供了基本的物质基础,牲畜头数实现了快速增长。草产业的发展被提到了与牲畜养殖同等重要的地位,牧民更珍惜草原,更重视草场建设。内蒙古提出"双增双提"战略,旨在解决草畜矛盾,把牧区生产从单纯消耗牧草的负效应转变为既消耗牧草又建设草原的良性综合效应。把草业作为最大的畜牧业基础建设工程来抓,因为在政策中已经引入了"提高质量,提高效益"的问题,这表明在政策导向上,各级政府已经开始真正关注到牧区经济发展的净收益问题,开始把生态价值作为考察经济发展的重要维度。提高质量和提高效益是衡量畜牧业发展的重要指标。畜牧业经济必须提高草业质量、牲畜质量和畜产品质量,以质量提高畜牧业经济效益。实施"双增双提"政策的过程中,因牲畜头数大幅度增长,使得草原承载能力受到严峻挑战,牧区天然形成的人、草、牲畜的动态平衡被彻底打破。人口增长、牲畜头数大幅度增加对草原生态平衡形成了破坏性影响。为了追求碎片化经营条件下的利润最大化,天然草场普遍超载过牧,并且超载行为屡禁不止。草原退化、沙化和荒漠化问题呈加速蔓延态势,势头远远超过了人们对草原建设、保护的速度。草畜矛盾加剧,生态环境遭到严重破坏,各类自然灾害发生的频率和持续的时间大幅度增加。追求数量增长,追求经济效益的意图仍然占据主导地位。所以"双增双提"政策未能从根本上扭转草原生态恶化的局面。

关于"围封转移"政策从当初的制定实施至今仍有不少争议和讨论,所以,在本章第二节中介绍,此处不再赘述。

进入 21 世纪新阶段,全区上下坚持解放思想、创新发展理念,经历了"又快又好"发展阶段,进入了"又好又快"发展阶段,使牧区经济得到较快发展,并给牧区畜牧业生产经营带来了重大转变。第一,有利于培养适宜于现代畜牧业经营的主体。一般而言,市场经济的主体应该是企业。就必须加快畜牧业生产经济组织的培育,努力培育出适合专业化、产业化、规模化发展的现代畜牧业经营主体。第二,增强了牧民或者企业的经营自主权和经营活力,打破了传统的经营方式,有利于牧民基本经济权益的实现。第三,为畜牧业发展创造了公平的竞争、交易和决策平台。第四,有利于牧区畜牧生产经营主体在法制轨道上进行生产经营。目前,牧区产权体制正在进入多元化时代,真正符合现代市场经济的畜牧业主导经营组织,正在牧区市场经济体制改革进程的襁褓中不断孕育。

三、牧区草场产权制度的确立

(一) 草场产权制度逐渐清晰

在历史上,蒙古民族以游牧方式经营畜牧业,为人类文明注入了新内容。内蒙古自治区成立之前,蒙古族一般草场公有,牲畜私有。先民非常爱护和保护公有草场,共同使用草原、牧草、河流、泉水等草原自然资源,未形成草场产权等现代市场经济的法权体系。"从历史上看,草牧场产权的所有形式,因缺乏清晰的界定、明确行使权力的主体(法人代表)和相应的法律法规和程序,成为以往各种侵权行为,特别是对草牧场掠夺型经营的主要根源。随着牧区经济体制改革的深化,为解决历史上因产权所有形式不明确而带来的各种问题,出台了新的法规政策,其中主要是提出草牧场承包使用制度(承包年限为30年)。它的核心内容是草牧场所有权和使用权发生分离,在明确草牧场所有权和使用权的基础上,使牲畜私有户养同草牧场使用权承包到户更有效的结合,这无疑是草牧场产权制度变革、完善过程中的重大历史进步。"[①]

改革开放以来,牧民在实践中对于产权制度认识的逐步深化,是内蒙古牧区畜牧业经营体制变革的先决条件。畜牧业经济中最基本的要素就是牧民、牲畜、草原。产权制度为要素进行有效合理的配置创造了制度条件。而

---

① 敖仁其:《对内蒙古草原畜牧业的再认识》,《内蒙古财经学院学报》2001 年第 2 期。

在实践中,政策主导的利益分配又是产权制度和产权变革的直接表现形式。从改革开放三十多年牧区发展的情况来看,尤其是从内蒙古牧区畜牧业经营体制维度来看,每一次经营体制的变革总是以政策层面对产权制度的改革为开端。牧区"以牧为主,农林牧结合"奠定了畜牧业在内蒙古牧区经济体系中的基础地位,这在表面上建立了内蒙古牧区经济的基本格局,然而,从深层次来看,这有利于优势生产要素向畜牧业经济流动,比如"退耕还草",实际上表明的就是生产要素向着畜牧业经济流动,把耕地恢复成草场的政策导向性十分明确,此后的草地产权制度改革也是沿着这套政策思路而逐步展开的。

1989—1995 年,草牧场承包责任制得到进一步完善,承包形式上采取三种办法,即承包到户、承包到联户、承包到浩特(自然村);1996—1998 年,根据《内蒙古自治区进一步落实完善草原"双权一制"的规定》,内蒙古牧区落实了草牧场所有权、使用权和承包责任制,把草牧场使用权彻底承包到户。

从内蒙古牧区经济体制改革与产权关系变化趋势来看,具有以下三点特征:第一,除了草场所有权以外,生产资料的所有制逐步从公有向牧户私有转变。从效果上来看,畜牧业生产资料的产权边界逐渐变得清晰,即家庭为基本的经济单元。第二,牧户承包经营也处在与集体和牧户的博弈关系演化当中。牧户承包经营的"组织形式由小组发展到牧户家庭,承包对象的范围由牲畜扩大到草场,再扩大到放牧场和沙地牧场"[1]。第三,牧区畜牧业经营产权关系逐步明晰化,为草场的承包、租赁、转让等市场化的经营方式开辟了先决条件。

（二）牧区产权的法律保障得到加强

市场机制的引入对牧区来说具有深刻的意义。市场机制的引入使得牧民对于财产和权利的认识达到了前所未有的高度,模糊的利益关系逐步上升到以现代市场经济为基本运行方式的现代产权关系以及由此上升形成的现代牧区产权体系当中。

草原牧区畜牧业经济的法制化进程逐步加快。由于《中华人民共和国

---

[1]　张敦福:《公共资源灾难理论与内蒙古牧区的体制变迁》,《西北民族研究》1997 年第 2 期。

草原法》《中华人民共和国农村土地承包法》《内蒙古自治区草原管理条例》《内蒙古自治区草原管理实施细则》等法律、条例、法规和规定进一步得到完善,使牧区畜牧业经济法制化程度加快,为牧区市场经济发展提供了法律保障。要按照中央和自治区有关规定及《内蒙古自治区人民政府关于进一步落实完善草原"双权一制"有关事宜的通知》要求,在内蒙古牧区继续遵循、保持草原承包关系稳定并长久不变的原则,抓好政策的落实、巩固和完善;对没有划分到户或划分不明确、权属不明确的草原要查漏补缺,通过召开嘎查牧民代表大会研究,公平、合理、彻底地承包到户,并颁发旗县人民政府统一印制的《草原承包经营权证》①。这一政策明确了充分保障牧民草原承包使用权的法律地位,稳定了牧民长期经营草原、投身草原牧区建设的预期,使得草原承包经营权得到法律有效保障。但是草场的所有权主体的集体单位不清。角色模糊的所有权主体无法承载厘清牧民与草场之间产权关系的责任,需要从理论和法理层面进一步完善。对此,敖仁其研究员指出:"从草牧场承包制度走向长期、稳定、有效的草牧场产权制度,还需要在理论上深入探讨、制度上有所创新,实践上积极稳妥地解决一些疑难问题。从理论上讲,所有权和使用权是两个独立的概念范畴,但在现实经济过程中两者又是相互交叉相互作用。特别是在所有权同使用权分离的情况下,如果不能恰当地规定各自的基本功能、范围、操作规则,则必然要发生相互扰动。应当看到,整体上把握和解决上述问题,还面临着极其复杂和艰巨的任务,需要相当长的时间。诸如明确和完备各种产权的组织载体,包括所有权、经营权、管理权的组织载体和相应的组织形态,并确定、规范它们的经济、法律、财产地位以及职权范围和行为方式。"②

四、牧区畜牧业市场经济体制中存在的问题

(一)畜牧业生产组织方式松散

草场制度作为牧区经济运行与牧业生产发展最重要的生产资料,对畜

---

① 参见《内蒙古自治区人民政府关于进一步落实完善草原"双权一制"有关事宜的通知》,《内蒙古政报》2010 年第 12 期。

② 敖仁其:《对内蒙古草原畜牧业的再认识》,《内蒙古财经学院学报》2001 年第 3 期。

牧业经济发展至关重要。市场经济制度建设的核心就在于牧区产权制度。从牧区畜牧产业资源的产权来看,主要分为两个类别。一是牲畜,牲畜的所有权已经归属于个体牧户或者联户,产权性质已经明确,这一点自改革开放初期到 20 世纪 90 年代中期,进行市场交易和合理流转的产权归属清晰。二是草场及草地资源。牧区产权制度中,草场产权尤为重要。虽然我们出台了《中华人民共和国草原法》并修订过。明确规定草场所有权主体为集体,但作为集体的嘎查或苏木,未能发挥所有权主体对使用权的控制和支配作用,导致所有权主体虚弱、使用权主体强硬的局面,导致了畜牧业生产经营过程中产权制度的主要作用难以发挥。畜牧业经济产权的所有权、占有权、使用权、收益权、监督权和支配权等关系需要进一步完善。另外,草原的生态价值研究成果较多,但未能上升到法律和产权层面,需要继续探讨。

（二）以牧户为利益单元的分散经营

分散经营的牧区畜牧业存在着天然的缺陷。1989 年,布赫在全区畜牧业工作会议中指出:"实行家庭经营适应于畜牧业分散经营的特点,但它也有自身难以克服的局限性。比如:大多数牧户还不能较好地形成规模经营,畜种齐全不利于专业化生产。有一些带有长远性的建设项目及现代化技术推广项目,一家一户还难以办到。"时至今日,内蒙古牧区总体上还是沿用分散的家庭经营为主要载体的分散畜牧业经济,这种畜牧业生产方式的内在风险主要表现在不能有效推进分工、专业化,难以形成产业化和规模化,难以实现资金积累,更难以实现科技创新。其原因主要是"草畜双承包制"中的草场分给牧户。草场及草地资源在产业基本属性上具有不可分割的特征,而不可分割性来源于畜牧业生产方式的流动属性。然而,在产权制度上进行的"承包责任制"改革的基本路径就是分割草场及草地资源,在实施过程中对大部分草场资源强行进行分割,导致草场碎片化和分割化,草原的整体优势大大降低,无法整合草原上植物、湖泊、河流、山川、动物等地上、地下资源,降低了畜牧业生产力,背离了畜牧业经济发展的基本要求,甚至一度形成牧民与牧民之间、牧民与政府之间、牧民与开发商之间的矛盾和冲突。因此,市场经济体制发展受到畜牧业分散经营的阻碍。

（三）牧区牧民收入增长面临瓶颈

牧民的贫困问题主要体现在两个方面:一方面是牧民收入的增长遇到瓶颈,增收迟缓,甚至出现收入下降;另一方面是牧户资金使用存在缺口,普遍存在信贷借款,还款负担沉重。

1. 牧民收入增长遇到瓶颈

从牧民收入下降方面来看,以2013—2014年牧户畜产品销售收入下降为例说明[①]。

从表5-1可知,2013年牲畜销售收入310.5万元,2014年牲畜销售收入为215.15万元,减少了95.35万元。影响畜牧业养殖收入的主要包括两个方面:一是价格因素,二是牲畜数量因素。2014年羊肉市场价格从7月中旬开始下降,8月继续下降。内蒙古自治区各盟市羊肉市场震荡波动,呼和浩特、乌海地区羊肉价格稳定,赤峰地区微幅下降,包头、锡林郭勒、呼伦贝尔降幅最大,分别环比下降6%、10.8%、13.3%。[②]

表5-1　2013—2014年调研牧户牲畜销售收入及其变动情况

牲畜种类	牲畜种类细分	2013年销售收入(万元)	2014年销售收入(万元)	增减幅度(%)
羊	羔羊	154.1	86.64	-43.78
	大羊	37.78	6.37	-83.14
牛	牛犊	59.58	68.32	14.67
	大牛	19.8	10.8	45.45
马	马驹	—	35.4	—
	大马	22.2	5	-77.48
羊毛		3.86	2.54	-34.33

---

① 数据根据2013—2014年锡林浩特所辖牧区随机入户调研所得。2012年样本户为162户,2013年、2014年分别开展追踪调查,2013年的样本户为160户,2014年的样本户为158户。调研牧户分布在阿尔善宝力格镇、白音锡勒牧场、宝力根苏木、白音库伦牧场、朝克乌拉苏木、贝力克牧场、毛登牧场。

② 参见江学敏:《近期内蒙古羊肉市场运行情况分析》,2014年9月5日,内蒙古自治区商务厅官网,见 http://www.nmgswt.gov.cn/news-5de8fb04-6b9b-4ea4-bd47-67b5913deda1.shtml。

续表

牲畜种类	牲畜种类细分	2013 年销售收入(万元)	2014 年销售收入(万元)	增减幅度(%)
羊皮		13.18	0.084	-99.36
合计		310.5	215.15	—

数据来源:根据 2013—2014 年对锡林浩特所辖苏木嘎查牧户追踪调查数据整理所得。

从表 5-2 数据来看,被调查牧户主要销售的牲畜包括羊(羔羊、大羊)、牛(牛犊、大牛)、马(马驹、大马)三类,从价格的增减变化来看,羊的价格下降最为明显,其中大羊的价格降幅高达 36.57%。牛和马的价格有升有降,但总体仍然处于价格下降的通道当中。羔羊和大羊价格下降是造成牧民收入下降的主要市场因素。

表 5-2 2013—2014 年牲畜价格变化情况

牲畜种类	牲畜种类细分	2013 年价格	2014 年价格	增减幅度(%)
羊	羔羊(元/斤)	11.71	8.75	-25.28
	大羊(元/斤)	8.34	5.29	-36.57
牛	牛犊(元/头、只)	8 870	7 162.5	-19.25
	大牛(元/头、只)	9 000	10 666.7	18.52
马	马驹(元/头、只)	7 666.7	6 500	-15.22
	大马(元/头、只)	7 511	10 000	33.14

表 5-3 表明,被调查牧户的牲畜数量也出现了不同程度的下降,降幅主要表现为大羊和羔羊的数量减少,其中羔羊数量从 2013 年的 2 117 头(只),减少到 2014 年的 1 502 头(只),减少幅度为 29.05%,大羊数量从 2013 年的 463 头(只),锐减到 2014 年的 138 头(只),减少幅度为 70.19%。此外,根据调研数据计算,2013 年牧户羔羊、大羊的平均活畜体重分别为 62.56 斤和 97.06 斤,2014 年牧户羔羊、大羊的平均活畜体重分别为 62.62 斤和 93.33 斤。牲畜的平均体重基本保持稳定,这说明牲畜养殖的条件基本相同。

表5-3 2014年牲畜数量增减情况 单位:头(只)

牲畜种类	牲畜种类细分	2013年牲畜数量	2014年牲畜数量	增减幅度(%)
羊	羔羊	2 117	1 502	-29.05
	大羊	463	138	-70.19
牛	牛犊	78	85	8.97
	大牛	26	10	-61.54
马	马驹	51	54	5.88
	大马	6	5	-16.67
合计		2 741	1 794	-34.55

数据来源:根据2014年对锡林浩特所辖苏木嘎查牧户追踪调查数据整理所得。①

2. 牧民用来维持生活和畜牧业再生产的资金出现缺口

在资金借贷方面,牧户对借贷资金的刚性需求依然强烈。总体上来看,样本牧户的借贷资金主要是普通民间短期借款、银行(信用社)借贷、民间高利贷三个渠道。短期借款的牧户占比38.62%;银行(信用社)借贷的牧户占样本牧户的75.32%;借高利贷的牧户占比为18.24%。总体来看,在样本牧户中,借款的牧户占比为74.69%。从牧户借贷资金的构成比例来看,银行(信用社)借款仍然是牧户资金来源的主要渠道,占72.16%;第二位的是普通民间短期借款,占18.73%;第三位就是民间高利借贷,占9.11%。牧户收入支出比为1:1.119,这一事实表明,多数牧户存在不同程度的资金周转困难。资金缺口主要由各类借款贷款填补,否则难以维持正常的生产和生活需要。

从牧户的融资规模来看,牧户借贷款总额达到了1 221.8万元,平均每户借贷金额为7.54元。有借贷或借款的121个牧户的平均借款或贷款金额为10.1万元。牧户的借款规模达到了相当高的程度。

从牧户的还款负担来看,牧户之间的临时短期资金借贷基本没有利息;

---

① 数据根据2013—2014年锡林浩特所辖牧区随机入户调研所得。2012年样本户为162户,2013年、2014年分别开展追踪调查,2013年的样本户为160户,2014年的样本户为158户。调研牧户分布在阿尔善宝力格镇、白音锡勒牧场、宝力根苏木、白音库伦牧场、朝克乌拉苏木、贝力克牧场、毛登牧场。

牧户从银行(信用社)借款成为主要的融资渠道,其平均利息率为 0.0086;牧户民间私人借贷(高利贷)的利率达到了 0.0222,是银行(信用社)借款利率的 25.74 倍。从两种主要融资渠道的还款负担(年还款总额)来看,银行或信用社还款的利息额户均约为 6 260 元/年,高利贷借款的户均还款总额为 31 550 元/年,借款牧户还贷负担沉重①。

(四) 市场经济体制在牧区的发展需要过程

对于祖祖辈辈经营游牧经济的牧民来说,市场经济既是挑战又是机遇。市场经济以它自身的优势,在牧区迅猛发展。任何一个国家和民族几乎都要经历市场经济发展阶段。市场经济不仅打破经济壁垒,也要打破人与人之间的利益关系,甚至冲击传统的思维方式和价值观。市场经济在牧区发展,也要得到牧民对市场经济的理解和认同。如果没有牧民对市场经济体制的理解和认同,党和政府关于牧区发展畜牧业产业化、市场化和规模化的政策就会遇到阻力。对此,盖志毅教授认为,"牧区生产发展政策选择,其背后本质上是对于文明形式的选择。"②文明形式的传承基于文化认同。过去,牧区、牧民的连接纽带就是传统的游牧文化。在经营游牧经济的历程中,自发形成的牧民之间的合作、互助、共享文化,受到市场经济赤裸裸的货币文化的冲击,会造成牧民传统文化及牧区传统文化联结机制被打破,牧区传统文化根基逐步被市场经济文化所取代。随着牧区市场经济体制的建立和完善,必将经历传统文化和市场经济文化或现代文化的碰撞、交融过程。

五、牧区经济体制改革的走向

(一) 市场经济体制将进一步深入

市场经济的确立为草原牧区带来了全新的发展理念,释放了牧民生产的活力,提高了牧业劳动生产率,增加了牧民的收入,牧民的生产和生活条

---

① 数据根据 2013—2014 年锡林浩特所辖牧区随机入户调研所得。2012 年样本户为 162 户,2013 年、2014 年分别开展追踪调查,2013 年的样本户为 160 户,2014 年的样本户为 158 户。调研牧户分布在阿尔善宝力格镇、白音锡勒牧场、宝力根苏木、白音库伦牧场、朝克乌拉苏木、贝力克牧场、毛登牧场。
② 盖志毅:《新牧区建设与牧区政策调整——以内蒙古为例》,辽宁民族出版社 2011 年版,第 127 页。

件明显改善。社会主义市场经济的引入带来了生产组织形式的变革,提高了畜牧业生产的合作程度以及生产的组织化和社会化程度。牧区的市场化改革加速了政府转变职能的步伐,提升了政府服务经济和社会发展的能力。市场化改革大大优化了牧区经济结构,提升了牧区经济参与现代市场竞争的能力,使得城乡之间的发展差距和农业、工业、畜牧业发展差距拉大的态势得到遏制。

在内蒙古牧区,市场经济体制的进一步完善和推进是经济发展的必然规律。市场在牧区资源配置中越来越发挥决定性的作用。牧区畜牧业经济本身就具有开放性、贸易性和市场性。需要内部和外部的产品交换与商贸往来,历史上北方民族与中原民族为贸易的畅通而进行的战争与和解及"丝绸之路"的产生和发展都证明了这一点。封闭的游牧经济或畜牧业经济不可能生存和发展。如何把畜牧业经济的开放性和贸易性与现代市场经济的优势相结合,把畜牧业经济产业化、合作化和市场化主动与市场经济对接是当前的主要课题。

（二）产权制度的改革进一步加强

20世纪80年代初期,牧区经济体制改革主要集中于畜牧业生产资料从集体和公共产权中松绑,牲畜、草场按照一定的标准分配到牧民手中,并且赋予牧民较为充分的生产资料使用权,牧户可以较为自由地安排畜牧业生产经营活动,有学者称其为"社区和家庭所有权的成长和发展"①。畜牧业生产资料的产权边界逐步向家庭经济权益的边界靠拢。随着市场经济的推进,畜牧业生产资料逐步被纳入到市场范畴当中,相应的畜牧业生产资料的产权市场化程度,即可交易性也逐步增强,这一趋势逐渐迎合了市场经济对牧区生产要素配置的要求。在内蒙古牧区畜牧业经济体制逐步完善的过程中,牧区畜牧业经济的效率能否提升、牧民能否收益是关键。

（三）组织模式多元化成为必然

内蒙古牧区市场经济体制改革的推进过程中,必然产生新型经济主体。

---

① 张敦福:《公共资源灾难理论与内蒙古牧区的体制变迁》,《西北民族研究》1997年第2期。

内蒙古的畜牧业产业目前仍基本处于传统低水平发展阶段,单个牧户的简单组织方式,打破这种低水平均衡的发展窘境,必须突破原有方式的束缚,进行生产关系、产权关系、法权关系、经济关系的重新界定,只有这样才能破除畜牧业发展体制机制障碍。新的多种模式应为提高牧民生产组织化程度,为牧民提供高水平的综合服务,为畜牧业的产业化生产、规模化经营搭建平台。

不同类型、多种形式的产业化组织和服务组织开始出现。目前,随着农牧业产业化的实施,全区各地已出现公司加牧户、基地加牧户、协会加牧户等相对松散的组织形式,与之相适应的农畜产品专业、批发市场及各种类型的社会化服务组织,都有了新的发展。在稳定和完善家庭联产承包责任制的基础上,建立健全土地流转机制,落实草场有偿使用制度,为适度规模经营创造条件。

灵活、有序、整合、重组应该成为牧区市场化改革努力的方向。增强政策的适应性与适用性,增加牧区市场化改革的政策和措施的灵活性。牧区产权改革也应该适应不断变化的市场和非市场因素,这就要求由多元化的产权结构,产权结构多元化必然要求承载组织模式及产权实现的载体实现多元化,因此,牧区畜牧业组织模式的多元化将成为未来畜牧业组织模式变革的趋势。

（四）重视生态建设

自市场化改革以来,内蒙古牧区经济发展的方式发生了根本性转变,原有的"简单再生产"方式,突变成为以利益为指向的市场经济发展方式。经济杠杆所挑动的市场机制,对基本处于天然状态的畜牧业生产活动产生了巨大冲击,致使内蒙古牧区经济社会出现了剧烈的变化。牧区生态在以利益驱动的市场面前变得脆弱不堪。党和政府高瞻远瞩,审时度势,高度关注在牧区建立市场经济体制过程中出现的环境代价问题,并利用政府的公共服务职能,制定了生态补偿金等一系列方针政策,为牧民和牧区注入资金进行补助。针对草原生态恶化、草场植被严重退化的严峻情况,环境和生态政策被不断引入到牧区经济活动之中,弥补市场经济的不足,成为牧区市场经济健康的重要稳定器。这一系列补助措施,旨在解决草牧场超载问题,实现草畜平衡;恢复牧区植被,遏制生态严重退化;遏制市场对部分牧区过度开发;缓解牧区"人与草的矛盾";甚至包括直接以经济手段遏制(沙产业、草产业)过度开发。2010年10月,国务院作出决定,在全国8个主要草原牧区实施草原生态保护补助奖励机制。这是继退牧还草工程和京津风沙源治理工程之后,国家作出的又一个保护草原生态的重大战略决策,这也是广大农牧民期盼已久的普惠工程,标志着草原保护建设进入一个新的发展时期。各级政府应必须加大草原禁牧补助、草畜平衡奖励、牧草良种补助和牧户生产性补助等投入,弥补市场经济的不足。

宏观经济政策要细化成为中观的产业政策,进而细化为微观经济政策。宏观制度、微观政策应考虑内蒙古牧区在全国生态屏障的重要作用。"建立有利于草原生态经济系统的产业结构,就是要实行产业的生态化。产业的生态化指的是,以生态经济战略为指导调整产业布局和产业结构,在微观上给企业和牧户规定严格的有法律约束力的生态标准,从整体和局部两个方面规范产业行为,提高资源利用效率,减少环境污染,不断实现资源的永续利用"[1]。

(五) 法制化进程不断加快

《中华人民共和国畜牧法》第四章第三十五条规定:国家支持草原牧区开展草原围栏、草原水利、草原改良、饲草料储备等草原基本建设,优化畜群结构、改良牧畜品种、转变生产方式、发展舍饲圈养、划区轮牧,逐步实现草畜平衡,改善草原生态环境。[2] 2002年9月16日,《国务院关于加强草原保护与建设的若干意见》的发布,标志着国家在政策层面充分认识到加强草原保护和建设的重要性与紧迫性,并且提出了建立和完善保护草原的基本制度框架,包括建立基本草地保护制度,实行草畜平衡制度,推行划区轮牧、休牧和禁牧制度。重点提出了转变畜牧业生产方式的主要政策主张,包括积极推行舍饲圈养方式以及调整优化区域布局的政策安排。该《意见》奠定了此后牧区草原保护和建设工作的政策文本与行动安排,具有重

---

[1] 盖志毅:《草原生态经济系统可持续发展研究》,中国林业出版社2007年版,第189页。
[2] 转引自达林太、郑易生:《牧区与市场:牧民经济学》,社会科学文献出版社2010版,第102页。

大意义。

随着改革的深化和市场经济的发展,实践中存在着超载过牧严重、财政投入不足、草地资源不能实现有效流转等亟待解决和规范的问题。为了适应新的形势,内蒙古自治区党委、政府出台了《关于清理非牧民占用牧区草场和依法规范草牧场使用权流转的意见》《关于清理党政机关及其领导干部和工作人员占有草场工作的实施方案》等,意图加强对草牧场使用权流转的管理,将其引入法制化轨道。为了适应经济和草原管理的需要,2003 年修订实施《中华人民共和国草原法》以来,内蒙古自治区相继修订出台了《内蒙古自治区草原管理条例》(2005 年修订)、《内蒙古自治区草原管理条例实施细则》(2006)、《内蒙古自治区人民政府关于加强草原监督管理的决定》(2007)、《内蒙古自治区草原野生植物采集收购管理办法》(2009)等法规、条例和办法。新修订的《中华人民共和国草原法》确立了一整套制度体系,涉及草原管理的方方面面。如统一规划制度、草原调查制度、草原统计制度、基本草原保护制度、草畜平衡制度以及禁牧休牧制度等。特别是新修订的《中华人民共和国草原法》对草原权属作出了明确的规定,完善草原承包方面的规定,为切实推进草原家庭承包经营工作提供了强有力的法律保障和制度支撑。明确了各级政府在草原建设和保护中的权利与义务,明确在国家禁牧、休牧、舍饲圈养、退耕还草等方面,分别给予资金、粮食、种子等补贴。2011 年 6 月 29 日,《国务院关于进一步促进内蒙古经济社会又好又快发展的若干意见》中,针对内蒙古在发展中存在的基础设施建设滞后、生态环境脆弱、产业结构单一、区域发展不平衡、公共服务能力不强等突出困难和问题,提出"又好又快"发展意见。该《意见》对今后一段时间的内蒙古经济和社会发展作出总体战略部署。其中一大亮点就是提出"全面推进生态建设和环境保护"。具体包括以下几个方面:一是加强草原生态保护与建设;二是强化森林生态保护与建设;加大沙地沙漠和水土流失治理力度。2014 年 10 月,中共中央十八届四中全会通过了《中共中央关于全面推进依法治国若干重大问题的决定》,为建设法治经济、法治政府指明了方向,注入了新的活力。

第二节 "围封转移"政策

一、"围封转移"政策的背景及内容

1999年至2001年,严重的旱灾打破草原脆弱的生态平衡,草场严重退化,牧民的生产与生活遇到了极大困难,牧区经济发展的不可持续凸显出来。世纪之交的"围封转移",主要是1999—2001年,牧区草场在以"增量"发展为主导思路的推动下,盲目生产的不可持续性逐步显现出来,加上当时连年严重的干旱,加速草场生态恶化的速度,部分生态十分脆弱的地区,牧民的生产和生活陷入严重的困难,草原畜牧业的可持续发展受到严峻挑战,传统的"增量为主"的发展思路弊端逐渐暴露出来,自然生态给内蒙古畜牧业发展敲响了警钟,表5-4中的数据也能证实当时锡林郭勒盟的生态恶化状况。

从表5-4可知,截至1999年锡林郭勒盟生态状况恶化已经达到相当严重的程度了,成为锡林郭勒盟生态最差的时期,草甸草原43.73%退化,典型草原65.92%退化,荒漠草原73.81%退化,并且在每类草原退化中,有相当比例的退化达到重度、严重、极度退化的程度。占沙地总面积74.1%的半固定沙地、半流动沙地、流动沙地对草地侵蚀的威胁依然严峻。"全盟退化、沙化、盐渍化草场面积已达22 168.79万亩,占到全盟草原总面积的76.55%。"[①]

表5-4　1999年锡林郭勒盟草原生态环境现状统计表

土地类型	面积（万公顷）	占比（%）	草地状况	面积（万公顷）	占比（%）
林地	23.66	1.17			
草甸草原	29.65	14.63	未退化	166.83	56.27
			中轻度退化	78.17	26.37
			重度退化	28.39	9.58
			严重退化	23.06	7.78
			极度退化	0.011	0

① 闫志辉:《内蒙古锡林郭勒盟退化、沙化草地现状及治理对策》,《草原与草业》2014年第2期。

续表

土地类型	面积（万公顷）	占比（%）	草地状况	面积（万公顷）	占比（%）
典型草原	728.16	35.94	未退化	248.15	34.08
			中轻度退化	184.97	25.4
			重度退化	142.57	19.58
			严重退化	143.26	19.67
			极度退化	9.23	1.27
荒漠草原	460.94	22.75	未退化	120.72	26.19
			中轻度退化	253.35	54.96
			重度退化	36.59	7.94
			严重退化	34.77	7.54
			极度退化	15.51	3.37
沙地	380.82	18.8	固定沙地	98.65	25.9
			半固定沙地	114.29	26.59
			半流动沙地	124.31	32.64
			流动沙地	43.56	14.87
低湿地	45.09	2.23			
农田	74.99	3.7			
水体	15.23	0.75			
其他	0.43	0.02			
总和	1 758.97	100			

资料来源：戎悦胜、谷雅麟：《生态畜牧业及围封转移》，内蒙古教育出版社 2002 年版，第 40 页。

畜牧业生产的生态环境恶化，牧民收入大幅下降，出现新的贫困牧民，而且牧民收入普遍明显下降，据学者在锡林郭勒盟的调研，"2001 年锡林浩特市农牧民人均可支配收入由 1999 年的 2 236 元下降到 1 823 元。农村牧区贫困人口由 5.2 万人增加到 24.2 万人，占农牧业总人口的 41.3%"[1]。表面上看似乎是气候天气原因，其实是超载过牧导致。对此，恩和与额尔敦

---

[1]　李媛媛、盖志毅、马军：《内蒙古牧区政策的变迁与农牧业发展研究》，《农业现代化研究》2010 年第 1 期。

布和在《内蒙古草原荒漠化问题及其对策》一文中认为,气候变化不是目前内蒙古草原荒漠化的主要原因,而牲畜头数增加与草原超载才是牧区草原退化的直接和主要原因。内蒙古师范大学额尔敦扎布教授还指出,"畜牧业这个制度的变迁及其背后的产权制度缺陷(包括地上与地下资源所有权的不统一),以及承包期过短等政策因素造成的短期行为等是草原地区出现掠夺式经营的根源"①。由此看来,草原荒漠化、牧民贫困化的根源之一在于草原畜牧业生产经营方式。

政策的制定是经营方式推行的直接诱因,改革经营方式须首先调整中央和地方在牧区的经济政策。在这样的背景下,"围封转移"政策应运而生。生态恶化、牧民减收、草场退化和沙化的现实,要求政府出台应对的新政策。当时,根据党中央国务院有关政策,结合内蒙古自治区实际,自治区政府在牧区实施了"围封转移"政策。

"围封转移"是指对生态极度恶化,在已经失去生产、生活条件的地区,实行"围封禁牧、收缩转移、集约经营"的综合措施,对生态实施有效保护,对牧民的生活进行妥善安排,立足实际,发展新型产业,带动经济的发展和牧民收入的提高。"围封转移"政策的意图就是把生态环境的保护和建设与妥善安排牧民生产、生活紧密结合起来,做到生态、生产、生活"三生"结合,把"围封转移"与生态项目建设、产业结构调整、科技兴牧、扶贫开发、小城镇建设、"五通"工程建设紧密结合起来,做到生态效益、经济效益、社会效益的统一,实现传统草原畜牧业向现代畜牧业转变,以经济结构战略性调整为主线,以生产力布局调整为关键,以转变生产经营方式为核心,加快推进科技进步与创新,走出一条生产发展、生活富裕、生态良好的文明发展道路。最终达到转变生产经营方式、增加牧民收入、提高牧民生活质量的目标,实现经济社会的全面发展。根据《国务院关于进一步做好退耕还林(草)试点工作的若干意见》等有关政策,结合内蒙古畜牧业发展的客观实际,自治区政府采取了"退耕还林,退牧还草""围封转移""禁牧休牧"等政

① 恩和、额尔敦布和:《内蒙古草原荒漠化问题及其对策》,《内蒙古大学学报》(人文社会科学版)2002年第6期。

策措施。

实施"围封转移"政策动机是以围封草场和牧民转移的方法,解决牧区出现的环境恶化、牧民减收、维持畜牧业再生产方面遭到的困难。围封草场,可以给植被休养生息的机会,为草原的保护和恢复创造条件;促进畜牧业生产经营方式向集约化方式转变;以推广和应用饲养管理手段,提高畜牧业生产产量;加快畜群结构调整步伐,优化牲畜品种结构和畜种结构;摒弃传统畜牧业杂而不精的高投入、低效益状况,向专而精的高效益畜牧业转变;转移搬迁减少牧区人口数量,提高牧民的劳动技能和社会适应能力,发展牧区第三产业,加快城镇建设,推进牧区城镇化。

"围封转移"是政府利用公共政策的影响力,纠正经济发展过程中的偏差,矫正经济中不符合社会发展和不利于社会公平与生态建设的措施。基层的经济和社会建设步伐先于政策实践。"围封转移"是由政府主导,协调特定区域人、畜、草矛盾的政策,在于解决牧区人与自然的矛盾。内蒙古于2001年1月形成了关于实施生态移民试点工程的意见。"围封转移"是一种地方性建设战略,盟市为基本规划部门,旗县为主要的实施和承办单位。"围封转移"政策恰恰是着眼于环境保护,生态移民对于部分开发过度、生态加速恶化的区域具有意义,然而移民过程又是一个漫长而痛苦的过程。"围封转移"即通过围封禁牧、春季休牧、划区轮牧等措施,保护和恢复草原植被。在生态环境相对恶化的地区,实施生态移民,对迁出区草场进行围封禁牧;对植被有一定再生能力的地区实行春季休牧或划区轮牧。牧民为了草原这一方家园付出了巨大代价。

内蒙古"围封转移"政策的难点在移民。将居住在严重沙化和退化区域的民户迁入到附近资源相对较好、适宜生存的小城镇,从事其他产业。迁出地根据资源特点,规划为公益林、禁牧区、围栏封育等特定区域并实施相应措施。政府以特定方式对"移民"进行补偿,并重新进行草场产权制度的调整。产权调整的核心在于尊重原有产权制度安排,限制了草场使用权或者经营性权利。"围封转移"政策导向为保护生态环境、提高牧民生活水平、提升区域资源整合能力、适应市场经济要求提供重要支撑。

"围封转移"直接的效果就是相对扩大了可利用草原面积。"围封转移"在政策效果上,使得内蒙古草原牧场超负荷利用状况得以有效缓解。这在偏重于草场面积和牲畜数量的畜牧业发展中起到缓冲作用,内蒙古牧区的大片草场在这一阶段得到了休养生息。内蒙古自治区"将在 6 年时间内投资上亿元实施生态移民 65 万人,从根本上解决人、畜活动对生态脆弱地区的破坏,并使这些移民尽快脱贫"①,这些人口将"涉及 72 个旗县,101 个苏木乡镇的 2 419 个嘎查村"②。

在内蒙古牧区,实施"围封转移"政策的,以锡林郭勒盟最为典型,此外,政策覆盖的地区还包括鄂尔多斯、包头、呼伦贝尔、乌兰察布、阿拉善等牧区,这些地方政府也制定并实施了符合本地实际的"围封转移"政策。"围封转移"政策依托中央财政拨款,但主要资金还是来源于地方财政。因此,地方财政状况直接影响到政策的实施效果和政策实施的可持续性。因此,地方财政状况不佳的地区,地方政府对牧区生态和人的影响力明显不足,因此,不管是"围封"还是"转移"成为地方政府解决牧区生态问题的权宜之计。

二、实施"围封转移"政策的效果

依据《国务院关于进一步做好退牧还林(草)试点工作的若干意见》相关政策,自治区采取了"退牧还草,退牧还林""围封转移""禁牧休牧"等一系列政策措施。人退畜减生产、生活和生态协调发展。"围封转移"战略是立足于正确认识和处理人、畜、草之间的关系,改善草原生态,优化畜牧业结构,调整生产力布局的系统思路③。"实施生态移民,不仅能够极大地推进扶贫开发进程,而且将有力地促进保护生态环境,加快农村产业结构调整,是一条可持续发展之路。实施生态移民是保护生态环境、蓄积自然资源的重要保障,是减少返贫人口、巩固扶贫成果的根本举措,是降低扶贫成本、提高扶贫效益的有效途径,是加快城镇化进程、实现城乡统筹发展的

---

① 殷耀、柴海亮:《内蒙古计划投资上亿元,6 年移民 65 万人》,《人民日报》(海外版)2002 年 12 月 2 日。
② 乌力更:《试论生态移民工作中的民族问题》,《内蒙古社会科学》(汉文版)2003 年第 4 期。
③ 参见布和朝鲁:《关于围封转移的战略报告》,《内蒙古社会科学》(汉文版)2005 年第 3 期。

正确选择"①。

（一）完成了"围封转移"工作任务

根据锡林郭勒盟围封转移办公室 2002—2005 年对生态移民工作的总结资料,2002 年全盟共实施移民 3 430 户、14 691 人。其中,生态移民 1 857 户、8 591 人,完成计划任务的 100.7%;迁入区已建住宅 6.74 万平方米,建暖棚 7.69 万平方米;异地搬迁移民方式主要是"集中搬迁"和"插花移民",共实施移民 1 573 户、6 100 人,移民迁入区已建住宅 5.39 万平方米,建暖棚 4.5 万平方米。移民区配套生产设施工程也基本建成。2003 年全盟计划实施生态移民 2 382 户、11 316 人,截至 2002 年年底实施 2 014 户、9 493 人。为解决移民的生产门路问题,锡林郭勒盟积极与伊利、蒙牛、完达山等企业商讨合作事宜并签订了合同。2005 年计划实施生态移民搬迁 1 926 户,住宅 501 474 平方米,暖棚 9 400 人。截至年底,已完成移民搬迁 1 914 户、8 850 人、86 674.8 平方米②。

（二）生态环境得到局部改善

实施"围封转移"战略的目的就是遏制草场退化、沙化,改善生态环境,为京津及华北地区建立生态防线,同时也为本地区农牧民带来经济效益。据锡林郭勒盟生态建设办公室的统计,实施该政策到 2005 年,全盟增加林草植被 1 868.2 万亩,每亩可增加产草量 30 公斤,增草总量可达到 56 046 公斤,增加经济收入 33 648 万元。可增加舍饲牲畜 146 万头(只),增加收入 29 200 万元③。根据锡林郭勒盟草原勘察设计院的跟踪观察,实施"围封转移"政策,对草原生态环境的恢复应该起到了积极作用。从 2000 年到 2010 年前后,锡林郭勒盟草原植被开始得到缓慢恢复,"围封转移"政策开始初见成效。对此,闫志辉分析说:"经过新世纪以来 10 年左右时间的草原保护与建设,锡林郭勒盟草原生态恶化程度有所减轻。据调查数据显示,2010 年全盟草原总面积 28 984.68 万亩,退化、沙化、盐渍化草原面积

---

① 王治国、陈敦明、陈华等:《湖北竹山县实施生态移民——走可持续发展之路》,《宏观经济管理》2004 年第 6 期。

② 根据锡林郭勒盟生态环境建设办公室 2002—2005 年工作总结整理所得。

③ 根据锡林郭勒盟生态环境建设办公室 2002—2005 年工作总结整理所得。

20 932.87 万亩,占全盟草原总面积的 72.22%,退化、沙化、盐渍化面积比 2000 年前后减少了 1 235.91 万亩,减少了 4.33%。"①

内蒙古实施"围封转移"战略,"围封"追求的是生态效益、经济效益和社会效益三者整体统一。在内蒙古部分牧区采取了禁牧、休牧、划区轮牧等措施,对部分生态恶化严重牧区不仅采取草场"围封",也要采取人口"转移"的措施。在"围封转移"中"围封"主要解决生态问题,"转移"主要解决人的问题。生态问题只要资金、精力、人力投入可以解决,但人的问题比环境问题复杂得多。

第三节　牧区经济的"新型合作制"

按照党的十八届三中全会通过的《中共中央关于全面深化改革若干重大问题的决定》要求,根据内蒙古牧区畜牧业经济和社会发展的实际情况,尤其是《决定》中关于经济体制的重要论断,进一步明确了牧区经济体制改革的基本方向、路径以及方法。"要在稳定土地和草原家庭承包经营责任制的基础上,鼓励土地承包经营权在公开市场上向专业大户、家庭农牧场、农牧民合作社、农牧业企业流转,鼓励农村牧区发展合作经济,鼓励和引导工商资本到农村牧区发展适合企业化经营的现代种养业,允许农牧民以土地和草场承包经营权入股发展农业产业化经营,构建新型农业经营体系;要赋予农牧民更多财产权利,包括对集体资产股份占有、收益、有偿退出及抵押、担保、继承权,保障农户宅基地用益物权,慎重稳妥推进农民住房财产权抵押、担保、转让试点;推进城乡要素平等交换和公共资源均衡配置,保障农民公平分享土地增值收益"②。

实现畜牧业经济要素的合理有序流转,提高草场等要素流转效率,是畜牧业经济体制改革面临的必须破除的体制和机制障碍。要素在市场中充分

---

① 闫志辉:《内蒙古锡林郭勒盟退化、沙化草地现状及治理对策》,《草原与草业》2014 年第 2 期。

② 安静赜:《深化经济体制改革推动内蒙古经济社会持续健康发展》,《内蒙古日报》(汉文版)2014 年 1 月 15 日。

交易和流转,才有牧民权益的实现。在牧区,畜牧业经济和社会发展中存在问题的焦点,集中在市场经济条件下的牧区畜牧业经济体制改革。要实现牧区畜牧业经济持续健康发展,亟待建构新型牧区经济的体制机制——牧区经济的"新型合作制"。

一、畜牧业经济体制、经济结构、运行机制和组织模式

（一）畜牧业经济体制

经济体制是经济制度中关于劳动力、生产资料和自然资源的所有权及其对占有权关系规定的展开,它涉及占有权对所有权的责任与义务,以及占有权行使者对使用权的派生与控制等权利关系①。畜牧业产业组织模式,实际上就是一整套畜牧产业参与人的权利体系与权利关系、经济管理方式和机构设置体系。

草牧场产权制度的改革创新是牧区经济体制改革的制度基础。土地产权制度、牧民思想观念、经济发展水平、基层干部、市场服务等,是影响和制约内蒙古土地及草场流转的主要因素。此外,草场难以顺利流转,在于草场定价问题,及草场的所有权、使用权如何参与到生产过程中。

《中华人民共和国草原法》的颁布,标志着以确定草原权属、草原承包为基本内容的草牧场产权制度改革正式开始,2002 年新修订的《中华人民共和国草原法》,又使得草原承包工作得到了进一步深化。牧民通过转包、出租、转让、互换、入股等多种流转方式,进行草场使用权流转。实践证明,草场使用权的合理有序规范,"以草定畜"制度和生态补偿制度,较好地解决了草场承包到户后的主要问题,是草牧场制度的一个重要创新。一方面,保障了牧民的权益;另一方面,草场等资源可以得到有效利用,同时草原生态得到了保护,并继承了传统游牧经济的精华,实现了分工协作,为畜牧业的现代化提供了条件,也为合作经济发展奠定了基础②。

---

① 刘永佶主编:《民族经济学》,中国经济出版社 2006 年版,第 131 页。
② 参见乔光华:《关于内蒙古牧区经营体制创新的几个问题的认识》,《北方经济》2011 年第 11 期。

（二）畜牧业经济结构及运行机制

经济制度是个体利益、权利、关系的抽象规定，它展开于体制，再通过体制展开于经济结构。经济结构是从总体上对产业关系、产业管理、经济利益分配、产业地位、产业转换、产业连锁变化等经济关系构成的规定。畜牧业经济结构全面体现畜牧业经济发展的面貌和质量，并且其结构功能的动态发挥体现在生产、分配、流通、消费的动态经济过程当中，并逐步上升成为有相应法律和制度保证的稳定的经济与社会关系。运行机制与经济结构相对应，是经济结构功能的动态发挥与体现。经济运行机制的本质与内核就是经济结构中所属的权利关系的运用，中心在于占有权如何支配劳动力和生产资料的使用权，具体地说就是如何经营的问题。

畜牧业产业组织模式的变革与创新，就是一整套产业的权利体系和经济关系的创新，并由此逐步形成特定的经济结构关系，在经济结构的基础上衍生出特定功能，经济结构及其功能共同构成经济运行机制。这种机制的作用逐步深入到产业的生产、流通、分配、消费等各个环节当中，在这个运转的动态过程中，生产资料的权利体系、劳动力的权利体系、利益分配制度也逐步形成并稳定下来，逐步作用到新的再生产过程之中。

（三）有效的利益实现机制和利益分配机制

合作组织是商品经济的产物，更是合作组织共同利益的产物。畜牧业新型合作制模式贯彻了有效的利益实现机制和利益分配机制。农户、协会、畜牧企业、雏形合作社、专业机构等，都能够在现代畜牧业的生产经营过程中，发挥自身功能，实现机构的功能，完成利益相关者的经济交往过程，使得畜牧业经济系统能够顺畅实现内部循环。有效的利益实现机制表现为新型合作制，现代畜牧企业是这种模式的主要载体。在这个平台之上，按照对各个环节新增加值的贡献率获取报酬，形成各方利益共享的利益共同体，甚至在此基础上形成有效的畜牧业经济与文化的共同体。在生产、加工、附加值、物流等各个环节，形成完整的产业体系。

内蒙古牧区的草原承包经营责任制是牧区的基本经济制度。随着草原承包经营责任制的落实和牧区经济的发展，草原承包经营权流转必将越来越多。由于内蒙古自治区地域广，东西跨度大，草原承包经营权流转的方式也呈现复杂多样化,法律规定的转包、转让、出租、互换、入股5种主要流转方式都不同程度地存在,共性特征为:草原承包经营权流转,以嘎查内流转为主;以口头自愿流转形式为主;牧区草原流转逐步向专业户集中;草原流转对象多样;草原流转仍然不够规范①。

(四)　21世纪以来内蒙古牧区概况

内蒙古自治区牧区包括7个盟3个地级市,含33个纯牧业旗县、21个半牧业旗县,合计54个。2008年54个牧业、半牧业旗县共有苏木乡镇411个、嘎查村6 893个,其中牧业旗县有苏木乡镇244个、嘎查村3 626个,半牧业旗县有苏木乡镇167个、嘎查村3 267个。54个牧业、半牧业旗县总土地面积97万平方公里,其中天然草原面积10.8亿亩,占全区草原总面积的82.3%。"2016年牧业年度,全区羊存栏稳定在1亿只以上,牛存栏达到1 151万头,全年羊肉、牛肉、猪肉、牛奶产量分别达99万吨、55.6万吨、72.1万吨和734.1万吨,草食畜牧业大区地位得到进一步巩固"②。

截至2015年,牧业年度全区牲畜存栏头数达12 094.8万头(只),增长0.6%;牲畜总增695万头(只),牲畜总增率达57.9%。牧业年度良种及改良种牲畜总头数4 743万头(只),牲畜良种率达到96%以上。初步统计,全年肉类总产量245.74万吨,增长3.5%。其中,猪牛羊肉产量分别达到70.8万吨、52.9万吨和92.6万吨,分别增长3.5%、3.1%和0.8%。牛奶产量803.2万吨,减少1.8%;山羊绒产量8 380吨,增长1.1%。

表5-5、表5-6反映牧区畜牧业农畜产品产量和草原建设等的实际状况。前者反映了内蒙古牧区2015年畜牧业产业规模和发展态势良好,后者反映了牧区畜牧业生产及其基础设施处于幅度轻微的结构性调整过程当中,总体上来说牧区畜牧业发展平稳向好。

---

① 参见《内蒙古自治区草原承包经营权流转办法》,1999年12月9日自治区人民政府第十七次常务会议通过。

② 王晓峰:《2016年内蒙古自治区畜牧业概况》,2017年4月28日,内蒙古自治区农牧业厅官网,见 http://www.nmagri.gov.cn/zwq/nmygk/xmy/663967.shtml。

表 5-5　2010—2015 年内蒙古主要农畜产品产量

总量指标	2010 年	2011 年	2012 年	2013 年	2014 年	2015 年
肉类(万吨)	238.71	237.48	245.8	244.9	252.33	245.7
牛奶(万吨)	905.15	908.2	910.2	767.3	788.01	803.2
羊毛(万吨)	12	11.92	12.4	10.2	12.15	12.72
羊绒(吨)	8 104	7 644	7 642	7 901	8 284	8 380
水产品(万吨)	11.38	10.6	13.2	14.1	14.79	15.35
6 月末牲畜总数(万头〈只〉)	10 798	10 762	11 263	11 819	12 915	13 585
大牲畜(万头)	1 140.1	1 176.7	1 238.7	1 266.5	1 308.5	1 358.3
羊(万只)	8 408	8 347.5	8 605.4	9 024.7	10 091	10 736.5
生猪(万口)	1 250.5	1 238.4	1 418.9	1 528.5	1 516.3	1491

数据来源:根据《内蒙古统计年鉴(2012—2016)》数据整理所得。

表 5-6　2014—2015 年内蒙古草原建设及利用情况

项目	2014 年	2015 年
草场面积(万公顷)	8 800.00	8 800.00
承包到户面积(万公顷)	6 940.00	6 940.00
草库伦面积(围栏草场面积)(万公顷)	3 092.48	3 158.84
当年新增面积(万公顷)	81.40	55.30
人工种草保有面积(万公顷)	356.00	379.30
当年种草面积(万公顷)	205.21	218.66
飞机播种面积(万公顷)	0.85	0.68
当年打草量(万吨)	1 379.65	1 350.04
现有畜棚数(万间)	15 121.28	14 262.79
畜棚面积(万平方米)	1.10	1.23
每平方米畜棚拥有牲畜数(只/平方米)	16 633.41	15 624.43
现有畜圈数(万座)	1.00	1.12
畜圈面积(万平方米)	8 800.00	8 800.00
每平方米畜圈拥有牲畜数(只/平方米)	6 940.00	6 940.00

数据来源:根据《内蒙古统计年鉴 2016》数据整理所得。

注:每平方米畜棚、畜圈拥有牲畜及草原载畜量均按标准羊单位计算;草原载畜量为每万公顷草场
　　饲养牲畜数量。

二、畜牧业合作组织模式

模式就是解决某类问题的成型且稳定的结构和组织关系,是经济规律作用下,社会对产业内部各组成部分的有效联结方式和经济运行方式,从模式对经济事物的效果来看,模式其实就是解决某一类问题方法的既定集合。把产业发展普遍采用的组织模式总结归纳到理论高度。从产业角度论,就是产业组织模式,即产业的经营主体、生产方式、经营过程、经营结果的完整统一。产业组织模式重点在于产业的经营组织形式和有效运营的过程。经过实践检验的正确的产业组织模式,可以在适宜的条件下进行推广,以指导产业发展。符合现代经济发展趋势的产业组织模式的革新就是一种生产方式变革,就是产业发展的一大进步。

畜牧业经营方式从游牧逐渐走向定牧,其经营的组织模式基本上保持了原有的形态,仍然主要以牧户为生产经营单位,牧户就是畜牧业产业组织的基本组织模式。牧业土地流转,劳动力流动,新技术的推广。随着"草畜承包制""两权一制""双增双提"和"围封转移"等政策的实施,草原产权意识和土地制度逐渐清晰。牧民之间的劳动互换和家庭互助逐渐减少,自然形成的牧业经营的风险规避制度逐步消失。这对风险相对较高、经营相对脆弱的以牧户为单位的畜牧业经营来说,失去了天然的保护屏障和风险分散机制。

现阶段的内蒙古畜牧业基本局面是传统畜牧业为主,现代畜牧业经营模式零星分布,以牧户为单位的生产经营为主,主要的组织方式是传统的畜牧业家庭。更大规模和更大范围的畜牧业组织模式主要以现代家庭牧场为代表。在此基础上,几个牧户或者嘎查的部分亲属为纽带的更大规模的生产组织是牧区合作社。

2005年9月15日,内蒙古自治区人民政府《关于加快发展农牧民专业合作组织的意见》,提出了建立和发展农牧民合作组织必须坚持的基本原则:一是坚持以家庭承包经营为基础的原则,即农村牧区实行的家庭承包经营是国家农村牧区政策的基础,必须保持长期稳定,发展农牧民专业合作组织不得动摇农牧民家庭承包经营的基础地位,不得改变农牧民的土地、草原经营权,不得影响农牧民自主经营权利,不得变更农牧户财产关系,不得干预农牧民家庭经营;二是坚持农牧民自愿的原则;三是坚持"民办、民管、民受益"的原则;四是坚持因地制宜的原则,即发展专业合作组织要因地制宜地选择发展模式;五是坚持边发展、边规范的原则①。2007 年 7 月 1 日《中华人民共和国农民专业合作社法》正式实施以来,在法律层面规范和保证了牧区专业合作社的发展,推动了牧区合作经济的升级。

畜牧业在一定的组织架构基础上形成的新型合作组织,在畜牧业经营活动中发挥着组织、决策、管理和各合作组织间的竞争与协作等功能。畜牧业生产组织模式直接影响畜牧业生产经营中的人与人之间的社会关系。社会主义市场经济条件下,畜牧业产业组织模式的选择,必须遵从畜牧业发展的生产力水平、畜产品市场化程度、牧业社会化的程度等诸多因素。内蒙古的畜牧业经济是开放经济,在市场经济条件下进行畜牧业组织模式创新应该立足本地区产业发展实际,积极努力学习畜牧业发达国家或者地区在产业组织模式探索过程中的成功经验,推动畜牧业产业组织模式的更新。

三、内蒙古牧区"合作制"组织模式的基本情况

内蒙古牧区"合作制"经济的快速发展离不开政府的大力支持。自2006 年开始,自治区政府加大对牧区合作社的资金扶持力度,将牧民专业合作社发展的专项资金列入每年的财政预算中,使得合作社发展获得了稳定而强有力的资金支持。该项资金主要用于新品种、新技术、人才的引进,科技研发、新技术推广及农畜产品的加工、贮藏和销售等方面。在政策层面加大了信贷资金的扶持力度,并要求中国农业银行和内蒙古农村信用社,适度降低贷款门槛,简化程序,切实降低牧民使用资金的负担。此外,在部分地区,牧民专业合作社还享有税费减免的优惠,行政审批以及交通运输等方面的绿色通道。这些措施,为内蒙古牧区牧民"合作制"经济的发展提供了全方位、强有力的政策支持。

---

① 参见内蒙古自治区人民政府:《关于加快发展农牧民专业合作组织的意见》,《内蒙古政报》2005 年第 9 期。

（一）基本情况

内蒙古自治区牧民合作组织发展迅速。"在组织形式上，内蒙古积极创新经营主体和经营形式。牧区大力推进草牧场规范流转，整合畜牧业生产资料，引导扶持养殖能手向专业大户、联户、合作社等形式的家庭牧场方向发展；农区积极引进社会资本，推进庭院养殖向人畜分离转变，发展'公司+农户''公司+基地'、农民专业合作社等为主导的生产组织模式，提升中小规模户和散养户的组织化程度。全区各类畜禽规模养殖场超过10万个，其中牧区家庭牧场已发展到3.5万个，参与家庭牧场经营户达到5万户，占到牧户总数的11%。区内肉羊规模养殖水平达到67.9%，奶牛规模养殖水平达到80.5%，畜禽整体规模化率达到68.2%"①。牧区牧民畜牧业生产合作社在数量和规模上得到迅速发展。牧区牧民合作社是"合作制"组织模式的主要载体，然而，牧区"合作制"经济不是对草场承包经营制度的否定，而是继承和发展草场承包经营制。当前牧区的合作者仍然是处于初级阶段的合作制，因为在实质上，内蒙古牧区的合作社是具有合作制"外形"、其内核却仍然是草场使用权的私人承包制度。说到底，现在的"合作制"及其合作社仍然是家庭承包经营的某种形式。

以下我们来分析牧民专业合作社的发展情况。

从表5-7可以看到，从2009年到2013年，各盟市牧民合作社数量逐步增加，合作社成员数量快速增长，"新型合作制"的优势进一步彰显。

表5-7　2009—2013年内蒙古各牧区牧民专业合作社发展情况

行政区域	牧民合作社数量（个）					牧民合作社成员数量（个）				
	2009	2010	2011	2012	2013	2009	2010	2011	2012	2013
呼伦贝尔市	29	57	195	311	541	2 348	3 305	4 370	5 379	7 052
兴安盟牧区	13	17	19	26	81	1 737	3 542	3 022	3 116	5 804
通辽市牧区	113	159	178	226	792	3 005	4 015	5 353	4 220	13 265
赤峰市牧区	231	427	545	631	1 292	4 310	13 085	14 710	1 739	19 959

---

① 王晓峰：《2016年内蒙古自治区畜牧业概况》，2017年4月28日，内蒙古自治区农牧业厅网站，见 http://www.nmagri.gov.cn/zwq/nmygk/xmy/663967.shtml。

行政区域	牧民合作社数量（个）					牧民合作社成员数量（个）				
	2009	2010	2011	2012	2013	2009	2010	2011	2012	2013
锡林郭勒盟	229	413	745	1 099	2 215	8 032	11 172	25 986	24 176	27 923
乌兰察布市	6	47	47	115	248	90	1 546	1 581	2 032	3 370
鄂尔多斯市	171	207	273	335	920	4 505	5 062	5 192	3 737	2 196
巴彦淖尔市	39	53	72	83	170	1 102	2 023	2 317	1 174	1 559
包头市	22	25	26	29	35	877	868	868	1 243	589
阿拉善盟	29	52	74	109	240	2 195	3 155	3 430	4 222	5 582
合计	882	1 457	2 174	2 964	6 534	28 201	47 773	66 829	51 038	87 299

资料来源：根据内蒙古自治区农牧业厅数据整理所得。

总体来看，牧区专业合作社的发展初具规模。从数量来看，赤峰市牧区、锡林郭勒盟、鄂尔多斯市的专业合作社数量排位前三，对应的合作社成员的户数量也最多；从合作社的影响力来看，处于前三位的分别是通辽市牧区、鄂尔多斯市、锡林郭勒盟；从带动人数来看，各盟市均实现了大幅度增长，并且呈现加速发展趋势。以牧民合作社发展相对较好的锡林郭勒盟来看，"截止到2014年10月，一是数量达到一定规模。截止到10月底，全盟农牧民合作社发展到1 051家，其中牧民合作社597个，农民合作社454个，2014年新建合作社60家。合作社入社成员2.9万户，辐射带动农牧户9.3万户。二是产业分布广泛。从行业分布情况看，涉及种养、饲草、农牧机、加工和服务业，其中从事种植业的238个，占22.7%；养殖业的517个，占49.2%；饲草产业的78个，占7.5%；农牧机76个，占7.3%；其他（包括食品加工）142个，占13.5%。合作社涵盖粮食、蔬菜、肉蛋奶等主要产品生产、加工和销售，并逐步扩展到民族工艺、旅游休闲等多领域。三是服务水平不断提高。农牧民合作社积极兴办了成员急需的服务项目，多数合作社由成立初期单纯向成员提供技术、信息服务，逐步延伸到储运、加工、销售等各个环节，解决了成员缺乏技术、成本居高不下、产品销售困难的实际难题。一些合作社建设了种公羊基地，一些合作社建设了产品保鲜冷藏或加工包装项目，还有一些合作社利用财政扶持资金开展农牧业基础设施建设，为持续稳定发展打下基础"①。

　　按照所处行业及其占比来看,从表5-8可知,2013年内蒙古牧区牧民专业合作社从事畜牧业的占绝大多数,有5 111个,占比为78.22%;在从事畜牧业的合作社当中,锡林郭勒盟、赤峰市、鄂尔多斯市居于前三位,分别占总数的38.82%、19.31%和12.27%。从2009年到2012年,从事畜牧业的合作社数量依次为79.82%、78.45%、81.14%和80.2%,这表明内蒙古牧区合作社主要从事畜牧业,而且在畜牧业中主要呈现出依托区域特色产业,并且在肉、乳、绒和饲草等产业中较有代表性。从事种植业的专业合作社有717个,占专业合作社总数的14%;从事服务业的牧民专业合作社有455个,占专业合作社总数的8.9%。因此,可以说内蒙古牧民专业合作社依托畜牧业的优势,开始逐步向种植业、服务业等为代表的其他行业和领域扩展。

表5-8　2013年牧民合作社从事行业情况　　　　　单位:个

行政区域	畜牧业	种植业	林业	服务业	渔业	其他	合计
呼伦贝尔市	494	10	1	18	0	18	541
兴安盟牧区	63	14	1	2	0	1	81
通辽市牧区	504	199	5	64	0	20	792
赤峰市牧区	987	231	6	55	0	13	1 292
锡林郭勒盟	1 984	79	3	102	2	45	2 215
乌兰察布市	248	0	0	0	0	0	248
鄂尔多斯市	627	115	3	132	1	42	920
巴彦淖尔市	94	11	0	2	0	23	130
包头市	22	11	0	1	0	1	35
阿拉善盟	88	47	0	39	0	66	240
合计	5 111	717	19	455	3	229	6 534

资料来源:根据内蒙古自治区农牧业厅数据整理所得。

　　按照牵头人身份来看,从表5-9可知,牧民合作组织已经基本覆盖了

① 王晓峰:《锡林郭勒盟农牧民合作社发展情况》,2014年11月3日,内蒙古自治区农牧业厅官网,见 http://www.nmagri.gov.cn/zxq/msxxlb/xm/411768.shtml。

内蒙古大部分牧区,其牵头人包括农村牧区能人、嘎查干部、企业、基层牧业技术服务组织以及其他类型。由能人牵头组建成立的畜牧业组织有 5 675个,占总数的 86.9%。

表5-9　2013 年牧民专业合作社按牵头人划分　　　　单位:个

地区	牵头人身份					
	能人	嘎查干部	企业	基层牧技服务组织	其他	合计
呼伦贝尔市	452	89	0	0	0	541
兴安盟	38	32	0	0	13	19
通辽市	718	58	3	0	13	792
赤峰市	1 225	51	0	8	8	1 292
锡林郭勒盟	1 811	404	0	0	0	2 215
乌兰察布市	248	0	0	0	0	248
鄂尔多斯市	838	54	8	27	1	928
巴彦淖尔市	168	2	0	0	0	170
包头市	32	0	1	1	1	35
阿拉善盟	145	18	1	0	76	240
合计	5 675	708	5	36	110	6 534

资料来源:根据内蒙古自治区农牧业厅数据整理所得。

(二) 基本问题

1. 牧区传统"合作制"制度嵌入不足。牧区合作经济,是在"草场承包到户"制度框架下,广大牧民在生产、加工、流通等环节,开展合作经营,是牧区经营体制的创新与突破[1]。从组织架构、治理机制、服务功能、经济带动作用、组织化程度、治理机制方面综合考察来看,内蒙古畜牧业组织模式尚处于初级探索阶段。内蒙古畜牧业组织模式很难与国际公认的畜牧业组织模式及其相关原则接轨。其中最主要的问题是畜牧业组织模式的内部治

---

[1]　参见乔光华:《关于内蒙古牧区经营体制创新的几个问题的认识》,《北方经济》2011 年第11 期。

理机制不够健全、法人治理结构不完善,更谈不上规范化、市场化的经营,现代管理的缺失也是亟待解决的问题。在现有的牧区新型合作组织模式中,制定的制度和章程形同虚设,在模式的组织和运作过程当中没有发挥应有的作用,治理机制仍然主要依赖传统的家庭、家族等,未能发挥新型合作组织模式的现代经济功能。

2. 传统"合作制"缺乏规范的现代产权制度约束。畜牧业组织模式存在的问题主要表现在组织程度低,组织松散,无法有效地实现模式的功能,组织模式的整体表现差强人意。主要原因在于没有有效地把各个组成部分进行联系,也没有建立共同的利益机制,没有理顺内部的利益关系,内部没有清晰的产权形式,产权模糊,牧民利益不能够得到有效实现。畜牧业组织模式中缺乏有效的管理和约束机制。规章制度形同虚设,如财务制度、分配制度。普通牧户未能有效地参与组织的决策,造成所有权主体虚置。缺乏有效管理就造成组织的松散,普通牧户处于游离状态,管理的效率和机制很难实现。缺乏专门人才也是组织模式难以健全的根本性原因,比如在一些组织模式当中,没有专门的预算、核算、财会人员,这造成组织的财务管理真空。此外,其他方面的专门人才也十分缺乏,畜牧业组织模式当中具备现代知识、现代意识的人才十分稀缺。

3. 传统"合作制"合作领域狭窄。畜牧业组织模式,合作的广度和深度均存在严重不足,合作领域仍然局限于传统的牧业领域当中。如草地保护、草场整合、牲畜饲养、疫病防治、产品加工、市场拓展、畜种改良等方面的工作。没有把多层次、持续性的服务深入到牧户当中。内蒙古牧区的畜牧业组织模式仍然和基层政权混合在一起。政府和畜牧业组织结构重叠,职能混淆,政经合一,畜牧业组织模式又重新回到政企不分、政社不分的老路上来。内蒙古牧区畜牧业组织模式存在多种形态,模式相对分散,主导模式尚未成型。主要模式有:单一牧户模式、合作经济组织模式、牧民自发合作模式、基层自治组织嵌入模式、精英主导模式、企业牧户联动模式、民间组织架构模式、交易联合模式。多数组织模式都处于比较初级的发展阶段,或者是已经比较稳定的阶段。

表 5-10　内蒙古牧区"合作制"经济组织比较

合作组织类型	特征	举例	效果
牧民自发合作模式	牧民联户经营,是牧民在家庭承包经营的基础上,按照自愿、平等的原则,以合作、合资、入股等方式,将草场、劳动力、牲畜、牧业机械等进行整合,联合生产经营。	2006 年 3 月,锡林浩特市宝利根苏木的 9 户牧民,为了增加收入,缓解草原退化,集资成立了杭海联户经营实体。	联户经营的主体是以血缘或地缘关系为纽带的普通牧户,内部治理上,组织管理结构较简单,但成员较少,内部监督成本低。优化了劳动力资源和生产资料的配置;为牧民开展集中连片划区轮牧创造了条件;有效利用社区资源。
专业合作组织模式	由牧民、政府涉牧机构或企业等实体,在加工与运销等环节组建的合作社。	以罕乌拉羊绒合作社为例,是由当地转型后的供销社牵头,29 户牧业大户共同出资组建的牧区合作社。	有效组织生产,有效联结生产、加工和运销环节。
民间组织架构模式	生产同类型畜产品的牧民,为了壮大交易能力,获得规模化生产经营优势,在生产、加工与流通领域,建立的具有服务功能的专业协会。	2004 年,内蒙古新巴尔虎左旗的 10 户牧民成立的绒山羊协会。同年,西乌旗的巴拉嘎尔高勒镇牧民建立的希热努特格肉羊育肥协会等。	协会既组织生产,也为牧民开展共同经营活动,提高了牧民的交易能力;协会引进优良品种,提高了牧民的投入产出效率;协会上联牧户,下联市场,沟通了运销,活跃了畜产品市场。
牧民合作制企业模式	牧民股份合作制企业,是牧民以牲畜、草场等生产资料入股成立的,以公司化的管理制度对生产资料进行统一经营管理的企业组织形式。	内蒙古呼伦贝尔市陈巴尔虎旗白音海拉尔牧业专业合作社,是该旗最大的以草牧场流转为主的专业合作社。合作社成员 66 户,占嘎查总人口的 87%,入股草场 46 万亩,占嘎查草场总面积的 60.5%,入社奶牛 660 头。牧民草场承包经营权不变,草场实行集约化经营使用,并按照草场和牲畜份额进行收益分配。	牧民股份合作制企业,极大地推动了草原畜牧业的现代化进程。首先,通过引进企业管理运营模式,有利于迅速推广先进生产方式,提高草原畜牧业的投入产出效率;其次,提高了牧民生产的专业化和标准化程度,延伸了畜产品的产业链条,增加了畜产品的附加值;最后,也促进了特色产品品牌的形成。

续表

合作组织类型	特征	举例	效果
牧民合作社模式	牧民合作社,指由广大牧民以牲畜、草场使用权、牧业机械等生产资料作为股金,在生产、加工与运销环节建立的合作组织。	例如,2002年11月,锡林郭勒盟阿巴嘎旗萨如拉图亚嘎查党委书记廷·巴特尔带头,37户牧民以牲畜、草场、资金入股,注册91万元成立了萨如拉牛业有限责任公司。	合作社社员按比例持股,产权明晰;合作社内部设有社员大会、董事会和监事会,负责决定重大人事任免,商讨经营中的重大决策事项,形成了公开、民主、透明的管理监督制度;合作社建立了自己的章程。

资料来源:根据富志宏、孟慧君论文《牧区新型合作组织发展问题研究》整理所得①。

以家庭承包经营的牧业生产方式在初级阶段存在产业规模小、带动力差、盈利成效不显著等问题,牧民的诸多权益不能得到合法保障,牧区社会发展缓慢,生态系统与生产经营的矛盾日益增长。这种状况会导致畜牧业产业组织形态的自我更新脚步放缓甚至停滞。另外,一些畜牧业产业组织类型虽然符合现代化大生产的发展趋势,符合社会主义市场经济发展的要求,但是,仍然处于酝酿、探索和实验阶段,其作用仍然没有发挥。这种情况下,就需要政策的制定者能够高瞻远瞩,能够在实地调研和科学规划的基础上,进一步筛选和培育适应牧区畜牧业发展需要的产业组织模式。

表5-11表明,牧民专业合作社的经营项目主要包括7大类,分别是产加销一体化服务、生产服务、购买服务、仓储服务、运销服务、加工服务以及其他经营服务项目。锡林郭勒盟、鄂尔多斯市、呼伦贝尔市各类别牧民专业合作社的数量在自治区的排名中较为靠前。

---

① 参见富志宏、孟慧君:《牧区新型合作组织发展问题研究》,《北方经济》2007年第10期。

表 5-11　2011 年牧民专业合作社按经营服务项目划分①　　　单位:个

地区	经营服务项目						
	产加销一体化服务	生产服务为主	购买服务为主	仓储服务为主	运销服务为主	加工服务为主	其他
呼伦贝尔市	110	70	2	0	1	3	9
兴安盟	8	4	4	0	1	0	2
通辽市	47	41	27	0	8	4	51
赤峰市	131	57	0	0	0	2	355
锡林郭勒盟	335	167	5	0	15	13	210
乌兰察布市	47	0	0	0	0	0	0
鄂尔多斯市	133	63	3	2	0	17	55
巴彦淖尔市	25	34	0	0	0	0	12
包头市	24	0	0	0	1	0	1
阿拉善盟	32	0	6	0	0	0	36
合计	892	436	47	2	26	40	731

从表 5-12 可知,各盟市的牧民专业合作社的经营服务主要集中在统一销售中,通辽市和阿拉善盟排名较为靠前,产值分别为 9 051.6 万元和 5 700.3 万元。牧民专业合作社中培训人次也逐步增加。拥有的注册商标合作社数以及通过产品质量认证的合作社数量相对较少,品牌和质量安全意识有待进一步提升。

表 5-12　2011 年内蒙古牧民专业合作社经营与销售状况②

地区	经营服务项目							
	统一销售总值(万元)	其中80%以上(个)	统一购买生产投入总值(万元)	其中80%以上(个)	培训成员数(人次)	拥有注册商标合作社数(人次)	通过农产品质量认证(个)	上缴国家税收(万元)
呼伦贝尔市	4 826	0	611.3	0	1 472	0	0	0

---

① 参见塔娜:《内蒙古牧民合作经济组织现状研究——以阿拉善双峰驼合作社为例》,硕士学位论文,内蒙古师范大学,2012 年,第 13 页。
② 参见塔娜:《内蒙古牧民合作经济组织现状研究——以阿拉善双峰驼合作社为例》,硕士学位论文,内蒙古师范大学,2012 年,第 12 页。

续表

地区	经营服务项目							
	统一销售总值（万元）	其中80%以上（个）	统一购买生产投入总值（万元）	其中80%以上（个）	培训成员数（人次）	拥有注册商标合作社数（人次）	通过农产品质量认证（个）	上缴国家税收（万元）
兴安盟	167	0	92	0	1 612	19	1	0
通辽市	9 051.6	8	432	3	3 404	2	2	0
赤峰市	1 687	1	0	0	1 082	5	1	20
锡林郭勒盟	165.9	17	86.2	14	905	8	0	0
乌兰察布市	0	0	0	0	444	0	0	0
鄂尔多斯市	1 000	0	500	0	2 212	2	0	42
巴彦淖尔市	0	0	21.4	0	380	9	6	0
包头市	0	0	0	0	0	0	0	0
阿拉善盟	5 700.3	0	4 500.2	0	1 353	4	5	0
合计	22 597.8	26	6 243.1	17	12 864	49	15	62

　　按照表5-13所示,反映了2011年内蒙古牧民专业合作社可分配盈余情况。全区按交易量返还成员总额为617.9万元,按股分红总额为3 123.4万元,其中呼伦贝尔市按交易量返还额为319.6万元,占全区总额的52%,锡林郭勒盟是按照股份分红为主,达到 1 616.5 万元,占全区总额的51.7%。根据各盟市提留公积金、公益金及风险金的合作社情况,说明锡林郭勒盟牧民专业合作社在内蒙古众多牧业旗县中走到前列,发展势头强劲,组织架构和利润分配方面都比较完善。参与合作经济的牧民收入实现多元化,牧区牧民民生得到了实实在在的改善。然而,就全区受扶持的情况来看,对牧区专业合作社的扶持几乎是空白,牧区专业合作社在发展中面临缺少政策扶持的局面,特别是缺少财政扶持。

表5-13　2011年内蒙古牧民专业合作社分配与受扶持情况①

地区	牧民专业合作社可分配盈余			牧民专业合作社其他情况		扶持牧民专业合作社发展情况	
	合计（万元）	按交易量返还成员总额（万元）	按股分红总额（万元）	提留公积金、公益金及风险金的合作社数（个）	可分配盈余按交易量返还成员的合作社数（个）	获得财政扶持资金的合作社数（个）	其中农业部门扶持（个）
呼伦贝尔市	2 120.8	319.6	0	66	3	3	0
兴安盟牧区	79	44	30	19	0	0	0
通辽市牧区	331.4	163.4	20	1	17	4	0
赤峰市牧区	276.5	0	112	10	0	1	0
锡林郭勒盟	1 658	41.5	1 616.5	63	127	0	0
乌兰察布市	0	0	0	0	0	0	0
鄂尔多斯市	310	0	310	0	0	0	0
巴彦淖尔市	80.6	15	6.4	1	3	0	0
包头市	868	0	868	0	0	0	0
阿拉善盟	242.5	34.4	160.5	0	42	1	1
合计	5 966.8	617.9	3 123.4	160	192	9	1

　　盈余分配状况说明了牧民合作社经营基本状况。从2007年年底到2013年年底,蒙古牧民合作社的盈余状况整体乐观,执行盈余分配的合作社越来越多。2007—2009年牧民合作社的可分配盈余波动较大,从2009年后,牧区合作社的可分配盈余总额一直稳步上升,2013年达到了11 518.32万元,是2009年的21.79倍;从2007年到2013年,牧区牧民合作社的可分配盈余以年均37.41%的速度在增长。从各地区情况看,合作社可分配盈余增长速度最快的是呼伦贝尔市,均增长率为245.55%;其次依次为包头市、阿拉善盟和赤峰市,均增长率分别为191.70%、107.58%、102.65%;收益状况最不乐观的是鄂尔多斯市,合作社可分配盈余出现了负

① 参见塔娜:《内蒙古牧民合作经济组织现状研究——以阿拉善双峰驼合作社为例》,硕士学位论文,内蒙古师范大学,2012年,第15页。

增长,乌兰察布市至今也没有进行盈余分配的牧民合作社。①

表 5-14　2007—2013 年内蒙古牧民合作社可分配盈余变化情况

单位:万元

年份 地区	2007	2008	2009	2010	2011	2012	2013
呼伦贝尔市	1.2	69.8	4	258	2 120.8	226	2 043.05
兴安盟	0	591	0	6	79	138	36
通辽市	785.5	2 307.82	193.4	236.4	331.4	826.4	2 730.8
赤峰市	4	14	40	203	276.5	83.6	277
锡林郭勒盟	119.1	2 339.95	156.8	158	1 658	2 079.8	5 599.19
乌兰察布市	0	0	0	0	0	0	0
鄂尔多斯市	24	1 507	30	310	310	0.03	0
巴彦淖尔市	15	−6	40	75.7	80.6	31.11	282.3
包头市	762	806	0	868	868	426.09	469.98
阿拉善盟	0	0	64.5	118.3	242.5	212.5	80
合计	1 710.8	7 629.57	528.7	2 233.4	5 966.8	4 023.5	11 518.32

数据来源:内蒙古自治区农牧业厅。

四、内蒙古牧区的"新型合作制"

"新型合作制"是与"合作制"相对而言的,"新型合作制"目前处在孕育和探索阶段。内蒙古牧区的"合作制"是有历史传统的。早在新中国成立不久,按照中央的部署和要求,内蒙古牧区就开始发展合作制经济。20世纪60年代以后,在党组织的领导下,在一定程度上形成了合作经济组织雏形,这是一种松散的联合,是具有社会主义萌芽性质的畜牧业经济发展方式的探索,是公有制经济的萌芽形式。互助组在本质上仍然属于个体牧民经济形态。互助组实行了集体劳动和对牲畜及某些生产资料的集中管理,在一定程度上克服了个体劳动所产生的生产规模不足的问题,牧业经济抵

---

① 参见田艳丽:《内蒙古牧民合作社利益分配机制研究》,博士学位论文,内蒙古农业大学,2014 年,第 84 页。

御各类风险的能力进一步增强。政府鼓励牧民组织起来进行牧民互助、组织牧区信贷合作、鼓励社会互助。在生产互助组之外,出现了牧区供销合作社。向牧民征集股金,最初分配过红利,以后逐步演变成为国营商业机构。部分互助合作形式现在仍然具有很强的实践价值。

牧区合作社是由牧民、政府涉牧机构或企业等实体,在加工与运销等环节组建的合作社①。以现代信息技术为核心的现代科技发展,催生了新型现代产业生产方式和组织方式,组织模式也沿着产业发展的需要而不断变革与发展。畜牧业组织模式的创新是生产力和生产关系矛盾运动的结果,是畜牧业组织形式发展到新时代的必然选择。在畜牧业系统中,其组织模式的创新,其一,必须符合畜牧业生产的特点和实际;其二,要符合畜牧业发展的水平及其内在、外在的发展条件;其三,畜牧业生产关系是畜牧业组织模式的基本框架;其四,必须符合关联产业以及市场需求。

畜牧业"新型合作制"组织模式创新的目的在于:第一,生产要素、资源和市场有效配置,实现畜牧业效率提升;第二,合理的组织模式能够有效调节人、经济、社会、环境等方面的关系,使畜牧业得到平衡发展的同时,有效保护畜牧业生态系统,促使畜牧业焕发出新的生机与活力;第三,通过组织模式创新,促进牧民的全面发展;第四,通过组织模式创新,扭转畜牧业发展不利的局面,重塑畜牧产业的形象;第五,探索畜牧业中的现代产权、法权关系有效运行的实现途径。

畜牧业"新型合作制"组织模式创新,主要应遵循以下基本原则:其一,组织模式创新必须遵循产业的特点;其二,必须遵循牧业资源有效合理组合原则;其三,保障畜牧业生态效益和经济效益,优先保护生态;其四,遵循畜牧业组织模式创新的差别性原则,因地制宜地按照牧民的生产习惯、自然条件、社会经济状况进行符合区域实际的模式创新;其五,遵循社会化大生产的经济发展趋势,畜牧业的组织模式也必须遵循草地资源的整合、草场的整合、生产的协作、专业化的分工、高新技术和产业链延长与升级的畜牧产业发展基本规律。

---

① 参见富志宏、孟慧君:《牧区新型合作经济发展问题研究》,《北方经济》2007 年第 10 期。

五、内蒙古畜牧业"新型合作制"的主导模式

畜牧业发展亟待组织模式创新。在市场经济条件下,畜牧业生产组织模式须与生产力水平相符合,以生产力水平决定畜牧业生产组织模式。畜牧业生产组织模式革新实际是一种生产体制的变革。目前,内蒙古畜牧业组织模式的变革仍然处于初期探索阶段。

遵循市场化改革的趋势,内蒙古现代畜牧业发展应选择以现代牧民合作制企业为主导的模式,这是一种"新型合作制"。畜牧业要突破传统低水平均衡发展,就必须在组织模式上探索新的更符合畜牧业产业化发展趋势的畜牧业生产组织模式。而新型畜牧业组织也不能简单照搬发达国家的成功经验。对于内蒙古畜牧业生产组织模式创新的探索,经验与教训并存。传统畜牧业能否在激烈的产业和市场竞争中焕发生机,得以存续和发展,主要取决于牧户生产组织模式与现代市场经营和社会化大生产相融合的程度。目前的牧民生产模式与现代大市场的不相容、不适应问题必须解决,内蒙古畜牧业发展亟待探索建立有效联结牧民与市场之间的实体经营组织模式,培育发展畜牧业的专业化合作平台。

"新型合作制"企业是统一经营与分散经营相结合的组织方式,分散的牧户是牧户合作制企业的构建基础。牧户拥有牲畜和畜产品的所有权,牧户拥有牲畜和畜产品所有权,畜牧企业以合作制为基础享有生产资料的占有权和使用权,牧户对牲畜和畜产品的所有权是企业生产资料占有权和使用权形成的基础。整个生产过程的特定环节由分散牧户共同组成的合作制企业来履行,牧户合作制企业的主要作用体现在经营和科技创新环节。生产环节保持着家庭经营模式。畜产品生产、加工、储存、营销和服务项目都由牧民合作制企业统一经营与统筹协调。

"新型合作制"企业模式将会成为集聚牧业生产特征、代表畜牧业发展趋势、整合畜牧业生产要素的符合现代市场经济规则和社会主义市场经济体制的经济实体。牧民合作制企业是牧户经营基础上的合作经营。结合畜牧业经济的特点和发展的实际情况,以单个牧户家庭为基本单元,将一定范围内的单个牧户结合起来。结合的方式以劳动合作、资本合作、知识技术合

作动态有机结合。劳动合作是基础,采取形式多样的合作劳动,共同占有和使用生产资料,利益共享,风险共担,实行民主管理。

"新型合作制"的主要组织机构。牧业合作企业模式的最高权力机构是牧户大会或牧户委员会,可以通过并修改企业章程;具有选举或罢免权;讨论确定重大经济决策及章程规定等重大事项。牧业合作制企业的董事会由牧民大会或牧民代表大会选举产生,日常经营和运营引入委托代理关系,采用职业经理人制度,并对董事会负责。牧户合作制企业应设立独立的监督机构,具有独立于董事会的检查和监督权限。

资本合作则采取类似股份制的操作办法,牧民既是劳动者,又是出资人。牧民参与专业平台之后,身份就会发生转变,牧民个人股和成员集体股应在总股本中占多数。根据平台运作的资金需要,可以设置国家股、法人股,或募集一定比例的社会资本。在分配方式上,实行按劳分配与按资本分配相结合的分配方式。牧民委员会是企业的最高权力机构,人员由牧民代表、企业经理人、投资人、技术顾问等联合构成。这样既能保证模式运行的稳定性,同时又尊重牧民的民主权利。成立专业技术委员会,负责专业技术合作、市场交易、牧业技术推广、畜产品质量、畜种质量等。如涉及草种选育、引种技术的研发,如牲畜放牧方式、育肥,关键在于运用现代管理技术方法,采用现代经济手段努力达到畜草平衡。加大现代科学技术的应用力度,运用现代生物技术,取得新的产品,创造新的产品品种,将现代畜牧业、现代草业、现代生物业、现代种植业融为一体。

"新型合作制"是企业组织模式的内在联结机制。现代牧业企业的成员是具有独立财产所有权的劳动者,并按自愿的原则组织起来,对企业盈亏负有限责任。成员之间是平等互利的关系,企业内部实行民主管理,具有独立财产的经济实体,并实行合作占有,其独立的财产包括成员投资入股的财产和经营积累的财产。盈利以成员与农业合作经济组织的交易额分配为主。农业合作经济组织必须有共同的经营内容、自负盈亏、实行独立的经济核算,独立清晰的产权关系与有效控制的法权关系是现代牧业企业的内在联结机制,当然基本的机制仍然是利益分享、风险共担机制以及竞合机制。

内蒙古牧区畜牧业的转型与升级是一套系统工程。内蒙古草原牧区畜牧发展的经验"就是靠建设养畜和科技兴牧,改变传统的、粗放的、靠天养畜的被动局面,以草业建设为基础,以科学养畜为中心,以家庭牧场建设为龙头,以完善社会化服务体系为依托,优化草原畜牧业生产流程,使草原畜牧业走上稳定、高产、优质、高效的轨道"①。其中,最具变革意义的就是家庭牧场这种组织模式的架构。推进内蒙古牧区畜牧业生产经营组织模式,从个体牧户,培育成为家庭牧场,发展成为"新型合作制"企业组织模式。这是一条立足集约化经营方式,向着规模化、产业化发展的全新路径。

第四节　市场经济体制下的牧区经济政策简评

牧区政策是国家极为重要的区域政策,是国家为了引导和提升牧区经济发展质量和效益进行的重大战略部署,也是牧区进行经济活动所必须遵循的行为规范。政策能否达到预期目标,取决于政策能否真正引导和规范牧民的生产经营活动。

一、"围封转移"政策效应简评

(一) 局部得到预期效果

一是畜牧业生产方式发生了重大变化。国家和自治区在牧区的各项政策,促使牧区传统畜牧业生产方式发生了巨大转变。在这方面"围封转移"政策就很典型。实行市场经济体制以来,舍饲圈养的生产方式逐渐扩大,草场上的放牧生产方式逐渐缩小,畜牧生产方式中以"固定"为特征的生产成分逐步增加,"放"的成分日益减少,预示着从游牧到"定牧"的永久性转变。以个体牧户为经营单位的分散式畜牧业生产经营,从逐步追求生产效率(草场资源利用不足)过渡到追求产量产值(过度放牧),使得草场资源的使用和畜牧经营布局更加复杂。"定牧"生产方式固定下来以后,一些与"定牧"舍饲相配套的基础设施成为生产经营不可缺少的条件,如机井、有偿电、牧草种植、草料存储、饲料机械、牲畜棚圈等,成为"定牧"生产方式的必

---

① 道尔基帕拉米:《集约化草原畜牧业》,中国农业科技出版社1996年版,第54页。

要生产条件,使得牧户的生产成本陡然增加。没有政府的政策支持,正常的畜牧业经营难以为继。生产方式的改变还涉及牧区牧民牲畜结构的变化、生产成本的变化、牧户收入的变化和畜产品价格的变化等方面。"围封转移"政策的实施与推行在根本上改变了部分牧民的生产方式和生活方式。在畜牧业生产中以"固定"为特征的生产和生活成分逐步增加。

二是妥善解决了部分生态移民问题。"围封转移"政策的另一个重点就是生态移民。生态移民使得牧民的生活发生了根本性转变。在内蒙古,许多牧业旗县根据本地实际出台了各自的生态移民政策,为了保障移民政策的有效性,确保牧民对新环境的适应性,也提出了保障移民生产生活的政策措施。按照统一规划、统一设计、统一建设的要求,建设安置移民的住房,将生态移民纳入就业再就业的体系中,帮助牧民尽快实现职业和身份的转变,为生态移民创造就业条件;将生态移民纳入本级职工的养老保险体系当中,解决牧户的后顾之忧等。根据锡林郭勒盟生态移民数据,2005 年计划实施生态移民搬迁 1 926 户,建设住宅 501 474 平方米,搭建暖棚 9 400 个。截至 2005 年年底,完成移民搬迁 1 914 户,8 850 人,住宅 86 674.8 平方米,移民生产和生活的基础条件有了显著改善。移入的牧民在产业选择上,主要从事奶牛养殖、蔬菜种植、牛羊育肥、小尾寒羊养殖,以及从事旅游业、民族特色旅游业、运输业、餐饮业等①。这些行业基本上与畜牧业养殖以及畜牧业生产生活方式直接相关。实践证明,在"生态移民"过程中,部分牧民适应了新的生产方式和新的生活方式,提高了自己的经营素质,提升了生活质量。

三是"围封转移"使牧区生产要素配置局部得到优化。实施该政策使畜牧业经济加速与市场经济体制接轨,城镇化步伐进一步加快,工业化进程进入"快车道"。"围封转移"的动机之一就是实现牧业经济的市场化,遏制草原生态退化,要实现草原牧民的城镇化,实现草原牧区经济和社会的可持续发展。"围封转移"也为牧区畜牧业经济转变生产和经营方式带来了重要契机。转移出来的牧民逐步转向第二、第三产业就业,不仅可以实现牧民

---

① 根据锡林郭勒盟生态环境建设办公室 2002—2005 年工作总结整理所得。

增收,拓宽牧民增收的渠道,使牧业家庭能够逐步适应现代城镇的生活方式,给转入的城镇带来了新的消费群和新增劳动力,他们融入到迁入地区——城镇的经济和社会体系的过程,有利于人口素质和劳动技能的提高。畜牧业从传统走向现代,决定力量在于是否有新一代高素质牧民的参与。这样,牧区部分劳动力得到重新配置,转移出去的草原地区,因草场"围封"和部分牧民迁移,减少了人口和牲畜,在一定程度上缓解草场超载过牧问题,在客观上有利于恢复草原生态。

四是生态环境局部得到一定程度的改善。生态建设工程的实施,不仅可以有效保障地方经济社会持续、快速、健康的发展,同时也能加快农牧民脱贫致富的步伐,促进边疆少数民族地区的繁荣和稳定。2010 年是锡林郭勒盟实施"围封转移"战略"九年三步走"的完成之年,在巩固建设成果的基础上,基本实现草原生态环境的良性循环,基本确立舍饲与科学利用天然草原相结合的畜牧业生产经营方式,基本形成全盟生产力优化布局,基本建立以产业化畜牧业、矿产资源开发业和草原特色旅游业为支柱的地方特色经济体系,实现人民物质文化生活水平显著提高,实现"绿起来、富起来"的目标。到 2010 年年末,通过"围封转移"战略的实施,内蒙古牧区总体上实现草原生态环境明显好转。草原生态自我恢复能力有所提高,生态功能、经济功能进一步恢复。荒漠、半荒漠草原区生态恶化的趋势得到有效遏制,局部好转,植被覆盖度达到 30%以上;沙地植被区生态状况明显改善,植被覆盖度达到 40%以上;草甸草原和典型草原区植被有效恢复,植被覆盖度达到50%以上①。水土流失得以控制,有效地降低沙尘暴强度及发生次数,并逐步恢复生态系统的良性循环。

(二)"围封转移"政策的负面效应

一是草场资源无法得到合理利用,加大了牧民的生产成本。由于牲畜数量大幅增加,"围封"的生产经营思路弊端暴露出来,草场资源很难得到有效整合和高效利用,后果是优质牧场越来越少,草场整体质量下降。在生产方式上,当草场退化以至于无法承载大量牲畜的情况下,牧民就以人工饲

①　根据锡林郭勒盟生态环境建设办公室 2002—2005 年工作总结相关资料整理所得。

养辅助生产,辅助方式主要是从外部购进饲草料并加以存储。这就增加了牧民购买饲草料、搭建棚圈、购买运输机和打井等的生产成本。

二是牧民身份和角色也迅速转变分化。"围封转移"的难点在牧民劳动力的转移。牧区劳动力实现转移,必然会遇到劳动力转移过程中的诸多困难,诸如劳动者技能、劳动者语言、生活习惯、劳动者年龄结构、城市的容纳等。部分牧民逐渐变为雇工、城市游民、新牧主、合作协会成员、市民、农民、商人阶层、打工者、老板以及破产的无业者等。传统意义上的牧民身份和角色逐渐转变成为城市居民或者其他身份,牧区社会正经历着前所未有的各阶层、各社会结构的调整。离开牧区畜牧产业的牧民,将逐步丧失牧民基本的劳动技能、生产方式和生活方式,甚至传统文化,这已成为牧区新的社会问题。被转移出来的人口,由于文化素质、劳动技能和语言等原因,与城镇市民在平等竞争中处于相对劣势的地位,与城镇新环境不适应,难以在短期内直接进入到第二和第三产业就业,更无法参与科技、信息、互联网、电子商务、金融、股票等朝阳行业当中,长此以往,被转移的牧民生活更加艰难,甚至导致新的贫困群出现。"牧区的失业率、失学率和犯罪率明显上升,出现了一系列社会问题……孤立抽象地谈论草原畜牧业生产经营方式的转变,盲目追求集约化现代化畜牧业发展目标,而忽略了由此带来的各种社会及其他方面的问题,如生产经营成本增加、贫困面扩大、传统文化消失、新的生态退化等。"①所有这些问题都会反映到迁移牧民的社会文化和社会心理层面。从牧区来到城市,牧民的生产和生活方式不得不进行巨大的调适。生活空间变得狭窄,生活节奏变得紧张,生活费用支出远远高于牧区,日常消耗不断增多,生活压力开始增大,等等。当然,那些文化素质高、劳动技能强、敢闯敢干的部分牧民必然成为新的创业者,利用市场经济的各种机遇扩大自己的生产和经营,带领一部分牧民共同富裕。

"围封转移"政策需要当地牧民作出艰难的抉择,"转移"的牧民面临诸多困惑和无奈,"转移"所带来的与新环境的调适过程具有复杂性和长期

---

① 王俊敏:《草原生态重塑与畜牧生产方式转变的大生态观——来自内蒙古牧区的思考》,《中央民族大学学报》(哲学社会科学版)2006年第6期。

性。所以,"围封转移"不仅仅是经济问题,更是社会问题。由于产业调整、畜牧业劳动力转移,以及新型城镇化等政策,必然对畜牧产业从业人员产生挤出效应,再加上畜牧业专业化、畜牧业科技发展等因素,共同造成拥有传统养殖技能与养殖手段的牧区牧民从畜牧业经济中被迫转移出来,成为牧区社会新的弱势群体。随着市场经济体制的形成、草场流转速度的加快和新型城镇化的推进,部分牧民的身份和角色也必将迅速分化。

三是牲畜普遍超载与生态恶化未能得到根本转变。内蒙古牧区牲畜普遍超载与生态恶化的现状有着深刻的政策根源。"传统牧区耗竭型生产发展的政策"及两个主要政策动机"对牧区取多予少的政策取向""传统的牧区生产发展的政策偏好"对牧区生态的破坏负有不可推卸的责任①。草原生态系统退化是气候变化与长期不合理的人类活动共同作用的结果。"据有关专家考证,内蒙古沙漠化面积已达 4 575 万亩,占 10 650 万亩总面积的 43%。草甸草原的生产力已经下降到原生群落的 25%—30%,典型草原的生物量也已下降 60%—80%,草原荒漠化使草原种类的覆盖面显著减少;全区沙漠土地已达 42.08 万平方公里,占全区国土面积的 35.66%,在水草丰美的呼伦贝尔草原,以海拉尔河、伊敏河和宾州线为轴心也正在形成三个沙带"②。

二、牧区"合作制"与"新型合作制"效应简评

(一) 牧区"合作制"简要评析

改革开放初期牧区畜牧业经济的"合作制",是在"草场承包到户"制度框架下,广大牧民在生产、加工、流通等环节,开展合作经营,是牧区经营体制的创新与突破③。

一是改革开放初期,牧区"合作制"起到了引领作用。"合作制"推行以

---

① 参见盖志毅:《新牧区建设与牧区政策调整——以内蒙古为例》,辽宁民族出版社 2011 年版,第 28 页。

② 孟克:《围封转移对锡林郭勒盟草地生产力影响研究》,硕士学位论文,中国农业科学院,2007 年,第 6 页。

③ 参见乔光华:《关于内蒙古牧区经营体制创新的几个问题的认识》,《北方经济》2011 年第 11 期。

来,参加合作组织的牧民逐渐增多,合作方式多种多样。牧民合作的领域不断扩展。生产、加工、销售等产业链上的合作较多;草场利用、牲畜品种改良、节水节电、畜产品销售与生产、劳动力利用、草场、基础设施等方面的跨领域合作不断增加。改革开放初期的牧区畜牧业"合作制"对牧区经济整体发展发挥了引领作用,而且对提升牧区经济的整体效益和组织化水平有一定积极意义。第一,牧民合作组织在饲养牲畜和品种改良方面,发挥有能力牧户的作用,让他们饲养协会的牲畜,改良品种,使用饲养等辅助方法,提高牧区畜牧业生产力;第二,合作组织用一定数量的流动畜群扶持贫困户,引导他们脱贫;第三,协会或合作组织对牧民进行牲畜饲养方法培训,协助牧民进行牲畜品种改良,增加牧民收入;第四,合作组织也在生产资料购买和畜产品出售方面发挥了重要的引领作用;第五,建立合作组织后,对劳动力的合理利用主要体现在牧民把牲畜合在一起放牧,在接羔、剪羊毛、洗羊等方面进行劳动合作;第六,合作组织在资金、技术和设备设施的整合方面发挥了一定作用。牧民合作组织除了在畜牧业生产环节和流通环节合作外,也在牧区畜产品加工以及第二、第三产业发展方面做过努力。总之,改革开放初期牧区合作组织,在当时发挥了较好的引领、协调作用。

二是改革开放初期,牧区"合作制"也有其局限。虽然在牧区有很多协会、合作社、专业户和牧场等在市场经济体制形成过程中产生、发展和壮大。但牧区以嘎查为所有权主体的集体经济未能发展,集体经济实力无法带领牧民是不争的事实。目前,就牧区嘎查的整体而言,存在嘎查领导班子创新发展能力不强、基础条件差、集体经济没有自己的财源、缺乏发展后劲、扶持农村牧区集体经济发展的政策不到位等诸多问题。这些因素共同造成了嘎查(村)集体经济自我发展能力相对薄弱,政策对牧区集体经济的支撑与扶持绵软无力。扶持牧区集体经济发展的系统而有效的政策体系尚未形成,政策执行机制也没有形成,造成许多初衷好的政策流于形式,甚至国家和自治区在基层的政策被人为干扰,根本得不到落实,政策资源被少数人独占,造成了政策资源的分配不公。

改革开放初期的合作组织未能发挥应有的作用。其主要原因有以下几点:第一,长期以来,地方政府对嘎查(村)集体经济没有给予足够的重视,对嘎查(村)发展集体经济关注度不高,缺乏从长远上发展牧区集体经济的整体规划,尤其是未能重视嘎查"两委"等基层组织的建设。第二,各地都缺少扶持嘎查(村)集体经济发展的总体思路和具体措施,尤其是农牧民自身,对发展集体经济缺乏正确的认识,牧民主动参与集体经济建设的热情和积极性都不够高。第三,嘎查(村)干部和牧民群众的市场经济知识薄弱,不熟悉现代市场的运作方式。所以,在土地开发、基础设施建设、项目引进等方面成效不明显。第四,苏木(乡)、嘎查(村)基础设施条件差,人口聚集区的功能很不完备,制约了集体经济的发展。

当然,这种"合作制"也有自身的缺点和不足。"合作制"的合作组织在发展初期,缺乏合理的组织架构,缺乏有效的运营机制。牧民在以个人利益最大化或获取国家和自治区项目的前提下,很难使得合作制经济真正发挥作用,很难提供真正需要的公共产品。合作组织也缺乏初期发展所需要的资金、技术、劳动力等。合作经济组织发展的内生性不强,组织的自我发展和持续发展能力相对不足。单纯依靠行政力量或者能人带动,无法实现有效合理的生产方式,更有甚者,在一些地方,合作经济组织成了少数牧户牟取私利的工具。

(二)"新型合作制"的政策讨论

市场经济体制的确立对牧区畜牧业经济主体的转变和培育产生了直接影响。以牧户为单位的生产经营在内蒙古牧区极为普遍。一般而言,市场经济的主体应该是企业。因此,要真使畜牧业经济符合社会主义市场经济的要求,就必须加快畜牧业生产经济组织的培育。培育出适合专业化、产业化、规模化发展的现代畜牧业经营主体——"新型合作制"企业。

1."新型合作制"发挥了应有的作用

第一,有利于促进草原牧区生态保护与生态畜牧业发展。在相当长的时期内,草原畜牧业的发展主要依靠大规模的对草地和牧场的无序使用,许多地区草原生态恶化与过度放牧关系直接。缓解草畜矛盾,实现草畜平衡,达到生态、经济、社会的协调发展是牧区经济发展的趋势。然而,从发达国家的畜牧业发展经验来看,利用畜牧业发展和草原生态相互协调、相互促进的关系,在保护牧区生态环境的基础上,发展现代畜牧业生产,就可以收到环境效益和经济效益相统一的良好效果。牧区经济和社会的发展主要依靠的是畜牧业经济,畜牧业经济虽然在发展速度与规模的增速上没有工业和商业快,而且从趋势来看,畜牧业在国民经济中的比重在逐年下降,但是对于牧区而言,畜牧业在牧区经济和社会中的基础作用仍然十分稳固。从畜牧业的生产方式和劳动对象来看,畜牧业是与自然生态环境联系非常紧密的传统产业,在国民经济众多产业之中,畜牧业与草原生态的关联度最高。牧区生态环境的质量直接决定草场和牲畜的质量,也决定着畜牧业劳动生产率的高低。所以,我们必须注重在经济发展的过程中,强调生态因素的重要性,把保护生态作为经济社会发展的头等问题来抓,发展生态畜牧业。发展生态畜牧业就要办好新型合作经济组织,扩大集体经济力量,生产符合生态环境和市场经济需求的畜产品。

第二,有利于加快草原牧区畜牧业的产业化和集中化。内蒙古牧区畜牧业在曲折的发展过程当中,逐渐由封闭走向开放,由自给自足的生产走向能够向市场提供优质畜牧产品的阶段。在这个过程当中,小规模的个体牧户经营方式已经不能够适应现代国内外市场的需求,也不适应现代市场经济对畜产品的需要。小规模、分散的生产组织形式很难与现代市场经济对接。因此,按照现代市场经济的要求,畜牧业就必须走规模化、专业化、品牌化、市场化之路,这是畜牧业发展的必然趋势。

在产业化发展过程中,除了要求生产组织方式的创新之外,把各类资源整合在新的生产经营平台,而且资源集中在特定的合作组织方式当中。因此,发展新型合作制,发展内涵畜牧业,把生产要素向着某个区域、某个合作组织集中,提升畜产品质量和品质是必然趋势。

产业化发展过程中一个非常重要的特征就是规模化生产。规模化生产是生产资料集中的结果。而这一结果又表现在两个方面:一是组成了新的生产模式;二是达到了更高的生产效率。国内外关于生产模式和生产效率的研究比较多,生产模式的研究主要集中在生产规模上。经营规模与生产效率的研究经历了较长的过程。从国外的研究情况来看,20世纪60年代至今,学者对生产规模和生产效率的讨论一直在进行。人们对生产模式的认识主要集中在生产规模方面,认为规模和效率存在反向关系,用以论证小规模所带来的单位土地劳动效率较高的论点,考尼亚(Cornia)分析了15个发展中国家不同规模农场投入要素、产出劳动生产率的关系,有力地支持了规模与效率的反向变动关系。20世纪七八十年代,人们逐渐发现在工业化与城市化发展的潮流下,小规模生产被认为是这一潮流的障碍。因为其违背了分工和专业化的发展方向。因此,在实践中扩大生产规模,以实现规模经济和释放分工所产生的效率收益成为主导模式。规模与生产效率之间转而存在一种正相关关系。然而,实践逐步证明生产经营规模并不是越大越好。到了20世纪90年代,在小规模与大规模的交锋中,小规模生产在实践中转而又占据主动位置,碎片化经营带来的劳动力生产能动性的释放,在高负荷利用土地资源中获得一定程度的经济利益和社会满足感。影响生产模式的因素也包括很多,诸如资源有效利用程度(Cornia, 1985)、环境因素(Tadesse, Krishnammorthy, 1997),以及技术变化(Chattopadhyay, Sengupta, 1997),此外,还应该包括土地生产力差异、管理因素以及教育等因素。

国内关于畜牧业经营规模并没有清晰的界定,在实践中默认的经营规模指的是牲畜养殖规模。在国内关于生产模式的研究主要集中在结合生产条件、以市场为导向的畜牧业生产模式研究。再有就是关于某种特定典型生产模式的介绍与分析。站在新制度经济学的视角,寻求有现代契约约束的有效生产模式。在产业组织理论中,SPC分析框架下,针对农业产业研究,探讨企业行为和经济成果之间的关系。然而,具体针对畜牧业生产模式经济效率的研究成果相对分散、零散。近年来,部分学者在要素投入、适度规模与最佳要素配比等方面对牧区畜牧业不同生产模式进行研究。部分学者集中研究畜牧业合作社问题。还有的研究者从产业供应链角度、信息化发展角度、畜牧业社会化服务组织、金融信贷、政府等角度研究畜牧业经济问题。还有学者从畜牧业结构变化、畜牧业经营效果、牧民生产经营状况与收入水平等方面对牧区不同的生产模式进行研究。

第三,有利于提高牧民畜牧业生产组织化程度。"新型合作制"——牧民合作制企业,可以强化牧户之间的联系,有效提高资源使用效率,生产要素配置得到优化,单个牧户经济所面临的风险可以得到有效缓冲和化解,可以把牧户生产模式和大市场有效联结起来,使得畜牧业经济运行过程符合经济规律和市场规则要求。有效的制度保证,使得牧民的经济权利得到最大限度的保障和实现。牧民在参与企业运行的过程中,素质和技能将大幅度得到提高。牧民合作制企业可以改善畜牧业的微观经济基础,化解小生产与大市场之间的矛盾,充分获取市场信息,降低交易成本,增强抵御自然风险和市场风险的能力。

牧区畜牧业生产仍然以散户养殖模式为主,散户养殖模式的牧户收入或家庭经济增长主要依赖于要素的投入数量。在三类主要畜牧业生产要素中,牧户的草场面积和草场质量主要在分草场的时候就已经确定,由于在分草场的时候形成的初始要素存在差异,造成草场少草场质量差的牧户一直处于贫困状态,并且这些苏木嘎查各类矛盾突出。而劳动力数量和质量对畜牧业生产经营以及家庭收入有重要影响。畜牧业生产的资本投入数量仍然是影响畜牧业生产效率的最主要因素。散户养殖模式目前处于低水平均衡状态,亟待推进生产模式变革。

然而,反观现实情况。肇始于 20 世纪 80 年代中后期的牧区草场制度变革,土地要素承包制虽然调整了生产组织形式、转变了要素利用方式以及劳动力报酬等基本问题,极大地从生产组织形式的角度,迅速转变了生产要素在经济中的贡献方式。牧区畜牧业生产的外在环境和内在制度安排出现重大调整。逐步在改革开放的进程中,牧区的生产经营基本上呈现出以家庭为单位的微小规模独立经营的畜牧业生产组织形式。粗放的经营方式逐步延续到当今牧区经济生活当中。内蒙古牧区草地畜牧业生产经营的家庭组织形式与销售的社会化和市场化进程有些脱节。在生产端,特别是牧区畜牧业生产组织形式及其生产管理方式创新迫在眉睫。基本的改革方向是大规模化、产业化经营。因此,可以初步判断,"新型合作制"的进一步探索与实践可以为内蒙古牧区草地畜牧业发展提供基本的制度保障。

欧美畜牧业比较发达的国家,由于畜牧业市场化历程相对久远,积累许多值得借鉴的宝贵实践经验。在这些国家,零散、以自给自足为目的的畜牧业生产组织形式相对较少。起主导作用的生产组织形式是规模性牧场以及一定组织形式的企业。这些国家的畜牧业生产呈现出规模化、组织化、市场化的趋势。借鉴欧美国家在畜牧业生产组织方面的经验,内蒙古牧区草地畜牧业应该结合我国的国情以及内蒙古自治区的区情,着力在生产组织形式、集约化经营以及高度市场化等方面进行探索,为内蒙古牧区畜牧业经济注入强劲内生动力。

第四,有利于为牧民提供多种服务。牧民合作制企业可以为牧户提供市场需求、生产资料供应、产品价格、市场变化、进出口等方面的充分信息服务。新型牧业合作制企业本身就是一种解决畜牧业生产信息不对称问题的有效制度设计。此外,牧户合作制企业可以为牧户提供生产技术、管理技术以及资金方面的支持。牧民合作制企业应该成为社会主义新牧区建设领域组织和制度建设的重要生产组织形态。

第五,"新型合作制"有利于不断拓宽合作领域。参加合作组织的牧民逐渐增多,合作方式多种多样。与此同时,牧民合作的领域也在不断扩展。目前除了在生产、加工和销售领域方面的合作外,合作事业也在向第二、第三产业扩展。生产和流通领域中,在草场利用、牲畜品种改良、生产资料和畜产品销售、劳动力利用、资金、技术、基础设施等方面,探索和尝试了不同的合作途径,取得了明显的成效①。内蒙古自治区锡林浩特市正镶白旗英图畜牧业有限责任公司(牧业协会),进行奶产品加工、畜产品品牌经营,也开展一些旅游经营。

锡林浩特市东乌珠穆沁旗额吉诺尔镇哈日高毕嘎查的哈日高毕牧业合作社,除生产销售种羊以外,准备启动冷库,赚取肉食品季节差价。鄂温克族自治旗巴彦托海镇巴彦托海嘎查建立的高产奶牛协会,合作内容和经营范围早已超出了奶业合作的范畴,而是向工业和服务业方向发展,组建了砖厂,成立了机械队修路建房,这些方面的合作已经取得了较好的经济效益。从目前合作制经济及合作模式的发展情况来看,牧区"新型合作制"经济涉及的经营领域主要包括:牲畜改良与繁育、羊肉育肥与销售、综合畜牧业、养牛、草业、畜产品加工与深加工、养马、运输、环保与旅游、文化产业等。

第六,有利于延长牧区畜牧业产业链。产业链较长的畜牧企业可能将

---

① 参见杨丽:《内蒙古牧民与合作组织的现状与特点》,《北方经济》2008 年第 9 期。

成为市场竞争的主体、公平交易的主体以及合理分配的利益主体。"增强市场竞争力,发展有一定规模的经济组织,这样才可能有效地去跟外部的其他经济主体进行谈判,才能真正建立稳定的契约关系"①。

"锡林郭勒朝克乌拉苏木宝力格嘎查牧民合作社的牧民萨其日拉图联合嘎查 6 户牧民成立了合作社,牧民以草场和羊入股。共有 1 800 只羊,19 715 亩草场。6 户牧民分散饲养,合作社负责集中销售。因销售渠道畅通,他们能销出新鲜肉,因为新鲜肉的价格比普通冷冻肉要高;合作社建立前的普通牧民或小冷库宰羊后内脏只能低价卖掉,而合作社在屠宰过程中却把动物内脏变成了加工产品,用蒙古族传统工艺制作血肠和肉肠,内脏出售,获取的经济效益比以前有较大提高;合作社使用传统熏制方法加工羊头羊蹄等又赚到一笔收入;合作社还尝试制作销售烤全羊,打开新市场;按照章程规定,合作社的利润 60% 返还个人,40% 留在社里作为投资资金,用于合作社的畜群育肥和社员会计培训等。他们计划与 10 家餐馆和旅游产业建立稳定、长期的购销合同,保证每天 10 只羊的销售量。下一步,该合作社计划申请商标,尝试把产品打进超市。"②

畜牧业生产组织形式创新和生产管理方式创新对于内蒙古牧区畜牧业具有极其重要的战略意义。基于中国畜牧业生产与西方畜牧业发达国家存在诸多差异,对西方畜牧业经济的经验应该合理的借鉴。其中,在市场经济条件下,符合产业发展规律的一些方向性思考是今后改革畜牧业生产组织形式的基本思考。按照中国渐进式改革基调,牧区畜牧业生产组织形式应该在如下方面进行更多战略性思考。

第一,渐进式扩大家庭畜牧业生产规模。促进合理的土地流转政策、进行多元化社会融资、促进劳动力要素的合理流动。积极推进家庭牧场逐步向生产经营专门化和规模化方向转变。逐步有序推进以家庭为单位的牧场规模。在条件成熟的地区、条件成熟的家庭进行试点,积累试点推广的经

---

① 盖志毅:《新牧区建设与牧区政策调整——以内蒙古为例》,辽宁民族出版社 2011 年版,第 394 页。
② 敖仁其、额尔敦乌日图等:《牧区制度与政策研究——以草原畜牧业生产方式变迁为主线》,内蒙古教育出版社 2009 年版,第 101 页。

验,然后从试点牧户,逐步扩展到试点苏木、嘎查,规模上的适度扩张与整合是必须要完成,向规模求效益,向规模求红利,在资源整合的初始阶段至关重要。

第二,推进牧区畜牧业生产组织模式向着企业化的方向转变。并且能够已经有多种所有制实现形式参与到内蒙古牧区畜牧企业组建、产业化体系发展。在政府的扶持和指导下,努力将分散的经营主体、单一的决策单元向市场化的方向进行转变。切实将以家庭为单位的畜牧业生产经营主体,以生产组织形式变革为先导,深度融入到市场化经营和流转的过程当中,使其真正成为市场化经营的、独立的经营和决策单元。努力将企业化的运作与管理平台与牧区畜牧业的生产经营组织形式进行有效的对接与融合。

第三,努力引导形式多样的、内容丰富、实效显著的牧区畜牧业生产合作与协作形式。积极引导牧户之间合作的经常化,引导牧户与企业的市场化平等合作,规范牧户的生产技术条件。促进牧户与行业协会、专家技术协会的合作,打通政府与牧户直接对接的通道。建立完整的市场信息网络与畜产品物流网络,对分散微小的畜牧业经营组织形式进行有序组织,以期达到集约化、规模化、市场化经营的效果。

2."新型合作制"有待完善

内蒙古牧区及其畜牧业经济发展也存在发展的陷阱。因此,需要不断加强畜牧业宏观管理体制,遵循经济规律,瞄准世界经济发展和产业结构调整的趋势,制定具有前瞻性的产业发展规划,建立适应牧区发展的国民经济体系。目前,虽然对畜牧业行政管理体制进行了多次改革,最主要的问题就是条块分割、各自为政,削弱了畜牧行政主管部门的宏观调控作用。畜牧部门只负责畜禽生产,商业部门负责畜产品加工与流通,企业负责收购饲料原料和加工饲料,贸易部门则行使畜产品出口的管理权。

畜牧业经济的内在联系,经过被分割了的产、供、加、销环节,未形成畜牧业经济整体效益。一个符合市场经济规则的新型合作组织的发展,遇到很多挑战和风险。如新型合作制企业对市场的预测能力;牧户与新型合作制企业的责权利关系的理顺程度及其牧民对市场经济的适应能力;新型牧业合作制企业能否应对社会大量资本涌入牧区的风险;草场流转的得与失;

新型四化过程中新型合作制经济的适应能力;牧区基层组织进行"两委"建设和牧区社会稳定对新型合作组织的影响;法治政府与"新型合作制"经济组织的协调等诸多风险。

牧户家庭债务风险被放大,债务负担沉重。"新型合作制"推进过程中,需要大批资金投入到基础设施和生产组织建设,购买大型机械设备。因此,在"新型合作制"推进的过程中,大量的资本要素投入是必不可少的。从目前内蒙古典型牧区畜牧业家庭的融资情况来看,在总融资比例当中,相当比例的资金用于草地畜牧业生产投入和周转。在资金借贷方面,牧户对借贷资金的刚性需求依然强烈。总体上来看,样本牧户的借贷资金主要的三个渠道分别是普通民间短期借款、银行或信用社借贷资金,还有就是民间高利贷。并且从部分地区来看,牧户融资规模已经达到相当高的程度。由于借款规模较大,导致还款的压力沉重,畜产品流通与畜产品市场需求低迷的情况下,牧户的债务风险被空前放大。牧户的收入和支出之间略有差距,基本保持平衡,牧民收入增长存在下行压力,牧民增收困难,多数牧户的生产经营存在困难,周转资金的缺口较大,贫富差距悬殊。被调查牧户的金融借贷规模较大,贷款包袱沉重,应加强对民间高利借贷的管控。牧区的合作经济模式,主要以获得资金支持为目的,多数合作组织内部治理结构不合理,难以正常有效运转,更谈不上现代化管理。"新型合作制"运转相对较好的合作社,主要作用体现在销售环节,其在生产环节的效果不显著。

参 考 文 献

一、专著文集

《马克思恩格斯选集》第 2、4 卷,人民出版社 2012 年版。

《资本论》第 1 卷,人民出版社 1975 年版。

《毛泽东选集》第一卷,人民出版社 1991 年版。

毛泽东:《在中共中央政治局会议上的讲话》,载中共中央文献研究室编:《毛泽东著作专题摘编》(上),中央文献出版社 2003 年版。

《乌兰夫文选》(上册),中央文献出版社 1999 年版。

《乌兰夫纪念文集》,中央文献出版社 2010 年版。

郝为民、齐木德道尔吉总主编:《内蒙古通史》(第 6—8 卷),人民出版社 2011 年版。

郝维民主编:《内蒙古自治区史》,内蒙古大学出版社 1991 年版。

浩帆:《内蒙古蒙古民族的社会主义过渡》,内蒙古人民出版社 1987 年版。

王铎主编:《团结建设中的内蒙古(1947—1987)》,内蒙古人民出版社 1987 年版。

林蔚然、郑广智主编:《内蒙古自治区经济发展史》,内蒙古人民出版社 1990 年版。

邓力群等主编:《当代内蒙古简史》,当代中国出版社 1998 年版。

侯家驹:《中国经济史》(上册),新星出版社 2008 年版。

刘景平、郑广智主编:《内蒙古自治区经济发展概论》,内蒙古人民出版社 1979 年版。

道尔基帕拉米:《集约化草原畜牧业》,中国农业科技出版社 1996 年版。

樊纲:《市场机制与经济效率》,上海人民出版社 1996 年版。

张红宇:《中国农村的土地制度变迁》,中国农业出版社 2002 年版。

柯武刚、史漫飞:《制度经济学》,商务印书馆 2003 年版。

程承坪:《企业理论新论——兼论国有企业改革》,人民出版社 2004 年版。

刘永佶主编:《民族经济学》,中国经济出版社 2006 年版。

盖志毅:《草原生态经济系统可持续发展研究》,中国林业出版社 2007 年版。

[荷]何·皮特:《谁是中国土地的拥有者?——制度变迁、产权和社会冲突》,社会科学文献出版社 2008 年版。

敖仁其、额尔敦乌日图等:《牧区制度与政策研究——以草原畜牧业生产方式变迁为主线》,内蒙古教育出版社 2009 年版。

达林太、郑易生:《牧区与市场:牧民经济学》,社会科学文献出版社 2010 年版。

盖志毅:《新牧区建设与牧区政策调整——以内蒙古为例》,辽宁民族出版社 2011 年版。

乌日陶克套胡、杨蕴丽、麦拉苏:《新牧区建设与牧业产业化发展研究——以内蒙古自治区为例》,人民出版社 2015 年版。

乌兰夫革命史料编研室编:《乌兰夫论牧区工作》,内蒙古人民出版社 1990 年版。

内蒙古党委政策研究室、内蒙古自治区农业委员会编:《内蒙古畜牧业文献资料选编》(内部资料)第一、二、四、八卷,1987 年印刷。

内蒙古供销合作社联合社编:《内蒙古自治区供销合作社史料》第二辑(上册),1988 年印刷。

内蒙古畜牧业厅修志编史委员会编著:《内蒙古畜牧业发展史》,内蒙古人民出版社 2000 年版。

内蒙古自治区档案馆编:《中国第一个民族自治区诞生档案史料选编》,远方出版社 1997 年版。

内蒙古自治区人民政府:《光辉的四十年》,内蒙古人民出版社 1987 年版。

内蒙古自治区统计局编:《辉煌五十年》,中国统计出版社 1997 年版。

内蒙古自治区畜牧厅修志编史委员会编:《内蒙古自治区志·畜牧志》,内蒙古人民出版社 1999 年版。

[美]道格拉斯·C.诺斯:《西方世界的兴起》,厉以平、蔡磊译,学苑出版社 1998 年版。

[美]道格拉斯·C.诺斯:《制度、制度变迁与经济绩效》,刘守英译,上海人民出版社 1994 年版。

[美]道格拉斯·C.诺斯:《经济史中的结构与变迁》,陈郁、罗华平译,上海人民出版社 1994 年版。

[英]M.M.波斯坦主编:《剑桥欧洲经济史》,郎立华等译,经济科学出版社 2002 年版。

二、期刊报纸

内蒙古自治区政协文史资料编委会编:《"三不两利"与"稳宽长"·回忆与思考》,载《内蒙古文史资料》第 59 辑,2006 年印刷。

内蒙古自治区政协文史资料委员会编:《"三不两利"与"稳宽长"·文献与史料》,载《内蒙古文史资料》第 56 辑,2005 年印刷。

中共中央党校党史教研室选编:《中共党史参考资料》(六),人民出版社 1979 年版。

布赫:《继承遗志,造福人民》,《实践》2006 年第 10 期。

乌日陶克套胡、王瑞军:《内蒙古牧区畜牧业主导模式选择》,《中央民族大学学报》2013 年第 6 期。

乔光华:《关于内蒙古牧区经营体制创新的几个问题的认识》,《北方经济》2011 年第 11 期。

乔松、那仁敖其尔:《牲畜归户、草场承包是草原畜牧业经营管理的新形式》,《理论研究》1984 年第 16 期。

任继周:《草畜平衡是人与自然友好相处的关键》,《全国草原畜牧业可持续发展高层研讨会论文集》,2003 年。

萨纳赛汉:《试论"以牧为主"方针的正确性及其长远意义》,《内蒙古社会科学》1981 年第 1 期。

石光华:《在调整中全面正确地落实"以牧为主"的二十五字方针》,《内蒙古社会科学》1981 年第 2 期。

唐晓云:《关于制度变迁与经济增长的几点认识》,《当代财经》2002 年第 3 期。

王国钟:《内蒙古牧区草畜平衡工作的调查与研究》,《内蒙古草业》2003 年第 4 期。

王俊敏:《草原生态重塑与畜牧生产方式转变的大生态观——来自内蒙古牧区的思考》,《中央民族大学学报》(哲学社会科学版)2006 年第 6 期。

王俊敏:《一种新型社区——牧区社区》,《内蒙古大学学报》(哲学社会科学版)1993 年第 2 期。

王路:《以林牧为主方针的重大战略意义》,《内蒙古社会科学》1982 年第 1 期。

王明利等:《北方牧区牧民保护与建设草地的行为分析》,《中国农村经济》2005 年第 12 期。

王治国、陈敦明、陈华等:《湖北竹山县实施生态移民——走可持续发展之路》,《宏观经济管理》2004 年第 6 期。

乌力更:《试论生态移民工作中的民族问题》,《内蒙古社会科学》(汉文版)2003 年第 4 期。

许岢:《内蒙古深化牧区改革的几个问题》,《农业经济问题》1989 年第 4 期。

许志信、陈玉琦:《草原管理与畜牧业持续发展》,《内蒙古草业》1997 年第 1 期。

闫志辉:《内蒙古锡林郭勒盟退化、沙化草地现状及治理对策》,《草原与草业》2014 年第 2 期。

　　杨理、侯向阳:《以草定畜的若干理论问题研究》,《中国农学通报》2005 年第 3 期。

　　杨丽:《内蒙古牧民与合作组织的现状与特点》,《北方经济》2008 年第 9 期。

　　于立、于左、徐斌:《"三牧"问题的成因与出路——兼论中国草场的资源整合》,《农业经济问题》2009 年第 5 期。

　　于学礼、周礼等:《对草原建设和解决草畜矛盾的几点意见》,《农业经济问题》1981 年第 12 期。

　　张敦福:《公共资源灾难理论与内蒙古牧区的体制变迁》,《西北民族研究》1997 年第 2 期。

　　赵成章、龙瑞军等:《草地产权制度对过度放牧的影响》,《草业学报》2005 年第 1 期。

　　周惠:《谈谈固定草场使用权的意义》,《红旗》1984 年第 10 期。

　　周立、董小瑜:《"三牧"问题的制度逻辑——中国草牧场管理与产权制度变迁研究》,《中国农业大学学报》2013 年第 2 期。

　　阿德力汗·叶斯汗:《草原产权:新疆现代草原畜牧业的必然选择》,《新疆社会科学》2006 年第 5 期。

　　艾云航:《进一步活跃牧区经济的几个问题》,《农业技术经济》1985 年第 8 期。

　　安静赜:《深化经济体制改革推动内蒙古经济社会持续健康发展》,《内蒙古日报》(汉文版)2014 年 1 月 15 日。

　　敖仁其:《对内蒙古草原畜牧业的再认识》,《内蒙古财经学院学报》2001 年第 3 期。

　　包玉山:《内蒙古草原退化沙化的制度原因及对策建议》,《内蒙古师范大学学报》(哲学社会科学版)2003 年第 3 期。

　　布和朝鲁:《关于围封转移的战略报告》,《内蒙古社会科学》(汉文版)2005 年第 3 期。

　　布仁乌力吉:《牧区经济发展中的几个问题》,《农业经济问题》1991 年第 12 期。

恩和、额尔敦布和:《内蒙古草原荒漠化问题及其对策》,《内蒙古大学学报》(人文社会科学版)2002 年第 6 期。

富志宏、孟慧君:《牧区新型合作经济发展问题研究》,《北方经济》2007 年第 10 期。

高尚全:《土地制度改革的核心是建立新型的产权制度》,《经济研究》1991 年第 3 期。

耿宝云:《人畜两旺是怎样实现的——新中国前期内蒙古牧区和谐发展的启示》,《内蒙古师范大学学报》(哲学社会科学版)2007 年第 1 期。

胡敬萍:《在希望的草原上——内蒙古自治区牧区的变迁与发展》,《中国民族》2007 年第 8 期。

李媛媛、盖志毅、马军:《内蒙古牧区政策的变迁与农牧业发展研究》,《农业现代化研究》2010 年第 1 期。

刘艳、齐升等:《明晰草原产权关系,促进畜牧业可持续发展》,《农业经济》2005 年第 9 期。

刘玉满:《农民组织与畜牧业产业化——国外经验与我国的实践》,《中国动物保健》1999 年第 11 期。

刘佐:《新中国农业税制度的发展》,《中国税务》2003 年第 6 期。

马慧民:《对林牧为主,多种经营方针中几个问题的理解》,《内蒙古科技》1982 年第 3 期。

李青丰:《草地畜牧业以及草原生态保护的调研及建议——禁牧舍饲、季节性休牧和划区轮牧》,《内蒙古草业》2005 年第 1 期。

奎壁:《蒙旗土地改革实施办法的报告》,《绥远行政周报》1951 年第 80 周。

刘明祖:《走保护生态与科学养畜并举之路》,《人民日报》2000 年 7 月 17 日。

三、硕博论文

田艳丽:《内蒙古牧民合作社利益分配机制研究》,博士学位论文,内蒙古农业大学,2014年。

李新:《内蒙古牧区草原土地产权制度变迁实证研究》,硕士学位论文,内蒙古农业大学,2007年。

孟克:《围封转移对锡林郭勒盟草地生产力影响研究》,硕士学位论文,中国农业科学院,2007年。

刘志华:《防治荒漠化中的土地产权制度研究》,硕士学位论文,西南大学,2008年。

崔金龙:《牧民草牧场权益被侵占问题的研究》,硕士学位论文,内蒙古农业大学,2008年。

塔娜:《内蒙古牧民合作经济组织现状研究——以阿拉善双峰驼合作社为例》,硕士学位论文,内蒙古师范大学,2012年。

索　引

后　记

　　牧区是一个特殊的系统,集牧民特有的生活方式、以草原为根的生态环境、以畜牧业为核心的经济形态以及与此相适应的社会形态于一体。我国牧区大多处于边境地区、少数民族地区和贫困地区。到目前为止,新中国的经济史主要是以内地的经济发展为主线,未能兼顾少数民族经济史,本书是研究新中国少数民族经济史的一个尝试。内蒙古牧区是全国面积最大的牧区,近70年的快速发展积累了丰富的经验,特别在牧区政策方面,有其独特价值。自内蒙古自治区成立以来,还没有较系统地研究牧区经济发展史的著作。本书基于党委和政府不同时期在牧区采取的不同政策,依据公开发表的统计资料和相关数据,运用经济学和少数民族经济的视角,对各时期政策及其实施效果进行客观评价,得出有益的启示。

　　新中国成立以来的牧区经济发展史,从经济形态来看,是自然经济逐渐解体、市场经济逐步建立和发展的过程。研究牧区经济发展史,不仅要把握演进的核心主线,还要掌握科学的分析和研究方法。《经济史理论》的作者约翰·希克斯赞扬马克思"从他的经济学中确曾得出某些总的概念,他把这种概念应用于历史,因此他在历史中发现的模式在历史以外得到了某种支持",并借鉴马克思的方法指导自己的经济史理论研究——从社会科学中得出某些可供历史学家用以整理其资料的总概念,并依据历史进程,对某些重要方面作出分析和解释。

　　遵循马克思的分析方法,本书突出核心概念"市场"的形成与发展过程,分五个时期重点梳理了内蒙古70年的牧区政策变迁和经济发展经验。研究显示:政府的决定性作用和主导作用主要是通过牧区的方针、政策、措

316

施和投资来实现的。自治区成立至党的十一届三中全会，政府在牧区资源配置中起决定性作用；改革开放至市场经济体制建立初期，政府在牧区经济发展的资源配置也起到关键性作用；自市场经济体制逐渐形成以来，政府在牧区资源配置中起主导性作用。本书的特点在于专门探讨了内蒙古牧区经济发展史，辩证地对不同时期的牧区政策及其实施情况进行评述。实践证明，牧区发展政策与当时的牧区发展实际结合得越紧密，越能调动人们的生产积极性，促进生产力的发展。新中国成立初期，乌兰夫同志根据内蒙古自治区牧区具体情况，将马克思主义理论与内蒙古自治区牧区实际相结合，创造性地提出了"三不两利"与"稳宽长"的牧区经济发展政策，得到了广大牧民的热烈拥护，并带动了他们的劳动积极性和工作热情，促进了牧区经济发展。该政策的实施使内蒙古牧区经济发展走在了全国前列，促进了民族团结，巩固了边疆稳定。

该书在乌日陶克套胡教授主持的教育部人文社会科学重点研究基地重大项目"内蒙古自治区牧区经济发展史研究"（项目批准号：10JJD850006；项目依托学校：内蒙古大学）有关成果的基础上，进一步吸收新史料，增加新论据，提出新见解。本书作者历时四年多，曾到呼和浩特市、锡林浩特市、东乌珠穆沁旗、通辽市、呼伦贝尔市等多地调研，并收集了内蒙古、新疆、青海等重要牧区的历史文献资料。作者在资料搜集过程中，得到内蒙古档案馆、内蒙古党委政研室、内蒙古畜牧业厅、东乌珠穆沁旗档案馆和畜牧业局的大力支持与帮助，在此表示衷心感谢。

全书是集体智慧的结晶。本书的写作分工情况是：大纲拟定、框架统筹、绪论、后记由乌日陶克套胡教授完成。包凤兰博士、吴海山博士撰写第一章；韩柱博士撰写第二章、第三章；张蕾博士撰写第四章；王瑞军讲师撰写第五章。文稿修改、书稿排版和文字校对由杨蕴丽博士完成。如果本书在促进牧区科学发展方面有所借鉴，全体作者将十分欣慰。

人民出版社杨文霞博士为本书的编辑出版做了大量的细致工作，在此表示衷心感谢。

我国已有牧区经济发展史的研究成果主要体现在主要牧业区的史料集、畜牧志和特定时期畜牧业发展研究论文和专著中，包含了几代学者、牧区技术人员和畜牧业经济管理部门工作者的辛勤汗水。本书在写作过程中参考了大量史料,借鉴了前人的研究成果,在此对他们的创造性劳动表示崇高的敬意和衷心的感谢。

　　由于水平有限,书中或有疏漏之处,恳请专家和读者指正。

2017 年 10 月 8 日